JN118433

地 域 と 生 活 Ⅲ

岡山大学創立 70 周年記念地理学論文集

岡山大学創立 70 周年記念地理学論文集

編 集 委 員 会

2022 年

REGION AND LIFE III

GEOGRAPHICAL ESSAYS IN CELEBRATION
OF
THE 70TH ANNIVERSARY
OF
THE ESTABLISHMENT
OF
OKAYAMA UNIVERSITY

EDITORIAL COMMITTEE OF
THE MEMORIAL MISCELLANY OF GEOGRAPHY
IN OKAYAMA UNIVERSITY
2022

目　次

CONTENTS

ま　え　が　き

　岡山大学は 1949 年に旧制岡山医科大学，第六高等学校などを母体として設置された。設立当初は医，法文，理，教育，農学部の 5 学部であったが，現在では 11 学部，7 研究科，3 研究所を持つ国内有数の総合大学である。設立にあたっては広大な陸軍用地を取得するなど当時第六高等学校の校長であった黒正巌先生の功績が大きかったと言われている。また，先生は経済史の大家であるばかりか，経済地理学の大家でもあり，岡山大学における地理学の発展には先生の影響が大きかった。黒正先生は岡山大学教授に就任される予定であったが，大阪経済大学の学長として就任されたのでその後任として京都大学から弟子の喜多村俊夫教授が着任された。しかし，同教授はわずか 3 年で名古屋大学教授として転出された。私は名古屋大学の大学院で喜多村先生から黒正先生の偉大な業績と人物についてたびたび聞かされた。岡山大学地理学教室はこれまでに 20 名近くの研究者を輩出し，地方大学としてはめずらしいことであるが，こうした経緯が影響しているのかも知れない。

　ところで，私ごとになるが，私が名古屋大学の大学院で喜多村先生の演習で発表すると，先生は「ア・ハハ・・・」と笑われ「来週はわしがどうして笑ったか説明しろ」と言われた。いつも「もっと大きなテーマを持って勉強しろ」と言われた。「黒正は 30 歳代で『経済地理学総論』を書いた。わしも 30 歳代で『日本水利慣行の史的研究』を書き，日本農学会賞をとった。お前も大きな仕事をしろ」といつも言われた。その時，私は「地理学とは何ぞや」というテーマを持った。それがのちに『人文地理学入門』（古今書院）となる。のちに私は「日本農業の地域構造に関する実証的研究」という論文を名古屋大学農学部に提出し，「農学博士」の学位を授与された。喜多村先生はいつも私に「黒正の伝統を受け継げ」と口癖のように言われていた。

　1971 年に法文学部や教育学部，教養部などの地理学教室が共同で『地域と生活』（岡山大学創立二十周年記念地理学論文集）を刊行したが，次いで 1990 年には『地域と生活II』（岡山大学創立四十周年記念地理学論文集）を刊行した。一般的には 2009 年に『地域と生活III』（岡山大学創立六十周年記念地理学論文集）を出版するべきであったが，諸般の事情で難しかった。

　今回，われわれが『地域と生活III』（岡山大学創立七十周年記念地理学論文集）を刊行する計画を立てたのは次のような 3 つの事情がある。

　その一つは文部科学省の「大学院重点化」政策である。本論文集では 1990～2020 年を対象とするが，1990 年代というのは東西冷戦構造が崩壊し，新自由主義によって経済合理主義が世界中に蔓延した時代であって，日本もその例外ではあり得なかった。政府は 1990 年代後半には「小さな政府」をめざして国立大学の法人化を進めたが，岡山大学も 2004 年には独立行政法人化した。1991 年には大学は市場原理のなかに呑み込まれていくことになった。文部科学省は国立大学の再編・統合を大胆に進め，第三者評価による市場原理，競争原理を導入することとなった。2000 年には大学審議会は「グローバル化時代に求められる高等教育の在り方について」という答申を出したが，そのなかで「今日の世界においては社会・経済・文化のグローバル化が急速に進展し，国際的な流動性が

高まっている。また，科学技術の爆発的な進歩と社会の高度化，複雑化や急速な変化に伴い，過去の蓄積された知識や技術のみでは対処できない新たな諸課題が生じており，これに対応していくため，新たな知識や専門的能力を持った人材が求められている」（p2）と述べている。

　2015年6月8日には文部科学大臣が「国立大学法人等の組織及び業務全般の見直しについて」という通達を出した。これは教員養成系や人文社会系の学部・大学院については，組織の廃止や社会的要請の高い分野への転換に積極的に取り組むよう努めることというものであった。これには大学はもちろん経済界からも強い反対意見が出た。その一方で文部科学省は大学を地域のニーズにこたえる人材育成・研究をする大学，特色ある研究・教育を進める大学，世界的に卓越した研究・教育を行う大学の3つのグループに分けた。岡山大学は3つ目の世界的な研究・教育を行う大学と位置づけられ，大学院の重点化がすすめられた。岡山大学の大学概要（2018）には「世界への扉を開く」と書かれている。

　岡山大学では1971年には法文学部に大学院文学研究科（修士課程），80年には法文学部を文・法・経済の3学部に分離し，教育学部に大学院教育学研究科（修士課程）を設置した。さらに，1993年には大学院文化科学研究科博士課程，大学院連合学校教育学研究科博士課程を設置した。1994年には教養部が廃止され，環境理工学部が設置された。2005年には環境理工学部に大学院環境学研究科博士課程が設置されたが，12年にはこれを廃止して大学院環境生命科学研究科を設置した。2008年には大学院教育学研究科に教職実践専攻（教職大学院）が設置された。このように1990～2020年は大学改革に伴う「大学院重点化の時代」であったといっても過言ではなかろう。

　二つ目の理由は持続可能な地域社会の形成についてである。2018年は度重なる台風，地震など異常気象が続いた。国連の気候変動に関する政府間パネル（IPCC）は10月に開催した総会で約20年後に世界の平均気温が産業革命前と比べ1.5度上昇し，海面上昇や北極海の氷が解けるなど環境への悪影響が深刻化するという報告書を提出した。現状のままでは温暖化対策の国際的な枠組み「パリ協定」の目標達成は困難な状況であり，各国に早急な対策を求めた。われわれもこうした考えを踏まえて対応しなくてはならない。

　世界気象機関（WMO）も「温暖化対策をしないで放置すれば，今世紀末までに海面が30～70センチ上昇する予測であるとし，豪雨などによる洪水被害が発生しやすくなるとし，温暖化防止の国際枠組み『パリ協定』の目標達成は『大変な努力が必要だが，成し遂げねばならない』」（山陽新聞，2018年9月15日）という。SDGs（持続可能な開発目標）の活動が全国的に活発になってきたのはこうした背景がある。

　人類共通の目標であるSDGsに岡山大学が貢献することは大学の理念である「高度な知の創生と的確な知の継承」と目的である「人類社会の持続的進化のための新たなパラダイム構築」に資するものと考えられる。岡山大学は2007年，アジアで初めてユネスコチェアー（持続可能な社会を創造していくための人材育成を目的としたプログラム）の認定を受け，「岡山ESDプロジェクト」にも参加して活発に活動してきた。また，岡山大学は「SDGsに関する岡山大学の行動指針」を策定した。2018年にはこうした理念を具現化するため高梁川流域と瀬戸内海の自然，文化，暮らしに直接触れる滞在体験型学習を通じて地域社会の持続可能性の発見，実践型教育を通じて人材の育成など

を目標として「みずしま滞在型環境学習コンソーシアム」を設立した。岡山大学は ESD の成果を踏まえ，「SDGs に関する岡山大学の行動指針」を策定し国立大学ではじめて大学運営に SDGs を取り入れ，研究・教育活動と社会貢献に取り組んでいる。

　三つ目の理由は岡山大学とアメリカのミシガン大学との共同研究についてである。ミシガン大学は日本研究所を 1950 年に岡山に設置した。これに合わせて同年に瀬戸内海総合研究会が設立され，岡山大学を中心に活発な活動を展開してきた。『農村の生活』(1951 年)，『漁村の生活』(1954 年)，『山村の生活』(1955 年) の 3 冊が出版されたほか，『瀬戸内海研究』第 1 号〜14 号 (1950〜1961 年) が刊行された。この活動には地理学の喜多村俊夫岡山大学教授，河野通博同大学助教授，石田寛同大学講師らの活躍があった。日本研究所は 1955 年には閉所され，共同研究は停滞していたが，2018 年に岡山大学とミシガン大学日本研究センターとの間で共同研究を再開することになった。本論文集の編集委員である地理学関係者には人文地理学(経済地理学,文化地理学,歴史地理学など)，自然地理学（気候学，地形学など）の分野を専門とする人が集まっており，共同研究に何らかの貢献ができるものと考えられる。

　岡山大学創立七十周年記念地理学論文集の出版にあたり，2017 年 3 月 15 日，岡山大学の地理学教室に関連する卒業生と旧・現教官あわせて 10 人で編集委員会を発足させた。編集員会では学部を問わず岡山大学地理学教室の関係者，現教官，旧教官，卒業生に広く呼びかけることとした。ただ，予算がないため執筆者に経済的負担をお願いすることとした。また，同日，執筆要領も検討し執筆予定者に送付された。

　今回，『地域と生活III』（岡山大学創立七十周年記念地理学論文集）を刊行することができ，中央図書館の前に立つ黒正先生をはじめこれまで岡山大学の地理学教室に関係された先生方は喜ばれることであろう。本論文集が岡山大学地理学教室の発展になんらかの貢献ができるならばこの上ない喜びである。多くの方々のご批判をいただきたい。

岡山大学名誉教授

中藤　康俊

黒正巌の地理認識

田　畑　久　夫

Ⅰ　問題の所在

　今日，地理学は，哲学，歴史学，社会学，経済学など他の人文・社会科学の中で，高く評価されることが少ないという側面が，残念ながら存在する。このように，比較的高く評価されることが少ないという側面があるとすれば，次の2つの理由によるものと推察できる。第1は，人文・社会科学のすべての学問分野に該当するのであるが，各々の学問分野においては，それぞれ固有・独自の理論を有している。かかる固有・独自の理論に従って，各学問分野では研究が実施されるのである。例えば経済学においては，その固有・独自の理論は，経済学部などでは経済原論と称される講義科目として必須とされている[1]。このように，より明確な固有・独自の理論を所有する学問分野では，人文・社会科学の中でも評価が高いといえる。

　第2は，第1同様すべての学問分野に該当するのであるが，各々の学問分野では，それぞれ固有・独自の研究対象およびそれを行なう研究手段を有している[2]。例えば歴史学の場合，文字で書かれた史料，すなわち古文書という固有・独自の研究対象を所有している。その古文書を分析・検討すること，つまり研究手段によって歴史学の目標と目される過去の出来事（事件）の復元を行なっている。それ故，このような明確な研究対象および研究手段を所有する学問分野も，人文・社会科学の中においては評価が高くなるのである。

　かように，それぞれの学問分野においては，上述の第1，第2として指摘した如く，各々固有・独自の方法を有している。そうであるからこそ，それぞれの学問分野は，人文・社会科学内において，独立した学問分野として，その市民権を獲得しているのである。しかしながら，この点に関して，地理学はどうであろうか。

　かつて，社会学の主要部門である社会形態学[3]（Morphologie Sociale）の方から，地理学なかんずく人文地理学は，学問分野として存在する意味がないのではないか，という学問的基盤を揺がすような議論を吹っ掛けられたことがあった。つまり，人文地理学研究者が実施している研究は社会形態学研究者がとって代わることが可能であるとした。かかる論争[4]は，上記の第2と大いに関連するのであるが，人文地理学研究者の側から正面切って反論を行ない，人文地理学を擁護する研究者が存在しなかった。この社会形態学からの論争に対して，人文地理学を擁護すると共に，返答を行なったのは，人文地理学に強い関心をもち，深い専門知識を有している著名な歴史研究者リュシアン・フェーヴルであった。

　以上論じた理由から，地理学は，人文・社会科学間では比較的その評価が高くないとされていると思われる。この点を克服すべく，理由の2つの点，すなわち固有・独自の理論，およびその研究対

象ならびに研究手段の新たなる開拓が切に望まれる。そのための基礎的な作業として，個々の研究者の地理学に関する研究視点，つまり地理認識の検討を行なう必要があると推察する。本稿では，その一環として黒正巌の地理認識を取りあげ論を展開していく。

Ⅱ　経済地理学研究の端緒

　黒正巌といえば，百姓一揆の研究者として認知されることが多い。百姓一揆の研究より，京都帝国大学から経済学博士の学位を授けられたことも大きく関係している[5]。黒正巌は大正9年（1920）に京都帝国大学経済学部を卒業し，同大学院を退学した。その後京都帝国大学経済学部講師を経て，大正14年（1925）4月に京都大学農学部講師，翌年に助教授，さらにその翌年に教授というように非常に短期間で昇任し，31歳という若さで農史講座[6]を主任教授として担当することになった。黒正巌は経済学を本庄榮治郎から学び，本庄の最初の門下生となった。

　本庄榮治郎の恩師は二人の教授であった。一人は国史学を専攻する内田銀蔵，他の一人は経済学を専攻する戸田海市であった。それ故黒正巌は，恩師の学問的影響を受け継ぎ，国史学にも多大の関心を有した。この方面での代表的な研究業績が上記の百姓一揆の研究（黒正，1928）である。経済学に関しては，恩師本庄榮治郎同様，京都大学法科大学教授戸田海市に師事し，学問的にも多くの影響を受けた。この点について，山田達夫は，「私（黒正巌のこと―筆者註）は学生時代から，この戸田先生に師事してお世話になった。……この先生が私（山田達夫のこと―筆者註）に，経済史や世界史をやるなら地理学を，まず地理学をやれ。…（中略）…就中日本の学者の一番の欠陥は，空間的観念のないことである」（山田，2001：98）と話していた。このように，黒正巌は，農史に代表される経済史と並んで，地理学とりわけ経済地理学に対して学問的興味・関心を抱くようになった[7]。

　黒正巌は，上述した如く，戸田海市の助言に基づき経済地理学の研究を，専門とする経済史と共に実施することになった。前者の経済地理学に関する研究成果は，早くも2編の論攷として結実した。すなわち，註7）で指摘した経済地理学の方法論に関する論攷（黒正，1920）と，経済地理学において主要概念と看做されることもある経済階段[8]を論じた論攷（黒正，1922）である。とくに黒正巌の経済地理学研究上重要な位置を占めるのは後者の論攷である。その後者の論攷は，エルンスト・フリードリッヒ[9]（Friedrich, E.）の主著（Friedrich, 1906）が提唱する経済階段つまり経済階梯に関して論じたものである。その内容は，経済史が過去の経済的事実の記述のみで完結するのではなく，さらに進んで各時代の経済が時代を異なるに従って，異同が惹起する理由を因果的に論究することを最高の目的としているというものである。すなわち，経済階梯も，かかる同一の立場を踏襲していると断じる。具体的にいえば，経済史は空間的平面的に経済の研究に従事するのに対して，一方経済地理学は時間的垂直的に研究を実施するという，明確な相異が存在すると強く主張する（黒正，1922；竹岡編，2002：156）。

　エルンスト・フリードリッヒは，このような点から各地の経済発達程度，つまり経済階梯をメルクマールにして地域区分を行ない，その間に有する因果関係を究明しようとしたのであった。黒正巌は，この点こそが，「従来の諸階段と著しく趣味を異にするのみならず，広汎なる地理学上の知識を以て之を作り上げたのである」（黒正，1922；竹岡編，2002：159–160）と高く評価している。

また，前者の経済史に関しても，経済地理学を含む地理学の影響が強くみられるが，その前提として，黒正巖の経済史（日本経済史）に対する学問的立場を検討していくことにする。理由は，以下において論じる如く，黒正巖の学問的立場は，大きく２分されるわが国の経済史研究の潮流の１つを代表する研究者であると看做せるからである。かかる経済史研究における２大潮流とは，日本歴史学派[10]の経済史（以降歴史学派と略す）と，マルクス主義の影響を強力に受けたマルキストの経済史（以降唯物史観学派と略す）である。

　黒正巖が研究に着手した初期の時代，つまり昭和時代初期[11]，わが国の社会科学の学問分野においては，マルクス主義思想の影響が急速に拡大した。そのため，歴史学派は唯物史観学派に対抗して，大きな潮流を形成することになった[12]。この点はドイツ歴史学派の形成と同じであった。このような歴史学派の成立事情から黒正巖を代表とする歴史学派は，唯物史観学派から非常に厳しい批判を受けることになった。以下では，ドイツにおける唯物史観学派出現の社会的背景を，黒正巖の理解に従って手短かに検討していく（黒正，1940；大島編，2002: 4–9）。

　近世資本主義時代[13]において，とくにドイツでは，次のような特徴が顕著にみられた。その特徴とは，前時代とは異なり，貨幣をもって万物の公分母とする，経済の先験概念を貨幣に求めることが主流となった。それ故，個々の特殊性，人格など質といえる，計算することが困難あるいはできないものまでも強いて量化した。それに伴って，従来の社会機構も根本的に変革されることが余儀なくされた。このことは，前時代において支配的であった唯心論的立場を取る宗教主体の思想の衰退を意味した。社会の生産力といえる，量的物質的立場から歴史を認識するという新たなる思想が登場したのであった。この思想とは，物質の生産量から社会を考察する唯物論的な発想である。かかる唯物論的な歴史観すなわち唯物史観を体系的に系統化したのがカール・マルクス（Marx, K.）であった[14]。かような立場から，従来の歴史は支配階級の観念的立場にすぎず，真の意味の歴史ではないと断言する。このような理論に基づいた経済史が，わが国において唯物史観学派と称されている学派である。

　唯物史観学派に対して，黒正巖は以下のように反論する。唯物史観学派は，その目的が歴史それ自体を研究するのではなく，資本主義経済の革命を理論化するために唯物弁証法を使用したものに過ぎない。論拠とされる歴史的事実に関しても自己の理論に都合のよい事実のみを採用し，不都合な事実は故意に無視している。それ故，この学派は１つの歴史哲学とでもいうべきもので，経済史そのものではありえないと主張する。ただし，唯物史観学派は，雑駁性，多様性，矛盾性および研究方法の不統一など諸点に関して，何等反省しない，従来の歴史学および経済史について，方法論的に省察する大きな刺激を与えたという事実は認めなければならない。

　以上論じた唯物史観学派に対抗して，同様に経済の発達の研究を重視する潮流が存在する。その潮流が既述したドイツ歴史学派である。

　この期間，すなわち既述した如く，黒正巖は，京都帝国大学経済学部講師に任命され，研究者の道を歩むことになった。その直後の大正 11 年（1922）9 月に文部省在外研究員を命じられた。研究先は英・独・仏・米の４ヶ国であったが，主としてドイツのハイデルベルグ大学で集中して勉学に努めた。当時ドイツではマックス・ウェーバー（Weber, Max）が死去した直後であったことから，

マックス・ウェーバーに関する著作が相次いで刊行された。黒正巌もその学問的刺激を大いに受けた[15]。この間の事情は次のようになる。

黒正巌は，ハイデルベルグ大学において，アルフレッド・ウェーバー（Weber, Alfred）の指導を受け，産業立地論や歴史社会学の知識を吸収した。恩師の一人である戸田海市の助言を受け，経済学と共に地理学に学問的関心を抱いていたことから，この方面に関する研究者であるアルフレッド・ウェーバーに接近したと推察できる。周知の如く，アルフレッド・ウェーバーの兄がマックス・ウェーバーである。黒正巌は，マックス・ウェーバーの著作について，弟のアルフレッド・ウェーバーから直接懇切な指導を受けた（山田, 2001; 山田・徳永編, 2001: 99）。以上論じたように，黒正巌は，アルフレッド・ウェーバーより経済地理学に多大の関連を有する経済立地論についての理解を深めていったのであった。かくして，黒正巌は，地理学の中でもとくに経済地理学に強い学問的興味・関心をもつようになったのである。

なお，黒正巌を代表とする歴史学派は，上述したように，ドイツ歴史学派の模倣ではない，異なる傾向もみられた。その傾向とは，経済史を含む経済学は，固より日本文化一般に関する諸学の躍進的発展の基礎をなすという視点に立つ。その上で，日本民族固有の文化を研究し，さらにその経済発展の特殊性を究明することを目的とする，日本独自の科学の建設を担っているとする（黒正, 1940; 大島編, 2002: 8–9）。この点も付加しておく。

Ⅲ　経済地理学の体系

前項で論じた経緯によって，黒正巌は，経済史研究と並んで経済地理学研究も実施することになった。経済地理学に関して経済地理学の文献目録を収集した共著を含めて，著書を4冊（黒正, 1931, 1936; 黒正・菊田, 1937; 黒正, 1941）を出版している。これら4冊の著書の内，本稿では，黒正巌の経済地理学の方法論を集大成したものとされる（竹岡, 2002: 383）著作『経済地理学原論』（黒正, 1941; 竹岡編, 2002: 1–311）を中心に論を進めていく[16]。

前述したように，経済史を研究しようとしていた黒正巌に対して，恩師の一人である戸田海市が地理学を熱心に勧めたのは，次のような事情からであった。すなわち，黒正巌は，『経済地理学原論』（以下，本書と省略する）の序において，「私が経済史を専攻すべき旨を申出たる際，「本庄榮治郎博士は現代より倒叙的に歴史研究に入られたが，君は先ず地理空間的研究より入門せよ」との事であった」と記している。このことが，経済史家である黒正巌が経済地理学研究にも力を注ぐ理由となったのである。

黒正巌は，また本書の序の中で，本書は学生向きの参考書として執筆した。そのため，個々の経済地理学的事実を記述することを退け，その方法論を中心に論述したと，本書の目的を明確に述べている。その理由は，たんに事実を知るだけでは物知りの段階に留まる。とりわけ経済地理学は，研究法が未だ発達が充分といえないため，その研究領域や対象すら不明確であるという状況である。そのため，経済地理学は「所謂地上の事実雑炊学」との嘲笑すら受けることになっている。この点を克服すべく，方法論を主体に執筆したのであった。なお，以上のことから，本書を貫く根本思想は経済地理学の指導原理およびアプリオリが，経済地域の概念でなければならない点を強調する。

以上のように黒正巌は，本書執筆の動機を明確にしている。しかし，内容が理解しやすい事実中心でなく，方法論主体となっている。学生向けの参考書とはいえ，内容が大変高度であり，とりわけ経済史の基礎的知識が要求され，学生にとっては理解するには時間がかかると推察される。なお，著作集には，第Ⅱ部として経済地理学に関する2編の論攷（黒正，1912・1913, 1937）が加えられている。

本書の構成は以下のようになっている。

以上の構成から明白なように，本書の特色とでも称すべき，経済地理学の方法論，本質論に関連するのは第1編および第2編である。それ故，両編を中心に本書の特徴を検討していく。

経済地理学の根底に横たわっていると看做される経済地理学の性格に関して，黒正巌は次のように把握している。経済地理学の成立は最近のことである。また，研究対象が経済と自然という概念的に別個のカテゴリーに属している。そのため，統一あるいは総合して一元的に取り扱うことは方法論的に困難である。そのため，強いて一元論的に取り扱うとなると，経済哲学あるいは歴史観となり，経済科学の地位から外れることになる。経済地理学はこのような学問的状況であることから，研究方法，任務，定義などその本質的な部分といえるものに関して，定説が存在しないという状態である。それ故，黒正巌は，経済地理学と称している著作においても，その名実がまったく伴わないものが少なからず存在する，と厳しく断言する。

経済地理学には，3つの著しい傾向が存在する。その第1は，旧来の商業地理学の変形ないしは商品地理学に所属するものである。その特徴は，個人的営利的な経済活動の手段を分析することに止っていると看做す立場である。そのため，何ら科学的理論を有していない。第2は，自然と経済との相関関係によって，地表の経済的意義を解明しようとする立場である。ドイツの経済地理学が

代表とされる傾向である。第3は，経済現象の分布が一定の地域における自然的人文的関係によって異なっていると推察する立場である。それ故，地表の各地域の経済的特異性を研究し，さらにこれを比較することで，その本質を知ろうとする[17]。最近よくみられるようになった傾向である。以上3傾向に関して，黒正巌は，上記第1，第2の傾向は，経済地理学を研究する場合，有用な研究方法であることは過言ではない。しかし，これらの傾向は経済地理学それ自体を示すものではなく，1つの研究方法あるいは予備知識に過ぎないという。

　以上から黒正巌は，上記の第3の傾向が方法論的に経済地理学にもっとも近いとする。しかし，経済地理学の本質を明確にするためには，その定義を確立することが急務となる。かかる定義が確立すれば，それに即応して，範囲，研究対象，科学上の地位，任務などが自ら決定されるからである。とはいうものの，経済地理学に関しては未だ定説的な定義が存在しない。理由としては，基盤となる経済社会の状況が急速に変化するため，永遠不滅の定義をもつことが困難なためである。それ故，今日の種々の経済の発達段階および社会状況に照らして，定義を行なうことになる。しかもこの定義は，上述の如く諸事情が変化しても，経済地理学を経済地理学とする限りにおいて，根本的に崩壊しないといえる。かような崩壊しない定義とは，「経済地理学は経済的文化の空間的分布的現象形態としての地域的個性を研究する科学である」と位置づけられるのである。

　経済地理学の上述した定義から，その任務は自ら明白となる。その任務とは，地表空間がそれぞれ特異な経済的個性を有し，さらに独自の経済的機能を発揮することにより地的統一を形成していることを解明することである。それ故，人間の経済的文化が空間的に構造連関し，そのことで地域編制を形成することを明らかにすることである。つまり，経済地理学は，地表空間の地域的個性を経済的文化現象の顕現として研究しようとするのであれば，その構成要素である人間の文化創造力と自然の潜在力との意義，および両者の連関を研究することが主任務でなければならない[18]。

　経済地理学の体系は，その本質において，課題として，前述したような方法論および任務を担っている。黒正巌は，かような課題を踏まえて経済地理学を以下のように分類している。

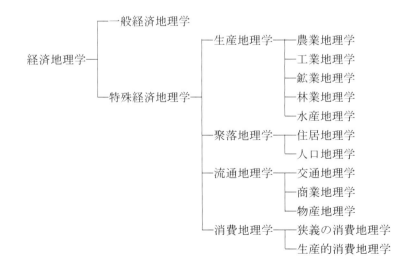

すなわち上記のように，経済地理学を一般経済地理学と特殊経済地理学に大別する[19]。前者の一般経済地理学は，最初から大観的総合的に研究することができない。それは，概念的に分類できるのみで，現実にこれを組織化することは困難である。これに対して，後者の特殊経済地理学は，経済現象の分類に従って形成されたものである。それは，生産地理学，聚落地理学，流通地理学，消費地理学の４部門に区分でき，さらに各々は産業形態や現象形態によって，例えば，農業地理学，工業地理学などに細分化できる。

　なお黒正巌は，経済地理学の分類に関して，その他２つの異なった分類も存在すると指摘する。しかし，かかる２分類は，その概要をごく簡潔に示しているに過ぎない。その１つの分類は，経済地理学が地表の地域的個性ならびに地域編制を研究することから，一定の方法によってまず地域を画定する作業が必要となる。その作業については，以下の２つの区分がある。第１は，地域的個性を経済地理学的に研究することを目的とする，全体経済地理学である。第２は，東洋，西洋といえる地域，ブロック地域[20]，国民経済地域に関して，経済地理学的に研究することを目的とする，部分経済地理学である。

　その２つ目の分類は，本文で示した分類（第１の分類）に，上述の全体経済地理学および部分経済地理学（第２の分類）とを交錯したもので，経済形態を主とした第１の分類と，地域の広狭をメルクマールとした第２の分類とを併用した区分である。例としては，世界農業地理学，東亜農業地理学，日本農業地理学などが挙げられる。

Ⅳ　地理認識の特徴

　黒正巌は，これまで論を展開してきたように，経済史研究に従事すると共に，経済地理学にも学問的関心をもち，著作を刊行した。後者の経済地理学に関する研究は，前者の経済史研究と大いに関連していた。この点も既に指摘したが，経済史を研究したいのであれば，まず地理学を修得する必要があると，恩師の一人である戸田海市から伝授されたことがその端緒であった。その影響と推察されるが，黒正巌が研究した地理学は経済地理学に特化したものであった。しかしながら，経済地理学は，人文地理学を構成する主要部門の１つである。それ故，経済地理学の認識は，人文地理学の認識と異なるのではなく，同一の立場をとる。さらに周知の如く，地理学は人文地理学と自然地理学に大別できる。黒正巌によれば，従来では，かかる両者を総合・統一したものと看做す，すなわち一元論（地理学一元論）として把握することが多かった。黒正巌の地理認識は，この地理学一元論を批判することが出発点となっている。それ故，黒正巌は，地理学一元論をどのように把握し批判するのであろうか。この点から検討していくことにする。

　地理学は，歴史学と共にその成立がもっとも古い学問分野である。しかし，歴史学にも該当するのであるが，成立が古いということは，つまり長期間学問分野として存在してきたことが，方法論的にあるいは系統的に進歩しており，学問的意義，地位，任務が明確であることを示しているわけではない。逆に学問としての進歩が遅れ，科学論的にも不明な状態のままで停滞しているのが現状といえる。このような事態を呈することになったのは，長期間において，種々の研究方法あるいは研究対象が導入された。そのことにより，これらの方法や対象が根強く残存し，除去することが困

難となっていることがまず挙げられる。そして，さらにその上に，地理学の研究対象として，悠久無限の自然と，変化限りない人間および人間の結合，加えて人間と自然との関係が考察されることになった。そのため，地理学は最終的に，地球に存在する万有のものを研究対象とせざるを得なくなった。つまり，方法論的にも科学的体系を成すか否かが疑われ，恰も雑炊的な学問となってしまったのであった。

そこで，このような雑炊性を免がれるために，自然の神学的解釈に依存しようとしたり，あるいは地人一体論，地人相関論，さらには環境論をもって，地理学の一元性，科学性，絶対性を擁護してきたのである。それ故，地表にみられるすべての現象を研究対象としてきた地理学は，固有の方法論を確立することが困難であった。強いて一元論的方法を採用すれば，一種の哲学観，ないしは世界観となり，経験科学として認知されている地理学の地位を自ら逸脱することになる。一元論的地理学は，地的統一または地的渾一の概念によって，有機，無機および人間を包摂する地理学の体系化を志す。そのため，方法論からも一元論的に把握する必要がなく，事実上不可能となる。つまり，地理学が一元論的に把握したり，認識されなくとも，地理学は学問分野としての面目を失わないし，研究ができないことはない。

ただし，文化発達の程度が低く，自然の影響が極めて大きく，さらに人間が認識する世界が狭小かつ変化や異質性が少なかった時代では，一元論的地理学が存在可能であった。しかしながら，現在みられる地域的個性あるいは景観は，決して原始的自然状態ではなく，長い年月を通じての自然的文化的変化の結果として生じたものである。それ故，人間と自然との相関因果関係を正確に明らかにすることはできるはずがない。強いてかかる変化の過程を深く追求すれば，地理学の領域を逸脱し，歴史学あるいは歴史観になる恐れが充分にある。

かように，地理学の本質を明らかにしようとすれば，逆に地理学の意義を見失なう結果となることが予測できる。地理学が一元論を無効としたのは，近世における人文地理学の発達により，その下部部門が分離独立して，それらが生長，繁栄したからである。つまり，地理学の固有であった研究課題は，これらの分離独立した下部部門に吸収されてしまい，恰も親木が漸次萎縮するような有様となったことが，主たる要因ではないか，と黒正巌は推察している。

時代を経過するに従って，科学的認識は分化・細分化する傾向が顕著となる事実は，科学史によっても示されている。それ故，旧来の特定の科学的部門が消滅したり，あるいは内容が大きく変質したりすることもありうるのである。とくに地理学は，既述した如く，対象論的にまったく別個に所属する下部部門を内包している。このことからも，科学方法論の進歩と共に，極端な分化・細分化が生じるのはむしろ当然のことといえる。人間の特質は，生来的に空間を認識し，それに対して地理学的考察を行なうことである。それ故，いかなる人間といえども，勿論程度差が認められるが，空間を認識する能力を有している。したがって，人間は地理的であり，その行動は空間を離れて存在しない。しかしながら，かかる人間の空間に対する認識力の発達が進むにつれて，その研究方法が異なることになる。つまり変化するのである。

古代においては，認識される地表空間が狭小であり，その上に現象するものは単純であった。また，空間認識は幼稚であったため，地理認識については分化，細分化は存在しなかった。しかるに

現在では，世界の外延的拡大と内充的な集積によって，無限の複雑性がみられる。そのため，地理学においては，方法論的に分化せざるを得ない状況となっている。以上のことから判明するように，自ら自然科学的（または歴史科学的，精神科学的）認識との分化が生じ，同一の地表空間をまったく異なった研究方法によって取り扱うことになった。かようにして，自然地理学と文化地理学[21]とは概念的に区分されることになった。

このような明白な区別が存在するため，自然地理学と文化地理学（人文地理学）との意義を明確にすることが可能となり，そのことにより，地理学一般の意義の理解を深めることができるのである。すなわち，「自然地理学をテーゼとし，人文地理学をアンチテーゼとする弁証法的対立と見る時に，自然地理学と人文地理学とは相互に認識を深め合い，内容を豊富ならしめ，茲に止揚されたる地理学が理解される」と主張する。それ故，地理学一元論こそは，地理学がますます雑炊的なものとなり，独立科学としての存在すら否定しかねないという。

再度繰り返すことになるが，地理的認識は，人間自身の発達およびその社会関係や，人間と自然との相対関係の変遷によって変化する。そのため地理学が自然地理学と人文地理学とに分化し，それぞれにおいて多くの地理学の部門が形成された。さらに，かような分化の過程，研究方法，目的なども時代および地方によって変化する。その変化は一定の方向，つまり発展段階をとる。歴史学では，この発展段階は次の3段階に進むものとされている。

第1段階は物語的（歌われたる）歴史，第2段階は実用的教訓的歴史，第3段階は発生論的発展的科学的歴史である。地理学の著作を大局的に判断すると，古代より現代に至るまでの歴史学の上記の発展段階は，地理学にも該当する。

地理学の第1段階は，物語的趣味的文学的地理学である。この段階では，文化の発達が幼稚すなわち初期の時代である。それ故，自然を神秘的なものと看做し，諸々の自然現象は神意の表現であると結論づける。そのため，ただ驚異と恐怖および神秘の観念によって，日常的に起こる自然現象および自然状態をただ記述するのみとなる。したがって記述は物語的となる。また，この段階において，人間は新を求め奇を好むという性格が強い。それ故，見知らぬ異郷を旅行し，山川風物に感動したり，驚異の眼で書を残そうとする。さらに，旅行を好まない者でも，未知の世界を知ることに憧れる。このことから物語的文学的地理書が大いに好まれることになる。古いタイプの旅行記風の地理書，地誌的地理書の多くはこの段階のものである。

第2段階は，実用的目的論的地理学である。この段階では，国家体制が整備されるに従って，とくに軍事的，商業的，植民地的活動が活発になる。それを潤滑に実施するために，遠隔地の情報を正しく知る必要が生じる。そのため，地理学が著しく発展するのである。地理学は，軍人や商人などの活動に対して，有利な手段を研究できるからである。具体的には，地理学は住民の特性の相異なる要因を推論し，政治，経済，その他一般の特異性に関する概括的な理論を構築する。そうであるからこそ，軍人，商人に対して，その時々，所々に適応して活動すべき指針を与えることができるからである。人国記風の地理書がその典型である。この段階では，白人（ヨーロッパ人）が世界各地に出没し，侵略的な活動を開始した。それ以降，実用的な地理書が多数刊行された。つまり，この段階での地理学研究は，実利的目的でもって実施されていたため，その研究が一般的総合的論証的

ではなく，便宜的かつ一方的なものであった。しかしながら，その記述は比較的正確であり，地理的認識を深め，加えてその視野を拡大することになった。いわゆる探検発見時代の地理書がこれに該当する。人文地理学の下部部門においては，商業地理学，植民地理学，商品地理学がこの段階で成立した。

第3段階は，現象論的分布的科学的地理学である。この段階に達すると，従来の研究方法では文化の進歩発展に即応できなくなった。そのため，地理空間を現象論的に考察することにより，事物がどのような過程によって地表に展開し，分布するかを研究し，科学それ自身としての地理学を確立することが必要となった。すなわち地理学は，特定の定まった目的を達成するために研究するのが目的ではなく，事物の分布現象それ自身，およびそれによる空間の各部分にみられる地域的個性の形成理論を研究することを目的とすることになった。すなわち，地理学はこの現象論的，かつ分布的科学それ自身が研究の対象となったのである。

しかしながら，黒正巌は，現在ではこのような第3段階も越えなければならないと主張する。つまり，第2段階である実用的目的論的地理学と，第3段階である現象論的分布的科学的地理学の両者は，弁証法的に止揚され，国家の合理的地域的編制 [22] を研究する科学となったのである [23]。換言すれば，一定の目的に向って行なう実用的目的論である。しかし，前段階にみられたように，それは低次元のものではなく，しかも，国家の最高目的をも内包する，超国家的なものでもない。それは，まったく高い次元による実用的目的論地理学と，現象論的分布的科学的地理学との止揚の段階に達した地理学なのである。

黒正巌は，地理学の理論的ならびに方法論的な基礎あるいは土台とでも称すべき地域認識に関して，上述したような考察つまり認識をもっていた。本書は，かかる認識の下に，人文地理学の主要部門と目される経済地理学について，原論すなわち本質を詳細かつ理論的に検討・分析したのである。

V　結語—結びに代えて—

黒正巌は，百姓一揆の研究に代表されるように，関連する史料を非常に丹念，かつ多量に収集し，論を組み立てるという実証主義的立場を貫いた研究者としての側面をもつ。その一方で，本書に代表されるように，論理的，理論的にその本質を考察するという，理論家としての側面も併せてもつ。一般に，前者すなわち事実を実証的に展開する研究者は，後者つまり所属する学問分野に関して，理論的に体系づける作業をまったく実施しないまでとはいえないが，等閑視する傾向が強い。黒正巌は，これら両者を検討・分析した数少ない研究者であるといえる。

以上述べたように，黒正巌は，専門とする経済史を中心とする経済学，および経済地理学の両分野において，比類なき研究業績を蓄積した研究者である。しかしながら，このように両分野における学問的貢献度は非常に高く評価できるのであるが，とりわけ後者の経済地理学を含む地理学に関しては，評価どころか認知度が決して高いとはいえない [24]。

理由は，第1点として，経済学での研究業績が余りにも有名なため，地理学についての研究業績が顧みられることが少なかったこと，第2点として，黒正巌が経済学部出身であることなどから，

日本において地理学研究者から直接指導，教育を受けていないなどの理由から，経済地理学に関する著作を数点出版するもとくに地理学研究者の間には普及しなかった [25]。第３点としては，黒正巌は留学時代マックス・ウェーバーの学問的方法論に強い関心をもち，研究した。それ故，本書の内容が論理・哲学的となっている。この点は，類書と看做される以前に出版された佐藤弘の著作（佐藤, 1930）と比較すると，数段文章・内容とも難解であることなどが挙げられる。それ故，筆者が拙攻（田畑, 2017: 1）において指摘した如く，中島健一などとならんで「孤高の地理学者」の一人といえよう。

　本論を要約する余裕をもたない。が，解明できた点を列挙すれば以下のようになる。

　①黒正巌の研究は，経済地理学を研究対象としたが，経済地理学はあくまで人文地理学の主要部門であると認識していた。経済地理学は，黒正巌の認識とは異なり，経済学の一分野であるという立場も存在する。経済地理学は，経済学の応用部門の１つで，経済学固有の理論に基づき研究に従事する立場である。一般には，マルクス主義的な見解をとる場合や，立地論を強調する場合がこれに該当する。経済学部，商学部など社会科学系の学部・学科において講じられている経済地理学は，この立場を採用していることが多い。

　②地理認識は地理学一元論を出発点とし，その批判的検討から論が展開される。その結果として，文化の発達が遅れている地域を除いて，地理学の方法論の１つとして看做されることもあった地人相関論は，論理的に成立しないと完全に否定されている。

　③立地論は古くから存在した理論である。しかし，旧来型の立地論は，経済地理学とは別の学問分野に属するものであると主張する。つまり，従来の立地論は，時空を超越した仮説によって原資優越（Kostenvorteil）のみを抽象的に論じており現実の地域的個性とかけ離れているからである。とはいえ，このような仮説的抽象論に終始するのではなく，現実在としての地域について具体的に考察する。そして，そのことで，地域的編制の合理化如何を研究するのであれば，経済地理学を理論化し，統一する最上の方法論となる。この点は，アルフレッド・ウェーバーに産業立地論を，甥のアドルフ・ウェーバー（Weber, Adoruf）に師事して工業立地論を学習（山田, 2001: 99）した影響が大きいと推察される。

　④アルフレッド・ウェーバーの兄にあたるマックス・ウェーバーの著作をわが国で最初に翻訳したこともあり，マックス・ウェーバーの影響が方法論の考察に随所に散見する。その点は，マルクス主義を方法論として採用している経済地理学同様，マックス・ウェーバーという特定の研究者の研究上の立場を理解していなければ，理解することが大変困難であると思われる。

　以上の４点に集約できる特徴が，黒正巌の地理認識であるといえる。このような黒正巌の地理認識は，竹岡敬温が，「この二つの学問——歴史と地理——の伝統は，…（中略）…『アナール』の代表的な歴史家たちにみられた地理学にたいする強い関心で，かれらと同様に抱いた数少ない日本の歴史家のひとりが黒正巌であった」（竹岡, 2001: 38）と記しているように，アナール学派の歴史学に非常に近いものであった。筆者も，アナール学派の検討を地域研究との関連で研究を実施している（田畑, 2003・2004, 2015）ので，竹岡敬温の見解とほぼ同様の認識をもっている。

　黒正巌には，本書以外にアルフレッド・ウェーバーおよびアドルフ・ウェーバーの影響を受けた

とみられる論攷（黒正, 1912・1913），地政学（Geopolitik）に関する見解（黒正, 1944）など地理学に関する著作が存在する。これらの著作を含む黒正巌の地理学に関して，マックス・ウェーバーの方法論との関連を踏まえつつ，再度，その全体像の分析・検討を行ないたいと念じている。

注

1) 経済学部などにおいては，経済原論の講義は経済原論 I，同 II とに分かれ，両科目とも必須とされることが多い。なお一般には，経済原論 I はマルクス主義経済学（マル経と省略），経済原論 II は近代経済学（近経と省略）の理論が講義される。

2) 地理学の固有・独自の研究対象は地域であり，その研究手法としては一般にフィールドワーク（field work）であるとされる。それ故，地理学研究者の中には，地理学の最終目的は地誌学（地域地理学）であると主張する研究者もみられる（野間他, 1970: 230）。しかし，地域に関しても，経済学の一部門に地域経済学（Regional Economy）が存在するように，地域を主要研究対象とする分野がある。また，研究手法のフィールドワークに関しても，民俗学における聞き書きのように，フィールドワークを主要な研究手法としている分野もある。なお筆者は，フィールドワークを狭義のフィールドワークとフィールドサーヴェイ（field survey）に区分し，各々異なる概念として度々使用している（田畑, 1999 など）。この区分に従えば，地理学はフィールドサーヴェイに基づいた資料を重視する学問分野であるといえる。また，フィールドに資料を求め，その資料を主体に論を展開することを学問的基盤としている学問分野全体を川喜田二郎は「野外科学」と呼んだ（川喜田, 1967 など）。「野外科学」には地理学を筆頭に，民族学（文化人類学），考古学，民俗学などの学問分野が該当する。

3) 現在の社会学では，農村社会学（Sociologie Rurale）などの部門と同様に，社会形態学はその主要部門とはいえない。しかしながら，当時はエミール・デュルケーム（Émile Durkheim）などの影響を受け，社会形態学的研究が盛んに実施されていた。社会形態学側からの人文地理学批判は，主として近代におけるドイツ地理学の開祖とでも称すべきラッツェル（Ratzel, F.）の人文地理学的な立場であった。この間の事情に関しては，リュシアン・フェーヴル（Febvre, L.）が「ところがラッツェルは，…（中略）…Anthropogeographie において，土地が社会生活全般の上におよぼすことのありうるあらゆる影響の研究を提議している。──そんな草案は空想だ」（Febvre, 1922, 飯塚訳（上巻），1971: 77）と論じている如く，社会形態学側の批判が出されたのであった。なお，人文地理学研究に代わる社会形態学研究の例として，マルセル・モース（Mauss, M.）のエスキモー社会の研究（Mauss, 1904・1905）が挙げられている（Febvre, 1922, 飯塚訳（上巻），1971: 62）。

4) この点に関しては，リュシアン・フェーヴルの著作（Febvre, 1922, 飯塚訳（上巻），1971, 田辺訳（下巻），1972）に詳しい。この点を含むフェーヴルの地理認識については拙攷（田畑, 2008）を参照のこと。なお，この他地理認識に関しては拙攷（田畑, 2011・2012, 2017 など）においても度々論じているので参照のこと。

5) 以下黒正巌の経歴・著作などに関しては，初代学長を務めた，大阪経済大学の創立 70 周年（2002），日本経済史研究所開設 70 周年（2003）を記念して刊行された著作（山田・徳永編, 2001: 183–195）

によった。

6) 農学部農史講座は日本では当講座のみの開設で，世界でも類をみない講座であった。農史は，一般には，農業の歴史を農業技術史を中心に研究する部門であるとされる。しかし，黒正巌の講じる農史は，農業技術史に加え，農業思想史，農業経済史，農政史などの他部門をも含む非常に広範囲にわたった。そのため，自らが「訳の判らぬ講座」と称していた。門下生の一人である山田達夫によれば，広く農業に関する史的研究であれば，何を研究してもよいという講座で，黒正巌の研究分野の幅の広さを象徴的に示していたという（山田，2001: 99）。

7) 黒正巌が発表した第2論攷が「経済地理学研究に対するクルーベル博士の見解」（黒正，1920）である。なお第1論攷は，六高在籍中から研究に取り組み，学部在学中に発表された「岡山藩の開墾」『経済論叢』10（2・3）である。同論攷は大正9年（1920）2月に発表されたが，当時学生の論攷が学術雑誌に掲載されることはめったになかった。なお，同年，黒正巌は大学院に入学し，日本経済史を専攻した。

8) 経済階段という用語は，一般には経済階梯と称されている。経済階梯に関しては，第2次世界大戦以前において，わが国の経済地理学を主導した研究者の一人と目される佐藤弘の概説書にも詳細な解説が加えられている（佐藤，1930: 150–163）。

9) エルンスト・フリードリッヒの研究上の特徴について，黒正巌は，「元経済地理学者であるが，彼は従来の地理学者と異なり，単に各地方に於ける経済事実の記述のみを以て満足せず，一地方の経済と一つの組織として達観し之を他の地方の経済と比較し，その異同を生じる理法を究明するに力（努力）めた」（黒正，1922; 竹岡編，2002: 159）と論じている。

10) 歴史学派は，一種の演繹的抽象論であり，時空を超越する自然的必然論に陥る傾向が著しくみられる。この学派は，マルキストの経済学およびアダム・スミス（Smith, A.）の経済学に対抗して，ドイツ経済界にその起源を有する（黒正，1940; 大島編，2002: 6）。かかるドイツ歴史学派を源流として成立したのが日本の歴史学派である。この歴史学派は，内容がドイツ歴史学派と完全に一致していないという理由などから，日本歴史学派と呼ばれた。ドイツ歴史学派の創始者としては，一般にリスト（List, F.）が挙げられる。しかし黒正巌は，その理論的基礎を与えたのがロッシャー（Roscher, W.）なので，ロッシャーをドイツ歴史学派の創始者と推察している（黒正，1940; 大島編，2002: 7）。その後，ドイツではシュモラー（Schmoller, G.）に代表される新歴史学派なる潮流が形成された（黒正，1940; 大島編，2002: 7）。なお，黒正巌は歴史学派の代表とされるが創始者ではない。創始者は，京都帝国大学経済学部において初代の経済史講座教授に就いた本庄榮治郎であると考えられる。理由は，本庄榮治郎が経済史研究の初期において，その基礎をドイツ歴史学派の経済史に置いていたからである。

11) この時期において，黒正巌は非常に多数の著作を刊行している。その代表的な著作としては，百姓一揆研究において画期的研究との評価の高い著作（黒正，1928; 山田編，2002），わが国ではじめて本格的な日本経済史の通史（大島，2001; 山田・徳永編，2001: 152）と称される著作（黒正，1940; 大島編，2002）が挙げられる。

12) 住谷悦治は，その著書の中で，「本庄・黒正に代表される学派は日本歴史学派の第三期であり，

それは日本資本主義の第三期，つまり没落・転形期に対応した，反動的形態」（住谷，1934: 243）という評価を与えている。

13) 封建時代は常に物質の欠乏に悩み，人類は物質の増加に大いなる憧れをもっていた。そのため，多大の物質を獲得することこそ，人類の最大幸福と看做してきた。その願望を実現したのがイギリスで勃興した産業革命であった。つまり，産業革命によって物質の生産量が躍進的に増大したのであった。近世資本主義時代とは，このような時代であった。

14) 黒正巌は，マルクスの思想を，「彼（マルクスのこと—筆者註）は弁証法の理論を以て，社会組織と生産関係との矛盾の中に社会，文化の必然的変革を説明し，更に支配階級と被支配階級，換言すれば搾取階級と被搾取階級（生産階級）との対立抗争の中に歴史の運命を見出さんとする一種の必然論である」（黒正，1940; 大島編，2002: 5）という。

15) 黒正巌は，マックス・ウェーバーの著作・*Wirtschaftsgeschichte: Abriss der universalen Sozial*（1924）を昭和2年（1927）に翻訳（黒正訳，1927a; 黒正・青山訳，1954・1955）した。同訳は，マックス・ウェーバーについてのわが国最初の翻訳であった。同書の翻訳権は弟のアルフレッド・ウェーバー（Weber, Alfred）から得た。なお同年，マックス・ウェーバーの大著 *Wirtschaftsgeschichte* の一部を学術雑誌に翻訳している（黒正訳，1927b）。

16) 一般には，他文献からの参照・引用に関しては，論旨の正確性を期するためにも該当箇所の出所を本文中に明示することが求められる。しかしながら以下の本文では，本書からの検討および分析が中心なので，参照・引用のほとんどが本書からである。それ故，該当箇所を本文中にその都度明示すると，文章が読みにくくなり，論旨の把握が困難になる恐れが考えられる。そこで，本書に限り，参照・引用については該当箇所を本文中に明示することを避けた。ただし，直接引用に関してのみ，その箇所を文中に鉤括弧で示した。

17) この傾向は，隣接する歴史学の方法論とも異なるという点の説明が可能となる。すなわち，歴史学は，文を時間的垂直的に発展的に研究することに特徴を有している。そのため，各時代における現象形態の変化の過程を明らかにできる。一方これに対して経済地理学は，経済現象を空間的かつ平面的分布（展開）的に考察することで，各地方における現象形態の差異を説明するものとされる。

　なお黒正巌は，文化について次のように把握している。一般にいえば，文化は主として経済活動の中で生長する。つまり，それは，経済諸関係の上部構造であり，経済諸関係はその下部構造であるが故に，経済と文化は密接不可離の関係である。したがって，文化が発達すればする程，経済関係の重要性が増加する。

18) 地人相関論は，文中で論じた人間の文化創造力と自然の潜在力との関連から生じた理論である。しかし，地人相関論は議論が分かれるところであるが，自然をどちらかといえば絶対的優位に置く傾向がみられる。そのため，地人相関論は経済地理学の主たる任務とはいえない。自然の力が潜在的であるが故に，人間が創造した文化は発展してやまないのである。つまり，人間の力が大きくなればなる程，自然の力も増大するのである。そうであるからこそ，人間は常に不断の努力によって，自然の力を利用し，発現しようとするのである。

19) 具体的には，一般経済地理学は，各地域の経済的特性を統合的かつ総合的に研究するもので，さらにこれを地的統一において比較研究する場合である。統合あるいは総合経済地理学と称されることもある。特殊経済地理学は，特殊の限定された特定の現象によって地域の個性を発見し，その相互的比較を研究する場合である。個別経済地理学と称されることもある。

20) ブロック経済を実施している地域。ブロック経済とは，本国と植民地，あるいは政治上の同盟国が一体となって，主要商品の自給自足化を促進する。そのために，相互に特恵を与えることにより市場を確保しようとする，非常に閉鎖的な経済圏をいう。本書が出版された当時，かかる経済を指向する国家群や地域が存在した。

21) 黒正巌は，本文にみられるように，人文地理学の同義語として文化地理学を使用している。しかしながら，この点は一般に了解しがたい点が少なからず存在することなどから，本文の以降では，一般に慣用語として使用されているように，人文地理学という述語を使用している。なお現在では，アメリカ合衆国において，人文地理学の同義語として文化地理学が使用されることが多い。つまり，アメリカ合衆国では，人文地理学は，その構成部門から経済地理学を除外しているため，人文地理学イコール文化地理学となるのである。

22) 合理的地域的編制とは，旧来の資本主義的利己的立場から生じる，無政府的な地域的編制を解体し，国家の遂行のために行なわれた地域編制の再組織を意味する。

23) この点に関しては，本書第5編経済地域編制論において，具体的に展開されている。

24) 経済学に関しては，本文において指摘した如く，世界でも類をみない農史講座の主任教授となったこと，さらには京都帝国大学教授を早期退職して，大阪経済大学学長に就任し，経済学の普及に努力したことなどから，大変高い認知度を有している。

25) この点に関して，同様に東京帝国大学経済学部出身の著名な地理学研究者として飯塚浩二が挙げられる。飯塚浩二は地理学教室の所属ではなかったが，黒正巌とは異なり，多数の門下生を育成し，地理学界に一定の影響を与えた。

文　献

大島真理夫 (2001). 日本経済史学の成立・展開と黒正巌. 山田達夫・徳永光俊編 (2001). 『社会経済史学の誕生と黒正巌』思文閣, 42–68.

川喜田二郎 (1967). 野外科学の提唱. 自由, 9 (5), 10–21.

黒正巌 (1912・1913). 工業の地理的分布と聚落形態との関係. 歴史と地理, 10 (6), 11 (1, 2), 竹岡敬温編 (2002). 『黒正 巌著作集　第5巻　経済地理学の研究』思文閣, 315-348.

黒正巌 (1920). 経済地理学研究に対するグルーベル博士の見解. 経済論叢, 11 (6), 25–41.

黒正巌 (1922). エルンスト・フリードリッヒの経済階段説. 経済論叢, 14 (3), 竹岡敬温編 (2002). 『黒正 巌著作集　第5巻　経済地理学の研究』思文閣, 159-173.

黒正巌 (1928). 『百姓一揆の研究』岩波書店. 山田達夫編 (2002). 『黒正 巌著作集　第1巻　百姓一揆の研究』思文閣.

黒正巌 (1931). 『日本経済地理学・第一分冊』岩波書店.

黒正巌 (1936). 『経済地理学総論』叢文閣.

黒正巌 (1937). 独逸より見たる日本. 地理と経済, 3 (1-3), 竹岡敬温編 (2002). 『黒正 巌著作集　第
　　5 巻　経済地理学の研究』思文閣, 349-379.

黒正巌 (1940). 『日本経済史』(新経済学全集) 日本評論社, 大島真里夫編 (2002). 『黒正 巌著作集
　　第 6 巻　日本経済史』思文閣, 1-404.

黒正巌 (1941). 『経済地理学原論』日本評論社.

黒正巌 (1944). 大東亜の地政学. 農政, 6 (1), 徳永光俊 (2002). 『黒正 巌著作集　第 7 巻　農史の研
　　究　付・年譜／著作目録』思文閣, 58-70.

黒正巌・菊田太郎 (1937). 『経済地理学文献総覧』叢文閣.

佐藤弘 (1930). 『経済地理学概論』古今書院.

住谷悦治 (1934). 『日本経済史の一齣』大畑書店.

竹岡敬温 (2001). 「新しい歴史」へ向って―『社会経済史年報 (アナール)』の誕生. そして黒正巌―.
　　山田達夫・徳永光俊編 (2001). 『社会経済史学の誕生と黒正巌』思文閣, 26-41.

竹岡敬温 (2002). 解題―歴史と地理の対話―. 竹岡敬温編『黒正 巌著作集　第 5 巻　経済地理学の
　　研究』思文閣, 381-401.

田畑久夫 (1999). 鳥居龍蔵のフィールドサーヴェイ―西南中国を事例として―. 岐阜地理, 43 (伊藤
　　安男会長古稀記念論文集), 162-165.

田畑久夫 (2003・2004). 『アナール』学派の形成と地域研究. 昭和女子大学大学院生活機構研究科紀
　　要, 12・13, 9-27.

田畑久夫 (2008). リュシアン・フェーヴル (Febvre, L.) の地理認識―『大地と人類の進化―歴史へ
　　の地理学的序論』を中心に―. 日本文化史研究, 39, 133-155.

田畑久夫 (2011・2012). ウィットフォーゲルの地理認識 (上)・(下) ―『地理学批判』を中心に―.
　　昭和女子大学文化史研究, 14, 94 (11)−77 (18), 15, 134 (1)−107 (25).

田畑久夫 (2015). アナール学派による地域研究―人文地理学による地域研究との比較を通して―.
　　昭和女子大学文化史研究, 18, 1-38.

田畑久夫 (2017). 中島健一の地理認識―水力社会論を中心に―. 昭和女子大学大学院生活機構研究
　　科紀要, 26, 1-22.

野間三郎・松田　信・海野一隆・高橋正 (1970). 『人文地理ゼミナール　新訂地理学の歴史と方法』
　　大明堂.

本庄榮治郎・黒正巌 (1929). 『日本経済史 (現代経済学全集　第 6 巻)』日本評論社.

山田達夫 (2001). 黒正巌先生の人と学問―道理貫天地―. 山田達夫・徳永光俊編 (2001). 『社会経済
　　史学の誕生と黒正巌』思文閣, 93-114.

山田達夫・徳永光俊編 (2001). 『社会経済史学の誕生と黒正巌』(大阪経済大学　日本経済史研究所
　　研究叢書　第 11 冊) 思文閣.

Febvre, L. (1922). *La Terre et Évolution Humaine, Introduction Géographique à Histoire*. 飯塚浩二訳 (上
　　巻) (1971)・田辺裕訳 (下巻) (1972). 『大地と人類の進化―歴史への地理学的序論―上・下』岩波

書店（岩波文庫）.

Friedrich, Ernest. (1906). *Allgemeine u. spezielle Wirtschaftsgeographie*. Leipzig. なお佐藤弘が参照したのは，出版年度が 1926 年，発行地点が Berlin となっているので，同書の再版本であろうと推定される。

Mauss, M. (1904・1905). Essai sur les variations saisonnières des sociétés Eskimos, Étude de morphologie sociale. *L'Année sociologique* 9，39–132.

Weber, Max (1923). Entstehung des Herreneigentums，黒正巌訳 (1927b). 領主財産の成立. 歴史地理, 19 (2・3), 土肥恒之編 (2002). 『黒正 巌著作集　第 4 巻　社会経済史の研究』思文閣，226-237. なお本論攷は，マックス・ウェーバーの死後 1923 年に出版された *Wirtschaftsgeschichte*（『経済史』）の第 4 章第 3 節に該当する。

Weber, Max (1924). Wirtschaftsgeschichte: Abriss der universalen Sozial，黒正巌訳 (1927a). 『社会経済史原論』岩波書店. 同書は，黒正巌・青山秀夫訳 (1954・1955).『一般経済史要綱上・下』岩波書店として改訳出版された。

（2019 年 5 月）

降水の地域差理解に必要な総観気候学的視点について

—梅雨降水の東西日本での差や瀬戸内式気候を例として—

加藤内藏進・松本健吾・杉村裕貴

Ⅰ　はじめに

　中緯度にありながらアジアモンスーンの影響も強く受ける日本付近では，わずか1か月の違いでも平均場や卓越気象システムなどの季節の特徴が大きく変化する。一方，日本付近での気候の地域差も大きい。その地域差には，日本列島が南北に細長いことによる緯度による違いや，日本海側と太平洋側という日本列島規模での地形の影響が大きく反映されているだけでなく，瀬戸内式気候（福井，1933）に関連した暖候期の四国の太平洋側と瀬戸内側との降水量のコントラストに見られるような（「四国の山地の南側か北側か」のような），より小規模な地形による影響も加わる。

　しかし，日本列島付近での気候の地域差を生み出す要因は，単に当該地域間の差に直接対応する空間スケールの因子だけでなく，より広域的な因子にも目を向けないと正しく理解出来ない。また，季節平均的にみた地域差であっても，季節平均場だけでなくその中での日々の変動との関連も考える必要がある。例えば，梅雨最盛期の総降水量は「大雨日」[1]の出現頻度の違いを反映して西日本側が東日本側よりもかなり多いが，それは，梅雨前線付近の広域的な平均場の東西の違いを強く反映したものである（Ninomiya, 1989; Ninomiya and Muraki, 1986; Ninomiya and Mizuno, 1987）。更に，その広域的な平均場の東西差は，季節の進行が互いに何ヶ月もずれている東シベリア域，南アジア域，北太平洋高緯度域，北太平洋低緯度域という4つの地域間の（いわば，4つのアジアモンスーン・サブシステム間の）「接点」に，日本列島付近が位置することをも強く反映している（加藤・加藤，2014, 2019; 加藤ほか，2009 等）。

　一方，季節平均の降水量の地域差に対する地形等の局地的な因子が重要になる場合でも，単に「その季節の平均場と地形との直接的関係」の結果というよりも，「日々の変動の中で，『地形の影響を顕在化させるような特定の広域大気場』の出現のしやすさ」を反映する場合も少なくない（加藤，2007）。つまり，日本付近での平均降水量の地域差を理解するためには，単にその季節の平均的な大気場と平均降水量との関係だけでなく，

・どのような季節平均場だから，日々の変動としては，どのような大気場が出現するのか，

・日々の変動としてのどのような大気場の時に，どのような地形の影響による降水の地域差が顕著になるのか，また，そのようなイベントがどの程度の頻度で出現した結果なのか，

という点にも注目する必要があると考える。

　なお，上述のアジアモンスーン・サブシステム間の「接点」に位置する日本付近では，激しい気象現象，日々の持続する異常気象等，気象災害に繋がりうるような極端な現象の特徴や発現に対し

て，地形等のローカルな因子も関与し得る。しかし，その際にも，「季節サイクルや広域的な背景の中での地域性」という視点で理解することが必要な場合が少なくないと考える。

　そこで本稿では，日本付近での暖候期の気候学的な降水量の地域差の理解の際に，日々の現象の特徴を踏まえた視点も必要であることを，梅雨降水の西日本と東日本との違い，高知と岡山との降水量差などを例に（後者は，瀬戸内式気候に関連），筆者らの研究成果等に基づき再体系化して論じる[2]。ところで，「時空間的に集中した対流性の激しい降水」，「比較的一様に持続する地雨性の降水」というような「降水特性」の違いも，現象のメカニズム理解にとっては重要な情報の一つである。そこで本稿では，1時間雨量や10分間雨量のデータに基づく降水特性にも注目して議論する。

Ⅱ　日本列島における梅雨最盛期頃を例とする降水の地域差

1．総降水量や大雨日の寄与でみる梅雨降水の気候学的な東西差

　梅雨最盛期の西日本（特に九州）では，積乱雲の集団に伴う集中豪雨が頻出して梅雨期全体の降水量も大きくなる（Ninomiya, 1984, 1989; Ninomiya and Muraki, 1986; Ninomiya and Mizuno, 1987）。例えば，第1表に例示されるように，九州の長崎でも，関東の東京でも，梅雨最盛期における気候学的な総降水日数は多い。しかし，「大雨日」の平均日数は長崎の方が多く，大雨日の降水の寄与で平均240mm程度も稼ぐ（東京は60mm程度）。それを反映して，長崎における梅雨期全体の降水量は，東京よりも約200mm程度も多くなる。

第1表　梅雨最盛期（6/16〜7/15）と盛夏期（8/1〜31）に対応する時期における長崎と東京の降水の比較

(1971〜2000年で平均)	梅雨最盛期 (6/16〜7/15)		盛夏期 (8/1〜31)	
	長崎	東京	長崎	東京
総降水日数(日)	15.6	14.1	9.9	9.5
50mm以上の日数(日)	2.6	0.8	1.2	0.7
総降水量（mm）	395	205	207	155
50mm以上の日の寄与(mm)	241	61	111	73

総降水日数や総降水量，大雨日の日数，及び，大雨日の降水量の寄与の30年
平均値（1971〜2000年で平均）を示す。加藤・加藤（2019）より引用。

　一方，盛夏期には，長崎でも東京でも総降水日数や総降水量が減少する。特に長崎での大雨日の日数や総降水量への寄与の減少は大きい。しかし，図は略すが，盛夏期の総降水量は4〜5月の降水量と同程度にのぼる点にも注意したい。また，盛夏期における大雨日の寄与自体は長崎（111mm）の方が東京（73mm）よりも多いが，その総降水量に対する割合（大雨日の寄与率）は東京でも約47%に増加し，盛夏期の長崎における大雨日の寄与率に近くなる点が注目される。つまり，東日本の盛夏期には，総降水量こそ梅雨最盛期よりも季節的に減少するものの，大雨日の降水が総降水量に占

める相対的重要性は逆に増すことになる。

２．時間降水量や 10 分降水量データからみる降水特性の違いの捉え方（大雨の『質』の違いの把握の視点に関連して）

　降水特性の違いや多様性は，１時間降水量や 10 分間降水量[3]の時系列を参照することによって，ある程度明確に捉えることが出来る。九州と関東における大雨日の降水の特徴の気候学的差異に関しては，３．で述べるが，その準備として，例えば，日降水量が 200mm 前後に達した２つの大雨の事例における 10 分間降水量の時系列を比較しよう。

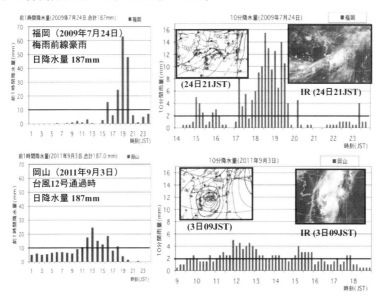

　　第１図　日降水量が 200mm に近い２つの大雨日の間の，１時間降水量と 10 分間降水量の時系列の比較
上段は梅雨前線付近での集中豪雨の事例（2009 年 7 月 24 日の福岡），下段は台風 12 号が通過した日の岡山における事例（2011 年 9 月 3 日）。時刻は日本標準時（JST）。また，降水時間帯付近の地上天気図と気象衛星ひまわりによる赤外画像（気象庁）も示す。上段は加藤ほか（2020）より引用し，新たに下段を追加した。

　2009 年 7 月 24 日頃の九州北部での集中豪雨と 2011 年 9 月 3 日の台風 12 号通過時の岡山における大雨の事例の１時間降水量と 10 分間降水量の時系列を，第１図に示す（加藤ほか（2015）による中学校の授業実践においても，これらの事例が教材として利用されている）。なお，降水が雨として降る場合，１時間降水量 10mm 以上 20mm 未満を「やや強い雨」，20mm 以上 30mm 未満を「強い雨」（どしゃ降り），30mm 以上 40mm 未満を「激しい雨」，等と気象庁は呼んでいるが（気象庁本庁の HP の「雨の強さと降り方」より。2020 年 1 月 27 日に最終参照），１時間降水量が 10mm を超えれば，感覚的に結構強い雨と捉えて良い（20 ないし 30mm/h を超えれば，相当強い雨というイメージ）。従って，それを 6 で割ると分かるように，10 分間降水量が，2mm/10 分を超えると結構強い雨，4mm/10 分を超えれば，「土砂降り」に対応するような激しい雨と考えて良い。

　九州の梅雨前線付近の集中豪雨の事例では，10 分間降水量でみても 30 分〜数時間の間隔での降

水強度の変動が大きく，最大値は 15mm/10 分前後に達する。しかし，台風 12 号時の 2011 年 9 月 3 日の岡山での大雨のように，1〜4mm/10 分程度の多少強めの雨がずっと持続することで，日降水量が 200mm 近くにも達することがある点も注目される（但し，この事例が台風時の典型的な降り方というわけではない。あくまでも，「大雨」の質の違いを例示したものである）。勿論，10 分間降水量 1〜4mm は時間降水量に換算すれば 6〜24mm/h で，決して弱い雨とか普通の雨というわけではない。日本列島付近の冬や春・秋の温帯低気圧通過時にしとしとと降り続く雨（「地雨」）は数 mm/h 程度であるが，それでも半日続けば日雨量は数 10mm に達しうる。台風 12 号時の岡山の事例は，そのような「普通の地雨」よりは強い雨であった。しかし，九州の梅雨期にしばしば見られるほどの激しい雨ではなく，この程度の強度の雨でも，ある程度持続すれば「大雨」になりうる点には注意が必要である。

3．東日本の梅雨最盛期における大雨の特徴

　松本ほか（2013）は，1971〜2010 年の 6 月 16 日〜7 月 15 日（梅雨最盛期にほぼ対応）における東京での「大雨日」を抽出した。それらの日の地上天気図を参照した結果，主に，第 2 表に示す 4 つの気圧配置のパターンに対応していた。東京の大雨日全体のうちの半分程度は，台風に直接関連すると考えられる状況（表中のパターン A と B の合計）で生じていた点が注目される（梅雨前線自体に関連した大雨日が九州よりもかなり少ないことの反映でもある）。

第 2 表　東京での大雨日におけるパターン毎の地上天気図の特徴と事例数

パターン	天気図の特徴	日数
A	台風もしくは熱帯低気圧が東京からほぼ 700 km 以内に位置（梅雨前線が存在する場合も，ほぼ東北かそれ以北）	6
B	A と同様だが，梅雨前線も東京付近もしくはそれ以南に位置	7
C	4 hPa 毎の閉じた等圧線を 2 本以上持つ梅雨前線上の小低気圧が，東京付近もしくは接近中	7
D	梅雨前線が 140°E において 30°N 以北に位置する場合で，パターン C 以外	8
E	その他	3

　また，第 3 表に示されるように，九州の長崎では，大雨日で平均した日降水量の 6 割程度は 10mm/h 以上の強雨の時間帯の寄与が大きい。台風にも関連した大雨日（パターン A，B），梅雨前線の活動に直接関連した大雨日（パターン C，D）の中で，それぞれ，パターン A，D においては，九州での大雨日と同様に，10mm/h 以上の時間帯の降水の寄与が大きい（パターン A は，台風が東京の西あるいは南西方から接近し，梅雨前線は関東よりも更に北上，もしくは，北上して不明瞭な状態）。

　しかし，パターン B，C においては，10mm/h に満たない「それほど強くない雨」の時間帯での降水の寄与が大きい（パターン B では，台風と東京の位置関係はパターン A と同様だが，梅雨前線も，東京付近かそれ以南に停滞）。例えば，10mm/h 以上の時間帯の寄与は，これらの大雨日におけ

る平均降水量のうちの，それぞれ，30％（パターン B），10％程度（パターン C）しかない。言い換えれば，10mm/h 未満の「それほど強くない雨」で大雨日の総降水量の 70～90％程度も稼ぐ事例が，東京での大雨日の約半数を占める。時間降水量の時系列は略すが，これらの日は，基本的には層状性の乱層雲に伴う「地雨」的な降水が持続しているものと考えられる。II 1．で述べたように，九州の長崎で関東の東京よりも梅雨期の総降水量がかなり多いのは，大雨日の寄与が東京よりもかなり大きいことの反映であった。しかも東日本側では，「大雨日」の総降水量に対する地雨的な降水による寄与の多い事例も全大雨日の半分程度あり，大雨日の降水特性自体の九州側との差異が注目される。

第3表　(a) 大雨日の総降水量(mm/日)，(b) 強雨の時間帯の寄与(mm/日)，及び，(c) その寄与率（％）。

		日降水量（mm／日）		寄与率（％）
		(a) 総降水量	(b) 10mm/h 以上の時間帯による寄与	(c)10mm/h以上の時間帯による降水の総降水量への寄与率 (((b)/(a))×100(％))
梅雨最盛期	長崎（全事例）	89.5	54.4	60.7
	東京（全事例）	71.9	32.5	45.2
	東京内訳 パターンA	88.7	49.6	55.9
	東京内訳 パターンB	73.5	23.8	32.4
	東京内訳 パターンC	58.5	6.4	11.0
	東京内訳 パターンD	68.1	37.1	54.5
盛夏	東京（全事例）	95.6	53.7	56.2
	東京（パターンT）	96.1	59.9	62.3

(b)の強雨の時間帯の寄与に関しては，10 mm/h 以上の時間帯の寄与を計算した（mm/日）。また，その寄与率（％）も(c)に示す。長崎は，梅雨最盛期（6/16～7/15）における全事例の平均のみを示す。また，東京に関しては，盛夏期（8/1～31）の大雨日の全事例，及び，梅雨最盛期のパターン A と同様なパターンの盛夏期の事例（パターン T）での平均も示す。松本ほか（2013，2014）の結果に基づく。

　但し，盛夏期には，梅雨最盛期のパターン A に対応する東京での大雨日（台風に関連するもので，「パターン T」と呼ぶことにする）が，盛夏期の全 32 事例の大雨日のうち 18 事例と，半分以上を占める。また，パターン T では，梅雨最盛期のパターン A 以上に，10mm/h 以上の強雨の時間帯の寄与が大きい。しかも，盛夏期全体の東京における大雨日の平均でも，梅雨最盛期のパターン A におけるものと同程度の強雨の寄与率を示す。従って，東日本の盛夏期には，総降水量に対する大雨日の降水の寄与率が梅雨最盛期よりも高くなるだけでなく，「10mm/h 未満の『それほど強くない雨』の持続が主に寄与している大雨日」が出現しにくくなる点が注目される。言い換えれば，「盛夏期には，東日本でも梅雨最盛期と違って，強雨の寄与による大雨が主流になる」と認識出来る。

4．梅雨前線をとりまく広域大気場の特徴（気候学的な東西差に注目して）

第2図に，梅雨最盛期で平均した 925hPa 面における気温と風ベクトルの平均を重ねたもの，及び，水蒸気輸送量のベクトルを平均したものを示す（2006〜2015 年平均）。西日本側の梅雨前線へは，太平洋高気圧の西縁部での（南アジアのモンスーン降水域を中心とする低圧域の東縁でもある）準定常的な下層南風強風に伴う輸送により，関東付近よりも多量に水蒸気が流入して収束している。しかも，下層から多量に水蒸気が流入すると大気は不安定になりやすいので，多量の降水は積乱雲

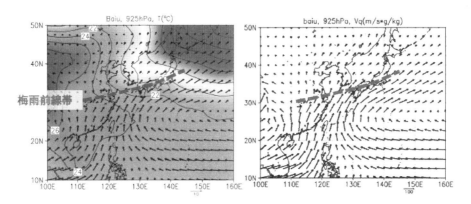

第2図　梅雨最盛期における 925hPa 面での気温（℃），風（m/s），水蒸気輸送量（(m/s)・(g/kg)）2006〜2015 年における 6 月 16 日〜7 月 15 日で平均。NCEP/NCAR 再解析データ（Kalnay et al. 1996）に基づく気温と風ベクトルを左図に，水蒸気輸送量のベクトルを右図に示す。925hPa の等圧面は，海抜 1km 足らずの高度にほぼ対応する。また，平均的な梅雨前線の位置を，模式的に太い破線で記入した。Tsuchida et al. (2018) によるポスター発表資料を改変。

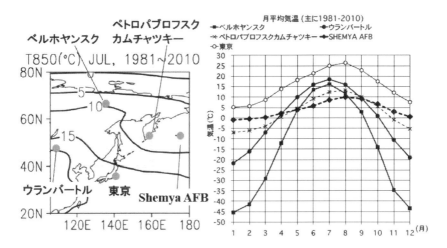

第3図　梅雨前線帯の北側の気団に関連した，各地点における月平均地上気温の季節変化例（℃）気象庁 HP 掲載の 1981〜2010 年の平年値を用いて筆者らが作図（右図）。但し，外国のデータに関して，当該地点におけるデータ欠損期間の有無は明記されていなかった。左図には，桑名ほか（2016）による 1981〜2010 年の 7 月で平均した 850hPa 気温の分布図を一部抜粋して，各地点の位置を示した。

の活動を通してもたらされやすい（Ninomiya, 1980, 1984, 1989; Ninomiya and Muraki, 1986 等も参照）。一方，東日本側では，南方からの水蒸気の正味の流入量が西日本側よりも少ないことに加え，オホーツク海気団と呼ばれる冷涼で安定な空気の影響も受けて，平均的には，積乱雲のような激しい対流が西日本側より生じにくい状況にあると考えられる。このことは，3．で述べたような，東日本の梅雨最盛期において地雨性の雨の持続による大雨日も少なくないという事情にも通じるように思われる。

南アジアのモンスーン開始後には，Kato（1989）に示されるように，南アジア付近での降水等による加熱も加わって，南アジアを中心に広域に広がる低圧域の東縁部（太平洋高気圧の西縁部でもある）での下層南風が強化される[4]。これに関連して梅雨前線へ多量の水蒸気が輸送され，南アジアにより近い西日本〜長江流域付近の梅雨前線付近では，集中豪雨を伴う大雨日の頻出で多量の降水が維持される（Ninomiya, 1984, 1989; Nimomiya and Muraki, 1986 等）。

梅雨前線の北側の中国からモンゴルにかけての乾燥地域や東シベリアでは，夏至から1ヶ月間程度の期間において，年間で最も高い平均気温を示す（第3図のウランバートルやベルホヤンスクを参照。また，加藤（1995a, b）も参照）。また，図は略すが，それらの地域での相対湿度は低い（水蒸気量が少ないため）。これらを反映して，大陸側の梅雨前線付近での平均的な南北の温度傾度は5月末頃に急速に弱まり，その時期にはまだ華南に停滞中の，梅雨前線付近の降水特性も変化する（Kato, 1985, 1987）。一方，オホーツク海からベーリング海付近にかけては，海上気温の上昇も季節的に遅く，周辺の大陸域に比べて平均気温は低い（第3図のペトロパブロフスクカムチャツキーやアメリカ合衆国アラスカ州の Shemya AFB も参照）。梅雨期や冷夏時の東日本・東北日本の天候に大きな影響を与えるオホーツク海気団は，このような高緯度域における大陸側とその東方の海域との，広域的な気温のコントラストを反映している（単にオホーツク海が冷たいだけでなく）。

以上のように，前線の南方での「南アジアを中心とするモンスーン降水域と太平洋高気圧」，前線の北方での「大陸側の高温で乾燥した気団と東側の海域でのオホーツク海気団」という広域システムのそれぞれの東西コントラストの接点にあたるのが，まさに日本列島付近である。従って，II 1．やII 3．で述べたような日本列島での梅雨最盛期における九州と関東の降水特性の大きな違いは，単に日本列島スケールでの地域的因子だけでなく，このような，より広域的な東西のコントラストという背景をも強く反映したものであるとの認識が重要だと考える。

なお，盛夏期には太平洋高気圧や梅雨前線の北上に伴って，関東地方も平均的には太平洋高気圧の圏内に入る。しかし，Ninomiya and Mizuno（1985a, b）は，オホーツク海気団自体の広域的広がりは日本列島の冷夏年も猛暑年も基本的に同様であるが，それが東北日本へ侵入して冷夏をもたらすか否かは，オホーツク海高気圧が盛夏期も形成されやすいかどうかが重要な鍵を握っている可能性を指摘した。これらを併せて考えると，東日本の大雨日の降水特性の梅雨最盛期から盛夏期への変化は，（オホーツク海気団自体の広域的広がりが梅雨最盛期と共通する部分も小さくない中で），日本列島付近での太平洋高気圧や梅雨前線の季節的北上という「ローカルな現象」も，強く反映している可能性が示唆される。

なお，中村・深町（2005）も解説しているように，上述の気温の東西コントラストは，6〜8月

頃を中心とする時期に限られる。つまり，東アジア独特のもう一つの雨季である秋雨期には，前線帯の北側の気団の東西のコントラストが，梅雨期とは異なることになる。梅雨期と秋雨期の日本列島付近における降水の東西方向の違いを理解する際には，この因子の影響の考慮も必要になろう。

Ⅲ　瀬戸内型気候に関連した降水の特徴

1．はじめに

　岡山市のような瀬戸内海沿岸域では，その周辺域に比べて年平均した総降水量が小さい。それは，例えば100mm/日以上の顕著な大雨の頻度ばかりでなく，10mm/日以上の普通の雨の頻度が少ないこと等も反映している（佐橋，1991）。二宮（2001）は，日本付近における豪雨極値の気候学的分布についてのレビューの中で，日雨量の極値には著しい局地性が見られること，それに関連して，ある程度以上の強雨の持続しやすさを決める重要な要因の一つに地形が関与している可能性を述べた。但し，このような日雨量極値の分布の偏りは，地形的因子だけでなく，二宮（2001）も指摘したような大規模場のシステムとの位置関係や（例えば，気候学的な梅雨前線の位置と降水極値の南北分布），地形の影響が顕著に現れやすい総観場の季節的な出現状況，等にも依存しうる。

　また，加藤ほか（2019）も高知と岡山の平均降水量差の季節的特徴の解析に関して議論したように，日々の現象の中での地形の絡み方に関しては，多様な過程が考えられる。例えば，地形による強制上昇が生じた場合で，大気が安定か不安定かにより地雨的な降水になるか対流性の降水になるかが異なってくる。一方，対流圏中上層の雲の種まき効果がどの程度働くか，風が山を乗り越える際の山腹での強制上昇で励起される山岳波の影響をどの程度受けるか，等によっても，降水量や降水特性の分布が変わりうる（Houze, 1993; 武田, 2005）。更に，山の風上側と風下側との降水量の空間的コントラストが大きい場合でも，山との直接的関係というよりも，その時期の基本場を反映した，日々の総観規模やメソα規模の降水系の内部構造の一環として解釈出来る場合もあり得よう。

　加藤（2007）は，瀬戸内式気候を特徴づける降水のうち，暖候期に注目して，太平洋側の高知から瀬戸内側の岡山を引いた日降水量の差（以下，ΔPR と呼ぶことにする）について解析を行った。その結果，1) 4～9月にかけて気候学的な降水量差が大きいが（高知が大），その年々変動も特に8～9月を中心に大変大きいこと，2) 8月から9月にかけての気候学的な降水量差は，2ヶ月あたり平均3～4回程度生じる ΔPR≧50 ㎜/day の日の寄与を大きく反映する一方，4月から5月にかけては，0～50 ㎜/day の日の寄与も大きいこと，等を示した。しかし，加藤（2007）は，それらに関わる日々の現象の特徴や季節性に関する吟味が不十分であった。

　そこで加藤ほか（2019）は，高知と岡山との気候学的な降水量差に対する日降水量差 ΔPR が大きい日の寄与や，その時の1時間降水量でみた高知側での降水特性，及び，それらの季節的違い等について解析を行った。まだ，高知と岡山との降水量差に関する日々の大気場の関わり方やその季節的背景に関する更なる研究が必要な段階ではあるが，今後の更なる研究への問題提起を意識して，加藤ほか（2019）の結果の一部を上述の視点で以下に紹介する。解析は，1985～2015 年における各気象官署の日降水量と時間降水量データ（気象庁本庁の HP よりダウンロード），気象庁作成のミニチュア天気図（各日 09JST）等に基づいている。本稿では大気場の考察に関する図は割愛するが，

その解析には NCEP/NCAE 再解析データ(2.5°×2.5°の格子点間隔)（Kalnay et al., 1996）が利用されている。

２．高知と岡山との降水量差に関わる ΔPR の大きな日の寄与

第4図は，高知と岡山における 1985-2015 年で平均した降水量，及び，高知から岡山を引いた階級別日降水量差 ΔPR の総降水量差への寄与，の季節変化を示す。日降水量を同じ日付で 31 年間平均し，更に 11 日移動平均で平滑化した。

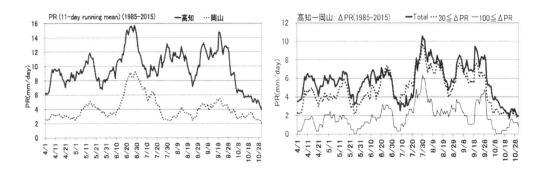

第4図　高知と岡山との気候学的な降水量差と階級別 ΔPR の寄与の季節変化（1985～2015 年平均）
左図：高知（太実線）と岡山（点線）における平均降水量。右図：太実線は総降水量差，点線は ΔPR30mm/日以上，細実線は ΔPR100mm/日以上の日の降水量差の寄与。日々の値を同じ日付で 31 年平均し，更に 11 日移動平均した。単位は，mm/日で示したが，10mm/日が約 300mm/月に対応する。加藤ほか（2019）より。

高知から岡山を引いた降水量差の 31 年平均値は，ほぼ4月～9月を通じて大きな正値を示した（高知が岡山よりも平均降水量が大）。中でも8，9月には，ΔPR≧50mm/日や ΔPR≧100 ㎜/日の日の大きな寄与を反映して，降水量差の 31 年平均値が特に大きかった。ところで加藤（2007）は，4月，5月における高知と岡山との大きな総降水量の差が，ΔPR＜50mm/日の日が比較的頻繁に起きることの反映であることを，1971～2001 年のデータに基づき示唆した。しかし，加藤ほか（2019）によれば，ΔPR が 30 ㎜以上の日のみによる高知と岡山との気候学的な総降水量差への寄与は，4，5月でも8割程度を占めていた。図は略すが，これらの日々の大きな ΔPR が見られた日は，高知側で日降水量 50mm を越えるような状況をかなり反映していた。そこで，31 年間の毎日のデータに基づき ΔPR≧30mm/日の事例を抽出し，高知や岡山での降水の特徴について1時間降水量を用いて記述するとともに，大気場の合成解析を行った。

３．ΔPR≧30mm/day の日における時間降水量の寄与や大気場の特徴（8月・9月と4月の比較）

（1）8月と9月頃の特徴

1985～2015 年について抽出された ΔPR≧30mm/日の全事例数は（延べ日数），4月が 53 日，5月が 55 日，8月が 79 日，9月が 81 日であった。これらの事例について月毎に平均した高知と岡山における日降水量，及び，それらに対する「強雨」や「それほど強くない雨」の時間帯における降水

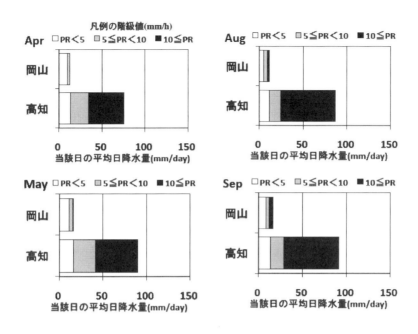

第5図　ΔPR≧30mm/日の事例で平均した日降水量（mm/日）とそれに対する強雨等の寄与

高知と岡山について，それぞれ左上，左下，右上，右下に，4，5，8，9月の結果を示す。階級値の凡例は

各図の上段を参照。時間降水量の階級の区間の意味する降雨の特徴に関しては，Ⅱの2.，3.を参照。加藤

ほか（2019）より引用。

第4表　ΔPR≧30mm/日以上の事例に卓越した地上天気図パターンの出現日数（8月，9月，4月）

月	パターン	特徴	事例数（日）
8月		全体	79
	T1	台風が南西諸島〜東シナ海付近に存在	20
	T2	台風中心が中四国付近に存在	15
	F(N)	前線が中四国よりも北方に位置(40Nまで)	14
9月		全体	81
	F(NS)	前線が中四国に位置	17
	T1-F(N)	台風が南西諸島〜東シナ海付近に存在し，かつ，前線が中四国よりも北方に位置	13
	T1-F(NS)	台風が南西諸島〜東シナ海付近に存在し，かつ，前線が中四国に位置	11
4月		全体	53
	1a	低気圧中心が中四国付近に存在	11
	1	低気圧が南西諸島〜東シナ海付近に存在	10
	2	中四国が低気圧の暖域に位置する	7

ΔPR≧30mm/日以上の全事例の月毎の日数，及び，その中で日々の天気図に基づき人が判断した気圧配置のパ
ターン毎の事例数。各月について，上位3パターンのみ示す。加藤ほか（2019）より引用・整理。

の寄与を，1時間降水量データから解析した。その結果を第5図に示す。8月や9月の事例では，高知で日降水量が多いだけでなく，岡山では逆に大変少ないというコントラストが顕著であった。しかも，このようなコントラストを伴った高知での多量の日降水量に対して，時間降水量10mmを超える強雨が大きく寄与していた。つまり，高知の側のみで強雨が持続することで，大きな日降水量差を生じる事例が出現しやすかったことになる。

　なお，大気場の解析結果の詳細は割愛するが，加藤ほか（2019）によれば（第4表），8月の全79事例のうち約半数近くは，高温多湿で大変不安定な空気が四国の山を越える総観場が多かった（仮にパターンT1やF(N)と名付けてある）。つまり，台風が南西諸島～東シナ海付近に存在したパターンT1においても（前線が存在するとしても40°N以北），前線が中四国よりも北方に（但し，40N以南に）位置したパターンF(N)においても，中四国の西方が低圧域で東方が太平洋高気圧に対応する高圧域となっていた（高温多湿で不安定度の強い気団の圏内で，地上付近の南寄りの風が強い領域に中四国が存在。図は略）。

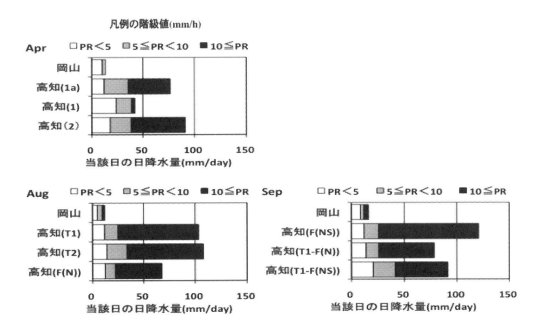

　第6図　ΔPR≧30mm/日の事例の各パターンでの高知の日降水量（mm/日）とそれに対する強雨等の寄与4，8，9月の第4表に挙げたパターンについての高知での結果を示す（それぞれ，左上，左下，右下）。比較のため，岡山における全事例の平均値も示す。階級値の凡例は各図の上段を参照。加藤ほか（2019）より引用。

　8月には，これらのパターンに共通して，高知側で時間降水量10mmを超える強雨の卓越を反映した大きなΔPRが見られた（第6図左下。加藤ほか（2019）より引用）。但し，対流不安定度は強いものの，高知側での強雨に関連する積乱雲発生のトリガーとしての上昇流を中四国付近に引き起こす総観場のプロセスは，台風が中四国付近にある「パターンT2」以外では，働きにくい状況だったと考えられる。それでも，風上側である高知で激しい降水が持続し得たのは，地形による強制上

昇以外にはありえない状況だったためと考えざるを得ない。

　佐竹ほか（2013）は，2004年に日本列島に上陸した台風18号（9月6日に九州北西部に上陸し，中四国では台風の東側に位置し続けた状態で，台風が日本海へ抜けた）と23号（10月20日に四国に上陸し，近畿に再上陸）における降水量分布の顕著な違いについて解析した。佐竹ほか（2013）によれば，9月ではあっても盛夏期の循環場の特徴がまだ残っていた2004年の台風18号時には，四国の太平洋側と瀬戸内側との降水量のコントラストが大変大きかったという。

　一方，加藤ほか（2019）の結果について，9月には，中四国の北方に秋雨前線が位置するパターン（T1-F(N)）だけでなく，中四国付近に地上の秋雨前線が存在する事例でも，高知側での強雨の時間帯の寄与で岡山との大きな日降水量差が生じた事例が見られた（第6図右下。なお，第4表から分かるように，パターンT1-F(NS)とF(NS)を合わせて全28事例あり）。秋雨前線の南方では高温多湿で対流不安定な小笠原気団に覆われており（加藤ほか，2004, 2012），前線に近い暖域も含めた地上の秋雨前線近傍の方が，その北方よりも積乱雲の発生に対して好都合な大気場であることが期待される。従って，地形の影響以外に，大規模場の前線との位置関係も，日々の大きな$\Delta PR > 0$に関わる因子の一つとなった可能性が示唆される。しかし，その是非については，大気場の解析による今後の詳細な検討が待たれる。

（2）4，5月頃の特徴に関して

　（1）で述べたように，$\Delta PR \geqq 30$mm/日の事例数は，8，9月に比べると少ないが，4月には53事例，5月には55事例にのぼった。また，第5図に示されるように，4，5月には，8，9月と同様に，高知側で10mm/hを超える強雨の時間帯の寄与を強く反映して，ΔPRがかなり大きくなっていた（第6図左上の4月における「パターン2」や「パターン1a」は，相対的にこの傾向が明瞭）。加藤ほか（2019）によれば，これらの状況においても，8月のパターンT1やF(NS)と同様に，下層の南風が中四国の北方まで吹き抜けていた。但し，4月頃の南北の平均的な温度差は9月頃よりも更に大きく，傾圧不安定波としての低気圧や，それに伴う前線の影響も受けやすい（Kato and Kodama, 1992；加藤ほか，2016）。そのような状況に現れる地上の温暖前線や停滞前線の北方では，安定な大気状態となりやすいであろう（上空を中心とする寒気の流入がなければ）。しかし同時に，もし前線の南方の気団が高温多湿の場合，地上前線付近からその南側では，逆に大気が不安定であることも少なくないであろう。従って，高知側での強雨の寄与を反映してΔPRが大きい事例に関しても，南寄りの風に伴って地形による強制上昇流があったからこそ，積乱雲発生のきっかけが生じたのか，あるいは，前線や総観場の傾圧ゾーン（南北の温度差の大きいゾーン）との位置関係に関連した降水システム内の微細構造として解釈すべきなのか，慎重に判断する必要がある。

　一方，4月，5月には，10mm/h未満の降水の時間帯（「それほど強くない雨」）の寄与による高知側での大きな日降水量に伴って，岡山との日降水量差が大きくなった事例もしばしば出現した点が注目される。特に，九州西方の低気圧から南東方に地上前線が伸びる状況では，そのような降水コントラストが際立った（パターン2。ΔPRの平均は，4月の他の2つのパターンよりも小さかったが）。このパターンでは，「地上前線の北東側の，安定な前線面よりも下方」の南東風が，安定成層

中で山にぶつかり，その風上側で強制的な上昇流が生じたのかも知れない（加藤ほか，2019）。もし，そうであれば，5mm/h以下の地雨性の降雨が高知側で持続したことに伴い，岡山側との ΔPR が大きくなった可能性が否定出来ない。しかし，詳細な事実の確認や解釈の妥当性の検討については，今後の研究課題である。

IV　おわりに

　日本列島付近では気候の地域差も大きいが，そのような地域差を生み出す要因の理解のためには，日本列島規模よりも更に広域的な因子や，季節平均場の中で生じる日々の現象の関わり方の気候学的特徴も把握する必要がある。本稿は，その例として，梅雨降水の西日本と東日本との違い，太平洋側の高知と瀬戸内側の岡山との降水量差などを取り上げ（後者は瀬戸内式気候に関連），主に筆者らの研究結果の引用に基づき論考した。

　梅雨降水の西日本と東日本との降水の違い（降水特性も含めて）を生み出す因子に関しては，南アジアなどのモンスーンに伴う広域的な水蒸気輸送に関連する風系と冷涼なオホーツク海気団双方の関わり方を的確に把握する必要がある。しかも，そのような広域のシステムがローカルな規模での降水コントラストをも生じうる背景として，日本列島が，南アジアのモンスーン降水に対応する低圧域，北西太平洋の熱帯・亜熱帯域，及び，高緯度の大陸域（東シベリア域），その東方の冷たい海域（オホーツク海〜ベーリング海域）という，4つのアジアモンスーン・サブシステム間のまさに接点に位置することの重要性について考察した。

　一方，暖候期を通した高知側と岡山側の気候学的な大きな降水量差の形成は，単に季節平均的な卓越風等との関連というよりも，基本的には，高知で日降水量が岡山よりもかなり多い日（本稿では，ΔPR が30mm/日以上の日）が，1ヶ月あたり平均2〜3日ぐらい出現することを反映していた。しかも，加藤ほか（2019）によれば，ΔPR の大きかった日の気圧配置の特徴は，季節によってかなり大きく異なる。そのことは，四国の山地と総観場の大気システムの相対的な位置関係の違いによる，山地の関わり方の多様性を示唆する。従って，今後は，大きな ΔPR をもたらす日々の大気場の季節的位置づけや，大きな ΔPR をもたらす要因として本当に地形の関わりが重要なのか，それとも，総観場自体の構造との位置関係により，高知と岡山の降水量差が生じたと考えるべきなのか，地形の影響が重要な場合でもその関わりにはどのような多様性があるのか，に関して，暖候期全体の季節的変化の中で総合的に理解を深める必要がある。

　以上，本稿で例示したように，気候学的現象の地域差をもたらすメカニズムを理解する場合には，単に対象とする現象自体の空間スケールだけでなく，もっと広域的な複数の因子の「絡み合い方」で見た地理的位置付けや，広域的な現象の空間構造と当該地域との位置関係，等を併せて吟味する視点も重要と考える。

注

1) 本稿では，Matsumoto and Takahashi (1999)，Otani and Kato (2015)等と同様に，日降水量 50mm 以上の日を「大雨日」と呼ぶことにする。

2) このような観点も一部交えながら，地域地理科学 2007 年度大会にて，シンポジウム「東アジアの中でみた瀬戸内−古環境の変遷と現在の気候−」を実施した（コンビナー：加藤内藏進。大会記録として，加藤ほか（2008）で紹介されている）。その時の「大会記録」も必要に応じて参照し，更にその後の研究結果を新たに加えることにより，本稿として再体系化した。

3) 1 時間降水量は，正確には当該時刻までの 1 時間降水量の積算値で，気象庁は「前 1 時間降水量」と呼んでいる。10 分間降水量も同様で，気象庁は「前 10 分間降水量」と呼んでいる。

4) 平均的な季節進行に関する更に詳細な議論は Kawamura and Murakami (1998)等も参照されたいが，ここでは，より大枠の話として述べた。

文　献

加藤内藏進 (1995a). ヤマセに関連するオホーツク海高気圧の総観的特徴. 気象研究ノート第 183 号『ヤマセ』, 67-90.

加藤内藏進 (1995b). 大規模及び中小規模現象. 気象研究ノート第 184 号『乾燥地の自然環境』, 13-46.

加藤内藏進 (2007). 岡山と高知の日降水量差の季節進行の気候学的特性−瀬戸内型気候と降水に関連して−. 地域地理研究, 12, 1-16.

加藤内藏進・赤木里香子・加藤晴子・大谷和男・西村奈那子・光畑俊輝・森塚望・佐藤紗里 (2012). 多彩な季節感を育む日本の気候環境に関する大学での学際的授業（暖候期の降水の季節変化に注目して）. 環境制御, 34, 25-35.

加藤内藏進・加藤晴子・別役昭夫 (2009). 東アジア気候環境とその変調を捉える視点の育成へ向けた学際的授業開発の取り組み（多彩な季節感を接点に）. 環境制御, 31, 9-20.

加藤内藏進・佐橋謙・鈴木茂之 (2008). シンポジウム「東アジアの中でみた瀬戸内」―古環境の変遷と現在の気候―（2007 年度大会記録）. 地域地理研究, 13, 74-81.

加藤内藏進・杉村裕貴・松本健吾 (2019). 高知・岡山間の降水量差形成に関わる暖候期の日々の降水や大気場の総観気候学的解析（瀬戸内式気候に関連して）. 岡山大学地球科学研究報告, 26, 37-49.

加藤内藏進・福田維子・平沢尚彦・東（趙）苓・武田喬男・松本淳 (2004). 東アジアの季節進行の中で見た梅雨と秋雨について. 月刊海洋, 号外（第 38 号『流体力学から見た大気と海洋』）, 235-242.

加藤内藏進・三好正直・瀧川優実・加藤晴子・佐藤紗里・松本健吾・坩和優一・大谷和男 (2015). 「多彩な季節サイクルの中での日々の気象」を捉えるリテラシー育成に向けて. 『生きる力を育む学校防災Ⅲ』（学校防災研究プロジェクトチーム　編著〔代表：村田　守〕）協同出版, 164-185.

加藤内藏進・森塚望・松本健吾・大谷和男 (2016). 季節進行の中でみた九州南部における 4 月頃の大雨日の降水の特徴と大気環境に関する総観気候学的解析. 岡山大学地球科学研究報告, 22, 16-32.

加藤内藏進・松本健吾・槇田知恭 (2020). 2018（平成 30）年西日本 7 月豪雨などの特徴も意識した防災教育の教材化への視点―日本付近の暖候期の大雨の特徴の季節的・地域的多様性の中で―.

『近年の自然災害と学校防災　（Ⅰ）―これからの時代に求められる防災・減災―』（兵庫教育大学連合大学院・防災教育研究プロジェクトチーム　編著〔代表：藤岡達也〕），協同出版，82-98.

加藤晴子・加藤内藏進 (2014).『気候と音楽―日本やドイツの春と歌―』協同出版.

加藤晴子・加藤内藏進 (2019).『気候と音楽―歌から広がる文化理解とＥＳＤ―』協同出版.

桑名佑典・加藤　内藏進・瀧川　優実・小嶋ゆう実・大谷和男 (2016). ヨーロッパの冬から春にかけての低気圧活動に関する事例解析（2000年を例に）. 岡山大学地球科学研究報告, 22, 33-42.

佐竹愛・加藤内藏進・盛宣誠・合田泰弘・池田祥一郎・塚本修 (2013). 2004年10月後半の台風23号に伴う日本列島での広域の降水（台風18号と比較して）. 岡山大学地球科学研究報告, 20, 13-24.

佐橋　謙 (1991).『岡山のお天気』山陽新聞社.

武田喬男 (2005).『雨の科学―雲をつかむ話』, 気象ブックス 015, 成山堂書店.

中村　尚・深町知宏 (2005). オホーツク海高気圧の成因と予測への鍵. 2004年度春季大会シンポジウム「2003年の日本の冷夏−異常気象をどこまで理解予測できるか−」の報告. 天気, 52, 591-598.

二宮洸三 (2001).『豪雨と降水システム』東京堂出版.

福井英一郎 (1933). 日本の気候区, 第2報. 地理学評論, 9 (1), 1-9, (2), 109-127, (3), 195-219, (4), 271-300.

松本健吾・加藤内藏進・大谷和男 (2013). 梅雨最盛期における東日本の大雨日の降水特性や総観場に関する気候学的解析（序報）. 岡山大学地球科学研究報告, 20, 25-34.

松本健吾・加藤内藏進・大谷和男 (2014). 東日本の盛夏期における大雨日の降水の特徴と大気場に関する気候学的解析. 岡山大学地球科学研究報告, 21, 33-43.

Houze, R. A. Jr. (1993). *Cloud dynamics*. Academic Press.

Kalnay, E., Kanamitsu, M., Kistler, R., Collins, W., Deaven, D., Gandin, L., Iredell, M., Saha, S., White,G., Woollen, J., Zhu, Y., Leetmaa, A., Reynolds, R., Chelliah, M., Ebisuzaki, W., Higgins, W., Janowiak, J., C, Mo. K., Ropelewski, C., Wang, J., Jenne, R. and Joseph, D. (1996): The NCEP/NCAR 40year reanalysis project. Bull. Amer. Meteor. Soc., 77, 437-471.

Kato, K. (1985). On the abrupt change in the structure of the Baiu front over the China Continent in late　May of 1979.　J. Meteor. Soc. Japan, 63, 20-36.

Kato, K. (1987). Airmass transformation over the semiarid region around North China and abrupt change in the structure of the Baiu front in early summer.　J. Meteor. Soc. Japan, 65, 737-750.

Kato, K. (1989). Seasonal transition of the lower-level circulation systems around the Baiu front in China in 1979 and its relation to the Northern Summer Monsoon. J. Meteor. Soc. Japan, 67, 249-265.

Kato, K., and Kodama, Y. (1992). Formation of the quasi-stationary Baiu front to the south of the Japan Islands in early May of 1979.　J. Meteor. Soc. Japan, 70, 631-647.

Kawamura, R. and Murakami, T. (1998). Baiu near Japan and its relation to summer monsoons over south-East Asia and the western North Pacific. J. Meteor. Soc. Japan, 76, 619-639.

Matsumoto, J. and Takahashi, K. (1999). Regional differences of daily rainfall characteristics in East Asian summer monsoon season. Geogr. Rev. Japan, 72 (Ser. B), 193-201.

Ninomiya, K. (1980). Enhancement of Asian subtropical front due to thermodynamic effect of cumulus convections -Real data forecast experiment using coarse-mesh primitive model-. J. Meteor. Soc. Japan, 58, 1-15.

Ninomiya, K. (1984). Characteristics of the Baiu front as a predominant subtropical front in the summer northern hemisphere. J. Meteor. Soc. Japan, 62, 880-894.

Ninomiya, K. (1989). Cloud distribution over East Asia during Baiu period in 1979. J. Meteor. Soc. Japan, 67, 639-658.

Ninomiya, K. and Mizuno, H. (1985a). Anomalus cold spell in summer over northeastern Japan caused by northeasterly wind from polar maritime airmass.　Part I: EOF analysis of temperature variation in relation to the large-scale situation causing the cold summer.　J. Meteor. Soc. Japan, 63, 845-857.

Ninomiya, K. and Mizuno, H. (1985b). Anomalus cold spell in summer over northeastern Japan caused by northeasterly wind from polar maritime airmass.　Part II:　Structure of the northeasterly flow from the polar maritime airmass.　J. Meteor. Soc. Japan, 63, 858-871.

Ninomiya, K., and Mizuno, H. (1987). Variations of Baiu precipitation over Japan in 1951-1980 and large-scale characteristics of wet and dry Baiu. J. Meteor. Soc. Japan, 65, 115-127.

Ninomiya, K and Muraki, H. (1986). Large-scale circulations over East Asia during Baiu period of 1979. J. Meteor. Soc. Japan, 59, 409-429.

Otani, K. and Kato, K. (2015). Decrease in Baiu precipitation and heavy rainfall days in late June of the 2000s in northwestern Kyushu, western Japan. SOLA, 11, 10-13 (doi:10.2151/sola.2015-003).

Tsuchida, T., Kato, K., Otani, K. and Matsumoto, K. (2018). Synoptic climatological study on precipitation characteristics and atmospheric field around the Japan Islands in the midsummer. AOGS (Asia Oceania Geosciences Society) 15th Annual Meeting (Honolulu, Hawaii, USA), Poster presentation on 6 June 2018 (No. AS03-A087).

（2020 年 3 月）

サンゴ礁地形学から浅海底地形学へ向けての展望

菅　　　浩　　伸

I はじめに

　日本のサンゴ礁地形研究は，第二次大戦前にミクロネシアで行われた学術調査からはじまる（朝比奈, 1931; 田山, 1936; 1941; 田山・太田, 1940 など）。当時, 世界の研究者が Darwin の沈降説（Darwin, 1842）を検証するため，海洋プレート上の環礁で基盤の火山岩を目指した深層ボーリングを実施する中，田山（1940）は沈降説だけでは説明できない礁地形も存在することから，地盤運動を含む海面変化による礁形成や，それとは無関係に形成される地形など，礁地形の成因が多元的であることを示唆した。調査対象地が太平洋プレート上の島々だけでなく，マリアナ諸島などの島弧−海溝系に位置する島々もあり，それぞれのフィールドがもつ地殻変動様式の多様性が洞察を深めたものと思われる。

　その後，戦後の長い中断期を経て，1970 年代から，徳之島（Takahashi and Koba, 1975），トカラ列島口之島（高橋ほか, 1976），久米島（Takahashi and Koba, 1977; 高橋・木庭, 1978）などの琉球列島の島々をフィールドとして，サンゴ礁の礁原の地形研究が進められた。当時の日本のサンゴ礁研究は，サンゴ礁を化石検潮儀にみたて，それを利用して地殻変動や海水準変化を解明しようとする研究が先行していた（高橋, 1980）。島弧に位置する琉球列島は地殻変動が活発な地域である。サンゴ礁は潮間帯に平坦面を形成する地形であり，過去の海水準の指標となる。また，サンゴ礁を構成する造礁サンゴは炭酸塩でできているため放射性炭素などを用いた年代測定が可能である。これらを用いて地域の相対的海水準高度と年代のプロット図を作成することができる。しかし，離水サンゴ礁を代理データとして相対的海面変動や地殻変動の研究を行うのであれば，主な議論は地殻変動に関することとなり，サンゴ礁そのものの性質について深く探求することに繋がりにくい。

　Takahashi and Koba（1978）および Takahashi et al.（1985）は，石垣島の裾礁にてサンゴ礁礁原の岸−沖方向の地形断面を基に，そこに生息する造礁サンゴの種や生活型が地形に対応して分布することを明らかにした。さらに，完新世サンゴ礁の形成過程を明らかにするため，一カ所のサンゴ礁から多くの掘削コアを採取する多孔浅層掘削が行われ，多試料の年代測定によって得られた等年代値線を基に，サンゴ礁の地形発達が時間を追って可視化できるようになった（Konishi et al., 1978; 小西ほか, 1983; 小西, 1984; Takahashi et al., 1988; Kan et al., 1991; 河名・菅, 1996; 2002; Yamano et al., 2001）。現成礁原を開削した水路の露頭を利用した研究も進み，水平方向に連続する解像度が高い断面を観察することによって，地形と堆積構造との関係および礁原の詳細な発達史的理解が進んだ（Kan and Hori, 1991; 1993; Kan et al., 1995; 1997a; 1997b; Yamano et al., 2003）。

　サンゴ礁の礁原は航空写真でも判読可能な海岸から極浅海域に広がる。しかし，サンゴ礁の礁縁

より海側に広がる礁斜面については，上空からは視認できず海図にも表現されない。本稿では，礁斜面についてこれまでどのような研究が行われてきたのか，また，サンゴ礁以外の海域も含めて同様に地図化されていない浅海域の地形研究がどのように進められてきたのか，現在どのような方向で進められようとしているのかについて，先行研究を基に論じる。

Ⅱ サンゴ礁礁斜面の研究

　サンゴ礁の最も外洋側，すなわち礁原の海側には，常に砕波する礁縁とその沖で次第に水深を増す礁斜面の地形が広がる。世界各地で行われるエクスペディション調査の中では，グレートバリアリーフ（Stephenson et al., 1931）やビキニ環礁（Wells, 1954），マダガスカル（Clausade et al., 1971）など，礁縁部から礁斜面に至るサンゴ礁外縁部の地形を含めたサンゴ礁全体の地形やサンゴ群集に関する記載が行われてきた。カリブ海のジャマイカでは，水深60mに至るSCUBA潜水調査を基にして，礁斜面を含む礁地形とサンゴ群集の分布域に関する包括的な研究が行われた（Goreau and Goreau, 1973）。1980年代に入ると，シングルビーム音響測深機と初期のサイドスキャンソナーを用いた礁斜面の地形研究が，カリブ海グランドケイマン島で行われた（Roberts, 1983）。

　しかし，1970～80年代の日本のサンゴ礁地形研究において，礁斜面の地形的意義や重要性はほとんど注目されていなかった。その中で，堀 信行はアフリカ・ケニア南東岸の離水サンゴ礁の地形を調査し，掘削データから後氷期の礁堆積層が最大90m以上に達すること，その厚さが高緯度側で薄くなることを明らかにした（Hori, 1970）。この論文中で，サンゴ礁の堆積層の厚さが外洋側の礁斜面地形とあわせて理解できそうであること，大陸棚の地形の上で礁斜面の地形がどの位置から発達するかについて緯度方向の勾配がありそうであることについて作業仮説を得ている。後に，この作業仮説を基に，海図を用いてサンゴ礁礁斜面の地形計測を汎世界的な規模で行い，礁形成モデルを提示した（Hori, 1977）。その後，高緯度限界に近く南北に長い琉球列島にて，シングルビーム音響測深機を用いた礁斜面の地形断面測量を行い，高緯度側で礁斜面の基底深度が浅くなることを明らかにした（堀, 1982; 1983; 1986; Hori, 1983）。また，氷期の低海水準期にもサンゴ礁の形成が行われた礁形成海域である「核心域」について，太平洋側でグアム，パラオ，ニューカレドニア，ポナペ，フィジー，トンガ，ハワイ，ラロトンガ，ボラボラ，インド洋側でケニア，ヒナコ（スマトラ東隣のニアス島の東）などの礁斜面を測深し，これらの地域では礁縁部から礁斜面の基底部（デイリー点）までの斜面勾配が極めて急であることを明らかにした（堀, 2010; 2019など）。一連の研究の中でポートスーダン（紅海）では「核心域」と同様な特徴を示す礁斜面が多いなど，将来の検討課題も示された（堀, 2019）。

　菅（1990）は，琉球列島久米島にて礁斜面のシングルビーム音響測深断面と，島の周囲の潜水調査で観察した三次元の海底地形を基に，礁斜面地形を2つのタイプ（水深10m程度に平坦面を持つタイプと，小尖礁によって礁斜面が構成されるタイプ）に類型化し，三次元模式図で表した。さらに，Kan（1995）は，久米島の南北3つのサンゴ礁に設置した16地点（最大水深26m）にて，それぞれの地点で採取したサンゴ礫（最大径20～25cm，最大重量4.1kg）を彩色して戻し，台風通過後に礫移動距離や表面磨耗等を観察した。この台風（1993年7号）は沖縄島東方を通過したが，礫の

移動は水深12mまで観察でき，砂の移動は水深26m以深まで及んだ。礫の移動や摩耗に関しては，礫の堆積場（すなわち細長い縁溝であるか，広い礫溜まりか）で異なることも明らかになった。従来，波浪の測定等が困難であった礁縁部でのサンゴ礫の挙動観測は世界で他に例がなく，波浪侵食限界水深やサンゴ礁成長に対する侵食営力の作用等に関する研究に発展可能な観察結果を得た。

　これらの研究の過程で課題となったことは，礁斜面中の任意の場所について説明を行うためには，三次元的な地形の説明が欠かせないことである。礁斜面地形は縦断方向だけでなく礁縁と平行する横断方向でも起伏に富む。礁縁から礁斜面に続く縁脚・縁溝がそのさいたる例であろう。このため任意の場所の堆積環境などを明らかにするには，三次元的な地形の測量と可視化が必要となる。

Ⅲ　日本の浅海底地形研究

　日本沿岸では，1950年代に水深80～100mの海底平坦面が陸棚面と記載されるなど（貝塚，1955），地形学者による海底地形研究が盛んになった。特に1950年代後半から80年代はじめにかけて，茂木昭夫が精力的に日本の海底地形研究を牽引した。海上保安庁水路部に在籍した茂木は，深海から浅海まで広く日本沿岸の海底地形に関する研究を行っていたが，浅海域における現在の侵食・堆積作用や，氷河性海面変動に伴う浅海域の沈水地形についても地形学的研究を進めた。

　茂木は青函トンネル掘削前の調査にて津軽海峡の海底地形と底質を詳細に調査し，水深25～50mの海底平坦面の存在と，侵食地形あるいは断層地形によってその連続性が限られること，海峡内に大規模な海釜が存在することを明らかにした（茂木，1958）。潮流の早い海峡部に形成される海釜はその形状から，海峡を挟んでその両側に深みのできる双頭型，海峡の中央を谷状に通る樋型，島の周りにできる三日月型などがある。日本で最も大きい海釜は津軽海峡と豊後水道の速吸瀬戸にある双頭型で，ともに最深部は水深450mに達する。海釜底には岩盤が露出していて堆積物がないことや，侵食形態が基盤の地質構造に支配されていることなどから，主に潮流侵食によるものと考えられている（茂木，1978）。一方，茂木（1973a）は，福岡県北部の倉良瀬戸の海底地形の中で径2kmほどの2つの海釜の存在を発見し，このうち1つについては海釜に続く氷期の河谷地形がみられることから，過去の谷跡のうち現在の侵食営力が卓越する場所が埋め残されたものと指摘している。

　また，現在の波の侵食作用が直接及ぶ深さをwave base（波浪による侵食限界水深）と称するが，茂木（1973b）は台湾西部で砂嘴が60年間にわたり侵食されて形成された侵食平坦面の外縁の水深が15mであることを観察し，wave baseが水深15mにあるとした。wave baseの議論に際しては，波浪による平坦化作用と潮流による侵食作用の効果とをいかに分離するか，また純粋に波浪のみの侵食限界深度をいかにして求めるかなどの課題が残されていた（茂木，1973c）。茂木ほか（1980）は1973年に海底火山の噴火により誕生した西之島新島にて3年間で最大180mの海岸線の後退を観測した。海岸線の後退に伴って形成された海底侵食面端部は，台湾西部で得られたwave baseと同等の水深12～15mにあることを明らかにした。この侵食には特定の台風が寄与したことも明らかになった。

　茂木は海底砂州の地形についてもその分布パターンから形成を推定し，砂州方向に流れる強い潮流と砂州方向を軸としてらせん状に下からまきあがる二次流の存在によって砂州が形成されると推

定した（茂木・中嶋 1973）。また，瀬戸内海においては，当時としては先進的であったサイドスキャンソナーで取得した画像を用いて砂州の微地形を論じた（茂木・岩崎, 1975a; 1975b）。このような海浜や海底の堆積地形に関する研究は，当時から比較的多く行われた（茂木, 1960; 茂木, 1963; 茂木・長井, 1981 など）。

　一方，海岸の波食棚や沖の海底に形成される波食台については，豊島吉則の山陰海岸における研究が詳しい。豊島（1965）は浦富海岸における潜水調査で，水深 5〜7.5m に径 1m，深さ 0.8m のポットホールや水深 14m にもポットホールらしき地形がみられることを指摘した。また，水深 7〜8m 以浅の現成と考えられる海食台が認められ，この形成水深は海食洞の下底とほぼ対応すること，水深 15m 以深にも海底平坦面が認められそうであること，海食洞は下底に 20〜30cm 以下のよく円磨された礫が薄く堆積するか岩盤が直接露出しており，壁面は滑らかであること，ノッチは小さな湾奥部で発達がよく，砂礫による研磨が顕著であり海底にも連続してつながっていることを観察した。茂木（1978）も極めて浅い海食台の地形を観察しており，「波食台表面は深い波食溝が刻まれた起伏の大きな岩礁地形であるが頂部は斉一な水深を示し，水深 2m，3〜5m，6〜8m，9〜11m に見られることが多い」と述べている。海岸地形は陸上や潮間帯だけでなく，低潮線の下に隠れた岩礁地形も精査しなければ完全な解釈はできない（豊島, 1973）。しかし，海食台は常に海面下にあるため，茂木昭夫や豊島吉則以外の調査例はなかった。

　海底段丘の分布とそれらの発達史的問題についても，この時期に多くの議論が行われた（Fujii and Mogi, 1970; 茂木, 1973c など）。これらは第四紀の海水準変動に関する研究が進み海底堆積物の掘削試料解析が進んだ現在の知見をもって再考する必要がある。吉川（1997）による大陸棚形成論はその端緒であろう。

　以上のように，日本の海底地形探査と研究は 1950 年代以降に格段に進歩した（佐藤, 1969; 大森ほか, 1971 など）。現在でも観察が少ない極浅海域の現成地形についても，1960〜70 年代に具体的な記載がなされた。しかし，浅海底の地形研究は，このあと中断期を迎えることとなる。1971 年に海洋科学技術センター（現在の海洋研究開発機構）が設立されたことにも象徴されるように，日本および世界の海洋研究は遠洋深海を舞台にした調査・資源探査に力が注がれていく。

IV　海底測量技術の進化と浅海底の地形研究

　日本沿岸では 1976 年から海底地形図と海底地質構造図が組み合わされた「5 万分の 1 沿岸海の基本図」が海上保安庁から刊行され始めた。しかし，その整備は多くの時間と労力がかかり，刊行開始から 45 年が経過した現在でも刊行されていない沿岸域が多い。西沢邦和は海の地図作りの効率の悪さ（60cm×80cm 程度の 5 万分の 1 基本図 1 枚を作成するのに 2 カ月の船上作業を要すること）と，シングルビーム測深を用いた精度の問題を次のように指摘した。「水深測量は線の測量であって測線と測線の間は未測域となって残る。海底地形図が『解釈の地図』といわれる由縁であるが，5 万分の 1 基本図シリーズの場合測線間隔は 750m（図上 1.5cm）とされており，これより小さい規模の地形は図に表現されない場合がありうる。」（西沢, 1982: 24）。

　マルチビーム測深機は 1970 年代にシングルビーム測深機の拡張機能として登場した（Finkl and

Makowski, 2016)。マルチビーム測深機は，音響ビームを船から海底に向けて放射状に発振し，海底地形を広く計測する装置である。ソナーはＴ字型に直交する一対の音響アレイで構成される。放射状に音響ビームを発する送波器を船の前後軸に，指向性をもった受波器を船の横方向に沿って直交するよう配置して狭ビームをつくるミルズクロス法が採用されることが多い。実際には，GPS 等の周辺機器の精度向上とともに 1990 年代終盤より実用に供されるようになった。ただし装置が大型であったため大型調査船に装備されることが多く，大陸棚縁辺部から大陸斜面および海洋底における地形探査は進んだが，大型船が入ることができない大陸棚・島棚上の浅海域の探査は遅れた。

　大陸棚・島棚上の浅海底地形については，海底砂州など現海面下でつくられている現成地形と，過去の低海水準の基でつくられ海底に取り残されたレリック地形，その両者が複合した地形が存在する。現在，マルチビーム測深を用いた大陸棚・島棚上の浅海底地形に関する研究は，地域的また分野的な偏りが見られる状況である。地域的には地中海，北欧，北米大西洋岸の沿岸域における研究が多い。

　このうち沿岸の海底砂州の地形や，短期的に変化する砂堆の堆積・侵食に関する研究は比較的多くみられる。例えば，Pendleton et al.（2017）は，北米大西洋岸にて海底砂州の移動を明らかにした。Guerrero et al.（2018）は，地中海北西部スペインのエプロ川河口デルタが 1880 年から現在まで後退したこと，後退した河口跡は水深 10m 前後の海底となり，その上に現在の沿岸流で形成された波長 100〜400m，波高 0.5〜2.5m のサンドリッジが発達していることを明らかにした。

　このほか，北欧では，大陸棚とフィヨルドの海底に残された氷河地形について，マルチビーム測深などを用いた沈水モレーンの識別から，最終氷期および氷床後退期の氷床末端位置の認定やトンネルバリーの成因についての仮説を提示する研究が行われた（Ottesen and Dowdeswell, 2009; Dove et al., 2017 など）。地中海のマルタ島では沿岸域の海底地形が広く可視化され（Prampolini et al., 2019），海底に残された地すべりおよび崩壊地形と巨礫の分布について記載されている（Soldati et al., 2019）。

　サンゴ礁海域においてもマルチビーム測深を用いた地形調査が進められたが，研究が盛んに行われているオーストラリア北東部のグレートバリアリーフにおいても，水深 60m 以浅の探査は難しかった（Beaman et al., 2008）。そのような状況の中で，千年に 2〜6m の急速な沈降が 50 万年以上継続するハワイ島やパプアニューギニアのヒュオン湾では，大型船搭載の測深装置を用いて，深海に残された浅海性のレリック地形を探査し，潜水艇で堆積層を観察・採取する一連の研究が進められた（Webster et al., 2009）。これらの海域では氷期に形成されたサンゴ礁が礁形成限界水深以深へ沈みながら保存されているため，過去 6 回にわたる氷期の低海水準時につくられたサンゴ礁の研究が飛躍的に進んだ。また，グレートバリアリーフでは，統合国際深海掘削計画（IODP: 現在の国際深海科学掘削計画）によって，大陸棚縁辺部で最終氷期に形成されたサンゴ礁の掘削を行い，その堆積過程と地形の形成史を明らかにした（Webster et al., 2010; 2018; Fujita et al., 2020 など）。一連の研究の中で，最終氷期最盛期（LGM）の海水準が 2 段階に分かれて低下していたことが明らかになった。すなわち，約 3.1 万年前の急激な海水準低下から始まる LGM のうち，2.8〜2.2 万年前には海水準が比較的安定した時期（LGM-a）が現れ，その後 2.19〜2.05 万年前にかけて海水準が約 20m 低下して最低位（汎世界的平均海水準で現海面下約 125〜130m）に達し（LGM-b），1.9 万年以降に後氷期海

水準上昇に転じたという高解像度の海面変化史が明らかになった（Yokoyama et al., 2018）。

このほか，完新世初期に形成され，その後沈水したサンゴ礁ではマルチビーム測深による地形探査や掘削などが進んだ。オーストラリア南東のロードハウ島（Woodroffe et al., 2010; Linklater et al., 2018 など）や，オーストラリア北部のカーペンタリア湾（Harris et al., 2008），西フロリダ（Hine et al., 2008）の大陸棚上の沈水礁である。最近では，インド洋モルディブで環礁外洋側の地形について研究が進んでいる（Rovere et al., 2018）。

筆者の研究室では，H22〜24 年度科研費（基盤研究 A）によって，2010 年に小型船舶に搭載可能な小型ワイドバンドマルチビーム測深機 R2Sonic2022 を導入した。当該機種としては日本ではじめて導入された装置であった。その後，久米島や石垣島などでの測深を実施し，水深 1〜400m までの海底地形を 0.5〜2m グリッドの高解像度で可視化することに成功した。一連の研究の中で，我々は琉球列島石垣島名蔵湾にて大規模な沈水カルスト地形とその上に成立したサンゴ礁地形を発見した（Kan et al., 2015）。そして赤土汚染の激しい海域と認識されていた同湾が，汚染の少ない生物量豊かな海域であり，大規模なサンゴ群集が成立していることも発見された。このように沿岸域の海底地形調査は，未知の領域を切り開く研究活動につながる。

さらに，17〜18 世紀に港として利用されていた石垣島の屋良部沖（Ono et al., 2016）や，米国軍艦 USS Emmons が沈む古宇利島沖（Kan et al., 2018）にて，高解像度で可視化した海底地形を基にした水中文化遺産研究を展開した。古宇利島沖では世界で初めて水中でのフォトグラメトリーモデルとマルチビーム測深を組み合わせて，地理座標を有する 5cm グリッドの高解像度水中三次元モデルを構築することに成功した。これらの研究では，高解像度海底地形図の作成によって，地理学・地形学の立場から遺跡が成立した背景について説明を加えることが可能となった。

V おわりに

「分布を捉え，地形分類を行って分類図を作成することは，地形学における一つの任務であり，基礎的作業でもある。地形地域の特性を浮き彫りにする上で必須であり，地理学的作業でもある」（高橋, 1980）。我々はようやく，浅海域の地形分類図作成の前提となる高解像度海底地形図を，マルチビーム測深等によって自作することができる状況となってきた。今後，これらの海底地形図を基に，凡例を作成し，地形分類図を作成するところへ進んでいく必要がある。地形形成過程が分かっていない段階での凡例の作成は困難な部分も多いが，これまでの知見がきわめて少なかった浅海底に存在する地形と，その形成についての議論を行う入り口に立つことができる。

水深 130m 以浅の浅海域は，氷期・間氷期の海面変化に伴って侵食・堆積作用を交互に受けながら地形がつくられる地域である。しかし，従来の地形学教科書（たとえば，米倉ほか，2001）で詳しく解説されているのは「海岸地形」までであり，海面下は大地形としての「大陸棚・大陸斜面の地形」が僅かに記述されるに過ぎない。我々の研究活動が，将来，海岸地形と大陸棚・海溝などの大地形の間に入る新しい章「浅海底地形」を創り出すための端緒となればと願う。

謝 辞

　岡山大学名誉教授の故高橋達郎先生には，学部および修士課程にて私の研究の原点をつくっていただきました。言い尽くせないほどの学恩に感謝いたします。堀　信行先生（首都大学東京名誉教授）には広島大学博士課程以降永くご指導いただくとともに，現在も一緒に研究を行っていただいていますこと感謝の念に堪えません。サンゴ礁および浅海底の地形研究・学際研究については，長谷川均氏，中井達郎氏（国士舘大学），渡久地　健氏（元琉球大学），中島洋典氏（有明高専），鈴木　淳氏，長尾正之氏（産総研），横山祐典氏（東京大学），藤田和彦氏（琉球大学），藤田喜久氏（沖縄県立芸術大学）小野林太郎氏（国立民族学博物館），後藤和久氏（東京大学），片桐千亜紀氏（沖縄県埋蔵文化財センター），中西裕見子氏（大阪府教育庁），吉崎　伸氏（京都市埋蔵文化財研究所）など，科研費共同研究者の皆様のご協力のもとで進んでいるところです。本研究は H28～32（R2）年度科研費　基盤研究（S）16H06309「浅海底地形学を基にした沿岸域の先進的学際研究—三次元海底地形で開くパラダイム—」および R3～6 年度科研費　基盤研究（A）21H04379「沿岸浅海域の地理学研究：浅海底地形学の構築および海底景観の可視化と啓発」（いずれも研究代表者：菅　浩伸）の成果の一部です。記して感謝申し上げます。

文 献

朝比奈秀雄 (1931) 南洋群島珊瑚礁の地形に就て. 水路要報, 10, 113-127.

大森昌衛, 茂木昭夫, 星野通平 (1971).『海洋科学基礎講座 7　浅海地質学』東海大学出版会.

貝塚爽平 (1955). 関東南岸の陸棚形成時代に関する一考察. 地理学評論, 28, 15-26.

河名俊男, 菅　浩伸 (1996). 沖縄島南部の具志頭海岸における完新世離水サンゴ礁の掘削によるボーリングコアの記載. 琉球大学教育学部紀要, 48, 1-16.

河名俊男, 菅　浩伸 (2002). 沖縄島南部の具志頭海岸における完新世離水サンゴ礁の新たな掘削によるサンゴ礁の内部構造 —ボーリングコアの記載—. 琉球大学教育学部紀要, 60, p.235-244.

菅　浩伸 (1990). 中部琉球・久米島の完新世サンゴ礁における上部礁斜面の地形. 岡山大学創立 40 周年記念地理学論文集編集委員会編『地域と生活 II』1-12.

小西健二, 辻　喜弘, 後藤十志朗, 田中武男, 二口克人 (1983). サンゴ礁の多孔浅層掘削 －喜界島における完新統の例－. 海洋科学, 15, 154-164.

小西健二 (1984). サンゴ礁の地学的研究の最近の成果－南西諸島より－. 地学雑誌, 93(7), 61-68.

佐藤任弘 (1969).『海底地形学』ラテイス.

高橋達郎, 山内秀夫, 福本　紘 (1976). 口之島の珊瑚礁と海浜堆積物. 鹿児島地理学会紀要, 22(2), 63-78.

高橋達郎, 木庭元晴 (1978). 沖縄諸島久米島東部の海岸地形 －東岸沖の珊瑚礁地形および奥武島・奥端島の地形・地質－. 岡山大学教育学部研究集録, 48, 159-169.

高橋達郎 (1980). 琉球列島における完新世サンゴ礁地形の諸問題. 日本地理学会予稿集, 18, 358-359.

田山利三郎 (1936). ポナペ島（Ponape I.）の地形地質並に珊瑚礁. 東北帝国大学理学部　地質古生物

学教室研究邦文報告, 24, 1-52, 図版 1-10.

田山利三郎 (1940). 南洋群島の珊瑚礁. 太平洋協会編『南洋諸島　自然と資源』河出書房, 253-294.

田山利三郎 (1941). トラック諸島の地形地質並に珊瑚礁. 青木廉二郎編『矢部教授還暦記念論文集』笹氣印刷所, 709-723, 図版 36-38.

田山利三郎, 太田 恭 (1940). アーガン島の地形地質並に珊瑚礁. 熱帯産業研究所彙報, 6, 1-20, 図版 1-22.

豊島吉則 (1965). 花崗岩地域の海蝕地形 ―山陰, 浦富海岸の事例―. 鳥取大学学芸学部研究報告, 16, 1-14.

西沢邦和 (1982). 「沿岸海の基本図」の現状と問題点 ―添付地図『七尾湾海底地形図』に寄せて―. 地図, 20(4), 24-26.

豊島吉則 (1973). 海岸の地形 ―海岸縦断面形からみた地形変化―. 海洋科学, 5(12), 47-51.

堀　信行(1982). サンゴ礁外縁の基底深度の地理的変化にみられる規則性とその成因. 日本地理学会予稿集, 22, 120-121.

堀　信行 (1983). 礁形成論における新称 Daly および Davis 点（および線）の提唱. 日本地理学会予稿集, 24, 76-77.

堀　信行 (1986). 与論島の現成サンゴ礁の礁斜面の地形と海水準変化. 米倉伸之編『現成サンゴ礁の微地形と浅層構造の研究』昭和 60 年度科研費研究成果報告書, 35-53.

堀　信行 (2010). クック諸島, ラロトンガ島における礁斜面の勾配と基底深度（デイリー点）にみる規則性とその地形学的意義. 奈良大地理, 16, 56-71.

堀　信行 (2019). 礁形成モデルと簡易測深機による検証：太平洋とインド洋を中心に. 日本サンゴ礁学会 第 22 回大会（北海道大学）講演要旨集, 87.

茂木昭夫 (1958). 津軽海峡西部の海底地形. 地理学評論, 31(1), 15-23.

茂木昭夫 (1960). 東海村沿岸の地形変化について. 地理学評論, 33(8), 393-411.

茂木昭夫 (1963). 日本の海浜型. 地理学評論, 36(5), 245-266.

茂木昭夫 (1973a). 地質構造を反映した海底地形の例 ―倉良瀬戸―. 地理学評論, 46(11), 755-759.

茂木昭夫 (1973b). 台湾西岸における砂州の大規模変化. 地理学評論, 46(3), 171-184.

茂木昭夫 (1973c). 海底地形発達に関する最近の問題. 海洋科学, 5, 805-810.

茂木明夫, 中嶋 逞 (1973). 海底砂州の分布パターンについての一考察. 東北地理, 25(4), 231-239.

茂木昭夫, 岩崎 博 (1975a). 海底砂州における微地形の発達（1）―イノサキノツガイと小与島東方海底砂州―. 地学雑誌, 84(2), 30-40.

茂木昭夫, 岩崎 博 (1975b). 海底砂州における微地形の発達（2）―イノサキノツガイと小与島東方海底砂州―. 地学雑誌, 84(3), 30-41.

茂木昭夫 (1978). 日本沿岸の海底地形. 土木学会水理委員会 水工学シリーズ 78-B-3, 1-16.

茂木昭夫, 土出昌一, 福島資介 (1980). 西之島新島の海岸侵食. 地理学評論, 53(7), 449-462.

茂木昭夫, 長井俊夫 (1981). 対馬東水道における海底砂州. 東北地理, 33(2), 71-80.

吉川虎雄 (1997).『大陸棚 その成り立ちを考える』古今書院.

米倉伸之, 貝塚爽平, 野上道男, 鎮西清高編著 (2001)『日本の地形1 総説』東京大学出版会.

Beaman, R.J., Webster, J.M., Wust, R.A.J. (2008). New evidence for drowned shelf edge reefs in the Great Barrier Reef, Australia. *Marine Geology*, 247, 17-34.

Clausade, M., Gravier, N., Pichon, M., Roman, M.L., Thomassin, B., Vasseur, P., Vivien, M., Weydert, P. (1971). Coral Reef Morphology in the Vicinity of Tulear (Madagascar): Contribution to a Coral Reef Terminology. *Tethys Suppl.*, 2, 1-76.

Darwin, C. (1842) *The structure and distribution of coral reefs*. Univ. Arizona Press.

Dove, D., David J.A. Evans, D.J.A., Lee, J.R., Roberts, D.H., Tappin, D.R., Mellett, C.L., Long, D., Callard, S.L. (2017). Phased occupation and retreat of the last British–Irish Ice Sheet in the southern North Sea; geomorphic and seismostratigraphic evidence of a dynamic ice lobe. *Quaternary Science Reviews*, 163, 114-134.

Finkl, C.W., Makowski, C. (2016). *Seafloor mapping along continental shelves, research and techniques for visualizing benthic environments.* Springer.

Fujii, S., Mogi, A., (1970). On coasts and shelves in their mutural relations in Japan during the Quaternary. *Quaternaria*, 12, 155-164.

Fujita, K., Yagioka, N., Nakada, C., Kan, H., Miyairi, Y., Yokoyama, Y., Webster, J.M. (2020). Reef-flat and back-reef development in the Great Barrier Reef caused by rapid sea-level fall during the Last Glacial Maximum (30–17 ka). *Geology*, 48, 39-43.

Goreau, T.F., Goreau, N.I. (1973). The ecology of Jamaican coral reefs, II geomorphology, zonation, and sedimentary phases. *Bulletin of Marine Science*, .23, 399-464.

Guerrero, Q., Guillén, J., Durán, R., Urgeles, R. (2018). Contemporary genesis of sand ridges in a tideless erosional shoreface. *Marine Geology*, 395, 219–233.

Harris, P.T., Heap, A.D., Marshall, J.F., McCulloch, M. (2008) A new coral reef province in the Gulf of Carpentaria, Australia: Colonisation, growth and submergence during the early Holocene. *Marine Geology*, 251, 85-97.

Hine, A.C., Halley, R.B., Locker, S.D., Jarrett, B.D., Jaap, W.C., Mallinson, D.J., Ciembronowicz, K.T. Ogden, N.B., Donahue, B.T., Naar, D.F. (2008). Coral reefs, present and past, on the West Florida Shelf and platform margin. In: Riegl, B.M., Dodge, R.E. eds. *Coral reefs of the USA.* Springer, 127-173.

Hori, N. (1970). Raised coral reefs along the southeastern coast of Kenya, East Africa. Geographical Reports of Tokyo Metropolitan Univ., 5, 25-47.

Hori, N. (1977). A morphological study on the geographical distribution of coral reefs. Geographical Reports of Tokyo Metropolitan Univ., 12, 1-75.

Hori, N. (1983). Sea level changes and the newly defined "Daly point" of coral reefs in the Ryukyu Islands. *International Symposium on Coastal Evolution in the Holocene, Abstracts of papers*, 36-38.

Kan, H. and Hori, N. (1991). Methodology and conceptual design for geomorphological surveying of submarine 'road cut' in modern reef-flats. *Geographical Sciences (Chiri Kagaku)*, 46, 208-221.

Kan, H., Takahashi, T. and Koba, M. (1991). Morpho-dynamics on Holocene reef accretion: drilling results from Nishimezaki Reef, Kume Island, the Central Ryukyus. *Geographical Review of Japan*, 64B, 114-131.

Kan, H. and Hori, N. (1993). Topographic formation on the well-developed fringing reef-flat, Minna Island, the central Ryukyus. *Transactions Japanese Geomorphological Union (Chikei)*, 14, 1-16.

Kan, H. (1995) Typhoon effects on sediment movement on reef edges and reef slopes. In: Bellwood, O., Choat, H., Saxena, N. eds. *Recent advances in marine science and technology '94*. Pacon International and James Cook Univ., 191-201.

Kan, H., Hori, N., Nakashima,Y. and Ichikawa,K. (1995). Narrow reef flat formation in a high-latitude fringing reef. *Coral Reefs*, 14, 123-130.

Kan, H., Hori, N. and Ichikawa, K. (1997a). Formation of a coral reef-front spur. *Coral Reefs*, 16, p.3-4.

Kan,H., Hori,N., Kawana,T., Kaigara,T. and Ichikawa,K. (1997b). The evolution of a Holocene fringing reef and island: reefal environmental sequence and sea level change in Tonaki Island, the central Ryukyus. *Atoll Research Bulletin*, 443, 1-20.

Kan, H., Urata, K., Nagao, M., Hori, N., Fujita, K., Yokoyama, Y., Nakashima, Y., Ohashi, T., Goto, K., Suzuki, A. (2015). Submerged karst landforms observed by multibeam bathymetric survey in Nagura Bay, Ishigaki Island, southwestern Japan. *Geomorphology*, 229, 112-124.

Kan, H., Katagiri, C., Nakanishi, Y., Yoshizaki, S., Nagao, M., Ono, R. (2018). Assessment and significance of a World War II battle site: recording the USS Emmons using a high-resolution DEM combining multibeam bathymetry and SfM photogrammetry. *The International Journal of Nautical Archaeology*, 47, 267-280.

Konishi,K., Tsuji,Y., Goto,T., Tanaka,T. (1978) Holocene raised reef drilling at Kikai-jima, central Ryukyus, No.1. *Sci. Rept. Kanazawa Univ.*, 23(2), 129-153.

Linklater, M., Hamylton, S.M., Brooke, B.P., Nichol, S.L., Jordan, A.R., Woodroffe, C.D. (2018). Development of a Seamless, High-Resolution Bathymetric Model to Compare Reef Morphology around the Subtropical Island Shelves of Lord Howe Island and Balls Pyramid, Southwest Pacific Ocean. *Geosciences*, 8(11), 1-25.

Ono, R., Katagiri, C., Kan, H., Nagao, M., Nakanishi, Y., Yamamoto, Y., Takemura, F., Sakagami, N. (2016). Discovery of Iron Grapnel Anchors in Early Modern Ryukyu and Management of Underwater Cultural Heritages in Okinawa, Japan. *The International Journal of Nautical Archaeology*, 45, 75-91.

Ottesen, D., Dowdeswell, J.A. (2009). An inter–ice-stream glaciated margin: Submarine landforms and a geomorphic model based on marine-geophysical data from Svalbard. *GSA Bulletin*, 121,1647-1665.

Pendleton, E.A., Brothers, L.L., Robert, E., Edward, T., Sweeney, M. (2017). Sand ridge morphology and bedform migration patterns derived from bathymetry and backscatter on the inner-continental shelf offshore of Assateague Island, USA. *Continental Shelf Research*, 144, 80-97.

Prampolini, M., Foglini, F., Micallef, A., Soldati, M., Taviani, M (2019). Malta's submerged landscapes and landforms. In: Gauci,R., Schembri, J.A. eds. *Landscapes and Landforms of the Maltese Islands*, Springer, 117-128.

Roberts, H.H. (1983). Shelf margin reef morphology: a clue to major off-shelf sediment transport route, Grand

Cayman Island, West Indies. *Atoll Research Bulletin*, 263, 1-11, figs 1-14.

Rovere, A., Khanna, P., Bianchi, C.N., Droxler, A.W., Morri, C., Naar, D.F. (2018). Submerged reef terraces in the Maldivian Archipelago (Indian Ocean). *Geomorphology,* 317, 218–232.

Stephenson, T.A., Stephenson, A., Tandy, G., Spender, M. (1931). The structure and ecology of Low Isles and other reefs. In: British Museum (Natural History) ed., *Great Barrier Reef Expedition 1928-29 Scientific Reports*, 3, 17-112, plates 1-27.

Soldati, M., Devoto, S., Prampolini, M., Pasuto, A. (2019). The spectacular landslide-controlled landscape of northwestern coast of Malta. In: Gauci,R., Schembri, J.A. eds. *Landscapes and Landforms of the Maltese Islands*, Springer, 167-178.

Takahashi, T., Koba, M. (1975). Reef flat and beach rock of southern Tokunoshima, Ryukyu Islands. *Scientific Reports of the Tohoku University, 7th Series (Geography)*, 25(2), 189-196.

Takahashi, T., Koba, M. (1977). Emerged Holocene coral reefs around Kume Island, Ryukyus. *Scientific Reports of the Tohoku University, 7th Series (Geography)*, 27(2), 149-162.

Takahashi, T., Koba, M. (1978). A preliminary investigation of the coral reef at the southern coast of Ishigaki Island, Ryukyus. *Scientific Reports of the Tohoku University, 7th Series (Geography)*, 28(1), 49-60.

Takahashi, T., Koba, M., Nakamori, T. (1985). Coral reefs of the Ryukyu islands : Reef morphology and reef zonation. *Proceedings of the 5th International Coral Reef Congress (Tahiti)*, 3, 211-216.

Takahashi, T., Koba, M. and Kan, H. (1988). Relationship between reef growth and sea level on the northwest coast of Kume Island, The Ryukyus: data from drill holes on the Holocene coral reef. *Proceedings of the 6th International Coral Reef Sympoium*, 3, 491-496.

Webster, J.M., Braga, J.C., Clague, D.A., Gallup, C., Hein, J.R., Potts, D.C., Renema, W., Riding, R., Riker-Coleman, K., Silver, E., Wallace, L.M. (2009). Coral reef evolution on rapidly subsiding margins. *Global and Planetary Change*, 66, 129–148.

Webster, J., Yokoyama, Y., Cotterill, C., Anderson, L., Green, S., Bourillot, R., Braga, J.C., Droxler, A., Ezat, T., Felis, T., Fujita, K., Gagan, M., Gischler, E., Herrero-Bervesa, E., Hongchen, J., Humblet, M., Inoue, M., Isua, T.L., Iryu, Y., Jovane, L., Kan, H., Linsley, Loggia, D., Mills, H., Potts, D., Seard, C., Suzuki, A., Thomas, A., Thompson, W., Tiwari, M., Tudhope, A. (2010). *Integrated Ocean Drilling Program Expedition 325 Preliminary Report Great Barrier Reef environmental changes.* Integrated Ocean Drilling Program Management International, Inc., 479pp.

Webster,J.M., Braga, J.C., Humblet, M., Potts, D.C., Iryu, Y., Yokoyama, Y., Fujita, K., Bourillot, R., Esat, T.M., Fallon, S., Thompson, W.G., Thomas, A.L., Kan, H., McGregor, H.V., Hinestrosa, G., Obrochta, S.P., Lougheed, B.C. (2018). Response of the Great Barrier Reef to sea-level and environmental changes over the past 30,000 years. *Nature Geoscience*, 11, 426-432.

Wells, J.W. (1954). Recent corals of the Marshall Islands. *U.S. Geological Survey Professional Paper*, 260-I, 385-486, plates 94-185.

Woodroffe, C.D., Brooke, B.P., Linklater, M., Kennedy, D.M., Jones, B.G., Buchanan, C., Mleczko, R., Hua,

Q., Zhao, J.X. (2010). Response of coral reefs to climate change: Expansion and demise of the southernmost Pacific coral reef. *Geophysical Research Letters*, 37, L15602, doi:10.1029/2010GL044067

Yamano, H, Kayanne, H., Yonekura, N. (2001). Anatomy of a modern coral reef flat: a recorder of storms and uplift in the late Holocene. *Journal of Sedimentary Research*, 71(2), 295-304.

Yamano, H., Abe, O., Matsumoto, E., Kayanne, H., Yonekura, N., Blanchon, P. (2003). Influence of wave energy on Holocene coral reef development: an example from Ishigaki Island, Ryukyu Islands, Japan. *Sedimentary Geology*, 159, 27-41.

Yokoyama, Y., Esat, T.M., Thompson, W.G., Thomas, A.L., Webster, J.M., Miyairi, Y., Sawada, S., Aze, T., Matsuzaki, H., Okuno, J., Fallon, S., Braga, J-C., Humblet, M., Iryu, Y., Potts, D.C., Fujita, K., Suzuki, A., Kan, H. (2018). Rapid glaciation and a two-step sea-level plunge into The Last Glacial Maximum. *Nature*, 559, 603-620.

（2020 年 2 月）

VOXEL 型段丘形成シミュレータを用いた 相模トラフ巨大地震に関する変動地形の考察

隈元　崇・竹竝大士

　The aim of this study is to compare and verify the observed coastal terrace landforms including notch and simulated landforms derived from newly developed computer program, "VOXEL" (Volume-Pixel) model, which enables to express three-dimensional characteristics at one point that previous conventional model of the DEM cannot realize in the Landform Evolution Models.

I　はじめに

　2011 年 3 月 11 日に発生した東北地方太平洋沖地震とそれに続く東京電力福島第一原子力発電所の事故を契機として，日本でも原子力発電所の立地と廃炉について考え方の見直しがなされ，さまざまな問題が挙げられるようになった。放射性廃棄物の処理施設の立地条件に関する議論もその一つである。そこでは，地下 300m 以深の安定した岩盤に廃棄物を処理するいわゆる「地層処分」の構想が，最も信頼性と実現性が高い処分方法として国内外でも検討されている。日本での高レベル放射性廃棄物のための地層処分場の決定には，地殻変動や海水準変動による相対的な隆起・沈降，火山活動，侵食・堆積など，さまざまな地形変化プロセスの相互作用の結果を考慮して，1 ～ 10 万年という長期間に及ぶ地形変化を予測する必要がある。ただし，ある地域の地形変化を考慮するといっても，特に日本の太平洋沿岸の地形の形成には，ミランコビッチサイクルで説明される万年スケールの海水準変動やハイドロアイソスタシーの効果に加えて，プレート境界型地震のおよそ 100 年毎の繰り返しの活動や，2011 年の東北地方太平洋沖地震のように 1000 年程度の間隔をもつ稀な超巨大地震による地殻変動の効果も積算される。そのため，そうした多様な地形変化プロセスの積算効果を検証する手段が必要となる。そこで，処分場予定地の地形・地質調査結果に基づいて明らかとされる過去の地史の解明に加えて，コンピュータを用いた地形発達の数値シミュレーションモデル（Landform Evolution Models: LEMs）の構築と応用が必要であると考える。野上（2011）によると，地形発達シミュレーションとは，数値標高データ（Digital Elevation Model: DEM）による初期地形に対して物質の移動則を表す方程式をもとに，対象エリア内の単位領域について，単位時間当たりの標高変化量をシミュレーションの対象期間にわたって積算することで，地形の変化を逐次計算するものである。

　本研究では，数値標高データを用いた LEMs の現実地形への適用と検証を行うため，従来の研究例（例えば，野上，2011；井上・田中，2013；田中ほか，2014）をもとに，ただし地形表現には DEM ではなく，新たに VOXEL（Volume-Pixel）で地形を表現する独自のデータ構造とプログラムを構築した。また，本研究では過去の地形がどのようなプロセスで現在の地形にまで発達してきたのか，そ

の地史の考察を目的とする中で，シミュレーション結果の検証が容易な比較的短期間の地形変化を対象とした。具体的には，対象地形に千葉県房総半島南西部の見物海岸にみられる地震性の海成段丘地形（隆起ベンチ）を選定し，対象期間は相模トラフで発生するプレート境界型地震の中で永仁地震発生年の 1293 年以降現在までの 720 年間とした。地形の変化量の計算は，(1)波食による海食崖の後退，(2)波による海底面の削剥，(3)地震性地殻変動，(4)海水準変動の 4 種類のプロセスを考慮した。特に(3)について，相模トラフで発生するプレート境界型地震は，規模の大きい「元禄地震型」と相対的に規模の小さな「大正地震型」に分けられる。このとき，見物海岸の隆起ベンチ地形の隆起の時期について後に示す 2 種類のモデルの提案と議論があった。この議論について，本研究では LEMs の中で，初期地形と地形変化プロセスのパラメータをそれぞれのモデルに合わせて設定し，それらの結果より考察を行った。

II　VOXEL での地形表現

これまで整備されてきた DEM 形式の数値標高モデルは，地表面の標高を示して鳥瞰図や地形陰影図など 3 次元表示に応用できるとはいえ，同一の平面位置にはひとつの特性しか表現できない疑似 3 次元データであって，例えばノッチや波食棚のような地形を表現可能な完全な 3 次元データ形式ではない。そのため，地形変化シミュレーションの中でも，波浪侵食の作用では常に崖の平行後退しか現れないなど海食崖の後退と段丘面の消長に関して現実の地形との乖離が存在した。これに対して，第 1 図に示すように，VOXEL（Volume-Pixel）型数値標高モデルを用いることによって，同一の平面座標上に 2 面以上の地形が表現可能となり，従来の DEM 型数値標高モデルでは不可能であったノッチ地形を計算機上で扱うことができる。これにより，従来の DEM 型モデルでは海食崖の平行後退の表現の中で段丘面の幅も時間とともに定常的に後退するのみであった地形変化プロセスについて，VOXEL 型モデルではノッチ形成の期間に対応する段丘面の幅の維持とその後の崩壊による非定常的な地形変化プロセスが LEMs に導入される。

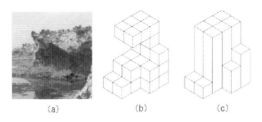

(a)　　　　　(b)　　　　　(c)

第 1 図　(a) ノッチ（notch，波食窪），(b) VOXEL 型モデル，(c) DEM 型モデル

本研究で提案する VOXEL 型数値標高モデルとそれを扱うための専用のシミュレーションプログラムにより，ノッチや波食棚の形成のような継続的な小変化プロセスと海食崖の崩落といった非定常な変化のモデルの融合を進めることによって，より現実的な地形変化予測の議論に資する成果が期待された。

Ⅲ　研究対象地域：見物海岸について

　研究対象地域の見物海岸は，千葉県の房総半島南西部（内房地域）に位置し，5万分の1地質図幅「館山」（川上・宍倉, 2006）によれば前期鮮新世・南房総層群・鏡ヶ浦層の砂岩シルト岩互層を基盤とする地域である。この海岸の砂浜にはところどころ基盤が露出しており，一部では高低2段に隆起した海成段丘地形が観察できる（第2図）。この2段の段丘地形の隆起量などから推定される過去の地震の規模や頻度は，関東圏の地震危険度評価に重要である。宍倉（2003）によると，これら2段の段丘面は，低位の面が1923年の大正関東地震（M7.9），高位の面が1703年の元禄関東地震（M8.1）での隆起にそれぞれ関連するとされた。それぞれの波食棚やノッチの地形と現在の海水面との標高差から，低位面の離水時の隆起量は2m程度，高位面の離水時の隆起量は3m程度と見

第2図　見物海岸（左図星印）でみられる2段の海成段丘面

積もられた。その後，この解釈に対して，住民への聞き取りなどから，低位面が大正の地震以前にすでに隆起していた可能性が指摘された（宍倉ほか, 2014）。この場合には，低位面が元禄の地震で隆起・形成されたことになる。この2つの異なる考え方について，宍倉ほか（2014）は，隆起生物遺骸群集の年代測定からは宍倉（2003）の解釈が支持されるとした。ただし，大正の地震後の陸地測量部（1926）の測量結果や，大正の地震後の地盤の沈下を考慮した場合には，低位面の標高は宍倉（2003）のモデルとは整合しない可能性が残るとの考察もなされた。もし後者の考え方が正しいとすると，測量結果と現在の地形面の標高との不一致は，大正地震と元禄地震の間に他の隆起イベントが生じた可能性や，段丘面形成時の旧汀線の代表性の問題が指摘された。

Ⅳ　地形変化シミュレーションのための地形データの作成

　本研究では，過去から現在に至る LEMs の計算を行い，その結果を現在の地形と比較する。そのためには，現在の地形について，現成の波食棚やノッチ地形までも表現された VOXEL 型の3次元地形データの取得が必要となるので，現地測量と PC 上での写真測量により新たに作成した。具体的には，ドローン機材（Unmanned Aerial Vehicle: UAV）による低高度からの地形写真の撮影に加えて，第3図(a)に示すような高所斜め撮影（High View：中田ほか, 2009）により約200枚の画像を取得して，それを写真測量ソフトウェア PhotoScan（Agisoft 社）で処理することで（第3図(b)），VOXEL 型の3次元の地形データを取得した。

(a)   (b)

第3図　(a) 波食棚および海成段丘の写真測量作業，(b) 3次元写真測量による地形モデル

第4図(a)は，本研究の測量作業により取得した VOXEL 型の3次元地形データから，満潮時には水没する現成の波食棚を含む領域についての 10 cm 等高線図である。また，第4図(b)には，低位面と波食棚の間にみられるノッチ地形について，本研究の VOXEL 型の3次元地形データを断面で表した例（実線と影部）に，同じ位置での国土地理院の基盤地図情報5メートルメッシュ DEM から得た断面線（破線）を，ノッチ基部の傾斜変換点が一致するように重ね描いた。これらの比較から，本研究での UAV と HighView によるデータの取得と PC 上のソフトウェアによる3次元測量の結果は，およそ 100 m 四方について数日の野外測量作業であるにもかかわらず，標高の精度は国土地理院の基盤地図情報5メートルメッシュ DEM と同等である。さらに，本研究で取り扱う VOXEL 型の LEMs に必要な数十 cm のノッチ地形まで，真の3次元地形データが取得されている。本研究での LEMs の計算では，この3次元地形データより縦横ともに空間解像度 10m で補間処理を行った正方離散データを使用した。

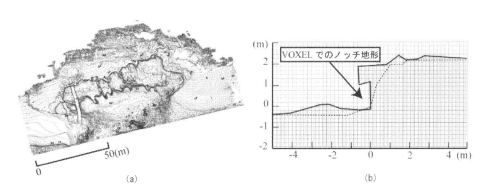

(a)   (b)

第4図　(a) 波食棚および海成段丘の3次元モデル（等高線は 10cm 間隔），
(b) ノッチ地形断面の比較

　一方，本研究では汀線付近での海食崖の後退や波食棚の形成プロセスの解明が目的の一つであるので，海岸線から沖合の浅海域の地形データも必要となる。大型の測量調査船が入ることのできない浅海部の地形データの取得には，地点毎に水深を測量したデータを補間した成果の利用が一般的であったが，最近では GPS を搭載したラジコンボートによる水深測量が効果的・効率的であるとさ

れる（例えば，宍倉ほか，2014）。本研究では，測量作業で取得した現成の波食棚地形（第4図(a)）よりも遠方については，宍倉ほか（2014）と産業技術総合研究所の「海洋地質構造データベース」から見物海岸の沖合の海底地形を調査した成果を参照して，傾き 0.2 の一様傾斜の面で近似した単純な地形を推定した。これを踏まえて，過去から現在へ至る本研究の LEMs について，現在以降の 720 年間にも，相模トラフでの地震の発生により見物海岸の沖合に段丘面が新たに形成されるという仮定をおいた。その条件下で，シミュレーションの開始時である永仁地震発生直後の海岸線から沖合の初期地形として，現成の波食棚とそれ以遠の沖合の地形をモデル化することとした。

V　地形変化シミュレーションで用いた地形変化プロセスとパラメータ

　本研究での LEMs は，物質の移動則を質量保存の式と連続の式を基本的な条件としながら，単位時間当たりの標高変化量を，(1)波食による海食崖の後退，(2)波による海底面の削剥，(3)地震性地殻変動，(4)海水準変動の 4 種類のプロセスとして 1 年毎に逐次計算して結果とした。

　(1)の波食による海食崖の後退について，例えば，井上・田中（2013）や上野（2014）では，10～15 m 解像度の DEM に対して海食崖の後退速度 R に経験的に 0.25 (m/yr)を使用している。しかし，この値は内湾である見物海岸には大きめの速度であり，これを用いた予察的な計算によると段丘が形成されない結果となった。そこで本研究では，対象とする見物海岸を撮影範囲に含む異なる 2 時期の空中写真を検索し，それらに幾何補正を行って重ね合わせて比較することで，見物海岸における最近の海食崖の後退速度を直接算出することとした。具体的には，国土地理院が撮影した空中写真から 1975 年（整理番号：CKT7414，コース番号：C34，写真番号：7）と 2012 年（整理番号：CKT20121，コース番号：C18，写真番号：10）を使用した（第5図，背景は 1975 年）。この図で，高位の段丘面と低位の段丘面の間の海食崖は現在は波食が及んでいない標高にあり，2 時期の比較では差分は生じていない。一方，低位の段丘面と現成の波食棚との間の海食崖については，黒色実線で示す 1975 年の位置から黒色破線で示す 2012 年の位置まで，この間の 37 年間の後退量が確認できる。本研究では，海食崖に直交する後退速度の算出のために，図中に矢印で示した人口掘削された水路を第一の参照地点とした。この水路は，海水準が低位の段丘面の高さであった時代に，干潮時に船を出すことができるように掘削されたものであり，先に述べた宍倉（2003）の解釈では元禄地震が発生した 1703 年から大正地震が発生した 1923 年の間に，一方，宍倉ほか（2014）での議論からは 1703 年以前に掘削されたこととなる。この水路の掘削時期が古文書などから明らかとなれば，元禄地震と大正地震の隆起量の議論に有用であろう。本研究では，見物海岸の海食崖に直交する方向への海食崖およびノッチ前縁の後退速度を算出するために，第一の参照地点としてこの水路の出口で計測を行い，1975 年から 2012 年の 37 年間の海食崖後退速度として 0.01 (m/yr)の値を得た。さらに，海食による切り込みのない隣接する複数の地点において，水路出口での後退ベクトルに平行な海食崖の後退量の計測を行って，見物海岸での海食崖後退速度として，0.01～0.06 (m/yr)の幅をもつデータを得た。本研究では，この推定幅を LEMs での海食崖後退速度 R の値として用いる。

　この海食崖の後退速度と地形変化について，従来の DEM を用いた LEMs では，ある単位地形格子が海陸境界となって以降の経過時間と海食崖後退速度の積の値が DEM の格子間隔で設定される

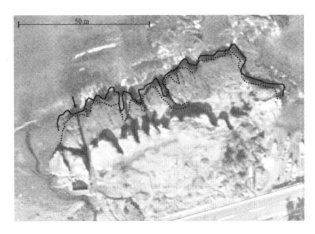

第5図　1975年（実線）と2012年（破線）の航空写真を用いた低位段丘と波食棚の崖の後退

閾値に達したとき，該当の単位地形格子の標高がどのような値であっても海域に変更するというアルゴリズムであった。しかし，現実の地形変化では，本研究が対象とする見物海岸のように波食によるノッチ地形の形成が見られる場合があり，計算対象期間が数百年程度の場合には崩壊までの時間と海成段丘の幅が現実とDEM型モデルでは有意に異なる。これに対して，本研究でのVOXEL型地形データを用いたLEMsでは，波食については1日の中でのおよそ±0.6 mの干満差を考慮し，さらに，海食が起こった際でも満潮時の標高より高い陸域VOXELは海食を生じないというDEM型モデルとは異なる条件によりノッチ地形が形成される。その後のさらなる海食に伴うノッチ上位の崩壊・崩落については，渡嘉敷・藍壇（2011）によるノッチの深さLとノッチ上位の地形の高さHに対して岩盤の引張強度 σ =0.25 MPa，岩盤の粘着力 γ =25 KN/m^3 を与えた限界深さの条件式を適用することとした（第6図）。

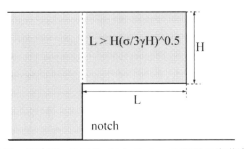

第6図　渡嘉敷（2011）によるノッチ地形の崩落条件

　この地形プロセスの作用により，従来のLEMsでは時間とともに線形で交代するのみであった海食崖の侵食作用について，ノッチ形成から崩落まで，侵食に対抗する段丘面の残存時間が従来よりも延長される効果が期待できる。このことは，特に本研究で対象とするような高解像度のデジタル地形データと千年程度未満の対象期間の段丘面の形成過程をその形状から議論するときには重要である。

次に，(2)の波による海底面の削剥は，水深に反比例して波の作用によって海底面が削剥される作用であり，沖合に向かって傾斜のある海底面も時間経過により水平化され海面下で波食棚の形成に寄与する。その削剥速度については，井上・田中（2013）と同じく Sunamura（1992）による波の営力による時間当たりの削剥量$\frac{du}{dt}$が水深 z とともに指数関数的に小さくなる次式を用いた（ただし，A (m/yr)は井上・田中（2013）を参照して 1.0×10^{-3} (m/yr)）。

$$\frac{du}{dt} = A exp(-0.25z)$$

また，(3)の地震性地殻変動については，先に述べた宍倉（2003）と宍倉ほか（2014）の 2 種類の隆起モデルを設定し，本研究の計算の中でどちらの考え方がより妥当であるかを次章で議論した。前者のモデルについては，1703 年の元禄地震と 1923 年の大正地震のそれぞれ隆起量を，段丘面の標高に対応させて 3.2m と 2.2 m とする。後者のモデルは，元禄地震と大正地震の隆起量はそれぞれ 2.0 m と 0.2 m とし，これらの隆起量の合計である 2.2 m は低位の段丘面の標高 2.2 m に対応させる考え方である。地震性地殻変動は，実際には地震発生に伴う間欠的な隆起・沈降と，地震間の定常的な変化に分けられる。見物海岸では，後者について大正地震後は約 3 mm/yr の沈降が推定されており（国土地理院, 2015），理想的には地震間の定常的な変化も考慮すべきである。しかし，離散データであるデジタル標高データのシミュレーションでは，この作用は(1)の波食による海食崖の後退の地形変化と同じ地点に働くことになるが，その変化量は海食崖の後退の変化量と比較して非常に小さく効果が限定的であるため，今回のシミュレーションでは単純化の中で取り込まないこととした。

最後に，(4)の海水準変動については，『日本海成段丘アトラス』（小池・町田編, 2011）に示された最終間氷期 MIS5e 以降の変動曲線を数値化したものを参照した。その中で，本研究の対象期間である永仁地震発生年の 1293 年から現在までの 720 年間に対応する変化量は-0.25 m の一様海退であった。この変化量による地形変化は，結果としてほとんど見られなかった。

VI　計算結果とまとめ

本研究での見物海岸における VOXEL 型数値標高モデルとその LEMs での議論の目的は，1703 年の元禄地震と 1923 年の大正関東地震の隆起量の設定に関する 2 つの異なる考え方の検証である。また，確定的なデータが取得できないために一部推定が残る浅海域の初期地形も，見物海岸の段丘面の形成に大きく影響する。そこで，以下に示す 4 つのモデルを計算してその結果を比較・検討することとした。

まず，モデル 1 では，地震性隆起については，宍倉（2003）を参考として 1703 年の元禄地震と1923 年の大正地震のそれぞれ隆起量を，段丘面の標高に対応させて 3.2m と 2.2m と設定した。シミュレーションにおける浅海域の初期地形は，「海洋地質構造データベース」に示される見物海岸の沖合での海底地形の傾斜と同じ傾き 0.2 の単純な地形面のみで近似する。モデル 2 は，初期地形はモデル 1 と同じであるが，隆起については宍倉ほか（2014）の議論を参照して元禄地震と大正地震の隆起量はそれぞれ 2.0 m と 0.2 m と設定した。モデル 3 は，シミュレーションの初期地形につい

て，本研究で測量した現成の波食棚地形とそれ以遠に宍倉ほか（2014）の測量結果を導入して浅海域の地形を複雑化させたものである。これにより，シミュレーション開始時の永仁地震直後にもある程度の波食棚地形が存在する条件を表現し，その後の海食と海底削剥による波食棚地形が元禄地震で隆起することを想定している。隆起の考え方についてはモデル1を踏襲した。最後のモデル4は，初期地形はモデル3と同じであるが，隆起についてはモデル2と同じく元禄地震の隆起がこの地域では支配的と考えるものである。それぞれの設定の中で，先に述べた2時期の空中写真の比較から得た海食崖後退速度Rに関する0.01〜0.06 (m/yr)のばらつきを100分割した100通りの分岐モデルと，Sunamura（1992）の海底削剥速度の式中の定数Aを0.001〜0.1 (m/yr)のばらつきの中で100分割した100通りの分岐モデルを独立に組み合わせて計算することで，モデル1から4までそれぞれについて合計10000通りの地形断面の計算結果を得た。それぞれのモデルの計算結果の中で，現在の見物海岸の高位と低位の2段の段丘面の地形断面との残差が小さく形状が類似する計算結果を選択して第7図に示した。それぞれモデルの最適結果パラメータは，モデル2以外のRが0.05 (m/yr)，モデル2のRは0.02 (m/yr)，また，海底削剥速度Aはいずれも0.001 (m/yr)であった。初期地形と隆起のモデルの相違の中で，各パラメータの推定幅の中で最適値が類似していることは，本研究で取り上げた4つの地形変化プロセスの選択と適用が適切であることを示唆するものと考える。

　これらのシミュレーションの結果を比較すると，モデル1の結果では，計算結果の地形の横軸15〜22 mの区間に初期地形の傾斜が残留する斜面の区間がみられる。さらに，VOXEL型シミュレーションとしてノッチの地形の形成によりDEM型よりも段丘の面としての残留期間が長いことが期待されるにもかかわらず，低位の段丘の後退量がやや小さい。計算の初期地形は同じで，隆起についての条件を変更したモデル2も，高位および低位の段丘面の幅は現実の地形と類似しているが，横軸25m以降に初期地形の傾斜が残留する斜面の区間がみられる。モデル3については，横軸7〜9mの区間で高位面が，また横軸22〜31 mの区間で低位の段丘面が現実の地形よりも幅が大きく算出され，現実の地形との乖離は一番大きな結果となった。これらに対して，モデル4の結果では，高位の段丘面の高さや幅だけでなく，低位の段丘面の幅が約14 mでノッチの形状まで含めて実際の見物海岸の地形断面に類似しており，モデル1や2と異なって現成の波食棚の区間の地形まで類似した結果であった。

　これらの比較より，本研究でのVOXEL型の地形変化シミュレーションの結果から，現実の見物

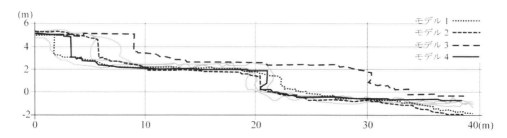

第7図　見物海岸の地形断面（灰色；3断面）とシミュレーション結果（4モデル）との比較

海岸の地形断面に最も類似する条件は，モデル4で採用した宍倉ほか（2014）による元禄地震と大正地震の隆起量はそれぞれ 2.0 m と 0.2 m と設定した場合であった。同じ隆起の考え方を採用したモデル2も，高位面と低位面に限れば現実の地形に類似する結果を得ている。一方，初期地形の設定の差異は，モデル3と4の比較に見られるように，時に結果への影響が非線形的に大きいことが判明した。今回の初期地形の差異は浅海域のデータ取得の困難さに起因するものであり，このような詳細な段丘地形のシミュレーションでは，対象期間の隆起量と同程度の水深までの海底地形の詳細な把握が結果の精度に重要であるといえる。

　本研究では，疑似3次元データの DEM を用いた地形変化シミュレーションでは取り扱うことのできない，例えばノッチや波食棚のような地形を表現可能な完全な3次元データ形式である VOXEL 型数値標高モデルと専用に開発した地形変化シミュレータを用いることによって，複雑な現実の地形変化を定量的に考察する事例を紹介した。このような検討は，地形発達プロセスを詳細に理解する上で，計算機の能力向上と合わせて有用な手法であり，モデルの改良やパラメータの検討，初期地形データ取得の工夫をすすめながら多用な地形への適用事例の蓄積が望まれる。

謝　辞

　本研究を進めるにあたり，広島大学大学院文学研究科の中田高名誉教授には2015年5月19日～21日の期間に見物海岸での現地測量の助言と指導をいただきました。また，駒澤大学文学部地理学科の田中靖教授には有益なコメントを多数いただきました。本研究は JSPS 科研費 16K12819 と20K20726 の助成を受けた成果の一部です。ここに記して深く感謝申し上げます。

文　献

井上　信・田中靖 (2013). グリッド型地形発達シミュレーションモデルの現実地形への適用. 地形, 34(2), 147-165.

川上俊介・宍倉正展 (2006). 5万分の1地質図幅「館山」. 地質調査総合センター.

小池　一之・町田　洋 編 (2001). 『日本海成段丘アトラス』東京大学出版会, 105p.

国土地理院 (2015). 日本全国の地殻変動. 地震予知連絡会報, 94, 8-23.

田中　靖・井上　信・上野真実・隈元　崇 (2014). 地形発達シミュレーションモデルの高度化に向けた解決すべき課題の定量評価－室戸半島の海成段丘を事例として－. 2014年日本地理学会秋季学術大会予稿集.

中田　高・渡辺満久・隈元　崇・後藤秀昭・西谷義数・桜井元康・川口雄作 (2009). 地形調査のための簡易高位置撮影装置（Hi-View）の開発. 活断層研究, 31, 39-43.

野上道男 (2011). 地形発達シミュレーションの枠組みと実行例. 地学雑誌, 120, 486-501.

陸地測量部 (1926). 関東震災地一帯に於ける土地の隆起及沈下状態, 地震研究所彙報, 第1号, 第2節 65-68. ．

産業技術総合研究所. 「海洋地質構造データベース」, https://gbank.gsj.jp/marineseisdb/, 2019年6月5日確認.

宍倉正展（2003）．変動地形からみた相模トラフにおけるプレート間地震サイクル．東京大学地震研究所彙報, 78, 245-254.

宍倉正展・行谷佑一・小野尚哉・神田広信 (2014). 房総半島南部見物海岸における精密地形測量と14C 年代測定. 活断層・古地震研究報告, 14, 1-38.

Sunamura, T. (1992). *Geomorphology of Rocky Coasts*, John Wiley & Sons, New York, 302p.

渡嘉敷直彦・藍壇オメル (2011). 琉球石灰岩層の海食崖・侵食崖の崩壊危険度評価. 土木学会岩盤力学委員会・岩盤力学に関するシンポジウム講演集, 40, 387-392.

上野真実 (2014). 数値標高モデルを用いた地形発達シミュレータの構築とパラメータ分析. 2013 年度岡山大学卒業論文.

（2019 年 6 月）

北丹後地震における郷村断層極近傍での地震被害の特徴

角野大河・高山正教・松多信尚

The aim of this study is to show the existence of a phenomenon where human damage is concentrated near the surface rupture due to the displacement of the fault. Attempts will be made to clarify the characteristics of the damage situation near the surface rupture along the Kita-Tango earthquake that occurred in 1927 from statistical historical data and interviews. The results showed that families with multiple deaths concentrated within 100 meters distance from the surface rupture.

I　はじめに

　地震時に出現する地表地震断層の断層運動が建物被害に与える影響は未だに十分に解明されたとは言えない。Irikura et al.（1996）は1995年兵庫県南部地震のデータから，震源域近傍でアスペリティから発生した波が堆積層で増幅し表面波も相まって大きなパルスになって被害を大きくしたことを導き出した。地震調査推進本部（2008）は強振動の事例をもとに経験式である距離減衰式を用いた強振動予測を行っている。しかし，2016年熊本地震では，120 m 以内の範囲に全壊家屋の94％が集中し，その範囲内においても断層に近づくほど被害率が上昇しているとし，地表地震断層に沿って極めて強い震動が発生し局所的に激しい建物倒壊を招いたとしていることを，鈴木ほか（2018）が益城町において指摘している。このような現象は地表地震断層全域でみられるわけではないことから，断層浅部での被害につながる地震動の原因を究明することは包括的な新たな強振動モデルを作るうえで重要だと思われる。この現象の原因として，指向性パルス（久田・山本，1995; 纐纈，1996など）やフリングステップ（Hisada and Bielak, 2003 など）が考えられる。しかし，これらのデータは地表地震が出現した地震でしか検証することができず，データ量も限られているため，個々の地震の特性や地盤などのその土地の特性にも左右されてしまう。

　このように，大地震が発生した際に地表地震断層のそばに地震計が設置されているケースは少なく，断層近傍で何が起きたのかを知るには，起きた現象から推察することが有用になる。そこで，歴史地震において，これらの現象を評価することの可能性が試みられる。自然災害は自然現象と人間社会が出会うことで発生するといわれる（Blaikie et al., 2004）。そもそも地震は岩盤に蓄積した歪みが開放されるときに岩盤が割れてずれる自然現象である。地震災害は岩盤のずれが地表まで達した地表地震断層（活断層），岩盤のずれによる隆起や沈降によって生ずる津波，岩盤がずれるときに生ずる地震波などによって，人命や財産に被害が及ぶことで起きる（第1図）。地震による人的被害は，人工物の倒壊，火災，津波，山崩れによって主にもたらされる。被害を受ける人工物は地域によって異なり，時代によって変化するため，地震災害は同じ自然現象であっても地域や時代によって異なる災害の様相になる。したがって，自然現象である地震が地震災害になるメカニズムを時代

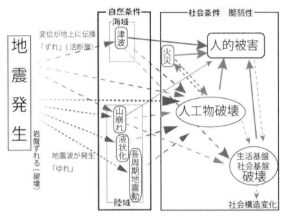

第1図　地震現象が地震災害にいたるメカニズム

ごと，地域ごとに明らかにすることで，歴史記録に残る過去に起きた地震の全貌を解明することができることになる。第1表は1800年以降，地震災害のリストである。着目するのは全壊被害家屋数と犠牲者の数の比である。この値が小さいと被害のわりに人的被害が大きいことを示す。全壊家屋の定義や建築基準法の改正などもあり，一律に扱うべきではないが，火災や津波が発生した地震は家屋被害に対して犠牲者の数が多いことがわかる。この中に火災や津波が大きくないが値が小さな地震がある。

　このような違いは第1図の自然現象が災害に発展するパスの違いによるものと解釈ができる。中央防災会議「東南海・南海地震等に関する専門調査会」資料（第6回，平成14年11月21日）（2002）は，津波や火災の影響がほぼ無く，比較的最近に発生した地震で主に建物崩壊による犠牲者が300人以上の5つの地震（鳥取地震，東南海地震，南海地震，福井地震，阪神・淡路大震災）の被害事例をもとに，建物の全壊率と死者率を算出した。その結果，木造家屋の場合，死者率と建物全壊率の関係を死亡率が全壊率の約6.7パーセントと算出している。飯田（1978）は，昭和東南海地震において，死者1人あたり全壊家屋数が14.4戸としている。水谷（1975)は全壊率だけでなく，半壊率を重み付けして全壊率に加算した値と死亡率とを6つの地震で比較し，濃尾地震，北伊豆地震，福井地震，南海地震に比して，三河地震や北丹後地震では死亡率が高かったことをみいだし，その原因を逃げる間もなく家が倒壊したためと推定している。飯田（1978）でも，三河地震では，死者1人あたり全壊個数が3.1戸と非常に割合が大きいと指摘している。このような視点で第1表をみると，1858年 飛越地震，1847年 善光寺地震，1854年 伊賀上野地震，1945年 三河地震，1927年 北丹後地震，1943年 鳥取地震，1930年 北伊豆地震など津波や火災の被害が顕著でない地震でも全壊家屋数に対して犠牲者が多い地震がある。これらの共通点は顕著な地表地震断層が出現した地震であることである。顕著な地表地震断層が出現していない内陸直下型地震で

第1表　1800年以降の主な被害地震と全壊家屋

地震名	発生日	M	犠牲者数	全壊家屋数	全壊家屋/犠牲者数
佐渡付近	1802年12月9日	6.5 7.0	19	732	38.5
羽後・男鹿付近	1810年9月25日	6.5	57	1003	17.6
信濃川下流域	1828年12月18日	6.9	1443	9809	6.8
庄内付近	1833年12月7日	7.25	42	475	11.3
善光寺地震	1847年5月8日	7.4	5787	13810 断層	2.4
小田原付近	1853年3月11日	6.7	24	1000	41.7
伊賀上野地震	1854年7月9日	7.25	900	2700 断層	3
安政東海地震	1854年12月23日	8.4	2500	30000 津波・遠矢	12
安政の江戸地震	1855年11月11日	7	4000	14000	3.5
安政の八戸沖地震	1856年8月23日	7.5	26	28 津波	7.7
飛越地震	1858年4月9日	7	203	319 断層	1.6
浜田地震	1872年3月14日	7.1	550	5000 沖合い	9.1
根本県西部	1889年7月28日	8	20	239	12
濃尾地震	1891年10月28日	8	7273	140000 断層	19.2
庄内地震	1894年10月22日	7	726	3858	5.3
明治三陸地震	1896年6月15日	8.5	27122	9878 津波	0.4
陸羽地震	1896年8月31日	7.2	209	5792 断層	27.7
芸予地震	1905年6月2日	7.25	11	64	5.8
姉川地震	1909年8月14日	6.8	41	978	23.9
霧島地震	1911年6月15日	8	12	422	35.2
仙北地震	1914年3月15日	7.1	94	640 山崩れ	6.8
島原地震	1922年12月8日	6.9	26	195	7.5
関東大震災	1923年9月1日	7.9	105000	109713	1
丹沢地震	1924年1月15日	7.3	19	1200	63.2
北但馬地震	1925年5月23日	6.8	428	1295 断層	3
北丹後地震	1927年3月7日	7.3	2925	12584 断層	4.3
北伊豆地震	1930年11月26日	7.3	272	2165 断層	8
三陸地震津波	1933年3月3日	8.1	3064	5851 津波	1.9
鳥取地震	1943年9月10日	7.2	1083	7485 断層	6.9
東南海地震	1944年12月7日	7.9	1223	17599 津波	14.4
三河地震	1945年1月13日	6.8	2306	7221 断層	3.1
南海地震	1946年12月21日	8	1330	11591 津波	8.7
福井地震	1948年6月28日	7.1	3769	36184 断層	9.6
十勝沖地震	1952年3月4日	8.2	28	815 津波	29.1
チリ地震	1960年5月23日	9.5	142	1500 津波	10.5
新潟地震	1964年6月16日	7.5	26	1960 津波・液状	75.4
十勝沖地震	1968年5月16日	7.9	52	673 津波	12.9
伊豆半島沖地震	1974年5月9日	6.9	30	134	4.5
伊豆半島近海地震	1978年1月14日	7	25	96	3.8
宮城県沖地震	1978年6月12日	7.4	28	1183 がけ崩れ	42.3
日本海中部地震	1983年5月26日	7.7	104	934 津波	9
長野県西部地震	1984年9月14日	6.8	29	14 がけ崩れ	0.5
北海道南西沖地震	1993年7月12日	7.8	230	601 津波	2.6
阪神大震災	1995年1月17日	7.3	6437	104906 断層	16.3
新潟中越地震	2004年10月23日	6.8	68	3175 断層	46.7
新潟中越沖地震	2007年7月16日	6.8	15	1331	88.7
岩手宮城内陸地震	2008年6月14日	7.2	23	30 山崩れ	1.3
東日本大震災	2011年3月11日	9	21839	127830 津波	5.9

ある 1872 年 浜田地震，1948 年 福井地震の値はそれほど高くないため地表地震断層がなにかしらの作用をしている可能性がある。 松多・木股（2015）や木股・松多（2016）は西傾斜の逆断層である地表地震断層が出現した三河地震について検討し，形原地区では地表地震断層の下盤側ではほとんど被害が無く犠牲者もない一方，西側の被害は大きく建物の全壊率は断層からの距離によって指数関数的に小さくなることが認められる。とくに複数人の犠牲者を出した全壊家屋が圧倒的に地表地震断層近傍に多く，そこから遠ざかった場所での人的被害は一か所につき犠牲者は 1 人にとどまっていることを見出した。松多・木股（2015）は，地表地震断層近傍で人的被害が大きくなるだけでなく，その原因を「ゆれ」の被害と「ずれ」に伴う被害の特徴の違いによると考えた。

　そこで本論文では同様の人的被害と建物被害との関係についての検討を，郷村断層や山田断層に沿って地表地震断層が出現した北丹後地震を対象に行う。北丹後地震による被害の全貌と検討は建物については大邑（2016）に，人的被害については大邑（2015）になされており，火災による地震災害の災害に至る経緯の影響や，各地域の生活の違いによる社会的な差異や，地形発達的な地盤との関連などが議論されている。使用する資料が同じであるため，本研究では人的被害と建物被害との関係にのみ焦点を当てて検討を加えることにする。

II　北丹後地震の概要

　北丹後地震は，1927 年（昭和 2 年）3 月 7 日の 18 時 28 分ごろに発生した（植村ほか，2011）。震源となったのは丹後半島基部であり，マグニチュードは 7.3 を観測した内陸直下型の地震である。死者 2,925 人，負傷者 7,595 人，全壊家屋 12,584 戸となっており，人的・建物の両方に甚大な被害がもたらされた地震である（地震調査研究推進本部，2014）。この北丹後地震による被害は，現在の京丹後市と宮津町に位置する地域を中心に発生した。複数の地域でのトンネルの崩壊，道路に亀裂が生じたため列車の運行が不可能になり，電気が全て使用不可能になるなどの被害があったとされている。また，現在の京丹後市と宮津町に位置する地域の中でも，特に壊滅的な被害を受けたとされる地域は，峰山・加悦・石川・岩滝・四辻などである。これらの地域では，人的被害や家の倒壊の数が把握できないぐらい多く，全滅の見込みであるという記載がされるほど，人的被害・建物被害共に大きかった。壊滅的な被害を受けた地域の一つであるとされている加悦は丹後ちりめん産業の中心地であり，この地震による損害が莫大なものであった（大阪朝日新聞，1927）。また，加悦と同じく壊滅的な被害を受けたとされている峰山は，1719 年に織物技術を導入して丹後ちりめんの生産を開始し，それを藩も奨励したことから，ちりめん産業が非常に栄えていた（植村ほか，2011）。そのため，多くのちりめん問屋やちりめん工場などが峰山には存在していたが，12 か所もの織物工場がこの地震によって被害を受け，当時の金額で約 2,000 万円，現在の価値でいうと約 200 億円もの被害高となった（永濱，1929）。北丹後地震による被害は人的・建物被害だけに限られたものでなく，産業などにも大打撃を与え経済的にも大きな損失を与えた。

　この地震で郷村断層帯と山田断層帯という 2 つの断層帯では，共に地表地震断層が出現した（Yamasaki and Tada, 1928）。地表地震断層とは，断層運動によって地表に達した食い違いのことで，日本の内陸地震では一般にマグニチュードが 6.5 を超えると地表地震断層が出現することがあり，

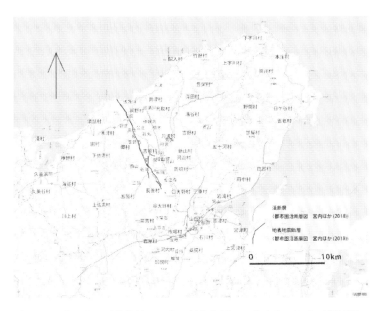

マグニチュード 7.0 以上で震源が浅い地震では，多くの場合地表地震断層が出現する。北丹後地震の地表地震断層は岡田・松田（1997）や岡田（2002）が当時のデータを再検討して詳細な研究を行っている。

岡田・松田（1997）は，この地表地震断層の種類を左横ずれの断層帯とし，北北西—南南東方向の 4 本（Yamasaki and Tada, 1928）から 11 本（渡辺・佐藤，1927ab・1928）の断層線からなるそれを郷村断層帯と名付けた。ま

第 2 図　北丹後地震被災地の旧市町村名と周辺の大字名，および郷村断層周辺の活断層と地表地震断層の分布

た，郷村断層帯の全線にわたって断層変位を起こしたため，地表地震断層そのものの長さも郷村断層帯全線の長さと同程度である。明確な長さについては様々な説があり，岡田・松田（1997）では，陸上部で長さ約 18 km，海底部に陸上部とほぼ同じ程度の長さを持って続いているとしているが，本論では岡田（2002），宮内ほか（2018）を参考とする。岡田・松田（1997）では，郷村断層帯を郷村（高橋）断層・新治断層・上菅—長岡—善王寺断層・口大野断層・三重断層という大きく分けて 5 つの活断層に分類しており，その中でも特に，郷村（高橋）断層の部分では，約 100m 程度の累積した谷の左ずれ屈曲が認められる。この地域は北丹後地震でも変位量が大きく，左ずれが最大で 3m 程度，南西側の隆起は最大 1m 程度となっており，地表地震断層の変位量も大きくなっている（岡田，2002）。

　山田断層帯は右横ずれの断層帯であり，東北東—西南西方向に延びている（岡田・松田，1997）。岡田・松田（1997）では，山田断層全線の長さを約 24 km，地表地震断層の長さを約 7〜8km としている。その後，岡田（2002）では，山田断層帯全線の長さは約 27 km であり，日置断層まで含めると約 33 km としているが，地表地震断層の長さは約 3km である。郷村断層帯よりも長く，地形的にも明瞭であるとされている山田断層帯であるが，ほぼ断層帯の全線に沿って地表地震断層が出現した郷村断層と比べると，地表地震断層はわずか 3km 程度しか出現しておらず，右ずれが最大で 95cm 程度，北西側の隆起は最大 90 cm程度と，変位量も小さい（岡田，2002）。

Ⅲ　研究方法

　本研究では，『丹後地震誌』（永濱，1929）と『昭和二年奥丹後震災遭難者名簿』（財団法人丹後震災記念館，1927）（資料 1 〜 3 ）に書かれた記録を参考とする。

『丹後地震誌』には，町・村ごとに，総戸数・全壊戸数・半壊戸数・全焼戸数・半焼戸数や地震前の人口総数・死亡者数・重傷者数・総死傷者数などのデータがまとめられている。また，大字ごとに，総戸数・倒壊戸数（全壊と半壊を合わせたもの）・焼失戸数・人口総数・死亡者数などのデータがまとめられている。一方で，『昭和二年奥丹後震災遭難者名簿』には，北丹後地震によって亡くなった人物の，本籍地・戸主名・続柄・生年月日・氏名が記載されている。

本研究では，主に大字ごとに関する分析を『丹後地震誌』で、大字内の戸ごとの議論を『昭和二年奥丹後震災遭難者名簿』をもとに議論する。また『昭和二年奥丹後震災遭難者名簿』で記載されている事柄を手掛かりに，その近縁の方々を訪ね震災で犠牲者がいた世帯の位置を特定することを試みた。その際，親から子へ語られた震災前後の体験談を聞き取り調査によって収集した。

第2表 永濱（1929）による北丹後地震による大字ごとの被害データと全壊家屋数と人的被害数の比

市町村	字	総戸数	倒壊戸数	焼失戸数	人口数	死亡者数	負傷者数	倒壊比率	焼失率	死亡率	倒壊死亡比
石川村		490	318	6	2423	25	58				
	亀山	66	30		327	10	5	45.5%	0.0%	3.1%	3.0
	奥地	27	8		133	3	4	29.6%	0.0%	2.3%	2.7
	奥山	47			232			0.0%	0.2%		0.0
	本村	325	280	6	1607	12	49	86.2%	1.8%	0.7%	23.3
	栄谷	25			134			0.0%	0.0%		
綾部村		385	136	2	1867	16	42				
	番所	71	4		350	1	2	0.0%	0.3%	0.0%	4.0
	明石	179	125	2	857	15	37	69.8%	1.1%	1.8%	8.3
	益江	135	7		660			5.2%	0.0%		
加悦町		728	192	14	4255	32	107				
	後野	207	63		1267	8	20	30.4%	0.0%	0.6%	7.9
	加悦	182	49		1019	5	24	26.9%	0.0%	0.5%	9.8
	加悦奥	189	4		1097			2.1%	0.0%		
	算所	150	76	14	870	19	63	50.7%	9.3%	2.2%	4.0
三河内村		357	198	67	1940	55	126	55.5%	18.8%	2.8%	3.6
岩屋村		297	158	3	1772	16	44	53.2%	1.0%	0.9%	9.9
市場村		375	356	182	1658	201	349				
	橋地	184	170	88	799	94	151	92.4%	37.0%	11.8%	1.8
	四辻	191	186	114	859	107	199	97.4%	59.7%	12.5%	1.7
山田村		377	325	72	2050	141	207				
	上山田	195	187	43	1061	88	121	95.9%	22.1%	8.3%	2.1
	下山田	182	138	29	969	53	86	75.8%	15.9%	5.4%	2.6
岩滝町		849	357	42	4006	92	148				
	石田	89	49		419	12	13	55.1%	0.0%	2.9%	4.1
	弓木	162	44	3	764	6	13	27.2%	1.9%	0.8%	7.3
	岩滝	449	234	38	2120	65	90	52.1%	8.5%	3.1%	3.6
	男山	149	30	1	703	10	22	20.1%	0.7%	1.4%	3.0
峰山町		1035	1006	860	4685	1103	530				
	吉原四軒	67	66	28	313	81	45	98.5%	38.8%	16.9%	1.1
	不断	43	43	41	173	45	18	100.0%	95.3%	26.0%	1.0
	上	51	51	51	231	57	31	100.0%	100.0%	24.7%	0.9
	織元	55	55	55	161	67	33	100.0%	100.0%	37.0%	0.8
	室	31	31	31	165	39	23	100.0%	100.0%	23.6%	0.8
	呉服	35	35	35	226	99	15	100.0%	100.0%	43.8%	0.4
	浪花	64	64	64	368	94	64	100.0%	100.0%	25.5%	0.7
	白銀	48	48	48	259	84	11	100.0%	100.0%	32.4%	0.6
	泉	129	123	114	638	157	38	95.3%	88.4%	24.6%	0.8
	光明寺	15	15	5	49	6	4	100.0%	33.3%	12.2%	2.5
	御旅	88	88	88	365	102	47	100.0%	100.0%	27.9%	0.9
	安	41	41	41	131	27	32	100.0%	100.0%	20.6%	1.5
	常吉屋	52	52	51	201	49	22	100.0%	98.1%	24.4%	1.1
	堺	93	93	92	326	80	34	100.0%	98.9%	24.5%	1.2
	古殿	48	48	18	188	13	23	100.0%	33.3%	6.9%	3.7
	杉谷	175	153	91	770	123	90	87.4%	52.0%	16.0%	1.2
吉原村		394	348	65	2085	217	200				
	小西	28	9	1	152	1	9	32.1%	3.6%	0.7%	9.0
	西山	29	26		177	14	15	89.7%	0.0%	7.9%	1.9
	菅	100	72	21	547	70	45	72.0%	21.0%	12.8%	1.0
	上菅	31	31	10	156	24	15	100.0%	32.3%	15.4%	1.3
	下菅	70	59	7	359	39	10	84.3%	10.0%	10.9%	1.5
	新治	126	119	26	694	69	105	94.4%	20.6%	9.9%	1.7
五箇村		436	77	7	2118	13	91				
	二箇	85	42	1	393	13	43	49.4%	1.2%	3.3%	3.2
	五箇	151	23		742		24	15.2%	0.0%		
	久次	62	7		309		1	11.3%	0.0%		
	舞原	138	4		674	21	2	2.9%	0.0%		
長善村		334	286	26	1650	82	255				
	養老	148	144	21	668	46	73	97.3%	14.2%	6.9%	3.1
	米姫	40	36	1	179	11	18	90.0%	2.5%	6.1%	3.3
	当目	10			53	3	8	0.0%	0.0%	5.7%	3.3
	善王寺	114	64	4	648	20	40	56.1%	3.5%	3.1%	3.2
	長谷	20	10		102	2	9	50.0%	0.0%	2.0%	5.0
口大野村		344	188	39	1756	50	129	54.7%	11.3%	2.8%	3.8
奥大野村		182	94	18	998	47	108	51.6%	9.9%	4.7%	2.0
常吉村		163	55	12	915	8	33				
	上常吉	118	31	12	550	7	22	26.3%	10.3%	1.3%	4.4
	下常吉	67	24		310	1	11	35.8%	0.0%	0.3%	24.0
三重村		325	79	1	1841	2	12				
	森本	92	7		467			7.6%	0.0%		
三重村	三重	126	47		502	2	5	37.3%	0.0%	0.3%	23.5
	谷内	72	18	1	402		3	25.0%	1.4%		
	三坂	35	6		165		2	17.1%	0.0%		
園部村		236	35	1	1466	7	36	14.8%	0.4%	0.5%	
河邊村		267	27	3	1260	6	40	10.1%	1.1%	0.5%	4.5
鶉野村		352	98	1	1700	16	38				
	新町	132	38	1	617	6	14	28.8%	0.8%	1.0%	6.3
	荒山	145	32		598	5	11	22.1%	0.0%	0.7%	6.4
	中野	37	23		201	4	11	62.2%	0.0%	2.0%	5.8
	内記	38	5		184	1	2	13.2%	0.0%	0.5%	5.0
丹波村		359	205	16	1944	70	161				
	丹波	157	89	10	727	40	67	56.7%	6.4%	5.5%	2.2
	矢田	74	16		430	4	18	21.6%	0.0%	0.9%	4.0
	桜木	58	38	2	364	3	24	65.5%	3.4%	0.8%	12.7
	石丸	25	25	1	128	8	20	100.0%	4.0%	6.3%	3.1
	赤坂	45	37	3	295	15	32	82.2%	6.7%	5.1%	2.5
橶野町		1151	837	290	5636	302	477				
	網野	514	477	250	2409	199	263	92.8%	48.6%	8.3%	2.4
	下岡	121	120	16	510	54	51	99.2%	13.2%	10.6%	2.2
	浅茂川	423	195	22	2420	39	104	46.1%	5.2%	1.6%	5.0
	小浜	93	45	2	457	10	59	48.4%	2.2%	2.2%	4.5
浜詰村		299	274	103	1680	57	130				
	浜詰	137	127	30	753	26	39	92.7%	21.9%	3.5%	4.9
	塩江	88	73	5	531	11	42	83.0%	5.7%	2.1%	6.6
	磯	74	74	68	395	20	49	100.0%	91.9%	5.1%	3.7
木津村		263	109	2	1569	8	46				
	上野	51	36	1	261	6	19	70.6%	2.0%	2.3%	6.0
	下和田	35	14		191		1	40.0%	0.0%		
	中舘	46	11		195		3	23.9%	0.0%		
	園田	33	15	1	198		1	45.5%	3.0%		
	奥	58	22		321	2	5	37.9%	0.0%	0.6%	11.0
	俵野	31	10		164		2	32.3%	0.0%		
	滝野	15	1		104			6.7%	0.0%		
	日和田	24			117			0.0%	0.0%		
郷村		391	283	65	2025	132	190				
	藪庄	66	19		360	7	42	28.8%	0.0%	1.9%	2.7
	高橋	55	55	16	300	38	49	100.0%	29.1%	12.7%	1.4
	郷	155	155	36	720	63	145	100.0%	23.2%	9.8%	2.5
	切畑	67	7		350		3	10.4%	0.0%		
	生野内	35	35	13	180	16	36	100.0%	37.1%	8.9%	2.2
	公庄	12	12		75	7	15	100.0%	0.0%	9.3%	1.7
島津村		551	432	152	2794	232	277				
	島溝川	276	265	124	1377	177	158	96.0%	44.8%	12.9%	1.5
	中禅寺	30	29	3	153	8	8	96.7%	10.0%	5.2%	3.6
	掛津	53	49	22	270	28	37	92.5%	41.5%	10.4%	1.8
	遊	44	35	2	240	7	27	79.5%	4.5%	2.9%	5.0
	三津	140	64	1	741	10	47	45.7%	0.7%	1.3%	6.4
	尾坂	8			40			0.0%	0.0%		
島取村		389	155	5	2032	60	114				
	島取	121	59		595	13	23	48.8%	0.0%	2.2%	4.5
	木橋	99	56		490	20	44	56.6%	0.0%	4.1%	2.8
	和田野	169	40	2	949	27	47	23.7%	1.2%	2.8%	1.5
豊栄村		532	38		2744	8	16				
	一段	23			143			0.0%	0.0%		
	楢川谷	6			28			0.0%	0.0%		
	神主	12			79			0.0%	0.0%		
	大石	8			53			0.0%	0.0%		
	力石	28			131			0.0%	0.0%		
	矢畑	50			262			0.0%	0.0%		
	是安	40			199			0.0%	0.0%		
	吉永	49	6		268	2	2	12.2%	0.0%		
	岩木	53	5		278	3	2	9.4%	0.0%		
	大山	55	3		299			5.5%	0.0%		
	三宅	17	3		150			17.6%	0.0%		
	光	107	7	1	510	3	6	6.5%	0.9%		
	成願寺	86	12		386	8	4	14.0%	0.0%	2.1%	1.5
溝谷村		338	10	1	1743	2	6				5.0
	溝谷	219	9	1	1118	2	4	4.1%	0.5%	0.2%	4.5
	外村	117	1		825			0.9%	0.0%		

第3表　財団法人丹後震災記念館（1927）によって戸主が一致する世帯ごとの犠牲者数

市町村名	大字名	永濱(1929)	倒壊死亡比	死者数	世帯数	死者1人	死者2人	死者3人	死者4人	死者5人	死者6人	死者7人	死者1人の世帯数割合
石川村	亀山	10	3.0	3	1	0	1	0	0	0	0	0	0.0%
	字なし	15		27	23	18	4	0	0	0	0	0	69.6%
養老村	明石	15	8.3	15	14	13	1	0	0	0	0	0	92.9%
	香河	1	4.0	1	1	1	0	0	0	0	0	0	100.0%
加悦町	算所	19	4.0	20	17	14	3	0	0	0	0	0	82.4%
	後野	8	7.9	8	5	2	3	0	0	0	0	0	40.0%
	加悦	5	9.8	5	4	3	1	0	0	0	0	0	75.0%
三河内村	字なし	55	3.6	51	47	43	4	0	0	0	0	0	91.5%
岩屋村	字なし	16	9.9	17	12	10	1	1	0	0	0	0	83.3%
木場村	四辻	107	1.7	74	49	32	11	4	2	0	0	0	65.3%
	鱗姓	94	1.8	82	51	32	10	6	3	0	0	0	62.7%
山田村	上山椒	88	2.1	93	64	45	12	2	3	1	0	0	71.9%
	下山田	53	2.6	42	31	24	5	1	0	0	0	0	77.4%
岩滝町	男山	10	3.0	12	8	6	0	2	0	0	0	0	75.0%
	弓木	6	7.3	18	16	14	2	0	0	0	0	0	87.5%
	岩滝	65	3.6	47	37	29	6	2	0	0	0	0	78.4%
	字なし	12		4	4	4	0	0	0	0	0	0	100.0%
峰山町	白銀	13	3.7	11	9	7	2	0	0	0	0	0	77.8%
	富貫樓	49	1.1	41	18	7	4	4	3	1	0	0	38.9%
	不断	45	1.0	13	11	9	2	0	0	0	0	0	81.8%
	白銀	84	0.6	57	29	14	7	5	1	2	0	0	48.3%
	泣花	94	0.7	63	35	18	9	5	3	0	0	0	51.4%
	栄	157	0.8	113	60	30	15	8	6	1	0	0	50.0%
	杉谷	123	1.2	76	51	33	13	3	2	0	0	0	64.7%
	室	39	0.8	18	10	6	2	2	0	0	0	0	60.0%
	四軒野			9	6	4	1	1	0	0	0	0	66.7%
	吉原	61	1.1	20	13	6	4	2	1	0	0	0	46.2%
	堺	80	1.2	51	29	17	3	6	1	0	0	0	58.6%
	英賀	93	0.4	49	23	10	5	5	2	0	1	0	43.5%
	織元	67	0.8	33	17	9	2	4	2	0	0	0	52.9%
	上常吉			7	2	1	0	0	0	0	1	0	50.0%
	上	57	0.9	28	15	9	3	1	2	0	0	0	60.0%
	古殿	13	3.7	2	1	0	1	0	0	0	0	0	0.0%
	荒	27		8	4	3	1	0	0	0	0	0	75.0%
	字なし			82	45	25	9	5	6	0	0	0	55.6%
吉原村	西山	14	1.9	19	15	11	4	0	0	0	0	0	73.3%
	裳	70	1.0	54	38	28	6	3	0	0	1	0	73.7%
	新治	69	1.7	69	46	32	11	1	1	0	0	1	69.6%
	溝	63	1.3	63	38	20	9	5	3	0	0	1	55.6%
	小西	1		2	2	2	0	0	0	0	0	0	100.0%
	字なし			4	2	1	0	1	0	0	0	0	50.0%
五箇村	鱗習	0		19	12	8	2	2	0	0	0	0	66.7%
	五箇	0		21	16	13	2	1	0	0	0	0	81.3%
	二箇	13	3.2	6	5	4	1	0	0	0	0	0	84.6%
	久次	0		4	4	4	0	0	0	0	0	0	50.0%
	大路			3	2	1	1	0	0	0	0	0	50.0%
	字なし			18	15	13	1	1	0	0	0	0	86.7%
長善村	長岡	46	3.1	57	43	34	5	3	1	0	0	0	79.1%
	真王寺	20	3.2	20	18	16	2	0	0	0	0	0	88.9%
	吉岡			1	1	1	0	0	0	0	0	0	100.0%
	字なし	18		2	2	2	0	0	0	0	0	0	100.0%
口大野村	字なし	47	3.8	40	33	28	4	1	0	0	0	0	84.8%
奥大野村	字なし	47	2.0	35	29	26	2	0	0	1	0	0	89.7%
常吉村	上常吉	4	4.4	6	4	3	0	1	0	0	0	0	75.0%
	下常吉	1	24.0	2	2	2	0	0	0	0	0	0	100.0%
三重村	谷内	0		2	2	2	0	0	0	0	0	0	100.0%
	三重	2	23.5	1	1	1	0	0	0	0	0	0	100.0%
	森本	0		1	1	1	0	0	0	0	0	0	100.0%
湖栄村	字なし	7	5.0	5	4	3	1	0	0	0	0	0	75.0%
河辺村	字なし	6	4.5	13	11	10	0	1	0	0	0	0	90.9%
桝山村	新町	6	6.3	6	5	4	1	0	0	0	0	0	80.0%
	荒山	5	6.4	14	12	10	2	0	0	0	0	0	83.3%
	内記	1	5.0	1	1	1	0	0	0	0	0	0	100.0%
丹波村	丹波	40	2.2	42	33	26	5	2	0	0	0	0	78.8%
	泰坂	15	2.5	19	11	6	4	1	0	0	0	0	54.5%
	石丸	8	3.1	9	9	9	0	0	0	0	0	0	100.0%
	橋木	3	12.7	6	6	6	0	0	0	0	0	0	100.0%
	矢田	4	4.0	5	5	5	0	0	0	0	0	0	100.0%
	字なし			2	2	2	0	0	0	0	0	0	100.0%
網野町	網野	199	2.4	133	98	76	11	10	1	0	0	0	77.6%
	浅茂川	39	5.0	38	30	25	3	1	1	0	0	0	83.3%
	字岡	54	2.2	48	38	29	6	3	0	0	0	0	80.6%
	小濱	10	4.5	15	14	13	1	0	0	0	0	0	92.9%
	字なし			2	2	2	0	0	0	0	0	0	100.0%
廣筋村	字なし	46		80	50	43	4	1	0	0	0	0	86.0%
	塩江	11	6.6	2	2	2	0	0	0	0	0	0	100.0%
木津村	遊野	0		3	3	2	1	0	0	0	0	0	66.7%
	字なし			6	6	4	2	0	0	0	0	0	66.7%
	木津	8		8	6	4	2	0	0	0	0	0	66.7%
徳村	生野内	16	2.2	15	12	9	3	0	0	0	0	0	75.0%
	新庄	7	2.7	8	4	2	1	1	0	0	0	0	50.0%
	高橋	38	1.4	36	21	13	3	2	2	0	0	0	61.9%
	公庄	7	1.7	7	5	3	2	0	0	0	0	0	60.0%
	雛	63	2.5	61	43	30	9	2	2	0	0	0	69.8%
	忌野			2	1	1	0	0	0	0	0	0	0.0%
	字なし			3	3	3	0	0	0	0	0	0	100.0%
島津村	島濱川	177	1.5	143	101	68	20	9	2	0	0	0	57.3%
	仲禅寺	8	3.6	8	7	6	1	0	0	0	0	0	85.7%
	三津	10	6.4	11	8	6	1	1	0	0	0	0	75.0%
	掛津	28	1.8	32	19	14	2	2	1	0	0	0	73.7%
	磯	7	5.0	6	5	4	1	0	0	0	0	0	80.0%
鳥取村	和田野	27	1.5	35	31	27	4	0	0	0	0	0	87.1%
	島歌	13	4.5	3	3	3	0	0	0	0	0	0	100.0%
	木橋	20	2.8	6	5	4	1	0	0	0	0	0	80.0%
	字なし			2	2	2	0	0	0	0	0	0	100.0%
豊栄村	圀久			2	1	0	1	0	0	0	0	0	0.0%
	等楽寺			1	1	1	0	0	0	0	0	0	100.0%
	堤			2	2	2	0	0	0	0	0	0	100.0%
	珠巖寺	8	1.5	10	5	2	1	2	0	0	0	0	40.0%
	藤部			6	5	4	1	0	0	0	0	0	80.0%
	溝谷			12	12	12	0	0	0	0	0	0	100.0%
	井辺			1	1	1	0	0	0	0	0	0	100.0%
	青海			1	1	1	0	0	0	0	0	0	100.0%
	字なし			3	3	3	0	0	0	0	0	0	100.0%
	徳光	0		1	1	1	0	0	0	0	0	0	100.0%
	矢畑	0		7	7	7	0	0	0	0	0	0	100.0%
	字なし			7	7	7	0	0	0	0	0	0	100.0%
溝行村	等楽寺			3	3	3	0	0	0	0	0	0	100.0%
	字なし			2	2	2	0	0	0	0	0	0	100.0%
五十河村	明田			1	1	1	0	0	0	0	0	0	100.0%
	久住			6	5	4	1	0	0	0	0	0	80.0%
竹野村	鱗石			2	1	0	1	0	0	0	0	0	0.0%
	竹野			5	5	5	0	0	0	0	0	0	100.0%
	莫願			1	1	1	0	0	0	0	0	0	100.0%
	遊代			4	4	4	0	0	0	0	0	0	100.0%
	宮			2	2	2	0	0	0	0	0	0	100.0%
	字なし			2	2	2	0	0	0	0	0	0	75.0%
上宇川村	三山			5	4	2	1	1	0	0	0	0	75.0%
	久僧			1	1	1	0	0	0	0	0	0	100.0%
	字なし			8	8	8	0	0	0	0	0	0	100.0%
下宇川村	袖志			3	3	3	0	0	0	0	0	0	100.0%
	平			1	1	1	0	0	0	0	0	0	100.0%
	尾和			2	2	2	0	0	0	0	0	0	100.0%
	谷内			1	1	1	0	0	0	0	0	0	100.0%
	久僧			1	1	1	0	0	0	0	0	0	100.0%
宇川村	字なし			5	2	0	1	1	0	0	0	0	0.0%
間人町	宝徳			1	1	1	0	0	0	0	0	0	100.0%
	字なし			16	15	14	1	0	0	0	0	0	93.3%
漁村	湊宮			3	2	1	1	0	0	0	0	0	50.0%
	湊			1	1	1	0	0	0	0	0	0	100.0%
	大岡			2	2	2	0	0	0	0	0	0	100.0%
	藏野			2	2	1	1	0	0	0	0	0	50.0%
	字なし			5	3	2	0	1	0	0	0	0	66.7%
田村	平田			2	2	2	0	0	0	0	0	0	100.0%
	三分			7	2	1	0	0	0	0	0	0	50.0%
	三原			2	2	2	0	0	0	0	0	0	100.0%
	公内			1	1	1	0	0	0	0	0	0	100.0%
	一分			2	2	2	0	0	0	0	0	0	100.0%
	字なし			1	1	1	0	0	0	0	0	0	100.0%
川上村	須田			2	2	2	0	0	0	0	0	0	100.0%
	野々			2	2	2	0	0	0	0	0	0	100.0%
	字なし			1	1	0	0	0	0	0	0	0	0.0%
神野村	甲山			2	1	0	0	0	0	0	0	0	0.0%
	浦明			2	2	2	0	0	0	0	0	0	100.0%
	字なし			2	2	2	0	0	0	0	0	0	100.0%
上佐濃村	野中			2	1	1	0	0	0	0	0	0	50.0%
	佐野			2	2	2	0	0	0	0	0	0	100.0%
	影ヶ畑			2	2	2	0	0	0	0	0	0	100.0%
	字なし			4	1	0	0	0	0	0	0	0	0.0%
下佐濃村	安養寺			2	2	2	0	0	0	0	0	0	100.0%
	永留			2	2	2	0	0	0	0	0	0	100.0%
	字なし			6	3	1	1	1	0	0	0	0	33.3%
久美浜町	字なし			13	12	10	1	1	0	0	0	0	83.3%
久美谷村	河梨			1	1	1	0	0	0	0	0	0	100.0%
	農馬地			1	1	1	0	0	0	0	0	0	100.0%
	字なし			1	1	1	0	0	0	0	0	0	100.0%
海部村	品田			3	3	3	0	0	0	0	0	0	100.0%
	鼎			1	1	1	0	0	0	0	0	0	100.0%
	坂井			1	1	1	0	0	0	0	0	0	100.0%
	由池			2	2	2	0	0	0	0	0	0	100.0%
	海土			5	3	2	1	0	0	0	0	0	66.7%
	字なし			2	2	2	0	0	0	0	0	0	100.0%
野間村	須川			2	2	2	0	0	0	0	0	0	100.0%
	野中			2	2	2	0	0	0	0	0	0	100.0%
	吉野			3	2	1	1	0	0	0	0	0	50.0%
	字なし			1	1	1	0	0	0	0	0	0	100.0%
養老村	大島			2	2	2	0	0	0	0	0	0	100.0%
	奥波見			3	1	0	1	0	0	0	0	0	0.0%
府中村	圀分			1	1	1	0	0	0	0	0	0	100.0%
	中野			3	3	3	0	0	0	0	0	0	100.0%
	難波野			3	3	3	0	0	0	0	0	0	100.0%
	小松			1	1	1	0	0	0	0	0	0	100.0%
	溝尻			1	1	1	0	0	0	0	0	0	100.0%
	江尻			3	3	3	0	0	0	0	0	0	100.0%
	字なし			1	1	1	0	0	0	0	0	0	100.0%
筒川村	野村			1	1	1	0	0	0	0	0	0	100.0%
	字なし			1	1	1	0	0	0	0	0	0	100.0%
日々谷村	字なし			4	3	2	1	0	0	0	0	0	66.7%

議論に用いた地表地震断層の位置は国土地理院全国活断層図（宮内ほか，2018）に従い，岡田・松田（1997）で重力性の地割れとするものを省いて利用した。

Ⅳ　調査結果

　大字や旧市町村の位置は第2図に示し，永濱（1929）をもとにした大字別の倒壊家屋数，人的被害などの一覧を表2に示す。また，財団法人丹後震災記念館（1927）を用いて各大字で家主ごとの犠牲者数を集計し，犠牲者が出た世帯のうち，犠牲者人数ごとの世帯数を示した結果を表3に示す。この中で地表地震断層の直上および極近傍（300 m 程度以内）に値する大字のセルをそれぞれ濃い灰色，薄い灰色で網掛けにする。ただし，集落の正確な位置や範囲が不明な大字や集落の中心地の位置が不明な大字もあるため，旧版地形図で確認される集落の建物が地表地震断層上に位置している大字を直上，地表地震断層のトレースから300 m 以内に集落の建物群が分布する大字を極近傍とした。

　第2表と第3表を比較すると，大字の区分などが一致していないだけでなく，犠牲者数も一致していない。その理由は，集計時に齟齬が生じた可能性や，本籍地と被災地が異なっている可能性などが考えられる。したがって，これらのデータを用いた細かい議論が行える保証がされていないが，犠牲者名簿は個人が特定されていることなどを考慮して，本論ではその値の真偽は問わないこととする。

Ⅴ　北丹後地震における全壊家屋と人的被害比

　永濱（1929）をもとに全壊家屋数と人的被害数の比に着目する。第3図上は大字ごとに全壊家屋数と人的被害数の比と焼失率について，大字を地表地震断層が通過または集落のごく近傍を地表地震断層が通過する大字とそれ以外の大字のうち犠牲者数が10人以上あり全壊家屋数と犠牲者数の比が10（犠牲者一人当たり10世帯の全壊家屋がある）以下の大字をプロットしたものである。この図より，全壊家屋数と人的被害数の比が低い値の大字は焼失率の高い大字に集中していること，地表地震断層に近接する大字では値が低いことが読み取れる。この地域が大都市のように火災が火災旋風などを発生させながら被害を大きくするわけでないならば，焼失率が高い大字で値が小さい理由は，火災が発生しなければ倒壊家屋から救出されていた人命が救出前に火事で犠牲になったためと考えられる。実際，住人から「北丹後地震で倒壊した家屋の下で生きていたのに助けられず焼死した子供がおり，その親は亡くなるときに地震で亡くなった

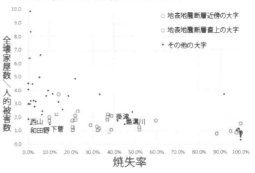

第3図上：全壊家屋数と人的被害数の比と焼失率

第3図下：全壊家屋数と人的被害数の比と倒壊率

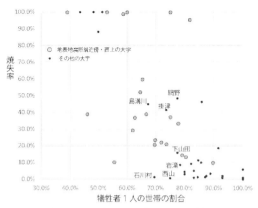

第4図　全被災世帯の中で犠牲者が一人の被災世帯の
割合と焼失率の関係(全被災世帯が10世帯以上の大字)

★　一世帯当たり4人の死亡者
■　一世帯当たり3人の死亡者
▲　一世帯当たり2人の死亡者
●　一世帯当たり1人の死亡者

第5図　聞き取り調査で判明した北丹後地震で犠
牲者が出た世帯の位置と地表地震断層の関係

息子と同じようにしてほしいと慣例であった
土葬ではなく火葬にされることを望んだ。」と
いう話を伺ったことからも推察できる。地表
地震断層の近傍で値が小さい理由は，地表地
震断層近傍で人的被害が大きくなるような特
殊な家屋倒壊が起きている可能性と，全壊率
が高い大きな被害がある地域は人的被害も大
きくなる可能性が考えられる。ただし，全壊家
屋数と人的被害数の比が2以下であるものの
この条件に当てはまらない大字の例もある。
下菅，和田野，西山地区がそれに該当する。

　次に全壊家屋数と人的被害数の比と倒壊率
を比較する（第3図下）。この図から，倒壊率
が高くても全壊家屋数と人的被害数の比が高
い地域が存在すること，倒壊率がそれほど高く
なくても地表地震断層の近傍では全壊家屋数
と人的被害数の比は小さくなる傾向があるこ
とがわかる。このことは，全壊家屋数と人的被
害数の比は被害の大きさを表す1指標ではな
く，家屋の倒壊でも何らかの理由で犠牲者の出
やすい倒壊の仕方をする倒壊とそうでない倒
壊がある可能性があることを示す。

　次に全壊家屋数と人的被害数の比が小さく
なる理由は多くの家屋で被害が出たためか，多
数の犠牲者がでる全壊家屋が存在するためか
を検証する。もし，犠牲者の出やすい家屋倒壊
のメカニズムがあるならば，そのような倒壊を
した家で多くの人が亡くなる可能性があると
考えて，犠牲者名簿を用いて一戸あたり複数の
犠牲者数がでる割合を計算した。犠牲者が10
人以上出た大字を対象に，その世帯のうち犠牲
者が一人だけだった世帯の割合と焼失率との
関係を地表地震断層近傍の大字とそうでない
大字とに分けて示したのが第4図である。こ
こでも，火災が発生した場合，複数の犠牲者を
出す世帯が多数あることが明らかである。ま

た，地表地震断層が出現した大字も出現しない集落に対して複数の犠牲者をだす世帯が多いことが明瞭である。

　以上より，北丹後地震では大邑（2015, 2016）などが指摘しているように地表地震断層近傍では建物被害や人的被害が大きいというだけでなく，地表地震断層近傍では身を守ることが困難な特徴的な倒壊が起きることで人的被害が大きくなる可能性が高いことが示唆された。

　大邑（2016）によると，地表地震断層が出現した郷村断層の東側に並走する仲禅寺断層沿いにある仲禅寺，島溝川や地裂線が生じる地変があったと京都府測候所(1927)が報告する塩江，橋詰，上野でも建物被害が大きかったとされる。また，地盤が軟弱である久美浜周辺の沖積平野（大邑, 2013）や砂丘の堤間や河道閉塞部にあたる掛津，遊，上野など地形条件（地盤の条件）によっても建物被害が大きくなった（大邑, 2016）とされる。第2表および第3図によると，これらの地域では倒壊率は高いものの，全壊家屋数と人的被害数の比は明らかに地表地震断層周辺より高く，異なった傾向を示すことがわかる。ただし，島溝川や掛津は全壊家屋数と人的被害数の比は低いが焼失率が高く，火災の影響が大きい可能性がある。

VI　複数の犠牲者を出した世帯と地表地震断層の関係

　地震調査委員会（2004）によると，郷村断層は南西傾斜の高角な断層である。したがって，断層を挟んで東西での相違は小さいと考えられる。聞取り調査の結果，この地域は養子縁組が多数見られることや地域によっては外部からの人の流入も比較的多かったようで，約90年前の伝承も十分なされているわけではなく，当時のことを聞き取るのは難しかった。高橋で7世帯，郷で5世帯，公庄で4世帯，生野内で5世帯の計21世帯の犠牲者を出した世帯の位置を特定することができた。この21世帯のうち，犠牲者1人が8世帯，犠牲者2人が9世帯，犠牲者3人以上が4世帯である。

　旧版地形図で確認すると当時の高橋集落の多くの住宅は地表地震断層から50m以内に位置していた。高橋集落では1世帯当たり犠牲者数3人以上の家が3世帯あり，犠牲者が1人以内の世帯が1世帯であった。地表地震断層から300m以上離れた公庄集落では1世帯当たりの犠牲者数が1人から2人である。地表地震断層に直行する方向に発達している郷集落を旧版地形図で確認すると，その建物の分布は地表地震断層から50m～1kmの範囲となる。1世帯当たりの犠牲者数が複数確認できる世帯は地表地震断層からの距離が50m程の近傍に位置する。生野内集落では，集落が地表地震断層から200～500m程度離れている。1世帯当たりの犠牲者数は2人以下の家が5世帯（うち1人が2世帯）であった。

　地表地震断層からの距離を50m以内，50～100m，100m～と分類すると，犠牲者1人の世帯の分布はそれぞれ0世帯，3世帯，5世帯となり，犠牲者2人の世帯の分布はそれぞれ3世帯，3世帯，3世帯となり，犠牲者3人以上の世帯の分布はそれぞれ2世帯，2世帯，0世帯となる。したがって，地表地震断層から50m以内では複数の犠牲者が出ており，100m以内でも多くの場合複数の犠牲者が出ているのに対し，100m以上では犠牲者が3人以上出た世帯がないことがわかる。このことは，地表地震断層から少なくとも100m以内で多くの犠牲者が出る家屋の倒壊が起きている

ことになる。これは松多・木股（2015）が三河地震の形原地区で「地表地震断層から100 m以内で1世帯から多くの犠牲者を出す局所的な被害が認められるとする」結果とも調和的である。

　このように幅100〜200 m程度の狭い範囲に局所的にみられる特殊な被害の原因が少なくとも地下数km以深の深部で発生した地震波であるとは考えにくい。したがって，地表近くの現象がこの原因と考えられる。しかし，その局所的な被害は，地表地震断層の直上だけに限ったわけではなく100 m程度の幅がある。この地域で100 m程度の撓曲を伴うような幅のある地変を確認することができないことからも，地表の変形にその原因があるとも考えにくい。したがって，地表地震断層の出現がその近傍になんらかの影響を与えたとするならば，その候補として指向性パルス（久田・山本，1995; 纐纈, 1996など）やフリングステップ（Hisada and Bielak, 2003など）をあげることができよう。このような断層がずれることによる衝撃的な現象によって家屋が倒壊した場合は地震の揺れによって家屋が倒壊する場合より一瞬で倒壊することが予想され，これが1世帯当たりの犠牲者数を多くする要因である可能性が高い。

Ⅶ　まとめ

　以上より，地表地震断層が出現した地震では断層が出現した集落で全壊家屋数に対して犠牲者が多い傾向があることが分かる。これは，家が壊れて人的被害が出るプロセスに，断層から離れた強振動や地盤の影響で家が破壊されるケースのほかに，断層のずれ近傍で発生する揺れによって家が破壊されるケースがあることを示唆する。つまり，身構える間もなく衝撃的に家屋が倒壊することで人的被害が大きくなるのではないかと考えられる。また，このことは過去の歴史地震で詳細な被害記録があれば，地表地震断層が出現したかを判断できる可能性を指摘できる。

Ⅷ　追記

　本研究の聞き取り調査で興味深い話を聞いたので追記として記す。当該地域は丹後ちりめんの産地で地震前より多くの作業所があったようである。高橋などでは旧道の東側に新道（現在の県道）が作られていたが，地震によって旧道沿いの集落は壊滅的な被害を受けた。その復興で多くの家が地震前の旧道沿いから新道沿いに移転し，機織りの工場も新道沿いに新しく建ち機械を用いた最新のものに変わったという。このとき旧来の事業主の中には再建をあきらめた者もいる反面，外部の資本も入って新しくできたものもあったらしい。このような集落の変遷は旧版地形図の比較でも確認することができる（第6図）。一方，街道から奥まったところに位置する生野内の集落は，沢の水を中心とする社会が存在したが昭和初期においても近代化の影響は薄かったため，地震後も地震前と同じ環境を再建するような復興がなされたという。これらのことは，自然災害の復興は各

第6図　旧版地形図（5万分の1）高橋。
左図：大正3年、右図：昭和22年

地域におけるその時代の時代背景を反映していることを意味し，災害復興の事例を調べることで，時空間的な価値の変遷を明らかにできる可能性を示唆しており興味深い。

謝　辞

　本研究を進めるにあたり，京丹後市の住民の方々には突然の来訪にもかかわらず快くご協力いただいた。ここに記して深く感謝申し上げます。なお，本研究は 2016 年度卒業の角野大河氏（現在岡山県浅口市立六条院小学校　教諭）卒論をもとに，2017 年度研究生として本学に在籍した高山正教氏（現在　鹿児島県鹿児島中央高校　教諭）が現地調査をした結果をもとにしている。本調査結果は，日本地球惑星科学連合 2017 年大会および 2017 年度活断層学会秋季大会で発表した内容である。

文　献

大邑潤三 (2013). 1927 年北丹後地震および 1925 年北但馬地震における久美浜湾沿岸の被害とその発生要因. 歴史地震, 28, 27-34.

大邑潤三 (2015). 1927 年北丹後地震における人的被害の分析. 鷹陵史学, 41, 19-42.

大邑潤三 (2016). 1927 年北丹後地震における建物倒壊被害と地形の関係. 自然災害科学, 35, 121-140.

大阪朝日新聞. 1927 年 3 月 8 日.

岡田篤正 (2002). 山陰地方の活断層の諸特徴. 活断層研究 22, 17-32.

岡田篤正・松田時彦 (1997). 1927 年北丹後地震の地震断層. 活断層研究, 16, 95-135.

飯田汲事 (1978). 昭和 20 年 1 月 13 日三河地震の震害と震度分布, 愛知県防災会議地震部会, 96pp.

植村善博・小林善仁・大邑潤三 (2011). 1927 年北丹後地震における峰山町の被害実態と復興計画. 鷹陵史学, 37, 1-18.

木股文昭・松多信尚 (2016). 『東濃地方の地震とその災害.』公益財団法人 地震予知総合研究振興会 東濃地震科学研究所, 95 pp.

京都府測候所 (1927). 『昭和二年参月七日北丹後地震報告』京都府測候所，258pp.

纐纈一起 (1996). カリフォルニアの被害地震と兵庫県南部地震. 科学, 66, 93-97.

国立天文台 (2016). 『平成 28 年理科年表』丸善出版, 720-755.

財団法人丹後震災記念館 (1927). 『昭和二年奥丹後震災遭難者名簿』財団法人丹後震災記念館.

鈴木康弘・渡辺満久・中田高・田中圭 (2018). 益城町市街地における地震断層と建物被害集中. 日本地球惑星科学連合 2018 年大会 SSS14-05.

地震調査委員会強震動評価部会: 2005 年福岡県西方沖の地震の観測記録に基づく強震動評価手法の検証 (2008). https://www.jishin.go.jp/main/kyoshindo/pdf/20080411fukuoka.pdf （参照 2019 -12-31）.

地震調査推進本部 (2014). 山田断層帯の長期評価について, https://www.jishin.go.jp/main/chousa/04dec_yamada/ （参照 2019 -9-14）.

中央防災会議 (2002). 「東南海，南海地震等に関する専門調査会」（第 6 回）議事録, http://www.bousai.go.jp/kaigirep/chuobou/senmon/tounankai_nankaijishin/6/pdf/tonankai_gijiroku06.pdf

（参照 2019 -12-31）

永濱宇平 (1929). 『丹後地震誌』丹後地震誌刊行会, 456p.

久田嘉章・山本俊六 (1995). ノースリッジ地震の地震動—類似点と相違点—. 第 23 回地盤震動シンポジウム, 日本建築学会, 93-100.

松多信尚・木股文昭 (2015). 直下型地震による「ずれ」と「ゆれ」とによる人的被害—三河地震を例にして—. 日本地理学会発表要旨集, 135.

松多信尚・木股文昭 (2018). 地表地震断層近傍にみられる地震災害の特殊性—三河地震，北丹後地震，濃尾地震を例に. 第 15 回日本地震工学シンポジウム, OS2-03-09（仙台）.

水谷鋼一・織田三乗 (1975). 『日本列島空襲戦災誌』中日新聞社東京本社, 465pp.

宮内崇裕・石山達也・岡田篤正 (2018). 1:25,000 活断層図「宮津」, 国土地理院.

渡辺久吉・佐藤才止 (1927a). 丹後震災地の地形及び地質. 地学雑誌, 40, 399-412.

渡辺久吉・佐藤才止 (1927b). 丹後地震とその地変. 地学雑誌, 40, 477-496.

渡辺久吉・佐藤才止 (1928). 丹後震災調査報告. 地質調査所報告, 100, 1-102.

Blaikie, P., Cannon, T., Davis, I., Wisner, B. (2004). *At risk: natural hazards, people's vulnerability and disasters*. Routledge, 471p.

Hisada Y., Bielak, J. (2003). A theoretical method for computing near-fault strong motions in layered half-space considering static offset due to surface faulting, with a physical interpretation of fling step and rupture directivity, Bull. of the Seism. Soc.of America 93, 3, 1154-1168.

Irikura, K., Iwata, T., Sekiguchi, H., Pitarka, A., and Kamae, K. (1996). Lesson from the 1995 Hyogoken Nanbu earthquake: Why were such destructive motions generated to buildings? J. Natural Disas. 7 Sci., Vol.18, No.2, 99-127, 1996.

Yamasaki N. and F. Tada (1928). The Oku-Tango Earthquake of 1927. 東京帝国大学地震研究所彙報, 4, 159-177.

（2020 年 1 月）

西日本豪雨災害における行政の検証報告書の検討
—岡山県『平成 30 年 7 月豪雨災害検証報告書』について—

磯　部　　作

Ⅰ　はじめに

　2018 年 7 月の「平成 30 年 7 月豪雨」，いわゆる「西日本豪雨」は，岐阜県から鹿児島県までの西日本の広い範囲で死者が出るなどの甚大な被害を発生させた。とりわけ，岡山県においては，高梁川水系の倉敷市真備町をはじめ，県内の全市町村で被害が発生した。

　西日本豪雨災害については，日本地理学会や土木学会などにおいてシンポジウムなどが行われ，報告書なども出されているが，岡山県内では，甚大な被害が発生した倉敷市真備町についての研究報告が多く，高梁川水系の上流域まで含めて災害の原因を調査研究している報告はほとんど見られなかった [1]。また，行政においては，岡山県が 2019 年 3 月に『平成 30 年 7 月豪雨災害検証報告書』をまとめたのをはじめ，岡山県内では，倉敷市や岡山市，総社市などが検証報告書などをまとめている。被災した自治体が検証報告書をまとめたことは評価でき，なかには有益な意見もあるものの，これらの検証報告書には問題が多い。

　筆者は，西日本豪雨災害発災直後から，高梁川水系の上流域も含めて，倉敷市真備町や高梁市などを中心に，岡山市東区の砂川流域の上道地区，旭川の岡山市北区御津地区，吉井川水系の加茂川流域などにおいて調査研究を行い，その結果を，高梁川水系のダムの放流問題を中心に，発災直後の 2018 年 8 月から数多くの拙稿にまとめ [2]，学会などで基調講演や報告などしてきた [3]。

　行政の検証報告書については，倉敷市の検証報告書について検討し，拙稿にまとめている（磯部，2019c）。そこで本稿では，岡山県の『平成 30 年 7 月豪雨災害検証報告書』について，その問題点や課題を中心に検討する [4]。

Ⅱ　岡山県『平成 30 年 7 月豪雨災害検証報告書』の構成と検証項目の検討

　岡山県の『平成 30 年 7 月豪雨災害検証報告書』（以下，『検証報告書』）は総頁数 97 頁で，それに，【別冊（資料編）】（総頁数 176 頁）と【同（規定集）】（総頁数 110 頁）がある。

　『検証報告書』は，「はじめに」，「第 1 編　平成 30 年 7 月豪雨災害の概要と検証の実施」，「第 2 編　課題及び対応の方向性」，「第 3 編　今後の対応に向けた課題」からなっている。

　『検証報告書』では，検証の趣旨を「平成 30 年 7 月豪雨における県の対応などについて，初動・応急期（発災から 3 日間）を中心に検証を行い，その結果を今後の防災・減災対策に生かすことにより，県民の防災意識の高揚と本県の防災力の向上を図るものとする。」（『検証報告書』3 頁，以下頁数のみを記す）として，岡山県「平成 30 年 7 月豪雨」災害検証委員会が検証した結果をまとめて

いる。検証項目は，①県・災害対策本部対応，②市町村対応，③ハザード，自然状況とその対応，④避難情報，避難行動，⑤県管理河川の被災対応，⑥今後に向けて，の6項目で，検証項目の副題を「岡山県は広域自治体としての役割を果たせたのか」(52頁)としていて，計27項目の検証を行っている。

『検証報告書』では，全体的に検討しようとしてはいるが，西日本豪雨災害で洪水による甚大な災害を発生させた河川の問題については，⑤「県管理河川の被災対応」の中で，「平素の河川管理において，定期的に危険箇所の把握ができていたか。ダムの事前放流などにより，さらに被害の極小化が図れる可能性はあったか。」，⑥「今後に向けて」の中で，「河川堤防の被災原因は何か」と検証項目を書いているものの，市町村対応や市などの基礎自治体が発令する避難情報の後になっており，それも被災対応である。災害の検証で最も重要なのは，災害の原因を明らかにすることであるため，それを最初に検証すべきであるが，それがなされていない。

また，災害では，発災後の「初動・応急期（発災から3日間）」は重要ではあるが，災害前における氾濫原の低湿地などへの開発許可や建築許可など，河川流域全体の状況についての検証を行っていない。また，発災後の避難所や仮設住宅，みなし仮設住宅などの問題などについても，十分な検証が必要であるにも拘らず，「初動・応急期（発災から3日間）を中心に検証」とするだけで検証を行っていない。

さらに，『検証報告書』の「第2編　課題及び対応の方向性」では，「第2章　検証委員会における議論」で，検証項目に基づいて議論されたことが書いてあるが，「対応状況」，「課題」，「今後の対策として望ましい方向性」について，検証委員会で出された意見を箇条書きにしているだけである。

副題の「岡山県は広域自治体としての役割を果たせたのか」ということについては，岡山県内の市町村に対しての県としての役割だけを考えており，高梁川水系の成羽川や小田川が広島県内から流れているにも拘らず，それに対しての記述も全くなく，広域自治体としての周辺地域の情報収集などが不十分である。

Ⅲ　ダムの放流問題

災害の検証において何よりも重視されなければならないのは，災害の発生原因である。西日本豪雨災害において，豪雨はあくまでも災害の素因であり，災害は社会的な誘因によって発生するのである（佐藤・奥田・高橋，1964）。しかも，西日本豪雨災害では，死者51名と岡山県内で最大の被害が発生した真備町のある倉敷市の降水量は275.5㎜であり，高梁川上流の新見で429㎜の降水量があったことに示されるように，高梁川の上流域や，その支流である成羽川の上流域で400㎜以上の豪雨があったことが素因である。筆者は，倉敷市真備町をはじめ，高梁市，総社市などの高梁川水系における西日本豪雨災害の主要な原因は，このような上流域での豪雨に対して，高梁川の支流の成羽川にある中国電力の新成羽川ダムなどが事前放流を行わずに，一気に緊急放流をしたことであることを調査により明らかにし，指摘してきた[5]。

ダムの事前放流問題については，『検証報告書』の最後の第3編「今後の対応に向けた提言」にお

いて，「国・県・中国電力を含むダム管理者や関係4市等が参加する合同管理連絡会議において，積極的に意見交換や情報伝達訓練を実施し，関係機関の情報共有や事前放流の効果的な運用について検討を行うべき」（96頁）と，今後の事前放流の重要性を書いている。しかし，第2編「課題及び方向性」では，「ダムの事前放流などにより，さらに被害の極少化が図れる可能性はあったか。」について，「今回の豪雨災害の検証において，ダムの流入と放流は適切であり，仮にダムがなかった場合に比べ，下流に対しては水位低減の効果があった。」，「ダムの洪水調節効果が適切であっても今回のような被害が出た。」（74頁）と書き，西日本豪雨時でのダムの操作を肯定しており，事前放流をしなかったことを是認しているのであり，非常に問題である。

　「検証委員会における議論」では，「事前放流について，7月6日の危機管理チーム会議で気象台が大雨特別警報を出すかもしれないと予告していたのだから，今後の雨の予測がある程度可能であり，この時点でもう少し放流量を増やせなかったのか。」，「ダムの事前放流について，効果的な運用を検討し，実際にこういう事態が起きたときにはしっかり運用できるようにすべきだ。特に，今回の雨の1つめのピークと2つめのピークの間に水位が下がっている時間帯があったので，そこをうまく利用できるような仕組みを構築してほしい。」（75頁）という意見も出されている。また，西日本豪雨災害で緊急放流を行い多くの死者を出した「愛媛県の肱川の野村ダムや鹿野川ダムのように，満水状態になったときに緊急操作ということでゲートを開けるのか」，「今回よりももっと雨が降ってコントロールできなかった時に，従来どおりの操作規則でよいのか」，「中電にも検討してもらう必要がある」（75頁），という意見が出ている。しかし，『検証報告書』では，これらの意見を箇条書きしているだけで，新成羽川ダムなどが事前放流をしなかったことについては検証をしてないのである。

　また，「緊急時の措置」として「洪水調節のための指示」を明記している河川法52条について，『検証報告書』では全く言及していない。河川法52条では，「洪水による災害が発生し，又は発生するおそれが大きいと認められる場合において，災害の発生を防止し，又は災害を軽減するため緊急の必要があると認められるとき」に，河川管理者がダムを設置する者に対し，事前放流などの「当該ダムの操作について，その水系に係る河川の状況を総合的に考慮して，災害の発生を防止し，又は災害を軽減するために必要な措置をとるべきことを指示することができる」となっているのである。

　高梁川は一級河川で国土交通省の管理であるが，総社市豪渓の秦橋から北の上流と高梁川支流の小田川の真備町妹のところから西の上流は県管理になっているため，「洪水調節のための指示」は岡山県も出すことができる。岡山県が，成羽川と小田川の上流を管理する広島県と協力して「広域自治体としての責任を果たし」て，「洪水調節のための指示」を出すことができるのである。

　『検証報告書』の中では「気象の状況について，県では，いつのタイミングで，どのような認識であったか」について，岡山県は，7月5日13時半から14時に大雨の説明会を気象台の職員を呼んで開催しており，「県内で初めて大雨特別警報を発令するかもしれない」，「『大雨は5日（木）夜と6日（金）夜の二つの山があり，特に2つめの方が懸念される』との説明があり，通常よりも相当危険性が高いという認識を持った。」（63頁）としている。このため，この時点で，ダムの事前放

流などの指示を出すことはできたはずである。しかし，岡山県はダムの事前放流の指示を出しておらず，岡山県が特別警戒体制をとったのは5日19時であり，5時間ものタイムラグがあり，さらに危機管理チームが結成されたのは翌日6日の10時であり，20時間ものタイムラグがあったのである。

　ただ，高梁川の中上流が岡山県管理の河川であるとはいえ，高梁川は一級河川で，支流の成羽川や小田川が広島県から流下しているだけに，国が全体を見て「洪水調節のための指示」を出すべきであった。検証委員会でも，「水系全体で複数のダムを有効利用していく観点が必要であるが，これは県だけでは困難であり，国主導で実施していくしかない。」という意見が出されている。しかし，7月5日の14時には気象庁が緊急記者会見を行って，西日本の大河川でも洪水が起こる可能性が高いことを発表しているものの（気象庁，2018），『検証報告書』の中で，この気象庁の緊急記者会見や，気象庁の緊急記者会見に基づいて国などがダムの事前放流を指示しなかったことについても全く言及していないのである。

　高梁川水系におけるダムの放流問題で最も重要なのは，総貯水量1億2750万トンで高梁川水系では最大のダムである中国電力の新成羽川ダムである。新成羽川ダムは，高さが103mで，非越流部の堰堤の標高が240m，常時満水位が237m，越流部標高（放流ゲート下端）が229.5mであり，水車発電機は4台で，1～3号機の取水口（中心）の標高は180m，4号機の取水口（中心）の標高は190mとなっており，1台当たりの発電使用水量は106㎥/sで，発電用放流口の最大放流量は424㎥/sである。

　新成羽川ダムについては，『検証報告書』の【別冊（資料編）】の「新成羽川ダムのハイドログラフおよびハイエトグラフ」（37頁）において，「最大流入時に約402㎥/s貯留」と書いている。しかし，6日の夕方から急に流入量が増えたため，慌てて一気に緊急放流したことが，下流の高梁市落合や広瀬，総社市草田や美袋，倉敷市真備町などで甚大な災害を発生させた大きな原因になっているにも拘らず，貯留効果を強調することには問題がある。

　新成羽川ダムでは，西日本豪雨時の7月5日の19時50分に1151㎥/sの最大流入があったので，22時40分に664㎥/sの最大放流をしているが，その後は流入量が減少したため，放流量を減少させ，340㎥/s程度にしている。しかし，6日の16時頃から流入量が急増してきており，最大流入時の7月6日22時20分には2458㎥/sになったため，22時30分には2074㎥/sの最大放流をしたのであり，その後も膨大な量の放流を続け，下流地域において，甚大な被害をもたらす水害を発生させたのである（第1図）。

　しかし，新成羽川ダムの洪水量は800㎥/sであるため，放流の一山目の5日22時40分の最大放流時から緊急放流を始める6日18時頃まで，毎秒800㎥/sを少し下回る水量で放流し続けていれば，6日深夜の放流量のピークを大きくカットできたのである。さらに，5日14時の気象庁の緊急記者会見直後からすぐに放流を始め，洪水量の800㎥/sを少し下回る水量で放流し続けていれば，6日深夜の放流量のピークがさらに大きくカットされており，倉敷市真備町でのバックウォーター現象による堤防決壊はなく，災害は発生していなかったと考えられる。検証委員会で「今回の雨の1つめのピークと2つめのピークの間に水位が下がっている時間帯があったので，そこをうまく利用で

きるような仕組みを構築してほしい。」（75頁）という意見も出ているだけに，十分な検証をすべきであった。

　新成羽川ダムでは，発電用放流口から424㎥/sの最大放流を行い，ゲートから放流量376㎥/sを少し下回る水量の放流をすれば，洪水量800㎥/sを少し下回る水量の放流をし続けることができる。西日本豪雨の時には，5日夜からはゲート放流が可能な貯水位があっただけに，それは十分に可能であったのである。

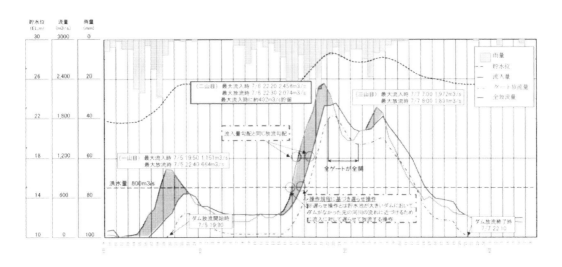

第1図　新成羽ダムのハイドログラフおよびハイエトグラフ

資料：第4回岡山県「平成30年7月豪雨」災害検証員会提出の「平成30年7月豪雨における・
　　　土木部が管理するダムの洪水調節効果・中国電力が管理するダムの状況」岡山県土木部。

　また，『検証報告書』では，「中国電力との連携」について，「重大な被害（154kv系1次変電所以上の供給停止）が発生したとき及び応急復旧したときに，速やかに伝達を行うこと」（48頁）として，その後停電状況を時系列で箇条書き的に書いてあるだけで，ダムの放流状況などについての連絡などは全く記述をしておらず，またそれについての検証も全くしていないのである。

Ⅳ　地図やデータなどの問題

1. 成羽川，小田川上流部の地図の問題

　高梁川の支流の成羽川や小田川が広島県内から流下しているにも拘らず，『検証報告書』の地図はすべて岡山県内のみで（第2図，第3図），広島県内の西日本豪雨のデータは全くしめされていないのである。成羽川上流の広島県内には，東城川，帝釈川などがあり，高梁川と成羽川が合流する高梁市落合から北の高梁川の流域面積は974㎢で，成羽川が930㎢であるので，ほとんど同じ流域面積をもった川であり，新成羽川ダムの集水域はその大部分が広島県内であるだけに，成羽川上流地

域を地図に書き入れ，降水量なども示して，詳細に検証すべきであった。また，小田川は，西日本豪雨時に，倉敷市真備町だけでなく，その上流の岡山県矢掛町や笠岡市などで，洪水による災害を発生させているだけに，上流の広島県内の状況を書き入れて検証するべきであった。

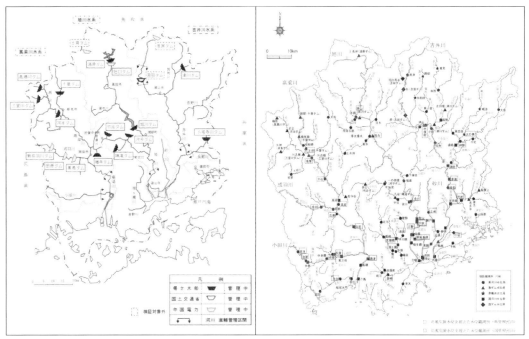

第2図　岡山県ダム位置図　　　　　　　　　　第3図　水位観測所配置図
資料：『検証報告書』15頁。　　　　　　　　　　資料：『検証報告書』14頁。

２．河川水位のデータの問題

　洪水を発生させた河川水位のデータも非常に問題である。新成羽川ダムなどの緊急放流により，高梁川の高梁市「広瀬水位観測所では，河川の氾濫により水位計が流失し，12.89mとなったところで欠測となった。実際の最高水位はさらに高いと推測される。」（16頁）と書いているだけで，最高水位を計測していなく，非常に不十分である。筆者は被災後に現地に行き，高梁市広瀬地区で，高梁川の河岸を通る国道180号とJR伯備線間にある斜面に洪水により掛かっているごみの状況から，実際の最高水位は約18mであったと計算している。このような調査による検証も行わずに『検証報告書』は書かれているのである。

３．降水量の問題

　西日本豪雨の期間降水量については，「広い範囲で，２〜３日間にわたり雨が降り続き，記録的な大雨になった」と書き，岡山県内のアメダス観測地による統計から，岡山県内25地点の期間降水量（７月５日〜７月７日）の表を書いている（第１表）。確かに県北を中心に岡山県内の多くの地点で

最大24時間雨量や最大48時間雨量，最大72時間雨量などが極値となっているが，岡山県の東南部を中心に，赤磐市や，瀬戸内市，和気町，美咲町などでは，極値ではなかったのである。

第1表　西日本豪雨期間の岡山県内の降水量

期間降水量（7月5日～7月7日）　単位（mm）　※アメダス観測値による統計

市町村名	地点名	7月5日	7月6日	7月7日	期間合計	最大24時間降水量極値	最大48時間降水量極値	最大72時間降水量極値
鏡野町	富(トミ)	132.0	162.0	159.0	453.0	○	○	○
鏡野町	恩原(オンバラ)	142.5	173.5	127.5	443.5		○	○
新見市	新見(ニイミ)	153.0	189.0	87.0	429.0	○	○	○
津山市	津山(ツヤマ)	148.5	188.5	91.0	428.0	○	○	○
真庭市	久世(クセ)	147.0	178.5	90.0	415.5	○	○	○
真庭市	下呰部(シモアザエ)	145.5	185.0	74.0	404.5	○	○	○
奈義町	奈義(ナギ)	138.0	172.5	89.0	399.5	○	○	○
新見市	千屋(チヤ)	107.0	198.0	92.5	397.5	○	○	○
井原市	佐屋(サヤ)	104.0	190.5	102.0	396.5	○	○	○
美作市	今岡(イマオカ)	106.5	177.0	87.0	370.5	○		
美咲町	旭西(アサヒニシ)	111.5	176.0	78.5	366.0			
高梁市	陣山(ジンヤマ)	116.5	174.0	71.5	362.0		○	
真庭市	上長田(カミナガタ)	117.0	144.0	100.5	361.5			
笠岡市	笠岡(カサオカ)	114.5	158.0	85.0	357.5	○	○	○
吉備中央町	吉備中央(キビチュウオウ)	98.0	170.0	76.0	344.0			
高梁市	高梁(タカハシ)	88.5	174.0	79.5	342.0		○	
玉野市	玉野(タマノ)	106.5	124.5	95.0	326.0		○	
岡山市北区	福渡(フクワタリ)	82.5	157.0	72.5	312.0		○	
岡山市北区	岡山(オカヤマ)	73.0	165.0	72.5	310.5		○	
矢掛町	矢掛(ヤカゲ)	75.5	141.5	74.5	291.5		○	
瀬戸内市	虫明(ムシアゲ)	79.5	121.0	83.0	283.5			
赤磐市	赤磐(アカイワ)	67.5	146.0	66.5	280.0			
和気町	和気(ワケ)	63.5	135.0	80.5	279.0			
倉敷市	倉敷(クラシキ)	72.5	138.5	64.5	275.5		○	
岡山市北区	日応寺(ニチオウジ)	59.5	132.0	77.5	269.0	○	○	○

資料：『検証報告書』12頁。

　西日本豪雨では，赤磐市から流下する砂川は，赤磐市の降水量は極値ではなかったものの，岡山市で堤防が決壊しているが，「砂川では岡山市東区沼地内において堤防が決壊し広い範囲で浸水被害が発生した。浸水面積は750ha，浸水棟数2200棟以上に上った。」（27頁）と書き，浸水範囲の図面を掲載しているだけで，堤防決壊の原因については「主に越水で決壊した」（37頁）と書くものの，越水する洪水量になった理由などは全く書いていない。砂川流域では，高度経済成長期以降，上中流部でゴルフ場や住宅団地などの開発が行われてきただけに，これらによる流出量の増加なども検証すべきであった。

4．河川堤防の問題

　また，「堤防の決壊箇所等」では，「県管理河川においては，旭川水系砂川，高梁川水系末政川など10河川16箇所で，越水や浸食などにより堤防が決壊した。」（37頁）と書き，「主に越水で決壊

した河川（7河川13箇所）」と「主に侵食・洗堀で決壊した河川（3河川3箇所）」（37頁）の河川名と，堤防が決壊した所在地，堤防の被害延長を書いているが，越水の検証をするために重要な堤防の天端高や堤防の幅，堤防の構造などは全く書いていない。とりわけ，国管理河川については，「高梁川水系小田川の2箇所で堤防が決壊して，浸水被害が発生した。」（37頁）と書くだけで，堤防の決壊の原因は全く書いていないのである。倉敷市真備町の末政川や小田川では，堤防の天端高が低かった所で越流して決壊しているだけに非常に問題である。

　地理院地図では，倉敷市真備町坪田では小田川の堤防天端高に19mの標高点があるのに対し，高馬川の堤防が決壊して切れた付近の小田川では堤防天端高の標高点は17mであり，堤防が決壊した末政川の有井の陸閘の付近の堤防天端高の標高も17mで，坪田の付近より2m低くなっていたのである。

　1/5000の「岡山県南広域都市計画図」でみると，倉敷市真備町坪田の付近では小田川の堤防天端高に 16.9m の標高点があるのに対し，高馬川の堤防が決壊した付近の小田川では堤防天端高の標高点は 15.8mであり，堤防が決壊した末政川の有井の陸閘の付近の堤防天端高の標高は 15.7mで，坪田の付近より1m程低くなっていた。とりわけ，末政川の有井の陸閘より上流で決壊した地点の堤防の天端高は 14.4mしかなかったのである。

　このように堤防の天端高の低い地点で越流により堤防が決壊しており，洪水の水位を最大でも1m程下げれば堤防決壊はなかったと考えられるだけに，堤防の天端高などを入れて検証するべきであった。

５．ハザードマップの問題

　ハザードマップについても，岡山県の「対応状況」は「災害対策本部事務局内に浸水想定区域図は常備していたが，全市町村のハザードマップを常置しておらず，パソコンで確認する必要があった。」（63頁）という状況であり，検証項目の副題の「岡山県は広域自治体としての役割を果たせたのか」ということは，非常に不十分であった。

　検証委員会では，「今回の豪雨災害で，ハザードマップに載っていない場所で浸水や土砂災害はなかったのか，もし被害があったのであれば，なぜそうなったのかを調査し，ハザードマップをブラッシュアップしていかなければならない。」（63頁），「作成にあたっては，結果だけを住民に示すのではなくて，どういう理由，原因でこうした浸水図になるのかを示さなければ，住民は理解できない」（67頁），「今回の水害による浸水範囲とハザードマップの浸水域はほとんど重なっており，条件が合えばハザードマップの精度は高い。県が洪水浸水想定を作成しているが，どういう条件の時にこうした浸水想定になるということを県は市町村に，市町村は住民に，丁寧に説明する必要がある。」（69頁）などという課題が出されている。

　西日本豪雨災害で，倉敷市真備町では，ハザードマップのように浸かったと言われるが，それは浸水地域が一致しただけであり,的確に避難行動をとるためには，堤防の天端高などがハザードマップに書かれており，ダムの放流状況などにより浸水が発生する理由や原因を理解できるようにしておく必要がある。しかし，倉敷市のハザードマップにはそうなっていなかったのである。これに対して，総社市のハザードマップは，堤防天端高などを入れており，倉敷市真備町に隣接する総社市

下原地区では，避難経路なども入れたマップも作成し，避難訓練も行っており，西日本豪雨災害では浸水したものの，死者はゼロであった。このため，県の『検証報告書』では，市町村のハザードマップの検証を具体的に行う必要があるにも拘らず，それをしていないのである。

V　避難情報・避難行動，避難所などの問題

　避難情報・避難行動については，「市町村には，国や県のように河川課がないにもかかわらず，災害対策基本法上，避難情報を出さなければならないこととされている。こうした中で，県から水位情報を得て，的確に避難勧告等を出すのは難しいことはわかっていることであり，それを県が補わなければならない。」（68頁）などという意見が検証委員会で出ているが，「気象情報・河川情報と市町村における避難勧告等の発令状況は，【別冊（資料編）】のとおりである。」（49頁）と書いているだけであり，検証は行っていない。

　また，災害時の避難にとって最も重要なのは，避難行動要支援者の対策の問題である。「真備地区でお亡くなりになった51人のうち，46人が高齢者で，かつ42人が避難行動要支援者であり，自分の力で避難できなかった人が犠牲になっている。住民個人の意識を高めるだけでなく，近隣など複数の人が絡まないと避難の問題はうまくいかないのではないか。」（70頁）や，「災害時に適切な避難行動がとれるよう，日頃から，地域と連携して，災害リスクや避難場所，避難経路，避難のタイミング等への理解を深める必要がある。」（71頁）という意見は書かれているものの，西日本豪雨災害の時に，避難場所，避難経路がどのようになっており，実際にどのような避難行動がとられ，

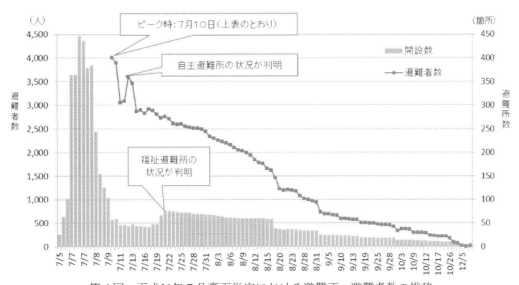

第4図　平成30年7月豪雨災害における避難所・避難者数の推移
資料：『検証報告書』33頁。

問題点は何であったのかなどについて具体的に検証する必要があるにも拘らず，そのような検証は

全くしてないのである。

　避難所開設及び避難者の状況については，「避難所は，7月5日から開設され，7月7日時点で446箇所に上ったが，発災当初は市町村からの報告がなく，7月9日までの避難者数は把握できなかった。避難者数を把握できた7月10日が人数のピークであり，その内訳は次のとおりである。」（33頁）と書き，ピーク時として7月10日の岡山県下の市町村別の表と，7月5日から12月5日までの避難所・避難者数の推移のグラフを書いているだけである（第4図）。「初動・応急期（発災から3日間）を中心に検証」を行うとしていたなかで，避難所が閉鎖された12月7日までのグラフを書いていることは評価できるが，ただ数を示しただけで，避難所の設置場所や内容や問題点などは全く書いていない。実際は，倉敷市真備町では，避難所が不足しており，浸水しなかった丘陵地にある小学校に多くの避難者が詰めかけて建物の中に入れなかったこと，避難所にも備蓄品はほとんどなく，タオルなどが非常に不足したことなど，多くの問題点があった。「初動・応急期（発災から3日間）を中心に検証」というのであれば，最も多くの人が避難したその時の状況を詳細に検証すべきであった。

　特に福祉避難所については，グラフの中に「福祉避難所の状況が判明」と吹き込みを入れているだけで，その状況や問題点などの検証などは全く行われていない。岡山市東区の福祉施設では，様々な障害を持った人が避難してきており，福祉施設は身体障害や精神障害などの障害の種類によって分かれているため対応に苦慮したが，そういう問題についての検証は何もしていないのである[6]。

VI　産業の被害状況の問題

　産業の被害状況については，第一次産業の農林水産被害の状況だけで，第二次産業の工業や，第三次産業の商業や運輸業，医療や福祉産業などについては，全く何も書いていない。産業は，地域の生活を支える非常に重要なものであり，倉敷市真備町などで，甚大な被害を受けただけに重大な問題である。

　また，農林水産業の被害についても，26,646,367千円の被害総額と，「農地・農業用施設」，「農作物・農業施設・農業用機械」，「治山・林道関係」，「水産関係」などの項目で，被害額と被害状況について簡単な表を書いているだけである。

　水産関係では「アユの種苗生産施設等の損壊等」11箇所で被害が311,810千円あったということを書くだけで，高梁川などから洪水により木やプラスチック，ボンベやドラム缶などの大量の災害ごみが瀬戸内海に流入して海ごみとなり，小型機船底曳網漁業や流し網漁業などの操業に多大の被害を及ぼしたこと，それを漁業者が苦労して回収したことなどについては全く書いていないのである[7]。

　また，倉敷市真備町有井で被災した運輸業者では，小田川と末政川の決壊により3m40cmほど冠水したため，所有するタクシー22台とバス11台すべてが水没している[8]。また，高梁市落合の美容院では，店内が90cm水没して美容器具が全滅している[9]。さらに倉敷市真備町や総社市などでは，病院や福祉施設などの医療・福祉関係の被害も甚大であった。高梁川流域だけでも商工業や運輸業などに甚大な被害があったにも拘らず，商工業や運輸業などの被害については全く記述がない。

Ⅶ　『検証報告書』の誤謬など

　また，『検証報告書』には誤謬なども多い。

　「ハザード，自然状況とその対応」の「今後の対応として望ましい方向性」のなかで，「今回のように 1 時間 100mm といった大雨が降らない場合であっても，これくらいの雨量と川の流量でこれだけ大きな洪水が起きたということを，住民に知らせていくべきだ。」（67 頁）と書いているが，13 頁のグラフでも，岡山県では，積算雨量が 429 ㎜の新見でも一時間 30 数㎜というのが一回あっただけであり，時間雨量で 3 倍も違う雨量を提示して，ダムが事前放流を行わずに膨大な量の緊急放流を行ったことなどを捨象していることは問題である。

　第 2 編の「今後に向けて」では，「南海トラフ地震の場合，倉敷市の水島など沿岸地帯は，津波が堤防を乗り越えて浸水するのではなく，地震の液状化で水が湧き出てきて浸水するので車で避難することなどできないことを十分理解しておく必要がある。」（81 頁）と書いているが，南海トラフ巨大地震では，「津波が堤防を乗り越えて浸水する」ことは十分にあり得ることであり問題である。『検証報告書』の中でも，第 3 編の「今後に向けた提言」では「南海トラフ地震が発生すれば，岡山県沿岸にも 3 m を超える津波が襲ってくる。」（96 頁）と書いているのである。

　さらに，第 2 編の「今後に向けて」では，「岩手県宮古市の田老地区には 10 m の津波防潮堤があった。村長は『避難路が 12 カ所あって，夜はソーラーで電灯も付けているし，避難訓練もやっているから大丈夫だ』と言っていた」（81 頁）とも書いているが，田老村があったのは 1944 年までであり，「村長」ではないのである。

Ⅷ　「地区防災計画」の問題

　『検証報告書』の最後に，「自主防災組織を組織し，防災訓練などの自主防災活動に積極的に参加するよう，行政と地域が一体となって取り組んでいく必要がある。」（97 頁）と書いて，自主防災組織の組織化を提言している。しかし，都道府県と市町村が作成する「地域防災計画」とともに，内閣府が 2014 年度から作成することを推進している「地区防災計画」の記述がないことは問題である。

　「自主防災組織」は主に町内会単位，「地区防災計画」は小学校区単位で作成することになっているが，いずれにしても，組織を作るとともに，その組織が的確に機能するためにも，地形などの地域性を十分考慮した「地区防災計画」を多くの住民が参加して作成することが重要である。岡山市でも，2019 年度末を目標にして，市内の全町内会での自主防災組織の結成を推進してきたが，さらに「地区防災計画」を作成し，それを基に，防災訓練などを行っていくことが求められる。

Ⅸ　おわりに

　以上，岡山県の『平成 30 年 7 月豪雨災害検証報告書』について，その問題点と課題を中心に検討してきたが，岡山県の『検証報告書』には，多くの問題点や課題などがある。とりわけ，西日本豪雨災害により甚大な被害が発生した倉敷市真備町などの高梁川流域における災害の原因を十分検証していないことは，重大な問題である。発災後 8 ヶ月で書かれた報告書とはいえ，これでは豪雨災

害を十分に検証したとは言うことはできない。

　総社市の『平成 30 年 7 月豪雨災害対応　記憶誌　—災害発生から 9 か月間の記憶—』では、住民の対応、特に、隣接する工場の爆発や真備町側からの浸水もありながら、一人の犠牲者も出さなかった総社市下原地区の対応なども書かれているだけに、県は「広域自治体として」、このような教訓を伝達していくことなどを行っていくことも必要である。

注

1) 西日本豪雨については、日本地理学会が 2018 年 9 月に大会でシンポジウムを実施しており、土木学会水工員会水害対策小員会が 2019 年 3 月にシンポジウムを行い、その内容を『2018 年 7 月西日本豪雨災害調査団（中国地区）報告書』2019 年 3 月にまとめている。

2) 磯部 (2018, 2019a, 2019b, 2020a, 2020b). など。

3) 水資源・環境学会の 2019 年度の研究大会では、「西日本豪雨災害の状況と課題—ダム放流問題を中心に—」と題して基調講演を行った。

4) 岡山県の『平成 30 年 7 月豪雨災害検証報告書』報告書を検討したものは、岡山県自治体問題研究所の 2018 年 4 月例会で口頭報告しており、それをテープ起こししたものは、磯部（2019d）であり、本論はそれを基に、その後の調査研究の成果なども踏まえて論文としてまとめたものである。

5) 2)の拙稿。とりわけ、磯部（2019b）。

6) 岡山市東区の福祉施設職員からの聞き取り。

7) 浅口市寄島漁港での漁業者からの聞き取り。

8) 倉敷市真備町の運輸業者からの聞き取り。

9) 高梁市落合の美容院での聞き取り。

文　献

磯部　作 (2018). 岡山県における西日本豪雨災害の状況と課題. 住民と自治, 667, 37-39.

磯部　作 (2019a). 防げたはずの豪雨災害. 自治体問題研究所編『豪雨災害と自治体』自治体研究社, 55-63.

磯部　作 (2019b). 予知され、防げたはずの豪雨災害—ダムの放流問題を中心に—. 人権 21・調査と研究, 258, 3-10.

磯部　作 (2019c).『平成 30 年 7 月豪雨災害　対応検証報告書』（倉敷市）の検討. 人権 21・調査と研究, 261, 3-11.

磯部　作 (2019d).『平成 30 年 7 月豪雨災害検証報告』の検討. 住民と自治　岡山版, 274, 2-22.

磯部　作 (2020a). 豪雨災害地域に対する行政等の対策の状況と課題. 歴史地理教育, 906, 12-17.

磯部　作 (2020b). 岡山県における西日本豪雨災害の状況と課題—ダム放流問題などを中心に—. 国土問題, 82, 1-15.

気象庁 (2018).「西日本と東日本における 8 日頃にかけての大雨について」.

（https://www.jma.go.jp/jma/press/1807/05b/kaisetsu2018070514.pdf）

佐藤武夫・奥田穣・高橋裕 (1964).『災害論』勁草書房.

（2020 年 2 月）

琵琶湖赤野井湾における水環境問題の輻輳

―生態系サービスの変化を中心に―

秋　山　道　雄

I　はじめに

　沿岸域は生態学でいうエコトーン（移行帯）にあたるため，2種類の生態系の境界領域としてたえず水位の変化や侵食，堆積などが起こり，環境は著しく不安定である。しかし一方で，生物の分布が集中し，その生産力や生物活性がきわめて高いところとしても知られている（吉良，1990:75-76）。そのため，沿岸域は生物多様性保全の面からみて重要な位置を占めている。

　2014年度から2ヵ年をかけて「生物多様性及び生態系サービスの総合評価」を実施した環境省の検討会は，河川や湖沼を含む陸水生態系の状態は，1950年代後半から現在において大きく損なわれており，長期的には悪化する傾向で推移していると指摘した。湖沼については，1945年から1980年代にかけて，全国では0.01km^{2}以上の主な自然湖沼の面積の15%が干拓・埋立され，琵琶湖においては1940年代から1990年代にかけて水面面積が9.1km^{2}減少しており，特に変化の大きい南湖では約11%が減少した。周囲の土地利用の変化も大きく，1976年と比較して2006年には建物用地が増大していると指摘した（環境省生物多様性及び生態系サービスの総合評価に関する検討会，2016:75-78）。

　同評価は，「生物多様性の損失の要因」，「生物多様性の損失の状態」，「生物多様性の損失への対策」，「人間の福利と生態系サービスの変化」を対象とし，生物多様性及び生態系サービスの価値や現状等を国民にわかりやすく伝え，生物多様性保全に関わる各主体の取組を促進するとともに，政策決定を支える客観的情報を整理するために実施したという（同検討会，2016:iii）。たしかに，当報告書を活用すれば，現在の日本における生物多様性及び生態系サービスをめぐる問題の実態と全国の主要な事例に関する現状を把握することは可能である。生物多様性保全に関わる政策形成や実践活動にも寄与するであろう。一方，生物多様性保全に関わる問題を抱えた具体的な場で当報告書の成果を活かそうとすると，この報告書でとられた視点や方法をもとにより掘り下げた問題の分析を必要とする。問題が発生している現場では，同報告書が全国の趨勢をまとめる過程で捨象した要素や固有のメカニズムが，問題の性格を規定するためである。

　筆者は，同報告書が触れた琵琶湖の生物多様性保全に関わる問題について，沿岸域を対象に研究成果をまとめた（秋山，2017b:205-219）が，これは琵琶湖沿岸域全体を対象とするものであった。沿岸域にも地域的差異があり，問題にも地域的差異がある。そのため，沿岸域とそれが抱える問題の特性を把握するためには，問題が顕著に現れている場所を対象とする必要がある。本稿では，こうした背景から琵琶湖の南湖東岸部に位置する赤野井湾を取り上げる。ここは，高度経済成長期ま

では湖水の透明度が高く，琵琶湖でも有数の漁場であった。ところが，高度経済成長期以降に複数の要因が作用して，現在では琵琶湖でも有数の汚濁が進んだ場所として知られている。

Ⅱ　分析枠組

　かつて筆者は，経済地理学で生物多様性の概念とそれにもとづく政策形成，さらにそれが現実にあたえる影響について考察する際には，資源論の領域で進められてきた研究の枠組や方法が関わってくると指摘した（秋山，2013:57）。さらにミレニアム生態系評価[1]で，もっとも包括的に対象を整理している生態系サービスの概念が出てきているので，今日の資源研究においては，環境資源をベースに資源管理を構想し，生産資源はその中に位置づけて対処することが妥当であると指摘した（秋山，2011:3-8）。ミレニアム生態系評価では，生態系の全領域（自然林のように比較的撹乱されていない環境から，人間によって利用されている場所が混在するランドスケープや，農地および都市地域のように人間によって強力に管理され改変された生態系に至る）を対象としているが，ここでは自然の機能を生態系サービスという概念で捉える点に特徴がある。同評価では，生態系サービスとは「生態系が人間にあたえてくれる利益や恵み」を指し，供給サービス，調整サービス，文化的サービス，基盤サービスという4つのカテゴリーに分類されている。資源論との関連では，供給サービスが生産資源にあたり，調整サービス，文化的サービス，基盤サービスが環境資源に該当する。

　生産資源を中心に資源を捉える見方が支配的であった時代には，資源の開発・利用というプロセスが続き，それによって問題が生じた時点で保全をめぐる課題が俎上に上った。環境資源をベースにおく場合には，資源の認識・評価をもとにして，利用がそれに続くという位置づけになる。この場合の利用は，環境資源としての価値を評価するという点を前提にしているので，保全をベースにおいた利用（生物多様性保全をめぐる政策領域で言及される「保全とその持続可能な利用」とほぼ同義）になる。

　琵琶湖は1993年にラムサール条約の登録湿地となった[2]が，上記のような視点をもとに分析を進めていく際に手がかりとなるのが，ラムサール条約第9回締約国会議（2005年）で規定された「湿地の生態学的特徴」の定義である（宮林，2006）。ここで湿地の生態学的特徴は，①物理学的，生物学的，化学的な生態系の構成要素，②これら構成要素が相互に作用する生態学的プロセス，③そのプロセスの結果として人類が享受できる湿地生態系の恵沢やサービス，という事項の総体として示されている。そこで具体的な分析においては，生産資源の開発・利用というプロセスの中で生じた対象の生態学的特徴とその変化を把握し，その内容を環境資源の認識・評価に接続させていく。これらを通して，対象が抱える問題とその政策的含意を捉えることが可能となろう。

Ⅲ　場の特性と人為的改変

1．場の特性（赤野井湾の自然的特性および人文・社会的特性）

　人間が生活や事業を営む場では，生活や事業を営む目的に応じてその構成要素が人間主体的な系に編成されて，人間環境（主体―環境系）をつくり出す。環境に関わる問題の発生や展開は，こうした場の特性と関連するので，本稿ではまず場の特性を把握することから分析を開始する。

赤野井湾は第1図にみるように，琵琶湖南湖の東南部に位置し，面積約 1.4 ㎢，水深約 2m の内湾である。琵琶湖の水が流出する唯一の自然河川である瀬田川に洗堰が設置（1905 年）されて以降，琵琶湖の水位は人為的に操作されるようになり，設置前と比較して現在では約 1m ほど水位は低下している。赤野井湾の南に位置する烏丸半島の形状が，第1図と第2図で異なっている背景の1つは，水位低下によってそれまで湖中にあった烏丸半島の周辺部分が路頭してきたためである。

　赤野井湾には8本の河川が流入しているが，これらの河川が展開する赤野井湾集水域は第1図でみるように野洲川の沖積作用によって形成された氾濫原と三角州である。野洲川は，かつては河口から 7km ほど上流で北流と南流に分岐していたが，第2図にみるように洪水対策で両者の中間に野洲川放水路（野洲川新川）が建設（1979 年）され，北流と南流は廃川となった。赤野井湾集水域には，かつて南流の水が湧水となって流出し，これが集水域の河川や水路を流れていたが，南流の廃川後はそれが枯れて，集水域の水循環を変化させることになった。

　赤野井湾には，縄文時代前期の遺跡が湖底から 4m 下の地点にあることが確認されている。1972 年から 25 ヵ年かけて実施された琵琶湖総合開発事業の過程で，沿岸域を浚渫・調査した結果，明らかになった（近畿地方建設局琵琶湖工事事務所・水資源開発公団琵琶湖開発事業建設部編，1993b）。南湖東岸部には，この他にも複数の遺跡が存在しているが，赤野井湾における湖中遺跡の存在は，縄文時代早期には湖水位が現在よりも低かったという点と，赤野井湾沿岸域が縄文時代から人間の生活空間となっていたという点を明らかにした。赤野井湾での漁撈活動の歴史は古く，それは今日に及んでいる。

　赤野井湾南部に位置する烏丸半島は草津市に属しているが，それより北は守山市に属しており，赤野井湾集水域の大半は守山市に属する。守山市は JR 琵琶湖線・東海道線で京都へ 30 分，大阪へ1時間の距離にあるので，京阪神大都市圏の衛星都市として成長し，現在の人口は約8万人である。高度成長期以降，人口と産業の流入により，大都市圏郊外の田園地域であった赤野井湾集水域では JR 沿線から市街地が拡大してきた。1980 年代前半頃までは，集水域からの汚濁負荷流入が増大して赤野井湾の汚濁原因となっていたが，下水道の普及等によって汚濁負荷の流入は峠を越えている。

２．人為的改変の時期区分

　赤野井湾は野洲川デルタの末端で陸域と接しているので，野洲川の氾濫による沖積作用が場の生態学的特性を形成する基盤であった。さらに，地震とそれにもとづく地盤の変化など自然のプロセスが琵琶湖の水位変動に作用し，歴史上，汀線は何度もその位置を変えている。これも，赤野井湾の生態学的特徴を形成する重要な要因であった。一方，人間が赤野井湾沿岸域に居住するようになってから 5000〜6000 年になるが，近年に至るまで場の生態学的特徴を変えるほどの動きはしていない。1905 年に南郷洗堰（現瀬田川洗堰）が建設されて以降，初めて人間の作用が影響を与えるようになった。これは，水位の人為的操作によって，赤野井湾の生態学的特徴を変化させる物理的要因となっている。高度成長期以降に，集水域から汚濁負荷の流入が増大するようになったのは，赤野井湾の生態学的特徴を変化させる化学的要因であったといえる。

　赤野井湾は，高度経済成長期まではそれほど人為的改変は進まなかったが，高度経済成長期以降には上記2つの要因に加えて，琵琶湖沿岸域のなかでも顕著な人為的改変を受ける。そのため，赤

第1図　琵琶湖・赤野井湾とその周辺の地図（1）

陸地測量部　5万分の1地形図　「京都東北部」1916年発行　「八幡町」1919年発行

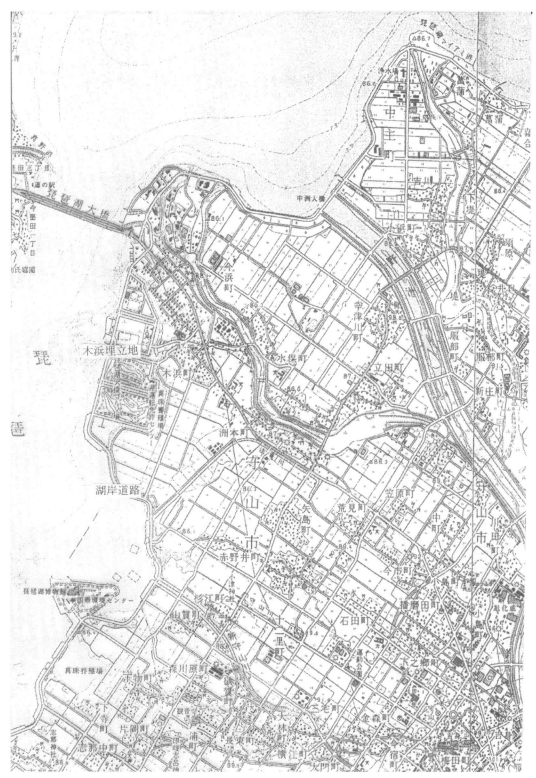

第 2 図　琵琶湖・赤野井湾とその周辺の地図（2）

国土地理院　5 万分の 1 地形図　「京都東北部」1999 年発行　「近江八幡」1997 年発行

野井湾の歴史を人為的改変からみて下記のような3つの時期に区分することが，赤野井湾の抱える問題を理解するのに適している。

- ・プレ開発期・・・高度経済成長期（1950年代半ば）より前の時期
    （物理的改変を伴う事業が行われていなかった時期）
- ・開発期・・・・・高度経済成長期以降，琵琶湖総合開発事業が終了するまでの時期（1956年〜1996年）
    （物理的改変を伴う事業が行われた時期）
- ・ポスト開発期・・琵琶湖総合開発事業が終了した後の時期（1997年以降，現在まで）
    （物理的改変を伴う事業が終息した時期）

第1表　赤野井湾とその周辺における人為的改変

	時　期	規　模	事業主体	内　容
木浜埋立	1962年〜1966年	125ha	滋賀県開発公社	当初は工場誘致を目的に埋立 現在は運転免許センターやゴルフ場として利用
琵琶湖大橋	1962年〜1964年	1.3km	滋賀県土木部	守山と堅田を結ぶ琵琶湖最狭部に架橋
野洲川改修	1971年〜1979年	8km	旧建設省	北流と南流の分岐点からほぼ直線で幅約330mの新川を開削
圃場整備	1969年〜1972年	74ha	木浜土木改良区	木浜地域の赤野井湾沿岸域北部
	1973年〜1991年	379ha	南部土地改良区	法竜川沿岸地域から玉津・小津地域に至る赤野井湾沿岸域
湖岸堤	1984年〜1989年	3.24km	旧水資源開発公団	沿岸域低地部の治水目的
消波堤	1984年〜1985年	4連	旧水資源開発公団	水産資源保全対策
烏丸半島埋立	1983年〜1992年	36.5ha	旧水資源開発公団	公共施設等の立地

資料：近畿地方建設局琵琶湖工事事務所・水資源開発公団琵琶湖開発事業建設部編（1993b）その他の資料より作成。

高度経済成長期から琵琶湖総合開発事業が終了した40年ほどの期間（開発期）に，赤野井湾で展開した主要な人為的改変は第1表にみるような事業であった。

　I章の末尾でも触れたように，赤野井湾はプレ開発期には透明度が高く，琵琶湖でも有数の漁場であった。それが開発期に入って，第1表に掲げた事業が赤野井湾とその周辺で展開した結果，第2図でみるように赤野井湾の閉鎖性が強まり，赤野井湾集水域から赤野井湾に至る水循環も変化し

ている。これと湖内の化学的・生物的要素の変化が加わって，赤野井湾はポスト開発期に至っても琵琶湖で有数の汚濁が進んだ場所となっている。

３．人為的改変の背景と結果

　第1表に掲げた事業のうち，湖岸堤，消波堤，烏丸半島埋立は，赤野井湾に直接作用を及ぼすような目的を背景に抱えていた。それ以外の事業は，赤野井湾に直接作用を及ぼすような目的ではなく別の目的を掲げていたが，事業の結果が赤野井湾の生態学的特徴を変化させることになった。そこで，こうした人為的改変の背景と赤野井湾への影響を以下に整理する。

①木浜埋立

　滋賀県は，高度経済成長期に入って「滋賀県総合開発促進基本構想」（1958年）や「県勢振興の構想」（1960年）を策定し，その中で県勢振興の柱として工業化政策を打ち出していた。1961年には，「滋賀県工業開発促進条例」を成立させ，合わせて滋賀県開発公社を発足させた。この開発公社が取り組んだのが，工場誘致のための木浜沿岸域埋立であった。125haの工場用地を造成したが，立地企業が現れなかったため，その後計画が変更されて，現在は運転免許センターやゴルフ場になっている。滋賀県では，1960年代半ばに全国で最初の高速道路である名神高速道路が開通した。1960年代後半から名神高速道路や内陸の国道沿いに大型工場の立地が展開して，工業主導型の産業構造転換が進んでいく。木浜沿岸域の埋立は，こうした工業化における立地条件を見誤っていた事例といえよう[3]。その後の土地利用は，第三次産業化への趨勢を反映したものとなっていく。

②琵琶湖大橋

　琵琶湖の北湖と南湖の境界となっている守山と大津市堅田間の最狭部1.3kmに架橋（1964年）し，琵琶湖の東岸と西岸を接続させた。同じ頃，県内で名神高速道路が開通したので，名神高速道路と琵琶湖大橋を結ぶ取付道路が守山市内に建設された。そのため，守山市木浜周辺は国内の主要なネットワークと県内の道路ネットワークを結ぶ重要な結節点となっていく。琵琶湖大橋の真下は，琵琶湖総合開発の構想期に，締切堤防や湖中堤などが提案されて議論をよんだ場所にあたる。

③野洲川改修

　野洲川は，野洲川新川（野洲川放水路）が完成するまでは，北流と南流に分かれ，河口に円弧状の三角州を張り出していた（第1図）。野洲川北流は14世紀末から17世紀の初めまでに流路が固定され，江戸時代には北流・南流ともに流路が固定され，天井川化が進んだ（辰己・東，2017）。天井川となった野洲川は10年に1度程度の頻度で洪水を繰り返していた。1953年の台風による大洪水が契機となって野洲川改修計画が動き始め，1971年に工事着工，1979年の完成となった。野洲川の流路が固定されるまでは，湖岸平野を乱流していたので，赤野井湾集水域の地下には現在も伏流水が流れている。一方，かつては野洲川南流の水が湧水となって赤野井湾集水域を流れていたが，野洲川改修によって北流と南流は廃川となったので，現在，湧水は枯れている。地元の自治会のなかではかつての流れを再生するために，地下水をくみ上げて水路に流しているところが20ヵ所をこえて存在している。

④圃場整備

　大型機械を導入して水田耕作の生産性を上げるために，赤野井湾沿岸域でも1960年代末から1970

年代にかけて圃場整備事業が実施された。木浜地区は単独で実施し，木浜より南部に位置する玉津学区・小津学区の8地区は合同で土地改良区を結成して実施した。水源は琵琶湖の水に依存した逆水灌漑で，用排水は分離された。これ以後，赤野井湾沿岸域の農地は汚濁負荷の発生源であるとともに，赤野井湾の水を水源とするので汚濁の被害を受ける立場にもなっていく。

⑤湖岸堤

　1972年から25ヵ年かけて実施された琵琶湖総合開発事業の中で，治水を目的に建設された施設である。琵琶湖では洪水対策の計画高水位を基準水位から＋1.4mとしていたので，これよりも地盤が低く琵琶湖から浸水のおそれがある地区に対して堤防（湖岸堤）を築くことになった。北湖で4ヵ所，南湖で1ヵ所が該当し，南湖の対象が東岸の沿岸域であった。また，湖岸堤の上を管理用道路にする計画であったが，滋賀県は観光目的からこの道路（湖岸道路）を湖岸堤が建設されていない沿岸域にも延長して，琵琶湖の周囲を結びつける道路の建設を計画した。当初，琵琶湖総合開発を計画した旧建設省は，赤野井湾の場合，堤防を烏丸半島の先端と木浜地区沿岸部を結んだ湖中部に建設する予定であった。旧建設省から計画を引き継いで事業の実施を担当した旧水資源開発公団も，この計画にもとづいて湖中堤を建設する予定であったが，これを実施すると赤野井湾が閉鎖されて内湖[4]状になるので，環境保全に関心をよせる市民や研究者からの批判があった。そのため，旧建設省や滋賀県はそれぞれ検討会を組織して堤防の位置等を再考し，さらに旧水資源開発公団と滋賀県が幾度も交渉を重ね，堤防を現行のように汀線ぎりぎりの所へ建設することで落着した（秋山，2017b：208-213）。第2図にみるように，湖岸堤は水域と陸域を分断するように構築されているので，沿岸域のエコトーンとしての特性を大きく変化させることになった。

⑥消波堤

　琵琶湖の水資源開発によって水位低下が発生すると，魚類の減産が生じる可能性があるので，当初は水位変動対策として湖中堤が構想されていた。その堤防が最終的には汀線付近に建設されることになったため，その代替案として構想されたのが，消波堤の建設である。消波堤の建設によって内湖的環境を造成し，魚類の産卵場，仔稚魚生育の場を確保するというもので，水位が-2.0mに低下した場合であっても，水深が1～3m程度確保され，波の少ない静穏な水域を形成する（近畿地方建設局琵琶湖工事事務所・水資源開発公団琵琶湖開発事業建設部編，1993b：71-78）。合わせて，琵琶湖総合開発事業が始まるまでは，烏丸半島は真珠の養殖場として利用されていたが，南湖の浚渫に伴う土捨場とされたので，真珠養殖場が赤野井湾に移転することとなった。この真珠養殖に用いるイケチョウ貝の養殖棚を機能させるために水位保持対策を必要としたため，ここでも湖中堤に代わる消波堤の建設が計画された。第2図にみるように，赤野井湾と琵琶湖の境界あたりに4連のコンクリート製消波堤が建設されている。これが，赤野井湾の水を湾内に滞留させる要因となった可能性がある。

⑦烏丸半島埋立

　烏丸半島は野洲川の沖積作用によって形成されたので，烏丸半島周辺部は湖中の沿岸部もかなり水深の浅いところに位置している。そのため，琵琶湖の水位が低下するにつれて水深の浅い部分が路頭していき，徐々に姿を変えてきた。第1図のような形状から，琵琶湖総合開発事業が始まる前

には，「くの字型」になっていた。当初は，琵琶湖総合開発事業の一環で，南湖を浚渫する際に発生する土砂を捨てる場所として旧水資源開発公団に買収されていたが，1980年代に入って，土捨場の跡地を整備して滋賀県と草津市および民間企業が利活用するという構想がもちあがった。1987年にはリゾート法が成立し，全国的にリゾート開発ブームが勃興していたが，滋賀県は「琵琶湖リゾートネックレス構想」によって同法の指定を受けた。烏丸半島はリゾートネックレス構想の一環に組み込まれ，1989年には滋賀県，草津市，財団法人・水資源協会の3者が出捐する財団法人・びわ湖レイクフロントセンターが設立された。1990年代に入ってバブル経済がはじけた後，リゾート構想が後退し，烏丸半島には県立琵琶湖博物館，草津市立水生植物園，UNEP（国連環境計画）の国際環境技術センター（現在は撤退）が立地したが，民間企業の立地は構想のみで実現はしなかった（近畿地方建設局琵琶湖工事事務所・水資源開発公団琵琶湖開発事業建設部編，1993b：457-480）。第2図にみるように，烏丸半島の埋立は，赤野井湾の南側をふさぐ形状を固定化させるものとなった。

　開発期には，近畿圏における水資源開発や滋賀県の工業開発など地元の意向と直接には関わりのない広域的な計画が登場し，赤野井湾とその周辺における人為的改変を進めた。そのため，赤野井湾をめぐるステークホルダーは，地元住民，農業者，漁業者，土地改良区，漁業協同組合，NPO，守山市，草津市，滋賀県開発部局，滋賀県水産部局，滋賀県農業部局，旧建設省，旧水資源開発公団など多様な主体となってきた。これが，ポスト開発期における問題の発生を複雑にし，かつ問題解決のための対応を複雑化させる要因となっている。

IV　汚濁問題と生態系サービスの変化

1．汚濁問題の変化

　琵琶湖の水質は，富栄養化防止条例の制定（1979年）や下水道の普及など一連の施策の展開によって，1990年代に入ると回復傾向を示していた。その傾向をさらに推進させることになったのが，1994年の大渇水である。

　この年，琵琶湖の水位は-1.23mと過去最低の水準に低下した。その結果，南湖では太陽光線が湖底まで達したので，水草の成長を促進させることになった。従来，汚濁が進んでいた南湖では，陸域から流入した栄養塩を植物プランクトンが吸収して増殖し，これが透明度の低下など汚濁を進める原因となっていた。その栄養塩が水草に吸収されることで，水草の繁茂を促進させる一方，植物プランクトンの吸収する栄養塩が減少して植物プランクトンの増殖は抑えられることになった。生態学でいうレジームシフトの発生である。この結果，南湖の透明度は高まって，水質がさらに回復し始めた。こうして1990年代後半になると，琵琶湖では富栄養化による有機汚濁問題に代わって水草を始めとした生物多様性の保全に関わる問題[5]が登場することになった。

　一方，南湖の水質が改善傾向を示すなかで，赤野井湾の汚濁問題には変化がみられなかった。赤野井湾の汚濁発生源としては，①降水（降雨，降雪等）による自然起源の負荷，②陸域からの負荷流入，③内部生産，がある。

　①は琵琶湖全体に関連する事項で，赤野井湾に限定された要因ではない。②は，内容が点源（ポ

イントソース）と非点源（ノンポイントソース）に分かれる。家庭や工場，種々の事業所等のポイントソースから発生する汚濁負荷については，下水道（2018年度の普及率92.8%），農業集落排水処理施設（同4.2%），浄化槽（同1.0%）によって処理されているので，現在では負荷発生の主要因とはなっていない。市街地や農地等のノンポイントソースについては一定の対応が図られてきた（IV章4節で説明）が，ポイントソースへの対応ほどの成果はあげていない。ただ，ノンポイントソースは赤野井湾だけでなく琵琶湖集水域全般における発生源でもあるため，赤野井湾の汚濁問題の主要因というわけではない。赤野井湾固有の汚濁問題と深く関わるのは，③の内部生産である。内部生産をその性格から分類すると，以下の3点となる。

  a. 内部生産の物理的要因

  風や波の影響で底泥が巻き上げられる

  開発期における赤野井湾沿岸域の人為的改変によって湾の閉鎖性が強まり，水が滞留し易くなった

  消波堤が存在しているため，琵琶湖の水が赤野井湾に入りにくく，また湾内の水が出にくい

  b. 内部生産の化学的要因

  湖底の溶存酸素低下により，底泥から栄養塩が溶出する

  c. 内部生産の生物的要因

  湖中での水草繁茂によって赤野井湾流出入口が半閉鎖状態となり，水の流出入が低下した

  烏丸半島沿岸部に自生するハスの枯死により，枯れたハスが湖底に沈んで汚濁負荷を堆積させる

かつての琵琶湖沿岸域では，湖中の水草や湖底の泥は農耕用の肥料として湖から取り出し，農地で利用していた。生産活動のために行うこうした行為が，結果的に沿岸域の富栄養化を防止する機能を果たしていたといえる。また沿岸域では，貝を採取するための漁具を用いて底引きを行っていたが，汚濁の進行によって貝の生息数が減少するにつれて底引きを行わなくなった。こうした漁撈活動の変化も，底泥の堆積を促進させる要因となっていった。里山のアンダーユースが里山保全にとってマイナスの効果を果たすようになったという事例と似た現象が，琵琶湖沿岸域でも生じている。赤野井湾では，その影響がとくに顕著に出ている。

プレ開発期における赤野井湾の生態学的特徴は，開発期における人為的改変と集水域における人口や産業活動の増大による負荷流入の増加等によってその性格を変化させた。これと併行して，従来の生業活動でみられた資源の評価と利用の様式が変化したことも，赤野井湾の生態学的特徴を変化させる要因となっていた。ここに自然のプロセスが作用して，赤野井湾における汚濁問題はなお存続してきたとみなし得る。

２．漁場という場（生産資源）の変化

（１）人工内湖化の構想　旧建設省が，琵琶湖総合開発事業のなかで沿岸域に堤防を建設するという構想を打ち出したのは，沿岸域低地部の洪水防御が目的であった。赤野井湾を通る堤防を湖中に建設して陸域との間に内湖状の水域をつくり出すという構想は，地元の草津市や守山市の要請もあったが，旧建設省が堤防の建設を契機に新たな南湖環境をつくり出すという発想[6]をもっていた

ことにも起因している。

　一方，滋賀県の水産部局も当初の湖中堤案は水産資源維持対策として積極的に受け入れるというスタンスであった。琵琶湖に生息する魚類のうち，フナやホンモロコといったコイ科の魚類は漁業的価値を高く評価されていた。これらは温水性魚類とよばれていたが，湖岸の藻場，ヨシ帯が産卵場，仔稚魚生育の場となるため，産卵期等に水位低下が生じた場合には資源の再生産に影響が生じると予測された。このため，湖中堤を建設することになれば，赤野井湾に大規模な静穏水域（人工内湖）が創出されるので，県の水産部局は水産資源維持対策の拠点として，温水性魚類の栽培施設を設置する構想をもっていた（近畿地方建設局琵琶湖工事事務所・水資源開発公団琵琶湖開発事業建設部編，1993b：71-74）。それが，Ⅲ章3節⑤湖岸堤の項で触れたような事情で堤防を汀線付近に建設することとなったので，湖中堤は実現しなかった。その代替案として建設されたのが4連の消波堤（第2図）である。これは，赤野井湾を完全に締め切って人工内湖にするというものではなく，いわば疑似内湖状態をつくり出すものであった。

　消波堤が1985年に建設されて以後，1994年の大渇水によって南湖に水草が繁茂するようになり，赤野井湾の出入り口が水草で半閉鎖状態になるといった状況が出現してからは，前節でみたような要因が作用して赤野井湾の汚濁は継続することとなった。そのため，赤野井湾を温水性魚類の栽培拠点にするという水産部局の構想は実現できておらず，赤野井湾での漁獲量も減少したため，漁場としての価値が低下していくこととなった[7]。

　赤野井湾では，底泥から湖水中に溶け出す窒素やリンを削減するために，湾内に堆積した汚濁の著しい底泥を除去する底泥浚渫事業が1990年から2003年にかけて毎年実施されてきた。また，水産部局はシジミを増やすことをねらって覆砂を実施してきた（大久保，2013：6）。しかし，効果はそれほど現れてはいない。

　漁場回復のため，水産部局や漁業協同組合，漁業者は，底泥の浚渫，覆砂，水草刈取り，稚魚放流といった事業を展開してきた。これらは，生態系サービスの1つである供給サービスの低下を克服するための営みである。これは，生産資源の価値を回復するための営みと言い換えてもよいが，こうした生産資源の価値を回復するための活動は，一方で沿岸生態系という環境資源の保全・再生ともなっている。生産資源への取組みが環境資源への取組みと重なるという，いわば表裏一体となった活動であり，これらを通じて水産部局，漁協，漁業者は，従来から展開してきた生産資源の利用・管理から，生産資源と環境資源を統合した対象の利用・管理へとシフトしつつある。こうした営みは，外来魚の駆除や外来水生植物の除去活動[8]でも展開されている。

（2）真珠養殖の場　琵琶湖では，現在，淡水真珠の生産量は微々たるもの（2016年の生産量は28kg）であるが，高度経済成長期から1980年代あたりまでは真珠養殖が盛んであった。琵琶湖での真珠養殖は大正期に，琵琶湖固有種のイケチョウガイを母貝として無核真珠の生産に成功したのが端緒であるといわれている。戦後の高度経済成長期に入って真珠養殖に取り組む人が増え，1960年代半ば頃からは隆盛期に入った。1970年代半ば頃には，約50の業者が40億円余の水揚げ額を確保した（近畿地方建設局琵琶湖工事事務所・水資源開発公団琵琶湖開発事業建設部編，1993a:763-764）。

　真珠漁場の条件は，水深が3m前後で水域内がある程度富栄養化され（COD：5〜6mg/L），その

富栄養化された水体が後背地から流入する同等の水体によって緩やかに交換されているというものである。これは，母貝の順調な生育を促し，その水体が緩やかに交換されることにより，水体の停滞がなく有機物等が他に（植物プランクトン等）に転化されることなく直接母貝の餌料として利用されることを意味している（近畿地方建設局琵琶湖工事事務所・水資源開発公団琵琶湖開発事業建設部編，1993a:764-765）。琵琶湖周辺の真珠養殖漁場は，これらの条件を大なり小なり備えていた。ある程度富栄養化した水域を必要とするが，そこで増殖した植物プランクトンをイケチョウガイが摂取して成長するので，結果として栄養塩を取り除き，水を浄化する機能を果たす。

　琵琶湖総合開発事業が始まる頃，烏丸半島では真珠養殖が行われていた。ここが土捨場になるという計画となったため，真珠養殖棚を赤野井湾に移転させることとなった。そのためには，イケチョウガイが生育できる条件を設定しなければならないので，当初，赤野井湾に建設される予定であった湖中堤は，真珠養殖からみても好ましい条件であった。ところが，堤防は汀線付近に建設されることとなった。その代替案として消波堤が建設されることとなったが，消波堤の建設は真珠養殖棚を移転させるための補償措置でもあった。

　真珠養殖が隆盛期を迎えていた1970年代後半から，イケチョウガイの生育が悪くなり，1年間に半数が死滅するという状態が続いた。他の貝は変化がないのに，イケチョウガイだけが成長しない原因は定かではない[9]が，こうした環境条件の変化に加えて安価な中国産淡水真珠が大量に出回った結果，守山市の淡水真珠生産量は1983年の1,164kgから1990年には31kgへと激減した。1990年代以降，淡水真珠の生産は低迷して今日に至っている。赤野井湾では，生産量は微々たるものとはいえ，養殖棚は存続して使用されている。それゆえ，真珠養殖を持続させるための条件を維持していくというニーズは，依然存続しているという状況にある。

３．水質汚濁の効果と生態系サービスの分岐—ハスをめぐる問題—

　ハスは，ハス科のハス属に含まれる大型の水生植物であるが，観賞用の花バスと食用バスとに分かれる。南湖東岸部では，50〜60年前に花として販売する目的で1業者が園芸用のハスを植えたのが，ハスをめぐる問題の発端であるといわれている。40年ほど前からは，烏丸半島周辺でハスが拡大し始めたとみられているが，烏丸半島が埋め立てられて現在のような土地利用となってからは，烏丸半島沿いの赤野井湾にも拡大してきた[10]。1996年に草津市立水生植物園が開園してからは，植物園前面の赤野井湾に展開するハスを観光資源の1つとして活用するようになった。

　ハスは，泥質で富栄養な底質のある場所が生息条件なので，1990年代に入ってからの赤野井湾はハスの生育に適した場所であった。しかも，ハスが枯れて湾内に沈下していくと，底質の泥質化がさらに進んでハスにとって好適な生育条件が増大していく。汚濁が進んだ赤野井湾の状態は，ハスの拡大にとって適した条件を備えていたことになる。ハスの鑑賞という文化的サービスを活用する草津市やそれを享受する市民や観光客にとっては，赤野井湾の汚濁がプラスの効果を発揮したといえる。

　一方，赤野井湾沿岸にはヨシ群落が自生していたが，1992年に成立したヨシ条例で赤野井湾は保全区域に指定され，烏丸半島の付け根部分は保全区域よりも重要な保護区域となっている。ハスが赤野井湾の沿岸に拡大していくと，ヨシとの競合が発生する。さらに，真珠養殖の母貝となるイケ

チョウガイは，底地が泥化するにつれて死滅していく。そのため，赤野井湾では養殖棚を設置し，ここで真珠養殖を行ってきたが，棚の付近にハスが生えて水の循環を妨げるようになると，イケチョウガイは生育しなくなる。

　烏丸半島の先端と堺川を結ぶ線よりも南側は草津市の領域で，それより北は守山市の領域となる。ハスの成長が草津市の領域に留まらず市域をこえて拡大するようになると，ハスの枯れ死による汚濁の進行に加えて，ヨシやイケチョウガイとの競合も顕在化し，守山市の漁業者や周辺住民はこれを問題視し始めた。ハスや水草の増大が水環境の保全にとってマイナスになるという声が高まって，2009 年〜2011 年にかけてハスや水草の刈取りが実施された。しかし，表層の刈取りだけで水中の茎や根が残存していると，ハスが再生して問題は再燃する可能性が残る。水面上どこまでのハスを苅るか，水中部分の根こそぎ刈取りを今後実施するかどうか，といった点について関係者の間で確実な合意には至っていない。そのため，地域間コンフリクトの種はなお残存している。

　2016 年になって，春先からハスの生育がほとんどみられず，大幅に群落面積が縮小するという事態が発生した。この原因について，草津市，滋賀県の担当部署職員と研究者が共同で調査した。調査結果では，当該地域でハスが過密な状態で生育することにより，有機物の堆積による嫌気的状況を進め，自身の生育に適さない環境へと土壌環境が変化したことが今回の事態を招いた原因であろうと判断している[11]。その後，2017 年，2018 年，2019 年にもハスの生育はみられない。こうしたハスをめぐる事態の発生は，ハスに限らず植物の変遷にまつわる自然現象は複雑で，かつ未知の部分も多いので，継続的なモニタリングと新たな事態の発生への迅速な対応が必要なことを示している。

4．環境資源の保全・再生への動向

　滋賀県の水環境政策では，従来，国の制定した法や県の制定した条例等によって琵琶湖の環境問題に対応してきた。このなかでは，とくに赤野井湾に焦点をあてた対策をとってきてはいない。それが，1996 年になって複数の対策が，とくに赤野井湾に焦点をあてて打ち立てられることとなった。以下の３点がそれである。

　　①琵琶湖水質保全対策行動計画の策定
　　②赤野井湾流域における水環境保全のための土地利用の在り方を検討
　　③豊穣の郷赤野井湾流域協議会の設立

　①は，滋賀県の土木部局と農業部局がそれぞれ所管している湖沼水質保全に関わる事業を統合し，実施するために策定した計画である。従来，土木部と農林部は別個に事業を展開していたので，こうした合同の取組は珍しい事例である[12]。25 ヵ年にわたって実施されてきた琵琶湖総合開発事業が1997 年３月に終了するのをにらんで，滋賀県は琵琶湖総合保全に関わる新たな計画の立案と実施を国に働きかけていたが，この琵琶湖水質保全対策行動計画は，滋賀県が目指していたものとは性格が異なっている（秋山，2018:18-29）。行動計画は，赤野井湾地域，中間水路地域（琵琶湖総合開発事業で流域下水道の終末処理場を建設するために造成された草津市矢橋町の人工島と矢橋町の間にできた水路），浮舟地域（草津市志那町の沿岸域）の３地域がとくに汚濁が進んでいるので，土木部と農林部が所管する事業のなかで，これら３地域を対象に水質保全対策を実施するとした。この結

果，赤野井湾地域では，土木部と農林部が所管する水質保全事業の陳列場ともいえるような多種の事業が展開することになった[13]。

②は，当時の滋賀県エコライフ推進課が中心となって，水質の改善や豊かな生態系を取り戻すために，将来的に望ましい土地利用の在り方を検討するという目的を掲げて，土地利用の現況や住民の意識調査等を実施し，最終的には人間だけでなく多様な生物が生育・生息できる環境とするための土地利用の在り方を提言している（滋賀県生活環境部エコライフ推進課・株式会社　新　洲，1997）。ここで提案された土地利用の在り方は，直接施策に反映されることはなかったが，次の③に関わる豊穣の郷赤野井湾流域協議会の活動のなかにこの課題が引き継がれていった。

③は，エコライフ推進課と守山市が働きかけ，地域住民，企業，団体等の参加によって1996年9月に発足した。設立当初は，行政主導のボランティア団体としてスタートしたが，協議会に関わった住民の熱意によって行政の思惑をこえた活動を展開するに至った。2004年にはNPO法人格を取得し，名称も「びわ湖豊穣の郷」と改めた。2014年には，認定NPO法人として認定され，守山市における中心的な水環境保全団体として活動を続けてきた。豊穣の郷が成立した本来の目的が赤野井湾の環境改善であったから，今日に至るまで実態調査や水辺再生活動，普及啓発活動を通じて赤野井湾と関わりを続けている（認定特定非営利活動法人びわ湖豊穣の郷，2016:1-45）。

この後，21世紀に入ってから，湖沼法の改正（2005年）によって流出水対策が新たに導入可能となったので，滋賀県は2006年開始の「びわ湖に係る湖沼水質保全計画　第5期」から，赤野井湾を流出水対策の対象地域として取り込んだ[14]。それ以後も，ハスの拡大にともなう問題の発生や汚濁問題が継続するので，2012年に守山市の赤野井湾沿岸域に住む住民や漁業者，NPOが中心となって「赤野井湾再生プロジェクト」を立ち上げた[15]。ちょうどこのプロジェクトが立ち上がった年に，外来水生植物の1種であるオオバナミズキンバイが赤野井湾で増殖を始めたため，同プロジェクトはオオバナミズキンバイの駆除活動に遭遇することとなった。

赤野井湾再生プロジェクトは，これまで生産資源の利用・管理に関わってきた漁業者や漁協が，環境問題への対応につれて環境資源の管理者という性格をも帯びるようになったという状況のなかで，新たに住民やNPOと連携して環境資源の保全・再生に関わるという点で新しい試みといえる。赤野井湾周辺の住民やNPOの関心は，赤野井湾のもつ調整サービス，文化的サービス，基盤サービスにあるから，こうした協働が生態系サービスの全体像をいかに把握するかという点で1つの試行事例となる可能性をもっている。

V　結び

本稿では，水環境問題が輻輳する琵琶湖・赤野井湾を事例として，各問題の性格とその背景，それに関わるステークホルダーとその意図，機能等について実態を把握し，問題の連関を解明してきた。河川や湖沼等の水域では，漁撈を生業とする漁業者が中心となってこれまで生態系サービスのなかでも供給サービスへの注目が高かったが，環境問題の発生や漁業の停滞・衰退につれて調整サービス，文化的サービス，基盤サービスへの関心が高まり，これの利用・管理をいかに進めていくかが課題となっている。赤野井湾は，水環境問題が顕著に出ている場所であるため，こうした課題を

考察するのにふさわしい対象であった。

　地域住民やNPOなど環境資源の利用・管理に関わる新たな主体が登場し，生産資源の利用・管理の主体であった漁業者や漁協との連携の事例が登場しているので，今後はこの動向に関心を払っておきたい。問題の発生が場の特性に規定されていたのと同じように，環境資源をめぐるステークホルダーの動きにも場の特性が関わってくる可能性がある。その実態と方向性を解明するのも今後の課題となろう。

　本稿は，筆者が水資源・環境学会の2018年度研究大会で報告した「琵琶湖保全再生計画の試金石—クリティカルポイント・赤野井湾の事例から—」のうち，赤野井湾の環境問題にかかわる部分をまとめたものである。

注

1) 国連環境計画が事務局となり，2001年から2005年にかけて当該分野の専門家が協力して作成した報告書の内容を指す。ミレニアム生態系評価の目的は，生態系の変化が人間の福利にあたえる影響を評価することであり，生態系保全と持続的な利用を進め，人間の福利への生態系の貢献をより高めるために，われわれがとるべき行動は何かを科学的に示すことにあった（Millennium Ecosystem Assessment編，2007）。

2) 琵琶湖がラムサール条約に登録された背景や登録後の実態と課題については，秋山（2017a）で説明した。

3) 滋賀県における高度経済成長期以降の工業立地やそこにおける立地条件の作用については，辻編（1994）で分析している。

4) 琵琶湖の沿岸域には，集水域から流下した土砂が湖流の作用によってラグーン状に堆積し，湖の一部を囲い込んだ状態の場所がある。これを琵琶湖本湖と区別して内湖とよんでいる。

5) 水草の大量繁茂から派生する問題としては，丈の長い水草が妨げとなって漁網を曳けない等の漁業への障害，船舶の航行障害，流れ藻による景観悪化や腐敗臭，飲料取水施設での機能障害といった生活への悪影響がでている。また，水草が繁茂し過ぎることで湖水が停滞し，その結果，湖底直上の溶存酸素濃度が低下し，貧酸素水塊ができて底生動物の生育環境が悪化し，二枚貝の生育が悪くなったり，湖辺でアオコ（植物プランクトンの一種）が発生する地域がでている等，湖沼環境への悪影響もみられる（石川・井上，2017 :122-126）。

6) 「湖底浚渫によって，常時も変ることない湖面の姿，その湖面を走る直線的な湖岸堤・管理用道路と前面に広がる大規模な湖岸緑地公園，背面には水位維持された人工内湖を利用した温水性魚類の栽培施設等々」というイメージで，大幅な水位変動に対応するための新たな南湖環境の人工的創出を目指したという（近畿地方建設局琵琶湖工事事務所・水資源開発公団琵琶湖開発事業建設部編，1993b : 261）。

7) 赤野井湾を主要な漁場としてきた守山市の玉津・小津漁業協同組合は，2018年時点で正組合員24名，準組合員8名である。正組合員は，守山市赤野井町，杉江町，山賀町，十二里町の居住者

で，準組合員はそれ以外の地域の居住者となっている。1949年に法人化し，1950年代半ばからの20〜30年間が最盛期であった。1990年代に入ってから衰退傾向となった。現在，フナ，コイ，ウナギなど漁獲の種類は多様であるが，その中でもフナの漁獲が最も多く，アユ，ビワマスは近年はあまり獲れない。真珠養殖はしばらく休業状態であったが，昨年から再生しつつある（玉津・小津漁協の田中善秋組合長へのヒアリングによる。2018年8月10日）。

8) 外来魚や外来水生植物をめぐる問題は，現在，琵琶湖の環境保全において重要な事項となっているが，問題の背景や現状，今後の展望などに関してかなりの説明を必要とするので，ここではこれ以上言及せず，別の機会に譲ることとしたい。外来魚等の概況については，滋賀県琵琶湖環境部環境政策課編（2019）に説明がある。

9) 『守山市誌　自然編』では，農薬が原因であろうと指摘している（守山市誌編さん委員会編，1996:487）。

10) 年によって生育面積は変動するが，10〜20haおよび群落を形成してきた。

11) 草津市の調査資料による（2016年10月14日）。

12) この動きは，滋賀県庁内部での単独の動きではなく，農水省，旧建設省の本省が関与した形をとっている。1996年12月19日付けで，農水省構造改善局長，旧建設省都市局長，旧建設省河川部長の連名で滋賀県知事宛に通達が出されている（琵琶湖水質保全対策行動計画推進協議会・事務局滋賀県，1998:80-81）。

13) 具体的には，底泥からの窒素・リンの溶出量を削減するための底泥浚渫，降雨時初期に河川から流出する汚濁物質を沈殿させる一時貯留池の造成，水生植物により水質を浄化する植生浄化池の造成，循環灌漑，用水量を節約するための自動給水栓の設置などがある（大久保，2013:7）。

14) 琵琶湖は，1984年に成立した湖沼水質保全特別措置法（湖沼法）の指定湖沼となり，滋賀県は1986年度から「びわ湖に係る湖沼水質保全計画」を策定してきた。5年ごとに改訂され，現在は第7期にあたる。

15) 発足時には，赤野井湾沿岸域の玉津学区，小津学区の自治会，玉津・小津漁協，南部土地改良区，豊穣の郷を始めとするNPO3者，守山市環境政策課という多様な主体が参加した。

文　献

秋山道雄 (2011). 日本における水資源管理の特質と課題. 経済地理学年報, 57(1), 2-20.

秋山道雄 (2013). 沿岸エコトーンにおける資源管理の枠組みと方法—生物多様性をめぐる課題を中心として—. 商学論集（福島大学）, 81(4), 57-72.

秋山道雄 (2017a). ラムサール条約湿地としての琵琶湖—登録が果たした機能を中心に—. 地理科学, 72(3), 166-181.

秋山道雄 (2017b). 沿岸域管理に向けて. 西野麻知子・秋山道雄・中島拓男編『琵琶湖岸からのメッセージ—保全・再生の視点』サンライズ出版, 205-219.

秋山道雄 (2018). 琵琶湖保全再生計画の位相—琵総終結後20年間の堆積と変容をめぐって—. 牛尾洋也・吉岡祥充・清水万由子編『琵琶湖水域圏の可能性—里山学からの展望—』晃洋書房, 18-29.

石川可奈子・井上栄壮 (2017). 近年の南湖の水草繁茂と人為的刈取りの功罪. 西野麻知子・秋山道雄・中島拓男編『琵琶湖岸からのメッセージー保全・再生の視点』サンライズ出版, 122-126.

大久保卓也 (2013). 『赤野井湾と流入河川』財団法人　琵琶湖・淀川水質保全機構.

環境省生物多様性及び生態系サービスの総合評価に関する検討会 (2016). 『生物多様性及び生態系サービスの総合評価報告書』環境省自然環境局自然環境計画課生物多様性地球戦略企画室.

吉良竜夫 (1990). 『地球環境の中の琵琶湖』人文書院.

近畿地方建設局琵琶湖工事事務所・水資源開発公団琵琶湖開発事業建設部編 (1993a). 『淡海よ永遠に　琵琶湖開発事業誌<III・IV>』近畿地方建設局琵琶湖工事事務所・水資源開発公団琵琶湖開発事業建設部.

近畿地方建設局琵琶湖工事事務所・水資源開発公団琵琶湖開発事業建設部編 (1993b). 『淡海よ永遠に　琵琶湖開発事業誌<V>』近畿地方建設局琵琶湖工事事務所・水資源開発公団琵琶湖開発事業建設部.

滋賀県生活環境部エコライフ推進課・株式会社　新　洲 (1997). 『赤野井湾流域における適正な土地利用検討調査委託業務報告書』.

滋賀県琵琶湖環境部環境政策課編 (2019). 『滋賀の環境2018（平成30年版環境白書)』滋賀県琵琶湖環境部環境政策課.

辰己　勝・東善広 (2017). 湖岸地形の特徴と変遷. 西野麻知子・秋山道雄・中島拓男編『琵琶湖岸からのメッセージー保全・再生の視点』サンライズ出版, 50-75.

辻　悟一編 (1994). 『変貌する産業空間』世界思想社.

認定特定非営利活動法人びわ湖豊穣の郷 (2016). 『20年のあゆみ(20周年記念事業プロジェクト)』.

琵琶湖水質保全対策行動計画推進協議会・事務局滋賀県 (1998). 『琵琶湖水質対策行動計画　改訂版』.

宮林泰彦 (2006). 「湿地の賢明な利用」の新たな定義. 琵琶湖ラムサール研究会サイト, http://www.biwa.ne.jp/ramsar/ovwise1.htm

守山市誌編さん委員会編 (1996). 『守山市誌　自然編』守山市.

Millennium Ecosystem Assessment（2005）: Ecosystems and Human Well-being : Synthesis, Washington, DC. : Island Press.

Millennium Ecosystem Assessment 編, 横浜国立大学21世紀COE 翻訳委員会監訳 (2007). 『国連ミレニアム　エコシステム評価　生態系サービスと人類の将来』オーム社.

（2020年2月）

中山間地域における農業と観光事業の共生

石　原　照　敏

I　はじめに

　水源涵養や食糧生産などの多面的機能を備えた中山間地域経済社会を維持するためには一般的に言えば地域資源を活用し，土地と労働力を共用して，農業と農業生産関連事業の共生を図ることが重要である。その共生によって，両産業を維持し，農業だけによるよりも複合収入を期待できるからである。

　1960 年頃，日本の農家の兼業には自営兼業もあったが，被雇用（臨時的賃労働，恒常的賃労働および職員勤務）が多かった。この傾向は，その後も基本的には変わらなかった。2005 年の農林業センサスで日本の農家の兼業種類別兼業従事者数をみると「雇われて兼業」が約 9 割（その大部分は恒常的勤務に従事しており，ほかに出稼ぎ，日雇・臨時雇に従事している）を占め，「自営兼業」は 1 割に過ぎない。しかし，「自営兼業数」は農家民宿や林業などを含むものであり，「農業生産関連事業」の調査へと受け継がれたものと考えられる。

　「農業生産関連事業」の調査は 2000 年以降行われている。2000 年世界農林業センサスでは農業生産関連事業の事業種類として「農産物の加工」，「店や消費者に直接販売」，「観光農園」，「その他」が調査されているだけだったが，2005 年の農林業センサスでは事業種類として「農産物の加工」，「店や消費者に直接販売」，「貸農園・体験農園等」，「観光農園」，「農家民宿」，「農家レストラン」，「その他」が調査されている。さらに 2010 年の世界農林業センサスと 2015 年の農林業センサスではそれらに「海外への輸出」が加わっている（農林水産省, 2000, 2005, 2010, 2015a）。

　本稿は中山間地域における 2010 年代の農業と農業生産関連事業とりわけ農家民宿を中心とした農業生産関連観光事業（以下観光事業と略称，具体的には「貸農園・体験農園等」，「観光農園」，「農家民宿」[1]，「農家レストラン」の 4 事業である）との共生に焦点を当てて分析し，さらに，その将来方向を模索しようとするものである。

II　中山間地域における農業と農業生産関連事業

　農林業センサスによると全国レベルでは 2015 年に　全農業経営体[2] 1,377,266 のうち観光事業を行っている実経営体は 13,380（1.0%）に過ぎない。しかし，2015 年に観光事業を行っている実経営体の対農業経営体比が 2% 以上且つ農家民宿 20 棟以上の市町村は第 1 表のように北海道空知支庁長沼町，青森県南部町，長野県飯田市，同飯山市，同白馬村，長崎県南島原市，沖縄県東村の 7 市町村に限られる。これらの 7 市町村は中山間地域に位置している。次に，2015 年の農林業センサスでこれらの 7 市町村の農業と農業生産関連事業の共生の現状を把握しよう。

第1表　農業生産関連事業実経営体とその事業種類別実経営体

道・県市町村	年次	全農業経営体	農業生産関連実経営体	農産物の加工	消費者に直売	体験農園等	観光農園	農家民宿	農家レストラン	左記4観光事業計	海外へ輸出
北海道	2010	753(100.0)	214(28.4)	36(4.8)	129(17.1)	32	13	92	3	140(18.6)	2
長沼町	2015	678(100.0)	176(26.0)	23(3.4)	122(18.0)	11	6	63	2	82(12.1)	―
青森	2010	1,493(100.0)	324(21.7)	92(6.2)	279(18.7)	9	55	29	―	93(6.2)	9
南部町	2015	1,259(100.0)	302(24.0)	61(4.8)	225(21.8)	5	39	21	1	66(5.2)	9
長野	2010	2,539(100.0)	1,781(70.1)	1,246(49.1)	1,097(43.2)	41	78	51	3	173(6.8)	1
飯田市	2015	2,122(100.0)	1,395(65.7)	1,080(50.9)	687(32.4)	22	64	22	7	115(5.4)	2
長野	2010	1,599(100.0)	299(18.7)	15(0.9)	265(16.6)	9	9	31	1	50(3.1)	1
飯山市	2015	1,220(100.0)	212(17.4)	13(1.1)	183(15.0)	2	4	24	2	32(2.6)	―
長野	2010	374(100.0)	71(19.0)	8(2.1)	41(11.0)	3	6	38	2	49(13.1)	―
白馬村	2015	251(100.0)	45(17.9)	5(2.0)	29(11.6)	1	4	25	2	32(12.7)	―
長崎	2010	2,342(100.0)	347(14.8)	1(0.0)	325(13.9)	3	3	2	―	8(0.3)	5
南島原市	2015	2,031(100.0)	300(14.8)	14(0.7)	253(12.4)	―	4	50	1	55(2.7)	3
沖縄	2010	188(100.0)	51(27.1)	6(3.2)	28(14.9)	1	3	1	1	6(3.2)	―
東村	2015	171(100.0)	42(24.6)	5(2.9)	17(9.4)	1	4	28	1	34(19.9)	―

注）一つの農業経営体が複数の農業生産関連事業を営んでいることもある。

資料：農林水産省（2010, 2015a）による。

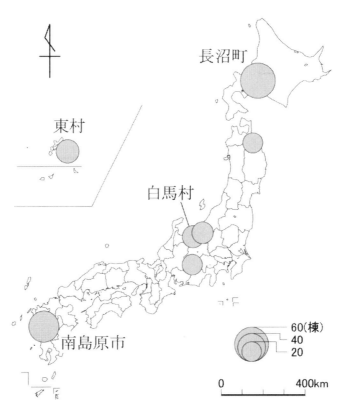

第1図　農家民宿の多い市町村（2015年）

資料：農林水産省（2015a）による。

第1表のように，北海道空知支庁長沼町と長野県白馬村は観光事業を行っている実経営体が比較的多いだけでなく，「消費者への直接販売」事業を行っている実経営体が農業経営体の10～20%を占めていて，直売により収益を確保できる仕組みを構築している。しかし，「農産物の加工」を行っている実経営体は農業経営体の5％以下に過ぎない。青森県南部町，長野県飯山市，長崎県南島原市，沖縄県東村の場合も大体は長沼町や白馬村と同じ傾向を示している。長野県飯田市だけが「農産物の加工」や「消費者への直説販売」事業を行っている実経営体の対農業経営体比が極めて高い。観光事業を主題としている本稿で問題にしたいのは観光事業を行っている実経営体の対農業経営体比が第1表のように，2010年から2015年にかけて長沼町では18.6%から12.1%へ，白馬村では13.1%から12.7%へといずれも下がっているのに，南島原市では0.3%から2.7%へ，東村では3.2%から19.9%へと上がっていることである。

　これらの4市町村を日本全国の中に位置づけると第1図のように日本の東北・西南・中央地域にあり，白馬村はスキー観光の先発地，長沼町は農業体験型ツーリズムの先発地，南島原市と東村はその後発地と考えられるが，前述した観光事業の動向にはこのような先発・後発の問題に加えて深い理由があると考えられる。そこでスキー観光を中心とした白馬村，グリーン・ツーリズムを中心とした長沼町と南島原市を選んで農業と，観光事業を中心とする農業生産関連事業との共生とその将来方向について考察したい。

Ⅲ　長野県白馬村における農業と農業生産関連事業の共生について

　従来，中山間地域ではスキー場をはじめとする観光施設をつくり，これを観光施策につなげようとする開発方式が一般的であった。その先駆的なものとして白馬村の場合がある。白馬村では日本の中山間地域として先駆的に1930年代にスキー客の宿泊施設として農家民宿が現れ，そのかなりのものは1960年代から1990年ごろにかけて旅館やホテルとなった。白馬については1970年代までの民宿地域の形成に関する石井（1977）の研究，1990年代までの農業と観光業の共生に関する石原（2001）の研究があるが，1990年代後半以降，とりわけ2000年代に入ってスキー観光客が減少に転じて以降の農業と観光事業の共生については研究されていないので，先駆的な白馬についてそのことを研究することは極めて重要である。

1．農業の概観

　白馬村では農林業センサスによると2015年に農家数532戸があり，その44.9%を占める239戸が販売農家[3]で，55,1%を占める298戸が自給的農家[4]である。2015年には自給的農家数が販売農家数を上回った。他に211戸の土地持ち非農家[5]がある。2015年に販売農家239戸の15.5%を占める37戸が専業農家で，84.5%を占める202戸が兼業農家である。兼業農家のうち，圧倒的に多いのは兼業農家の91.1%を占める184戸の農業を従とする第2種兼業農家である。2000年の世界農林業センサスと2005年の農業センサスでは第2種兼業農家のうち兼業を主とする世帯主の調査がなされているが，恒常的勤務が多く，民宿を含む自営兼業は少ない。白馬村の耕地963haは全面積18,936haの5%を占め，耕地の中では田が87%，畑が12%，樹園地が1%である。第2表のようにスキー観光地の白馬では稲作を主とする水田経営が多く，スイスなどヨーロッパの中山間地域の観光地と違って，観光

第2表　農産物販売金額第1位の部門別経営体数(2015年)

支庁・県市町村	経営体数	稲作	雑穀いも	野菜	果樹	花卉花木	家畜	その他
北海道・長沼	634	251	87	202	6	22	16	50
青森・南部	1,181	230	8	259	608	14	16	46
長野・飯田	2,009	386	16	316	1,087	71	75	58
長野・飯山	1,105	623	9	334	12	69	8	50
長野・白馬	183	174	—	6	1	—	2	0
長崎・南島原	1,925	197	367	853	168	21	155	164
沖縄・東	160	—	—	23	102	25	4	6

資料：農林水産省(2015a)による。

第3表　白馬の観光客数(千人)と形態別宿泊施設(棟)

年次	観光客			宿泊施設					
	登山客	スキー客	一般観光客	旅館	ペンション	民宿	ホテル	山小屋	貸別荘
1990	86	2,542	930	197	303	210	47	57	15
2016	35	977	1,170	46	118	48	49	27	12

資料：1990年の統計は白馬村(1998)により，2016年の統計は
白馬村(2018b)による。

が酪農など畜産と組み合わされてはいない。類似した観光地として白馬村の北側に隣接した長野県小谷村や，新潟県湯沢町などがある。田では水稲のほかその転作としての蕎麦（白馬そば），畑では野菜がかなり栽培され，観光客への食材や土産物として役立っている。

２．稲作を営む農業経営体と，観光事業を中心とする農業生産関連事業との共生

（１）小規模農業経営体の減少に伴う農家民宿の減少

第１表によると，白馬では農家民宿，観光農園，貸農園・体験農園等，農家レストランなど観光関係４事業を行っている実経営体の対農業経営体比が全国水準よりも高く，とくに農家民宿を営んでいる実経営体が農業経営体の10.2%を占めており，この比率は全国市町村のなかで最高水準にある。

白馬村では2010年，第１表のように農業生産関連事業を行っている実経営体が，農業経営体数の19%を占める71に過ぎない。この傾向は2015年にもほとんど変わらないが，実数では農業生産関連事業を行っている実経営体が45に減少している。2010年に，農業生産関連事業を行っている71の実経営体のうち，41の実経営体が「消費者に直接販売」事業，を行っていて，農業生産関連事業を行っている実経営体のうち最も多く，農家民宿という農業生産関連事業を行っている実経営体は38でそれに次ぎ，「農産物の加工」を行っている実経営体は8，観光農園を営んでいる実経営体は6に過ぎない。2015年に農家民宿を営んでいる実経営体は25に減少している。

白馬村ではスキー観光客が第３表のように1990年の2,542千人から2016年の977千人へと62%も減少するにつれて，旅館や民宿が減少し，とりわけ民宿は1990年の210棟から2016年の48棟へ77%も減少したのである。民宿一般とくらべて，農家民宿の減少にはスキー客の減少のほかに農家労働力

第4表　農業経営体

| 年次 | 耕地経営規模別農業経営体 | | | | | | |
	計	耕地なし	0.3~3ha	3~10ha	10~20ha	20~100ha	100ha以上
白馬 2010	374	3	356	11	1	3	—
白馬 2015	251	2	230	13	2	1	3
長沼 2010	753	10	92	251	253	144	3
長沼 2015	678	12	74	183	245	164	—

資料:農林水産省(2010, 2015a)による。

の高齢化という要因がある。第1表のように農業経営体が 2010 年の 374 から 2015 年の 251 へと 33%減少するとともに農家民宿も 2010 年の 38 棟から 2015 年の 25 棟へと 34%減少している。このことは 高齢化とともに，農業後継者のいない農業経営体は手のかかる農家民宿を廃業せざるを得なくなり，やがて農業からの撤退を余儀なくされている場合が少なくないという聞き取り調査の結果とも一致している。以上のように農業と農家民宿（農業生産関連事業）の共生の後退はスキー客の減少と農家労働力の高齢化によるものである。

（2）中・大規模経営体と農業生産関連事業　第4表のように，経営耕地面積 0.3～3ha の農業経営体は 356 から 230 に激減しているが，3ha 以上の農業経営体は増加している。これらの農業経営体は中・大規模経営体である。中規模経営体は基本的には家族経営であるが， 法人化しているものもあり，2010 年の 12 農業経営体から 2015 年の 15 農業経営体へと増加している。中規模経営体と大規模経営体は借地によって経営規模を拡大してきた。そのため，農林業センサスによると 2015 年に白馬村では借地面積は耕地面積 627ha の 72%にあたる 451ha に達している。なお，農業経営体の数が販売農家の数より多いのは統計上，販売農家に分類されない，法人化された，農業を営む経営体が含まれているからである。

中規模経営体の典型的な事例として，白馬ファーム株式会社（代表取締役 武田昭彦氏） があげられる。武田氏によれば，同社は白馬村の南半分を占める旧神城村に立地し，2018 年，水田 12.5ha と畑 2.5ha を経営し，米・野菜（トマト・ナスなど）を栽培し，とくに米を白馬源流米と銘打ってファックスやネットを通じて直販しているだけでなく，冬期には富山県側の隣村から原木を購入して薪をつくり，観光業者などに販売する林業を営み，稲作・野菜の農業経営体と林業の複合・共生を実現している。同社はビニールハウス（稲の苗床）の造成などの場合に 10 人程度のお手伝いに依存しているが，基本的には家族経営である（白馬ファーム株式会社,2018）。

第4表のように 20～100ha の農業経営体は 2010 年の 3 から 2015 年の 1 に減少しているが，100ha以上の農業経営体は 2015 年，3 に増加している。しかし，実態を調べたところ 2015 年の 100ha 以上の 3 農業経営体の一つは実質的には農業経営を営んでおらず，農地集積にかかわる法人であるから100ha 以上の農業経営を営む大規模農業経営体は白馬村には二つしかないことになる。

その一つは有限会社ティーエム（代表取締役津滝明子氏）である。1991 年，津滝俊幸氏が農作業受託の組合を始め，高齢化により委託される農地が増えたので，2004 年に法人化した。その後，俊幸氏

が村会議員になったので，妻の明子氏が，勤務していた役場の職員を退き，代表に就任した。同社の従業員数は 22 人（内女性 8 人，女性の内訳は役員 3 人，一般職 2 人，常勤パート 3 人）である。資本金は 2,000 万円で 2017 年 3 月決算期の売上高は 9,400 万円であったという（有限会社ティーエム,2018）。同社は旧神城村に立地し，2018 年，水田 112ha，畑 8ha，樹園地 2ha を経営し，次のような事業を行っている。第 1 に 「売り先を決めてから作る」「受注生産方式」で米，蕎麦，大豆，トウモロコシ，野菜（トマトなど），ブルーベリーを生産・直売している。第 2 にブルーベリーやトマトの委託加工を行っている。第 3 に農家レストラン兼直売所（ジャム，ソース，ビネガー，果汁飲料を直売）を経営している。第 4 に旅行会社と提携して体験農業 （田植，ブルーベリーの摘み取り，野菜の収穫）を実施している。また農作業の受託も行っている（有限会社ティーエム, 2018）このように農業と農業生産関連事業の複合・共生が見られる。

　もう一つは有限会社マイテカル（代表取締役福島利文氏）である。同社は白馬村の北半分を占める旧北城村に立地し，農作業の受託から事業を始めて 2005 年に会社を設立した。同社によれば，水稲 50ha，蕎麦 60ha を作付・収穫して，精米したうえ直売している。稲作・蕎麦を作付・収穫している農業経営体と精米業の複合・共生も実現しているのである。役員 3 名の家族は農家民宿を経営しているが，その農家民宿は法人経営に組み込まれてはいない（有限会社マイテカル,2018）。

　以上のように，中・大規模農業経営体は何らかの形で農業生産関連事業を行っている。前述したように借地面積が耕地面積の 72% にも達しているので，今後，農業経営体が耕地経営規模を拡大することは容易ではないので，多様な農業生産関連事業を行うことで活路を求めることが要請されよう。有限会社ティーエムは前述したように，直売や加工だけでなく，農家レストランなどの農業生産関連事業を行う複合経営である。同社は以前に法人の構成員の家族が農家民宿を営んでいたが，震災で農家民宿が被災し営業ができなくなった。今後，農家民宿を再開する意志はあるという。

３．国際観光の推進による農業と農業生産関連事業の共生の将来方向

（１）国際観光，通年型・長期滞在型観光の推進　白馬村は観光客，宿泊施設の激減という危機を深刻に受けとめ，2001（平成 13）年に観光推進本部を設け，さらに 2005（平成 17）年，同本部と観光連盟を一本化し，有限責任中間法人[6] 白馬観光局を設立した。白馬観光局は，白馬村と山小屋経営者，

第5表　外国人観光客　白馬村（人）

年	豪州	アジア	その他	計
2006	7,250	20.709	5,533	33.492
2007	12,138	22.102	6,727	40.967
2008	17,921	21.370	10.373	49.664
2009	17,163	17.208	8.324	42.695
2017	46,048	50.654	17.268	113.970

資料: 白馬村（2018c）による。

第6表　アルプスの外国人宿泊客（2009年，万人）

宿泊地	出発国		
（観光地）	国内	外国	計
ツェルマット	50(38.5)	80(61.5)	130(100.0)
ダヴォス	40(44.4)	50(55.6)	90(100.0)
サン・モリッツ	20(25.0)	60(75.0)	80(100.0)
グリンデルヴァルト	20(40.0)	30(60.0)	50(100.0)
アローザ	30(60.0)	20(40.0)	50(100.0)

注1) 比率は筆者が算出した。
　2) スイス観光地への外国人の主要出発国はドイツ，
　　イギリス，フランス，イタリア，オランダである。
資料: Schweizer Tourismus-Verband (2010)による。

旅館業者，索道事業者，運輸業者，商工業者，山案内人組合，温泉関係者，金融関係者，農協などによって構成されている。同観光局は観光産業の再生を進めるため，観光振興における行政と観光局の役割を明確にし，相互の連携を図りながら通年型観光・長期滞在型観光およびインバウンド事業などに積極的に取り組み，かなりの成果を挙げている（白馬村, 2006; 2011）。

　実際，白馬村では観光推進本部を設けた 2001 年にインバウンド推進協議会を設立，さらに白馬観光局を設立した 2005 年に長野県との VJC（Visit Japan Campaign）地方連携事業を実施した結果，外国人をオーナーとする宿泊施設も 12 軒ほど見られるようになり，オーストラリアや韓国・中国などのアジア各国からのスキー客などの宿泊客が 2003 年に 1 万人だったものが，第 5 表のように 2017 年には 11 万人に増加した。しかし，スイス・アルプスでは第 6 表のように 2009 年にアローザ以外は外国人観光客の方が多いことと比較すれば白馬村での外国人観光客は 2016 年白馬村観光客 117 万人の 9%に過ぎず，白馬観光局主導の観光客誘致策が重要になるのである。

（2）稲作・蕎麦・野菜などの農業と農業関連事業の共生の将来方向　今後，高齢化がさらに進み，観光客数も現状を維持することさえ容易ではないので，農業と農業生産関連事業をどのようにして維持するかが大きな課題になる。しかし，農業と農業生産関連事業が連携して規模を拡大し，とりわけ農業と農家民宿の複合・共生を維持することが観光業の発達した白馬では不可欠となるが，高齢化が進み，農家労働力が減少・弱体化するなかで農業と農家民宿が農家労働力を共用し，省力化してコスト低下を図らなければ生き残ることは難しい。スイスのアルプス「中山間地域」では 1950 年代から賄いの労力が省ける休暇用住宅が普及した（石原, 2009）が，日本アルプス「中山間地域」においても，農家民宿は，農産物から丹念に仕上げた食材でもてなすとともに，食材のコスト低下を図るか，あるいは賄いを省いて貸間（素泊まり）だけで営業し，レストランと相互連携関係を保持することなどにより，洋室を備えたホテルやペンションとの競争関係においてそれなりの存在理由がなければならないであろう。

　貸間（素泊まり）であっても老朽化したものの改築は不可欠である。そこで，スイスのヴォー州で実施されたような工事費の 50%まで無利子貸付，20 年償還（石原, 2010）というような行政による助成策が必要になると思われる。長期滞在型のリゾートが日本ではまだあまり普及していないとはいえ，寝室・居間・台所・浴室・トイレなどを備えたアパートを 1 週間単位で貸しきるアルプス「中山間地域」のような休暇用住宅が，外国人観光客が増加してくるにつれて不可欠になってくるであろう。現に白馬でも第 3 表のように休暇用住宅と類似した「貸別荘」はあまり減少していない。

IV　北海道空知支庁長沼町と長崎県南島原市における稲作，畑作，果樹作の多様な農業と農業生産関連事業の共生について

　第 2 次構造改善事業の一環として 1971（昭和 46）年から始まった「自然休養村」は観光農林漁業の推進に主眼があった。1992（平成 4）年，農林水産省のグリーン・ツーリズム研究会の中間報告で「グリーン・ツーリズムとは農山漁村地域において自然・文化・人々との交流を楽しむ滞在型の余暇活動」と定義し，その推進を提唱した。これを受けて 1994（平成 6）年，「農山漁村余暇法」（農林水産省, 1994）が制定され，とりわけ農林漁業を体験できるように農林漁業体験民宿業の登録制度を実

施することとした。さらに，規制緩和も行われ，2003（平成15）年，農林漁家が民宿を行う場合の旅館業法上の面積基準が従来33㎡以上の客室面積が必要だったのが，33㎡未満の客室面積でも簡易宿所営業の許可を得ることが可能になった（農林水産省農村振興局,2006）。このような施策の影響を受けてグリーン・ツーリズムが推進された。その代表事例として北海道空知支庁長沼町があげられる。

1. 長沼町におけるグリーン・ツーリズムの推進

（1）農業の概観　長沼町は古くから開発された旧開発地で，札幌の東南約30km，小樽空港から28kmの地点にあり，首都圏，関西圏などからも接近しやすい。同町内は東部に馬追丘陵があり，西部は台地である。耕地経営規模の大きい根室（2015年，1戸あたり76ha），釧路（同69ha），十勝（同42ha）と比べて，長沼町を含む空知（同16ha），上川（同17ha）は耕地経営規模が小さい。第4表のように，100ha以上の農業経営体は2015年には見られなくなり，0.3〜20ha層の農業経営体は2010年の596から2015年の502へと16%減少しているのに対して，20〜100ha層の農業経営体は2010年の144から2015年の164へと12%増加している。農林業センサスによると兼業農家は2000年の681戸から2015年の326戸へと減少したが，専業農家は2000年の211戸から2015年の318戸へと増加しており，20〜100ha層の増加と関連して注目される。

　20〜100ha層が増加した長沼町では1984（昭和59）年当時，すでに各農家の経営内部で酪農と畑作（小麦）との複合経営が営まれ，デントコーンー小麦ークローバー・チモシー等の牧草の輪作（8年）が行われていた（石原,1984）。輪作を基盤とした畑作は 稲作と相俟って，多様な農業体験を可能にするもので，農業体験型グリーン・ツーリズム発展の素地が形成されていた。2015年，第2表のように，グリーン・ツーリズムに好適な稲作・畑作・果樹作という多様な農業が営まれている。これは北海道長沼，青森県南部，長野県飯田，同飯山，長崎県南島原，沖縄県東などの市町村で稲作，雑穀・いも，野菜，花卉・花木，果樹，畜産など，水田・畑作経営が営まれているのと類似している。中山間間地域で観光が発達しているところは農業が稲作に特化したスキー観光地域と，多様な農業を営むグリーン・ツーリズム地域ということになる。

（2）グリーン・ツーリズム導入の経過　長沼町では農業生産関連事業を行っている農業経営体数（214）のうち，観光関係の農業生産関連4事業を行っている実経営体数（貸農園・体験農園等 32，観光農園13，農家民宿92，農家レストラン3）の比率は第1表のように2010（平成22）年，18.6%で全国の市町村の中で最高率の部類に属している。とりわけ，農家民宿が多いのがグリーン・ツーリズムの発展を示している。それではグリーン・ツーリズムは長沼町にどのようにして導入されたのであろうか。

　2003（平成15）年5月，長沼町とJA職員により「長沼町グリーン・ツーリズム研究会」が発足し，グリーン・ツーリズム事業について検討が進められた。2004（平成16）年3月，国から構造改革特区として「長沼町グリーン・ツーリズム特区」の認定を得て，消防法の規制緩和に関する特例措置（消防用設備等に係る規定の柔軟な適用）を受けられることとなった。同年8月，長沼町や同町内のJA9団体によりグリーン・ツーリズム事業に携わる農家を支援する長沼町グリーン・ツーリズム推進協議会が設立された（長沼町,2007）。

　次いで，2005（平成17）年2月，グリーン・ツーリズムを実践する農家によって料金やメニューな

どを決定する「長沼町グリーン・ツーリズム運営協議会」が設立された。同年5月，農家58戸が北海道岩見沢保健所から旅館業法（簡易宿所営業）の許可を受けた。同年7月，国から「長沼町グリーン・ツーリズム特区」の変更認定を得て，濁酒製造に関する規制の特例措置を受けられることとなった。2006（平成18）年3月，北海道庁より「チャレンジ パートナー特区」として「長沼町グリーン・ツーリズム推進特区」の認定を得て，食品衛生法施行条例における飲食店営業の施設基準のあり方等の検討及び濁酒製造に関する技術指導といった特例措置を受けた。旅館業法（簡易宿所営業）の許可を得た農家は2007（平成19）年3月58戸，2018年，123戸となり（長沼町産業振興課グリーン・ツーリズム推進室,2018），グリーン・ツーリズムの宿泊施設が整備された。このように長沼町のグリーン・ツーリズム導入・発展には国による「特区」の認定，規制緩和が大きな役割を果たした。

（3）農業体験・農家民宿泊という形のグリーン・ツーリズム

　長沼町では農業体験が可能になるように農家民宿に宿泊している。つまり，農家民宿に宿泊して農家の家族と食事を共にし，多様な農業を体験（稲作・畑作の植付・収穫，酪農の作業体験）すること，例えばつみとりではアスパラ収穫，トウモロコシ狩り，いちご摘み取りなどに長沼町のグリーン・ツーリズムの特徴がある（長沼町産業振興課グリーン・ツーリズム推進室,2018）。

　実際，2018（平成30）年，長沼町の農家民宿123軒の農業経営形態は稲作と畑作58軒，畑作44軒，稲作と畑作と花卉5軒，果樹4軒，園芸と畑作3軒，花卉と畑作2軒，肉牛と畑作2軒，酪農2 軒，花卉1軒，稲作と畑作と肉牛1軒，養鶏1軒であり（長沼町産業振興課グリーン・ツーリズム推進室,2018），多様な農業体験を可能にした。

　このような農業体験型グリーン・ツーリズムは小中高校生の修学旅行などのため農家民宿に2～3日滞在するもので，教育的要素が濃厚であり，ヨーロッパの農村で見られるように1週間ほどゆったりと滞在するという滞在型グリーン・ツーリズムではなかったとはいえ，小中高校生の修学旅行の新

第7表　長沼町グリーン・ツーリズムへの小中高校生参加者数

発年	首都圏	関西圏	静岡	福井	広島	福岡	その他県	台湾	計
2006	824	1,022	0	0	56	360	30	0	2,292
2007	3,156	2,946	435	0	60	0	0	0	6,597
2008	2,382	5,083	1,227	130	418	180	434	0	9,854
2009	1,342	3,383	504	0	400	216	0	0	5,845
2010	2,217	6,730	513	158	872	177	128	0	10,795
2011	2,584	5,400	522	0	1,248	270	0	0	10,024
2012	4,052	7,591	0	0	1,344	0	0	0	12,987
2013	2,172	6,244	0	0	0	0	0	0	8,416
2014	3,303	5,113	0	0	780	0	0	0	9,196
2015	2,197	3,811	0	270	0	0	0	0	6,278
2016	3,638	3,294	0	258	0	0	0	0	7,190
2017	3,715	3,415	0	266	0	0	0	105	7,501
計	31,582	54,032	3,201	1,082	5,178	1,203	592	105	96,975

　資料:長沼町産業振興課　グリーン・ツーリズム推進室(2018)による。

第8表　南島原市グリーン・ツーリズムに参加した学校の数

発 年	大阪府	兵庫県	東京都	神奈川県	台湾	韓国	中国
2012	5	6	0	1	0	0	0
2013	6	10	0	3	0	0	0
2014	9	13	1	0	0	0	0
2015	14	9	0	2	0	0	3
2016	4	4	4	2	1	0	4
2017	20	5	3	4	3	1	11
2018	14	5	4	2	0	0	8

資料：南島原ひまわり観光協会提供データによる。
　　　データ収集の際，同観光協会永池沙織さんにお世話になった。

しい試みとして農業体験宿泊が始まった。毎年5月第2週から10月第3週くらいまで小中高校生が訪れている。2017年には7,501人が記録されている。中高生1泊2食付1人8,000円（税別）であるので，同年6,001万円（税別）の粗収入，農家民宿（123軒）の1軒当たり49万円となり，大きな額ではないが，農業経営体の複合収入として役立っている。

　問題になるのは第7表のように，長沼町グリーン・ツーリズムへの小中高校生の参加者が2012年をピークとして減少し，2015年には2012年の48％に減少したことである。これは高齢化とともに，第4表のように，20ha以下の農業経営体が2010年の596から2015年の502に減少し，農家民宿も同年間に第1表のように92から63に減少したことによるものである。長沼町農業振興課によれば学校から参加申し込みがあるのに農家民宿が減少したので受け入れできず，申し込みを断っているという。このことは農家民宿開業の余地があることを示している。高齢化は避けられないのであるから，若い後継者を擁する農業経営体の農業生産関連事業として農家民宿を開業できるような刺激策が必要になるであろう。

2．南島原市におけるグリーン・ツーリズムの発展

　2009年に農林漁業体験型民宿事業を開始した長崎県南島原市の事例（南島原ひまわり観光協会，2018）は示唆するところが少なくない。長崎県南島原市のグリーン・ツーリズムは最近発達し始めたばかりであるが，観光関連4事業を営む実経営体の対農業経営体比が第1表のように2015年には2.7％に達している。とくに，農家民宿数は2015年に全国市町村では長沼町の63に次いで多く，50を数えている。第2表のように野菜，雑穀・いも，果樹，工芸作物，稲作というように多様な作物構成がグリーン・ツーリズムに役立っている。

　このような条件の下で，南島原市では2008年に南島原ひまわり観光協会を設立，2012年に一般社団法人化，2009年に農林漁業体験型民宿事業をスタート，2010（平成22）年度には「子ども農山漁村交流プロジェクト」のモデル地域の認定を受け，県内外から教育旅行の受け入れを推進した。さらに，南島原市は受け入れ施設である農林漁業体験型農家民宿を支援し，トイレ，調理場などを改修する際には費用の一部を援助したので，農家民宿は増加したのである。また，2012年をピークとして関西圏から長沼町へのグリーン・ツーリズム参加者が減少しているのと比べて大阪府内から南島原市

のグリーン・ツーリズムに参加した学校数は第8表のように増加している。また，南島原ひまわり観光協会は外国観光客の誘致という先進的取り組みに尽力した。とくに台湾旅行会社への訪問セールスなどを行った（南島原ひまわり観光協会,2018）。その結果として，第8表のように2015年以降，台湾，中国，韓国などから受け入れた教育旅行の学校の数は増加した。

　このように南島原では規制緩和だけでなく，財政的支援や国際観光客の誘致の施策などがグリーン・ツーリズムの発展に寄与したことは重要である。これらのことは 長沼町だけでなく中山間地域における多様な農業を営む農業経営体と，農家民宿を中心とする農業生産関連事業の複合・共生を強化することになろう。

V　おわりに

　第1に高齢化の進展とともに，農業経営体も農家民宿も減少していることにどのように対応するかが問題になる。日本としては先駆的なスキー観光地の白馬では，スキー客が減少したとはいえ，一般観光客を含めると，他の中山間地域と比べて観光客は多く，農家民宿に対する需要はあるので，高齢化が進み，農家労働力が減少する今日，賄いの労力を省いて，貸間（素泊まり）だけにして農家レストランとの連携を強化するとか，自炊ができる休暇用住宅タイプの農家民宿に改築すれば農業経営体と農家民宿の複合・共生を維持することが可能であろう。

　一方，農業体験型グリーン・ツーリズムでは，農家に宿泊して農家の家族と食事を共にすることが重要なので賄いの労力を省くわけにもいかないので，農業後継者を確保し，その後継者を擁する農業経営体が農家民宿を開業できるように何らかの刺激策（例えば，南島原ひまわり観光協会のようなトイレ，調理場の改築費への助成）によって農家民宿数の減少に歯止めをかけることができれば農業経営体と農家民宿の複合・共生を維持できるであろう。

　第2に日本の中山間地域はヨーロッパのアルプス中山間地域と比べて国際観光客が少ないことが問題になる。日本への国際観光客は増加しているし，その余地はあるので，長野県白馬村と長崎県南島原市の国際観光客誘致の取り組みのような積極策によって国際観光客が増加すれば農業経営体と農家民宿の複合・共生を維持しやすくなるであろう。

注

1) 農家民宿とは農業経営を営む者が旅館業法（昭和23年　法律第123号）に基づき都道府県知事の認可を得て観光客等を宿泊させ，自ら生産した農産物や地域の食材をその使用割合の多寡にかかわらず用いた料理を提供し料金を得ている事業をいう。したがって，旅館業法の認可を得ていない農家民泊とは異なる（農林水産省，2015b）。
2) 農業経営体とは「農林業経営体」の規定のうち次の（1），（2）または（4）のいずれかに該当する事業を行う者をいう。（1）経営耕地面積が30アール以上，（2）　農作物の作付面積または栽培面積数（例えば露地野菜作付面積15a，施設野菜作付面積150㎡），飼養頭数または出荷羽数（例えば搾乳牛飼養頭数1頭）などの基準以上。（4）　農作業の受託の事業（農林水産省，2015b）
3) 販売農家とは経営耕地面積が 30 アール以上または調査期日前1年間における農産物販売金額が

50 万円以上の農家をいう（農林水産省, 2015b）。

4) 自給的農家とは経営耕地面積が 30 アール未満かつ調査期日前 1 年間の農産物販売収入が 50 万円未満の農家をいう（農林水産省, 2015b）。

5) 土地持ち非農家とは農家以外で耕地および耕作放棄地 5 アール以上を所有している世帯をいう。

6) 中間法人は剰余金の分配を目的とせず，社員に共通する利益を図ることを目的とする法人で，平成 12 年，一般社団法人法の成立によって，一般社団法人に移行した。

文　献

石井英也 (1977). 白馬村における民宿地域の形成, 人文地理, 29(1), 1-25.

石原照敏 (1984). 日本の周辺地域の市町村別土地利用調査（未刊）.

石原照敏 (2001). 日本アルプス白馬における観光業と農業. 石原照敏編『アルプスにおける観光業と農業の共生システム（平成 11〜12 年度科学研究費補助金（基礎研究（C）(2)）研究成果報告書』, 47-57.

石原照敏 (2009). スイス高アルプスにおける観光業と農業の共生形態と共生システム, 経済地理学年報, 55(4). 369-389.

石原照敏 (2010). スイスにおける観光業と中小農業経営の共生形態, 地域地理研究, 16(1), 1-18.

白馬ファーム株式会社 (2018). 会社概要. hakubafarm.com/

白馬村 (1998). 白馬村村勢要覧統計資料.

白馬村 (2006). 第 4 次総合計画前期計画（平成 18〜22 年度）, 1-130.

白馬村 (2011). 第 4 次総合計画後期計画（平成 23〜27 年度）, 1-124.

白馬村 (2018a). 目的別観光客数推計.

白馬村 (2018b). 白馬村村勢要覧.

白馬村 (2018c). 平成 29 年外国人宿泊者数調査.

長沼町 (2007). グリーン・ツーリズム推進特区　プロジェクトチーム検討結果報告書.

長沼町産業振興課　グリーン・ツーリズム推進室 (2018), 長沼町グリーン・ツーリズム.

農林水産省 (1994).「農山漁村余暇法」（略称）. 正式には「農山漁村滞在型余暇活動のための基盤整備の促進に関する法律」（平成六年法律第四十六号）

農林水産省 (2000, 2010). 世界農林業センサス.

農林水産省 (2005, 2015a). 農林業センサス.

農林水産省 (2015b). 農林業センサスの用語解説　『農林業センサス　利用者のために』.

農林水産省農村振興局 (2006). グリーン・ツーリズムの現状について.

南島原ひまわり観光協会 (2018). インバウンド　グリーン・ツーリズム取組事例.

有限会社ティーエム (2018). しろうま農場.　hojin.or.jp/standard/14_2017WAP100.pdf

有限会社マイテカル (2018). 会社概要.　maitekal.com/company.html

Shweizer Tourismus－Verband (2010). Schweizer Tourismus in Zählen 2009,Bern,1-5.

（2019 年 6 月）

過疎地域の集落機能

中　藤　康　俊

I　はじめに

　過疎地域が直面する課題は数多い。集落（部落，町内会）の機能低下もその一つである。集落はこれまで大きな役割を果たしてきたが，人口の減少・過疎化に伴い集落機能が低下し，その存続さえ危うくなってきた。また，市役所も行・財政改革と平成の大合併で市域が広域化し，従来通りの行政サービスが維持できなくなってきた。

　筆者は2016年に『過疎地域再生の戦略—地方創生から地域再生へ—』改訂版（大学教育出版）を出版し，そのなかで「生活圏を整備・充実するために集落の重要性」（中藤, 2016: 253）を指摘したが，過疎地域再生の戦略として再生の「受け皿」をどのようにつくるかについては検討が不十分であった。「集落」を社会的な機能の問題としてだけでなく，「空間」の問題として山本理顕は「集落は一つの『世界』である」とする（山本, 2015: 45），さらに，行政区域内における集落間のネットワークの問題としてとらえなくてはならない。「集落」は過疎地域の人々にとっては日常の暮らしに密着した生活の単位である。

　近年，「モノ」の豊かさから「コト」の豊かさ，さらには「空間」の豊かさへの関心が高まっている。公共交通としての鉄道やバスの衰退も「路線」から「沿線」へ，水資源開発やダムの問題も「河川」から「流域」へと発想を転換することによって新たな「地域の可能性」が生まれるはずである。いよいよ，地理学の果たす役割が問われるときがきた。

　ところで，小生は最近の経済地理学の動向に危惧を感じている。それはどういうことかというと，「国民経済の地域構造」という名のもとに経済現象の空間的な立地・配置の「形式」（カタチ）が重視され，「内容」の検討，つまりその現象が現出するに至る矛盾や対立・抗争などが等閑視される傾向が強いことである。企業の立地・配置も図や表で表すと，1枚であってもその過程は容易なことではない。そこには悲喜こもごも多くの物語があるはずである。その物語が捨象されてしまっている。筆者も否定するものではないが，地理学では諸現象の体系とかシステムとかパターンという名のもとに地域間の関係は分析されても地域内の問題は明らかにされない。

　地理学では「地域」の多様性と重層性，そしてそれをつくり出す主体の解明こそ重要なことではなかろうか。本稿は「行政と住民の協働によるまちづくり」を進めている島根県雲南市の「地域自主組織」（「地域運営組織」とも呼ばれる）を事例として「集落」の果たす役割を検討するものである。雲南市の地域自主組織については鈴木（2017），NHKスペシャル取材班（2017）などで取り上げられている。

Ⅱ　アベノミクスと過疎地域

　安倍総理大臣は自らの経済政策「アベノミクス」で日本経済を再生させるという考えで「3本の矢」を発表した。1本目の矢は「大胆な金融政策」，2本目の矢は「機動的な財政政策」，3本目の矢は「民間投資を喚起する成長戦略」である。アベノミクスが演出した円安株高の恩恵は大企業や富裕層に集中し，地方で実感する景気認識とは大きな開きがある。日本経済が本格的な回復軌道に乗るためには人手不足の解消が欠かせないので，持続的に成長するために政府は「人づくり革命」に取り組む方針である。問題は成長と地方創生の両立であろう。国民の多くは経済成長の実感に乏しい。個人消費が冷え込んでいるからである。また，景気回復も地方には波及していない。経済成長とともに下降の一途をたどってきたエンゲル係数は2005年を境に上昇傾向に転換した。高齢化や共働き世帯が増え，消費支出に占める食費は増えており，2017年4月からは社会保障費をはじめ食品などの値上げで「暮らし」は一段と厳しくなっている。厚生労働省『労働経済白書』（2017年版）によれば，妻の就業率は夫の年収が高いほど低い傾向があるが，近年はすべての年収層で増え続けているという。小田切徳美は「日本社会が成長追求型の都市社会になっていくのか，そうではなく脱成長型の都市農村共生社会を形成していくのか，現代の農村の田園回帰をめぐっては，日本社会全体の分岐点にある」（小田切ほか，2015: 15）という。

　地域の活性化は本来，それぞれの地域が取り組むべき課題であるが，高度経済成長期を通じて過密・過疎問題の解消と国土の均衡ある発展という国の視点から問題とされたので，地方の側は国の政策に左右されてきた。それゆえ，林宜嗣が「分権型地域政策」（林，2009: 45）を主張するのももっともなことである。

　1995年には地方分権推進法が制定され，地方分権推進に当たって基本的な考え方が発表された。地方分権推進委員会の「分権型社会の創造」である。宮脇淳も「地方再生のカギは下からの分権」であると述べている（宮脇，2007: 58）。この提案は「『画一性と集権』の行政システムを住民や地域の視点に立った『多様性と分権』の行政システムに改める」（地方分権推進委員会編，1996: 206）ことであった。国と地方の関係を現行の「上下・主従」の関係から新しい「対等・協力」の関係に改めることであった。地方分権時代には住民の意思を行政にどのように反映させるかが重要である。「分権社会の基礎的団体として，権限と財源と民主主義が伴った総合体としての市町村が築けるかどうか」（安島，1997: 223-224）であったが，その後の市町村の実態は決してそうではない。それどころか，平成の大合併にみられるように市町村の規模や運営を大きく変化させてきた。とくに，人口規模の小さな市町村は財政的にも自立できない状況である。地方分権の受け皿を広域行政や合併によって解決しようと考えたのである。

　自治体のこれまでの政策課題は地域間格差を埋めることであった。隣の町に文化センターができるとわが町にもという風であった。その結果，没個性的な「地域づくり」となった。今ではそれではダメである。地域が抱える問題を解決して主体的に創意と工夫を重ね，「個性形成型」の地域づくりに取り組まざるを得ない。そのための「仕組み」づくりが欠かせない。林宜嗣は「これまでの最大の問題点は，地方における『裁量』と『責任』が欠けていたことである」（林，2009: 44）という。さらに，地域づくりの強力なリーダーが欠かせない。その点，島根県雲南市の速水市長は1991年に

旧加茂町長に就任以来，町長を4期16年間勤め，さらに2004年に6町村が合併して雲南市が誕生して以来，現在まで市長を勤めている。地方分権時代には自治体が果たすべき役割はこれまで以上に重要である。自治体の行財政基盤の緊急の課題である。もう一つは行政と民間との「協働」である。公共サービスの提供について行政，市民，企業，NPOなどが対等の協力者として共に助け合うことが協働（collaboration）である。「旧来型の町内会ではなく，行政の下請け的存在ではないものが協働である」（小島，2012: 191）。

Ⅲ　雲南市の概況

　雲南市は島根県東部にあり，松江市や出雲市に接する。2004年11月，大東町，加茂町，木次町，三刀屋町，掛合町，吉田村の6町村が合併して誕生した。いわゆる「平成の大合併」は「経済のグローバル化の進展のなかで見捨てられつつある農村部を市町村合併によって体制維持の末端に組み入れようとする試み」（室井編，2002: 21）であるといわれる。

　雲南市の人口は2010年の国勢調査によれば41,921人であったが，10年前の国勢調査（2000年）から4,400人も減少し，5年前の国勢調査（2005年）から2,500人も減少した。人口減少は若者の流出が大きな要因である。雲南市は移住・交流人口を増やして定住人口を増やそうとしているが，転出人口は転入人口を上回っており，社会減が続いている。高齢化率は2010年の国勢調査では32.9%であり，15年後には4割を超えると言われている。雲南市は全国的にも約20年先の高齢化社会を歩んでいるといえよう。雲南市の面積は約553㎢である。東京都のほぼ90%の面積である。

　雲南市の産業構造は経済成長の過程で1次産業から2次産業へ，2次産業から3次産業へと変わってきたのは日本全国と同じ傾向である。これをごく最近だけで見ても産業別就業構造は2010年には第1次産業の就業者は10.9%，第2次産業就業者は29.2%，第3次産業就業者は55.0%であったが，2015年には第1次産業が11.7%，第2次産業が27.7%，第3次産業が60.2%となった。要するに第1次産業就業者が大幅に減少し，第2次，第3次産業就業者が増加したことである。

　かつて，第1次産業の中でも農業は重要な分野であったが，1960年代にコメ以外の穀物の輸入が急増したため畑地の耕作放棄が進んだ。小田切徳美は中山間地域における3つの空洞化，つまり人の空洞化，土地の空洞化，むらの空洞化を指摘している（総合研究開発機構・植田共編，2000: 50）。なお，同氏の『農山村再生に挑む』（小田切，2013），『農山村は消滅しない』（小田切，2014）を参照されたい。耕作放棄地こそ「土地の空洞化」をあらわすものである。その後に，1971年からはコメの生産調整が本格的に行われ，耕作放棄地が増加した。1980年代には米価の低迷，農産物の輸入自由化によって山間部では農地の荒廃が進み，過疎化が一段と進んだ。農業の収益性の低さ，農業従事者の高齢化によって耕作放棄が進んだ。農地の条件，家から遠いとか傾斜地で機械が入らないといったことも影響した。それでも，かつては先祖に対して申し訳ないという考えで耕作を続けるという者もあったが，農地が相続によって非農家の所有になると，農地の維持管理が難しくなった。山村では離農だけにとどまらず，離村すると不在地主になる。不在地主の農地が荒れ，周囲の農地に悪影響を与えていても所有者の同意がない限り周囲の耕作者は手が出せず，さらに新たな耕作放棄地の増加につながりかねない。それどころか，最近は耕作を収益性から判断する傾向が強くなり，

耕作放棄地は一段と増加するに至った。しかし，耕作放棄地を活用する経済的なメリットが見つからないので耕作放棄地の解消が進まないのが現状である。耕作放棄地が増えると，サル，イノシシなどの獣害によってますます耕作放棄地が増加しかねない状況である。

2013年8月には島根県西部の江津市，浜田市，邑南町，津和野町などで記録的な豪雨による災害が発生し，大きな被害が出たことを忘れてはならない。2017年7月には九州北部地方は記録的な集中豪雨に見舞われ，冠水や流木で大きな被害が出た。とくに，大きな被害の出た福岡県朝倉市と大分県日田市はわが国でも屈指の林業地帯として有名であった。にもかかわらず，大きな被害がでたのはこの地域は花崗岩が風化してできたもろくて，崩れやすい「まさ土」であるとか，「線状降水帯」と呼ばれる特殊な気象現象の集中豪雨によるということだけでは済まされない。たしかにこの地域の林業は有名であるが，山は緑で覆われ，一見すると林業が盛んなように見えるが，実は成長の早いスギが主力であり，価格の低落や林業従事者の高齢化，後継者不足で必要な間伐が行われないので日当たりが十分でなく，根が張っていない山林も少なくない。たとえ間伐しても労働力不足のため山に放置されていたのではないか。高橋裕は「豪雨を受け止める国土が変貌すれば，洪水の暴れ方は変わり，人間の住み方が変われば水害の現れ方は変わる」という（高橋，1971: 170）。

広島市が中国地方の中枢都市かと言うと決してそうではない。岡山県や鳥取県は関西圏とのつながりが強く，山口県も西のほうは北九州とのつながりが強い。結局，広島県とのつながりが強いのは山口県の東部と島根県だけで広島市を中国地方の中枢都市と呼ぶには無理がある。

過疎地域の再生には都市との関係が欠かせないが，この地域に大きな影響を及ぼしたのは高速道路の開通である。中国横断自動車道尾道松江線（通称，中国やまなみ街道）が2015年に全線開通し，尾道—松江間は80分も短縮された。雲南市にとっても尾道はもちろん三次を経由して広島と結びついたことは大きな意味を持つ。自動車道はビジネスはもちろん観光にも役立っている。中国経済連合会によれば，交通量は国道54号から松江道にシフトし，時間短縮，観光，取引先・商圏の拡大など各方面に大きな変化をもたらしている。高速バスは松江・広島線が28便から32便に，出雲・広島線が16便から18便に増加した（中国経済連合会，2014: 4）。ふるさと島根定住財団理事長の藤原義光が「島根の定住対策（狭義）は過疎・高齢化，中山間地域対策に軸足をおいてきた。これからはそれと同時に，『地方都市』への移住・交流にも力を入れたい」（中国経済連合会，2014: 5）と言っていることからも自動車道の全線開通は定住財団の期待に応えたものといえよう。

すでに述べたように，現在の島根県雲南市速水市長は旧加茂町長に就任以来，町長を4期16年間務め，2004年に6町村が合併して雲南市が誕生して以来，現在まで市長を勤めている。合併当時の財政力指数は0.25であったので2005年には「財政非常事態宣言」を発表し，職員を2割削減した。その結果，財政力指数は2009年には0.27と上昇したが，その後は下降気味で2011年には0.25と合併当時と同じである。

地方分権時代には自治体が果たすべき役割はこれまで以上に重要である。自治体の行財政基盤の強化は緊急課題であるが，もう一つは行政と民間との「協働」である。市長は人口減少・過疎化問題に地域が一丸となって継続的に取り組むことが重要だとして「地域自主組織」（過疎化が著しい山間で集落を維持するための生活拠点として高知県では「集落活動センター」と称している）による

活動を推進している。その活動は以下に述べるとおりである。

Ⅳ　経済成長と集落

　かつて，市内の集落は農業集落であり，「生産と社会生活の基礎単位であり，また，住民自治及び行政の末端組織であるとともに政策推進及び補助金の受け皿となっていた。そのため，『有力者』を通じた支配と集票組織としての機能をもち，ある面では，戦後の保守政治の基盤でもあった」（吉田，2006: 243）。ところが，経済成長の過程で，都市化と過疎化が進み，農業集落の機能は低下した。本田（2013）も地域資源管理主体としての集落機能の変化について論述している。

　筆者は先に述べた中藤（2016）の中で過疎地域を再生させるにあたって，「集落を基礎的単位として生活圏の整備・充実が求められる」（中藤，2016: 238）と述べている。集落の機能としては「個々の経営に対する採算補完機能，地域の生産力や文化などの資源管理機能，住民同士が支えあう生活扶助機能」（中嶋編著，2010: 151）の3つに大別される。

　市内には住民組織として集落がある。もともと雲南市には集落（自治会）があり，地域の祭り，共同作業など様々な活動の担い手として大きな役割を果たしてきた。しかし，集落の運営はこれまで男性中心で世帯を単位として運営され，自治会長をはじめ多くの役職があった。集落の会合には通常，世帯主が出席し，「一戸一票」であり，年配の男性による発想で議事が進められた。会合の際，代表者は持ち回り（輪番制）であり，会合の内容は家族に伝えられることは少なかった。そのため，女性や若者が意見を述べる機会は少なかった。新しく雲南市で作られた「地域自主組織」は従来の「一戸一票制」を打破し，「一人一票制」とし，生活，福祉，産業など幅広い分野にわたって活動することになった。また，課題ごとに部会を設置するなどして住民一人ひとりが「やる気を起こす」，「気楽にとりくめる」ようにした。

　雲南市でもほかの過疎地域と同じように人口の減少と高齢化・過疎化によって地域コミュニティの絆が弱くなり，従来のような相互扶助，共同体の活動は難しくなってきた。高知大学教授であった大野はこういう集落を「限界集落」（大野，2005）と呼んだが，雲南市にも限界集落は少なくない。人口減少と高齢化で集落機能が低下し，社会生活の機能の維持が困難になっている集落である。また，これまでのように行政が公共的サービスを維持することが難しくなり，新たな組織が必要になってきた。小田切徳美も「2000年代には，集落を超える範囲の地域自治組織が生まれている。これらは『地域振興会』『自治振興区』『むらづくり委員会』等の多様な名称を名乗る」（小田切編，2013: 235）という。

　前述したように雲南市は2004年11月に6町村が合併してできた。しかし，市域の面積があまりにも広く，中心部と周辺部の格差が問題となってきた。地域によって異なる生活習慣や伝統が無視されたりするという問題さえ生じた。そこで，雲南市は以下に述べるように従来の「公民館」の生涯学習という業務に加えて地域づくり，地域福祉の3つの業務をするものとして「地域自主組織」を設立した。平成の大合併によって行政の地域間の調整力も十分でないことから集落，分野，主体を超えて地域をマネジメントする組織が必要となったのである。

V　公民館活動と地域自主組織

1．地域自主組織

　戦後，教育基本法（1947 年）と社会教育法（1949 年）が制定され，公民館は教育・文化機関と位置づけられた。住民が地域振興に関わりながら学習するというスタイルは戦後日本の民主主義を進めるための地域の拠点として重要視された。1960 年代後半には地域づくりに社会教育が関わるようになった。公民館も教育基本法に基づく教育・文化機関とはいうものの地域づくりに積極的にかかわるようになった。国民の学習権を求める運動も盛んになった。また，障害者や高齢者など学習に参加しにくい人たちの活動も公民館活動として取り組まれるようになった。

　このような社会教育の学習権については「学問の自由を守るという側面（自由権）と学習の機会を保障するという側面（社会権）から論じられていたが，1980 年代に入ると，困難を抱えている人や異なる文化やアイデンティティを持つ人とともに生きていくという側面（共生の権利＝第三世代の人権）からも注目されるようになっていった」（佐藤編，2015: 179）。1990 年代になると，地域づくりの中核的な施設として公民館を位置づける動きが出てきた。当時，バブル経済がはじけ，住民も地域課題と向き合うようになり，公民館がこうした役割を果たすようになるのも自然の流れであった。諸富徹は愛媛県内子町では社会教育法にもとづく公民館制度を再編して新しい自治会制へと移行させ，公民館を自治の基礎単位とし，住民が地域づくりに関わることになったという（諸富，2010: 282）。佐藤一子も公民館を「地域づくりの中核的な学習・文化施設」（佐藤編，2015: 179）として位置付けている。「地域づくり」における生涯学習の重要性については，月刊社会教育編集部編（1989），瀬沼（2006），津高・森口編著（1989），山田・鈴木編著（1992）などでも強調されている。

　もともと雲南市には生涯学習を目的とする 26 の公民館と 3 つのサブセンターがあったが，これらは教育委員会の所管であった。集落の機能を補完するものとして新たに「地域自主組織」（『季刊地域』編集部編，2015: 204-221），藤山浩は行政と住民の結節機能として「地域マネジメント組織」（大西ほか，2011: 150）を主張しているが，それは「単なる市場原理や『規模の経済』の追求ではなく，コミュニテイを中心に，経済，自然との広義の持続的な『連結決算』を未来へとつなげていく地域社会を再構築する営みである」（大西ほか，2011: 160）というが，設立されると，公民館にその事務局が併設され，地域自主組織は従来の生涯学習に加えて地域づくり，地域福祉の 3 つの活動拠点となった。同時に所管が従来の教育委員会から市長部局に移ることになった。公民館が生涯学習の機関の枠を超えて多機能な市民活動の拠点「交流センター」となったのである。

　雲南市まちづくり基本条例（2013 年）によれば，前文に「まちづくりの原点は，主役である市民が，自らの責任により，主体的にかかわること」と書かれている。そして，この条例の目的として「この条例は，雲南市におけるまちづくりの基本理念を明らかにするとともに，その基本となる事項を定め，協力は，主役である市民が，自らの責任により，主体的にかかわること」と書かれている。つまり，まちづくりの基本は「協働のまちづくり」である。大森彌は「地域における住民サービスを担うのは，行政のみではない。行政と民間セクターが協働して『新しい公共空間』を形成していく」（大森，2015: 229）ことであるという。行政と住民は対等の関係であり，従来は垂直的な関係であったが，「水平的な関係が構築されなければ，行政部局と対等な関係に立つことは困難である」

（今川ほか編, 2007: 83）。

　この基本条例を踏まえて雲南市では 2004 年には「生命と神話が息づく新しい日本のふるさとづくり」という新市建設計画が策定され，さらに 2008 年には総合計画が策定された。これを踏まえ，2005 年から 2007 年にかけて「地域自主組織」が設立された。年代や性別，様々な組織や団体が地縁で繋がり，補完しあうことを目指した。この組織には目的型組織（まちづくりグループ，スポーツ・文化サークルなど），地縁型組織（自治会，振興会，消防団など），属性型組織（PTA，青年団など）があり，小学校区のような小規模な地域で分野を横断する多種の機能を持った住民主体の自治の仕組みとして，いわゆる「小規模多機能自主組織」が成立した。2007 年度までに市内全域で 42 の地域自主組織（地域運営組織ともいう）が結成された。こうした組織も市長の強いリーダーシップと市議会議員，市民の理解と協力がなければできないことである。

　地域自主組織のエリアは基本的には小学校区であったが，旧加茂町のように小学校区よりも小さな単位で，14 の自治連合会で組織されたものもある。2015 年には一本化して加茂まちづくり協議会となった。掛合地区でも 2010 年に 3 つの組織が統合して掛合自治振興会となった。その一方で 1 つの組織が分割されたケースもある。小学校の閉校を契機に分割されたケースもある。2014 年には民谷地区振興協議会が吉田地区振興協議会から分離独立した。「地域自主組織」の名称は振興会，地域づくりの会，いきいき会などさまざまである。小規模多機能自主組織の規模は人口で見ると，当初最少は 200 人から最多 4,000 人まで大小さまざまであったが，その後に組織の再編成によって 30 の組織となり，1 組織当たり人口は 200 人弱から 6,000 人となった。小規模多機能の自主組織は一般に会長のもとに副会長，理事会などが置かれ，事務局のほかに監査機関がある。そして，いくつかの部会が置かれることが多い。

　地域自主組織の活動が活発になるにつれて旧町村単位の地域づくりの必要性が薄れ，合併当時の地域委員会は 2012 年度末で解消することになった。地域自主組織は各地域の特性を生かしながら活動し，全市的な取り組みの必要な問題として防災，地域福祉，生涯学習などの分野別に意見交換する場として，2013 年からは「地域円卓会議」がスタートした。現在，地域包括ケアーシステムや地域医療，水道事業の広域化なども話題となっている。

　2015 年には雲南市をはじめ兵庫県朝来市，三重県伊賀市・名張市の 4 市が呼びかけで「小規模多機能自治推進ネットワーク会議」が発足した。2016 年 11 月 10 日現在，全国で 229 の組織（204 自治体，16 団体，9 個人）がネットワーク会議に参加している。地域同士の自主組織発表会などを行っている。

　合併に伴い市町村に配分される交付税は人口 10 万人規模の自治体を「標準団体」として算定されている。ところが，雲南市の人口は標準団体の半分以下，面積は 3 倍以上でギャップがあまりにも大きすぎる。合併した市町村に対する特別交付税も 2019 年度で終了する。2011 年度の特別交付税に比べ，約 31 億円の大幅な減額である。こうした問題も共通の問題を抱える他の自治体と全国的なネットワークを組織して取り組んでいる。

２．集落ごとの多様な活動

　上山地区や寺領地区では新規参入法人や認定農業者は耕作放棄地を活用する動きがみられる。上

山地区や寺領地区ではそばの栽培，三刀屋六重集落では集落営農組織を立ち上げ，山王寺本郷地区の南斜面には耕地面積 19ha に約 200 枚の棚田があり，その貴重な景観は「日本の棚田百選」に認定されている。掛合町波多地区は 1959 年に 1,400 人を超えていた人口が 2016 年には 351 人にまで減少し，高齢化率も 49.5% である。老夫婦だけの家庭も多い。2014 年 3 月，地区内で唯一の小売店が閉店したので 2008 年に閉校し，現在は交流センターになっている波多小学校に地元住民でつくる波多コミュニテイ協議会が「はたマーケット」をオープンさせたが，好評である。買い物客を車で送迎サービスしたり，電話で注文を受け配達もしている。

　三刀屋町中野の里づくり委員会は閉店した JA の空き店舗を活用して「笑んがわ市」を開催している。産直コーナーでは地元生産者が作った野菜や果物を販売している。「憩いのコーナー」ではコーヒーを提供し，お年寄りの語らいの場としてにぎわっている。また，吉田地区では中国横断自動車道尾道松江線の開通に合わせて吉田ふるさと村が道の駅「たたらば壱番地」をオープンさせた。この地区の農家はコメ，野菜，そばなどを栽培しているが，農地が少ないので生産量は限られる。しかし，道の駅の利用者が増え，売上高も予想を大幅に上回る状況である。農家も出荷組合をつくり，生産規模を拡大する傾向が強まっている。

　吉田町吉田地区では「たたら火焔太鼓」を復活させ，夏祭りや敬老会などで演じている。同じく，吉田町田井地区には江戸時代から続く「深野神楽」があり，2002 年には深野神楽子ども教室が結成された。木次町の斐伊地域づくり協議会は様々な料理教室を開催し，食文化の伝承に努めている。同じく木次町の「日登の郷」は「かやぶきの館」で地元食材を使って田舎料理を提供するレストランを運営している。

　三刀屋町の「躍動と安らぎの里づくり鍋山」ではお年寄りの孤独死などを防ぎ，地域の安全安心の強化に努めている。毎月，水道検針業務を受託し，「まめなかねー」（出雲弁で「元気ですか」）と声をかけている。木次町の「新市いきいき会」は独居高齢者をはじめとする「福祉カード」を作成し，住民の情報をまとめている。

　掛合町の「松笠振興協議会」は独身男性の結婚を後押ししている。大東町の「阿用地区振興協議会」は有機農業の盛んな地域であるが，腰痛や膝痛に悩まされる人が多い。健康を大事にする運動を展開している。掛合町の「入間コミュニテイ協議会」は廃校になった小学校の校舎を交流センターとして活用している。宿泊施設にもなっているし，放課後のこどもたちの居場所ともなっている。

　木次町の「八日市地域づくりの会」は古紙やペットボトル，ビン類など資源ごみの回収を行なっている。年間 10 万円程度の収益は貴重な活動資金である。

VI　縮減社会の地域自主組織

　「地方消滅」という言葉が妥当であるかどうかは問題だとしても，現実に進行する少子高齢化に伴う人口減少に歯止めをかけなければならない。そういう社会を小滝敏之は「縮減社会」と呼んでいる（小滝，2016）。「縮減社会」ではすでに述べたように，買い物難民，公共交通の衰退などのほか，耕作放棄地の増加で野生動物の増加に悩まされるなど地域社会の維持さえ困難な状況が進行している。岡田知弘が「高齢化が進み，災害が頻発している国土において，必要なことは誰もが住み

続けられるような，小規模自治体や地域自治組織をベースにした重層的な地方自治制度であり，何よりも憲法や地方自治法の理念に基づき，住民の福祉の向上を第一にした地方自治体を作り出すことです」（岡田，2014: 86）というようにまさにその通りである。

1970年に過疎地域緊急措置法が制定され，過疎地域の地域社会を維持することを目標としたが，生産性の低い農業従事者は大都市の労働力需要を満たすものとして農業・農村人口の減少を好ましいものとしたのが新全国総合開発計画であった。過疎地域は都市部に比べて経済活動の条件が劣っているのは事実であり，保母武彦は「民間の経済活動なり就業行動を自然のなり行きにまかせていては，人口の減少や集落の自然消滅が進むことになる。この自然の成り行きに歯止めをかける公共的関与と地域の自治が必要である」（保母，1996: 142-143）と主張する。保母の考えも鶴見和子の「内発的発展」（鶴見・川田編，1989）に沿ったものである。

かつて鳥取県知事や総務大臣を務めたことのある片山善博は「地方分権とそれによる自治体の力量強化は，今日ことのほか重要である」（山陽新聞，2016年6月28日）という。さらに，同氏は「政府は自治体に『知恵を出せ』と尻をたたく前に，自らがなすべきことをやってほしい。この機に及んで政府を地方に移転せよと言うつもりはないが，各省が持っている権限を地方に移譲することぐらいは早急に取り組むべきである。地方分権である」（山陽新聞，2014年12月7日）という。分権改革とは地域の多様性を認め，住民参加と自治体間の連携を通じて地方が自立する基盤を整える改革である。そのためには地方が自主性を発揮できる権限と財源が不可欠であり，「地域の自治」（花崎，1985: 36）を目指さなくてはならない。

雲南市では旧木次町の下熊谷，斐伊地区で人口増加がみられるが，周辺ではいずれの地区でも減少である。もちろん，南端の波多地区でも人口の減少は著しい。当市の「地域自主組織」はあくまでも住民の自主性を引き出すことを狙いとしたもので，「地域自治組織」ではなさそうである。全国的に人口の減少と高齢化・過疎化に悩む都市部ではいずれ「集落再編成」が問題となるであろう。行政コストを抑えるため，生活に必要な施設を徒歩圏内に集めた「小さな拠点」の整備を狙いとしたものである。中田実は町内会を地縁型組織として重視し，「地域共同管理組織」を主張している。雲南市は将来にわたって発展するためには現在の「地域自主組織」をこのような理念と組織に沿ったものに転換せざるを得ないと考えているようである。ただ，それでもなおかつもはや自治体単独では「限界集落」の維持は難しい。雲南市は島根大学の作野広和教授に依頼して維持管理が難しい地域を管理がしやすいように一か所にまとめる，いわゆる「集落の再編成」を進めようとしているが，住民の反対は根強い。住民の協力が得られるかどうか疑問である。

Ⅶ　集落の再編成と「小さな拠点」づくり

「集落」は一定の範囲に「領域」をもつ（川本，1963）。人口の減少や高齢化，過疎化によって集落が本来持っていた地域資源管理機能，生活互助機能，文化維持機能，災害対策機能など様々な機能の低下がみられる（過疎化による集落機能の低下については，大野（2005）などがある）。低下した集落機能を回復・再生させる方法の一つとして複数の集落を統合したり，連合したりして一定数以上の戸数や人口を確保し，自治組織の体制を組みかえることがある。福与徳文は集落再編を移転

型再編，単独型再編，統合型再編，連合型再編（福与, 2011: 65-67）の4つに分類している。

　国土交通省は安倍政権が掲げる「地方創生」事業の一環として，過疎地域で「ふるさと集落生活圏」構想を進めている。これは複数の集落を一つのまとまりにして生活の利便性を高め，歩いて行ける範囲内に買い物や医療・福祉など日常生活に必要なさまざまなサービスを供給する生活関連施設を集めた，いわゆる「小さな拠点」をつくり，周辺の集落をコミュニテイバスなどで結ぶというものである。

　島根県は1999年に「島根県中山間地域活性化基本条例」を制定し，活性化計画を策定し，中山間地域の活性化を進めてきたが，そのなかで「小さな拠点づくり」が明記されている。雲南市ではどの地区でもこの計画が可能だと思われるが，二つのタイプがある。その一つは最南端の波多地区である。1998年に「波多コミュニテイ協議会」を立ち上げ，活動してきた。2010年に生涯学習の拠点であった公民館を「交流センター」とし，「地域でできることは地域で行う」こととした。廃校跡の旧波多小学校に「波多交流センター」を置いた。波多コミュニテイ協議会では2008年に地区の課題として防災，買い物，交通の3つを重点的に取り組むこととした。波多地区で唯一の商店が閉店したので2014年10月，波多交流センター内に「はたマーケット」というスーパーを開設した。また，クルマのない高齢者や一人暮らしの住民には不便なので協議会が所有する車で運ぶデマンド交通「たすけ愛号」を運行することとした。「はたマーケット」も「たすけ愛号」もいずれも波多交流センターの職員が兼務している。

　もう一つは三刀屋地区である。ここでは交流センターを拠点として世代間交流施設「ほほ笑み」，訪問看護ステーション「コミケア」，就労支援・書店経営の「おっちラボ」などによって地区住民と他地区の人が交流している。

　どのタイプが「小さな拠点づくり」としてふさわしいかどうかは一概に言えないが波多地区の問題は雲南市中心部から遠いことと住民の高齢化が進んでいることである。にもかかわらず，若い人が入ってこないことである。三刀屋地区は市街地に近く，交流しやすいが，地元の住民と外部の人とをどうやってまとめるかが課題である。「価値観の共有」が重要である。いずれにしても今後本格的に「小さな拠点づくり」に取り組むとすれば行政の役割が大きいと言えよう。「小さな拠点」をつくることはよいとしてもこのことは「生活環境の整備」の一環であり，過疎問題に詳しい西野寿章がいうように「地域経済の基盤である産業振興」（吉田・井内編著, 2010: 235）が極めて重要である。

Ⅷ　おわりに

　一般に，人口の減少と過疎化によって「集落」の機能は低下していると言われる。政府が2006年に農業集落調査をもとに孤立する恐れのある集落を都道府県別にまとめた集落数は全国で17,490集落あり，なかでも中国地方では多かった。とくに，「限界集落」では共同体機能の低下で水の管理や稲作が困難になり，耕作放棄地が増えている。祭りなどの伝統行事も衰退している。しかし，雲南市の現状をみると，意外にも「集落」の機能は弱体化していない。雲南市の「地域自主組織」の現状を踏まえ，今後の課題を整理したい。

(1) 「過疎地域の再生」は「生産と生活の再生産」が可能であるかどうかが重要である。集落機能が低下している現状では、「持続可能な地域づくり」は難しい。全国的に過疎地域の自治体の多くが将来像を明確にできない現状で、雲南市は従来の公民館活動に加えて地域福祉と地域づくりにまで活動範囲を広げ、行政と住民が「協働のまちづくり」を目指してほぼ旧小学校単位に「地域自主組織」をつくり、市民の活力を引きだしたことは先進的な試みとして評価される。市長のリーダーシップによるところが大きい。

　　市内 30 か所の地域自主組織の活動はけっして一様ではない。集落のリーダーと住民によって活動内容は異なる。地域自主組織の活動は「生活」に関わる活動であって「生産」にかかわる活動はあまりみられない。生活に関わる活動も「経済的基盤」がない限り長続きはしないであろう。その意味では農林業をはじめとする地域の生産活動を強化しなくてはならない。人材は必ずしも市域内に限定する必要はない。「価値観の共有」が重要である。

(2) 過疎地域再生のカギはヒトと交流の基盤整備であると言っても過言ではない。高校卒業後に都会に出た子供たちが戻ってくるような雇用の場、都市的環境の整備などの取り組みが必要である。中国横断自動車道尾道松江線が開通し、広島と結ばれた意義は大きい。サービスエリアには道の駅があり、観光客と地元の人との交流が行われている。東京や大阪などとも今以上に便利にしなくてはならない。航空路（出雲・松江─大阪線）は 2017 年 9 月からは 13 往復に増便された。

(3) いまのところ、雲南市の取り組みは成果を上げているが、いずれ限界が現れてくるであろう。小規模な集落が今後とも存続することは難しい。国土交通省は都市機能を一か所に集約し、集落の再編成を進めようとしている。雲南市はこれにどう対応するのか今後の課題である。

(4) 過疎地域の「地域づくり」にあたって、上述の国土交通省の「小さな拠点づくり」（集落再編成）も一つの方策であるが、さらにいくつか今後の課題として挙げておきたい。

① 雲南市の「地域自主組織」は「地域自治組織」とは異なり、権限と財源が乏しい。行政が市民に対して等しくサービスを提供することは難しい。もはや自治体単独で「限界集落」の維持は難しい。雲南市は島根県や政府に働きかけて地方分権を進め、権限と財源を強化すべきである。

② 雲南市が抱える医療・介護、教育、鉄道・バス、小売店など生活やコミュニテイの維持に欠かせないサービスを供給する主体として新たな組織を検討すべきである。それは、利益を優先する株式会社や公益法人でもなく両者の中間的な性格を持つ法人組織であろう。

③ かつては貧しくても人の繋がりがあってささえ合う社会であったと言ってもよい。しかし、今では「個の時代」と言われるように個人が尊重される時代である。また、家族の在り方も変わり、核家族の家庭が増え、老夫婦だけの家庭も多い。「老々介護」さえ問題になる時代である。政府の社会保障政策にも問題があるが、これからは行政と市民が「協働」でこうした「孤立社会」に取り組まなくてはならない。集落を基礎とした「共生空間」の検討が不可欠である。総務省は急速に人口が減少し、高齢化が進む地方では今後今までのように行政サービスを維持することは難しいとして複数の市町村が連携する新たな行政主体として「圏域」を法制化し、まちづくりや医

療・教育の確保などの行政上の課題に「広域」的に取り組む体制を制度化するという方針を打ち出した。今後，雲南市としてはどう対応するかが問われるであろう。

（注）本稿は地域地理科学会第27回大会（2017年6月24日）で発表したものをもとにまとめたものである。当日，会場で貴重なご意見をいただいたことを記して感謝したい。

文　献

今川　晃・牛山久仁彦・村上　純編 (2007)．『分権時代の地方自治』三省堂.

NHK スペシャル取材班 (2017)．『縮小ニッポンの衝撃』講談社.

大西　隆・小田切徳美・中村良平・安嶋博幸・藤山　浩 (2011)．『集落再生』ぎょうせい.

大野　晃 (2005)．『山村環境社会学序説―現代山村の限界集落化と流域共同管理―』農山漁村文化協会.

大森　彌 (2015)．『自治体職員再論―人口減少時代を生き抜く―』ぎょうせい.

岡田知弘 (2014)．『「地方自治体消滅」論を超えて』自治体研究社.

小滝敏之 (2016)．『縮減社会の地域自治・生活者自治』第一法規.

小田切徳美編 (2013)．『農山村再生に挑む』岩波書店.

小田切徳美 (2014)．『農山村は消滅しない』岩波書店.

小田切徳美・藤山浩・石橋良治・上屋紀子共著 (2015)．『はじまった田園回帰』農山漁村文化協会.

川本　彰 (1963)．『むらの領域と農業』家の光協会.

『季刊地域』編集部編 (2015)．「人口減少に立ち向かう市町村」農山漁村文化協会.

月刊社会教育編集部編 (1989)．『生涯学習の時代をひらく』国土社.

小島照男 (2012)．『地域振興論』税務経理協会.

佐藤一子編 (2015)．『地域学習の創造』東京大学出版会.

鈴木暁子 (2017)．地域のことは地域で治める．京都府立大学京都政策研究センター『「みんなで」つくる地域の未来』公人の未来, 33-52.

瀬沼克彰 (2006)．『住民主導の生涯学習地域づくり』世界思想社.

総合研究開発機構・植田和弘共編 (2000)．『循環型社会の先進空間―新しい日本を示唆する中山間地域―』農山漁村文化協会.

高橋　裕 (1971)．『国土の変貌と水害』岩波新書.

地方分権推進委員会編 (1996)．『分権社会の創造』ぎょうせい.

中国経済連合会 (2014)．『「高速道路（中国横断自動車道尾道松江線）の開通による地域経済への波及効果・影響等に関する調査」の中間報告』中国経済連合会.

津高正文・森口謙二編著 (1989)．『地域づくりと社会教育』総合労働研究所.

鶴見和子・川田侃編 (1989)．『内発的発展論』東京大学出版会.

中嶋信編著 (2010)．『集落再生と日本の未来』自治体研究社.

中藤康俊 (2016)．『過疎地域再生の戦略―地方創生から地域再生へ―（改訂版)』大学教育出版.

花崎皋平 (1985).『地域をひらく』農山漁村文化協会.

林　宜嗣 (2009).『分権型地域再生のすすめ』有斐閣.

福与徳文 (2011).『地域社会の機能と再生』日本経済評論社.

保母武彦 (1996).『内発発展論と日本の農山村』岩波書店.

本田恭子 (2013).『地域資源管理主体としての集落』農林統計協会.

宮脇　淳 (2007). 地方再生のカギは「下からの分権」. 潮, 580（2007 年 6 月）, 58-63.

室井　力編 (2002).『現代自治体再編論』日本評論社.

諸富　徹 (2010).『地域再生の新戦略』中央公論新社.

安島喜一 (1997).『変革期の地方自治』三省堂.

山田定市・鈴木敏正編著 (1992).『地域づくりと自己教育活動』筑波書房.

山本理顕 (2015).『権力の空間・空間の権力』講談社.

吉田敬市・井内尚樹編著 (2010).『地域振興と中小企業』ミネルヴァ書房.

吉田俊幸 (2006). 農業集落の変貌と住民自治. 原田寛明監修『地域政策と市民参加』ぎょうせい,
　241-258.

（2018 年 10 月）

日本の耕作放棄地面積の推移

—都道府県別の分析—

市　南　文　一

I　はじめに

　日本の耕作放棄地の研究の多くは 1960 年代から実施されてきたが，耕作放棄地は過疎化や高齢化の進行を理解する指標として用いられ，耕作放棄地自体を対象とした研究は 1990 年代から増加した（寺床，2009）。森本（1991）は，茨城県波崎町中須田のピーマン栽培を中心とする労働集約的な施設園芸への発展を研究し，労働力を投下する余裕が十分にないので耕作放棄地が発生してきたことを実証的に解明した。また，森本（1993）は，千葉県市川市柏井町 4 丁目において 1970 年代以降，不耕作農地が生まれた主因は，トマトやキュウリ等の施設園芸や梨栽培へ集約的に投入する労働力の相対的不足，田の環境悪化，農外就業の進展であることを論証した。

　また，堤・嶋（1993）は 1980 年と 1990 年の青森県の耕作放棄地面積とその比率を市町村別に地図表現し，放棄地は県の北部と東部に多く，その比率も高いことを指摘した。また，彼らは奥入瀬川流域の水田の作付け，休耕・放棄地を調査し，休耕・放棄地が未整備地区，谷地田の上流部等に多いことを明らかにした。

　さらに，山本（2002）は，岡山県の露地葡萄・桃・梨における遊休樹園地の栽培面積に対する耕作放棄園率が約 5.7 ％であることを，44 農協の営農指導員からのアンケート調査により指摘し，遊休樹園地の貸借が進展しない理由として，担い手不足と遊休樹園地の生産環境条件の不良化，賃借の仲介機能の弱さ（農業委員会による賃借仲介が制度としてあるにもかかわらず），賃借当事者の契約上の心理的不安をあげた。

　寺床（2009）は，2005 年における九州の市町村別耕作放棄地率を 5 類型に区分して地図化したのち，熊本県水俣市の山間部に位置する限界集落で耕作放棄地の形成過程を研究し，主な農業従事者の引退，営農支援の有無，賃借関係を考慮して農家の農地利用を 4 類型に区分した。

　これら以外にも特定地区を対象事例とした耕作放棄地の調査研究は数多いが，広域的な範囲を対象とする研究は，現地調査を伴わず，統計数値の分析に終始する傾向があるためか，管見の限りではほとんど見当たらない。耕作放棄の事情や原因は地域や年代が異なれば多様・複雑化するので，網羅的な研究は現実的には望めないとしても，様々な調査の蓄積により，研究は少しずつ進展すると考える。このような認識に基づき，本研究では日本の耕作放棄地面積の推移を都道府県別に検討する。

Ⅱ　日本の耕作放棄地面積の増加

　第1表は，日本の耕地面積と耕作放棄地面積の推移を示している。耕地面積は 1965 年までは 600 万 ha を超えていたが，それ以降は減少し続けており，2015 年の耕地面積は 1960 年の約半分になった。耕地面積の減少理由は様々であるが，他産業と農業との生産性の大きな格差が根幹にあると考えられる。このような現状が変化しない限り，耕地面積は今後も減少すると予想できる。1960 年から 2015 年までの標本規模は 12 であるが，耕地面積と年次について単回帰モデル式を想定すると，耕地面積 ＝ 112,498.9 － 54.1119 ＊ 年次 となり，寄与率（決定係数，R^2）は，0.877 である。耕地面積にゼロを代入すると，年次が 2079.0048 になる。これは，日本の耕地面積が 2079 年，すなわち，約 60 年後に消滅することを意味する。

　耕作放棄地 [1] 面積は 1975 年以降，（世界）農（林）業センサスで調査・公表されている。1975 年における日本の耕作放棄地面積は約 13 万 ha であったが，1980 年代後半以降の増加が顕著であり，2015 年には約 42 万 ha を超え，1975 年の約 3 倍になった。また，第 1 表中の計算式により耕地面積に対する耕作放棄地面積率を算定すると，1975～1985 年には 2 ％台であったが，2005 年以降は 10 ％以上になり上昇し続けている。

　次に，1975～2015 年の耕地面積と耕作放棄地面積の関係を確認するため，第 1 図に散布図を描いた。耕地面積が減少するにつれて耕作放棄地面積が増加している。これらについても単回帰モデル

第 1 表　日本の耕地面積と耕作放棄地面積の推移

年　次	耕　地　面　積 （ 1,000 ha ） A　括弧内は指数	耕　作　放　棄　地　面　積 （ ha ） B　括弧内は指数	耕　作　放　棄　地　面　積　率 （ ％ ） （ B / 1,000 / A ）＊ 100
1960 年	6,071（ 100 ）		
1965 年	6,004（　99 ）		
1970 年	5,796（　95 ）		
1975 年	5,572（　92 ）	131,422（ 100 ）	2.4
1980 年	5,461（　90 ）	123,078（　94 ）	2.3
1985 年	5,379（　89 ）	134,870（ 103 ）	2.5
1990 年	5,243（　86 ）	216,785（ 165 ）	4.1
1995 年	5,038（　83 ）	244,314（ 186 ）	4.8
2000 年	4,830（　80 ）	342,789（ 261 ）	7.1
2005 年	3,608（　59 ）	385,791（ 294 ）	10.7
2010 年	3,354（　55 ）	395,981（ 301 ）	11.8
2015 年	3,062（　50 ）	423,064（ 322 ）	13.8

資料；農林水産省：『耕地及び作付面積統計』，『（世界）農（林）業センサス』による。

式で説明すると，耕地面積 ＝ 6,611,785 － 7.48889 ＊ 耕作放棄地面積 となり，決定係数は 0.860 で無視し難い大きさである。耕地面積にゼロを代入すると，耕作放棄地面積が 882,879.2 になるので，計算上では 2015 年の耕作放棄地面積が約倍増すれば，耕地面積が消滅することを意味する。

　第2図は，日本の耕作放棄地面積の内訳とその推移を示している。耕作放棄地面積の合計は，1985～2000 年の期間に顕著に増加し，その後も増加し続けている。1975～1985 年の耕作放棄地面積では，販売農家と自給的農家の区別がないので，両者の合計が総農家と表記されている。販売農家の耕作放棄地面積の増加は相対的には顕著ではないが，自給的農家の耕作放棄地面積の増加は 21 世紀に入り顕在化してきた。土地持ち非農家[2]による耕作放棄地面積は，実数値・割合の双方で 1985 年以降は特に顕著に増加してきた。土地持ち非農家による耕作放棄地面積とその割合は，1975 年には 32,318 ha（24.6 ％），1995 年には 82,543 ha（33.8 ％），2015 年には 205,132 ha（48.5 ％）であっ

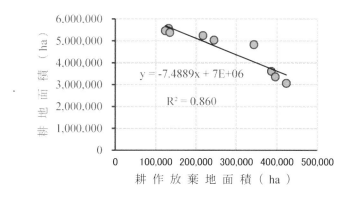

第1図　日本の耕地面積と耕作放棄地面積の関係

資料；農林水産省：『耕地及び作付面積統計』，『（世界）農（林）業センサス』による。

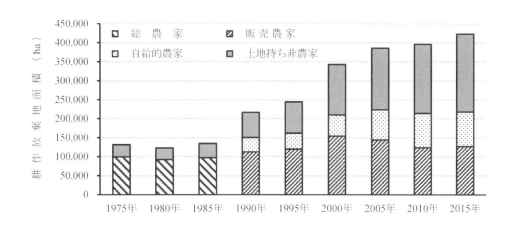

第2図　日本の耕作放棄地面積の内訳とその推移

資料；農林水産省：各年の『（世界）農（林）業センサス』による。

た。この傾向は今後も持続すると考えられるので，実態を把握し難い土地持ち非農家の農山村社会における実情を明らかにし，事態の改善が求められる。

Ⅲ　都道府県別の耕作放棄地面積

1．耕作放棄地面積の推移

　本章では耕作放棄地面積の推移を都道府県別に表示し，簡単に検討する。この面積は1975年から2015年まで5年毎に9時点で利用できるが，煩雑さを回避するため，1980・1990・2000・2010年の4年次を使用し，また，見易くするために，第3図と第4図に分けて描出した。

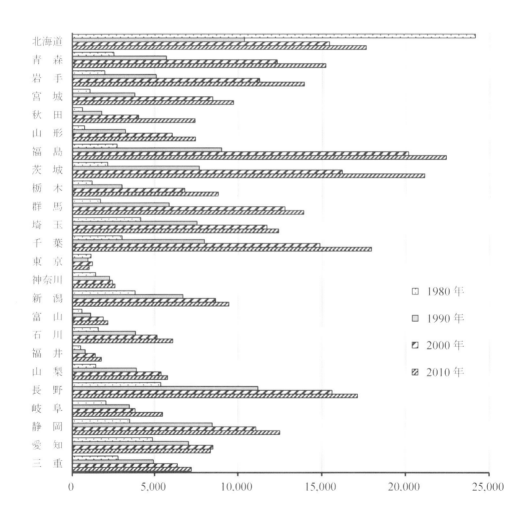

耕 作 放 棄 地 面 積 （ha）

第3図　都道府県別の耕作放棄地面積の推移（1）

第3図は，北海道，東北，関東，北陸，東海の各地方の 24 都道県別に，4 年次の耕作放棄地面積を描いている。耕作放棄地面積が多いのは，北海道，福島，茨城，千葉，長野等である。北海道では 1980 年の耕作放棄地面積が格別に広かったが，1990 年までにほぼ半減し，その後は増加に転じた。東京の耕作放棄地面積も増減を繰り返してきたが，面積が非常に狭い。また，愛知県では 2000年から 2010 年にかけて耕作放棄地面積がごく僅か減少したが，長期的には増加基調である。上記の3 都県を除く 21 県では，耕作放棄地面積は 1980 年から 2010 年にかけて一貫して増加してきた。

次に，第 4 図は，近畿，山陰，山陽，四国，九州の 23 府県の耕作放棄地面積の推移を描いている。長崎と沖縄のみが他県と異なる推移を見せている。長崎の耕作放棄地面積は，2000 年から 2010 年にかけて減少し，沖縄では，耕作放棄地面積が増減を繰り返した。上記の 2 県以外の 21 県では，耕

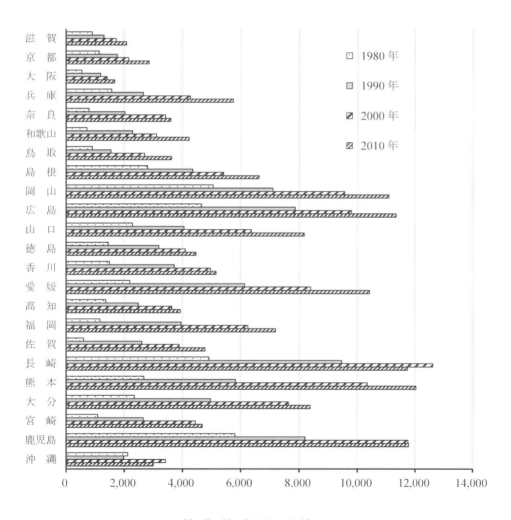

耕 作 放 棄 地 面 積 （ha）

第4図　都道府県別の耕作放棄地面積の推移（2）

作放棄地面積は 1980 年から 2010 年にかけて次第に増加した。これらのうち，岡山，広島，愛媛，長崎，熊本，鹿児島の諸県の耕作放棄地面積の広さが際立っている。

　ここまでは，都道府県別の耕作放棄地面積の推移を 4 時点で簡単に説明したが，岡山県についてはやや丁寧に面積の推移を追跡しようとして，第 5 図に岡山県の耕作放棄地面積とその内訳を 1975 年から 9 年次に渡って描出した。1975 年から 1985 年までは，耕作放棄地面積の合計は大きく変化しなかった。1985 年から 1990 年にかけてと 1995 年から 2000 年にかけて耕作放棄地面積は大幅に増加した（1985 年は 4,793 ha，1990 年は 7,101ha，1995 年は 7,205 ha，2000 年は 9,555 ha）。ただし，1990 年以降は農家[3]の定義が以前とは変化していることに留意しておくべきである。21 世紀に入ってからも，岡山県の耕作放棄地面積は少しずつ増加し続け，2015 年には 11,376 ha になった。1975 年の耕作放棄地面積が 4,976 ha であったので，2015 年までの約 40 年間で 2 倍以上に増加した。次に，土地持ち非農家の耕作放棄地面積が全体のそれに占める割合は，1975 年には 20.2 ％であったが，1990 年には 30.2 ％，2000 年には 39.2 ％，2015 年には 50 ％に増加してきたので，看過できない段階になってきていることは明らかである。岡山県以外については紙面の都合で省略するが，事情は類似していると考えられる。

2．土地持ち非農家の耕作放棄地面積率の推移

　本節では，土地持ち非農家の耕作放棄地面積が全体のそれに占める割合，すなわち，土地持ち非農家の耕作放棄地面積率を 4 年次別に検討する。第 6 図は，1980 年における土地持ち非農家の耕作放棄地面積率を示している。4 年次に共通して 10%の間隔で区分し，47 都道府県が 6 つの階級のいずれかに該当したのは 1980 年のみである。後出する他の年次では，いずれも 4 階級のみの該当にとどまったことから，1980 年は相対的に多様性に富んでいたことになり，他の年次では比率が限定的な範囲に収斂していった。東京が唯一の 50 ％台であり，40 ％台が長崎と大阪の 2 府県である。土地持ち非農家が所有する耕作放棄地面積は東京では 601 ha，大阪では 225 ha のように比較的僅かで

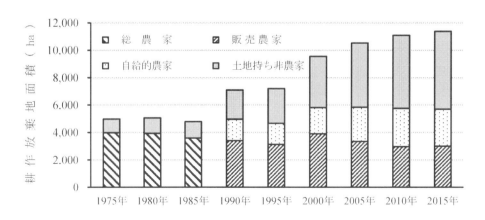

資料；農林水産省：各年の『（世界）農（林）業センサス』による。

第 5 図　岡山県の耕作放棄地面積の推移

あったが，長崎では 2,070 ha であり，2,428 ha の北海道に次いで広大であった。10 ％未満は長野の
みで，10 ％台は北海道，岩手，福島，新潟，京都の 5 道府県であった。残りの 39 県は 30 ％台か
20 ％台のいずれかであった。1980 年における日本全体の耕作放棄地面積は 123,078 ha、土地持ち非
農家のそれは 31,332 ha であったので，土地持ち非農家の耕作放棄地面積率は 25.5 ％であった。

　第 7 図は 1990 年における土地持ち非農家の耕作放棄地面積率である。日本全体の耕作放棄地面
積は 216,785 ha に増加し，販売農家のそれは 112,618 ha（比率は 51.9 ％），自給的農家のそれは 38,037
ha（同，17.5 ％），土地持ち非農家のそれは 66,130 ha（同，30.5 ％）であった。土地持ち非農家の
耕作放棄地面積が 1980 年に比較して倍増したが，販売農家の耕作放棄地面積率が土地持ち非農家
のそれよりも約 20 ％以上であったことは日本の農業に根本的な課題があることを示していると考
えられる。都道府県別にみた土地持ち非農家の耕作放棄地率では，長崎，沖縄，鹿児島，東京，愛
媛の 5 都県が 40 ％台であり，10 ％台には福島，茨城，山形，宮城，長野の 5 県が属し，残りの 37

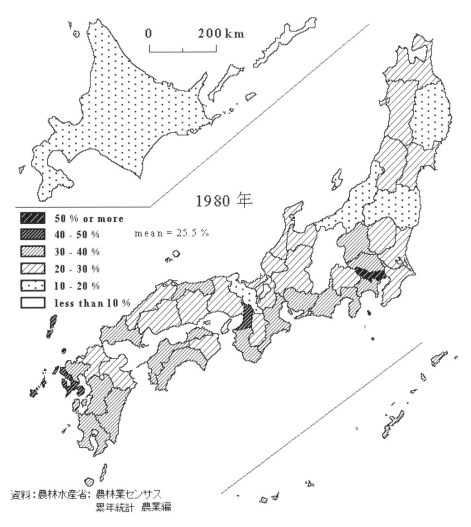

第 6 図　土地持ち非農家の耕作放棄地面積率，1980 年

道府県は 30 ％台か 20 ％台のいずれかであった。

　第 8 図は 2000 年における土地持ち非農家の耕作放棄地面積率である。日本全体の耕作放棄地面積は 342,789 ha に増加し，土地持ち非農家が所有する耕作放棄地面積は 1990 年からさらに倍増して 132,770 ha になり，その比率は 38.7 ％になった。1980 年と 2000 年を比較すると，耕作放棄地面積は 123,078 ha から 342,789 ha に増加し，約 2.8 倍に上昇した。また，土地持ち非農家の耕作放棄地面積は 31,332 ha から 132,770 ha に増加して，約 4.2 倍に上昇した。

　土地持ち非農家の耕作放棄地率が 50 ％以上を示したのは東京，長崎，鹿児島，沖縄の 4 都県であり，20 ％台を示したのは岩手，宮城，福島，茨城の 4 県であった。その結果，残りの 39 府県は 40 ％台か 30 ％台のいずれかを示した。1990 年までは 40 ％台以上の比率を示したのはごく少数の都道府県であったが，2000 年になると，40 ％以上が 25 都府県で過半を占めた。

　第 9 図は 2010 年における土地持ち非農家の耕作放棄地面積率である。2010 年の耕作放棄地面積

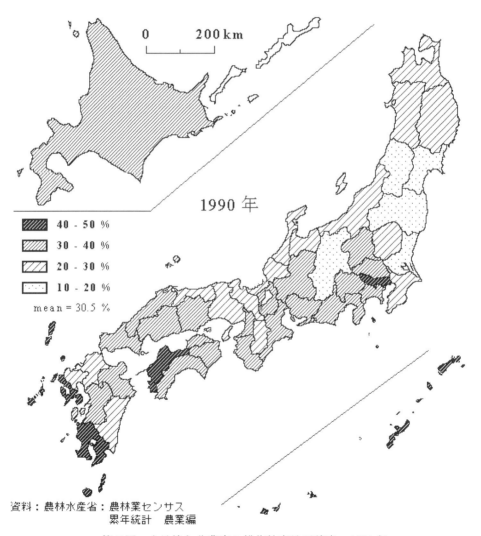

第 7 図　土地持ち非農家の耕作放棄地面積率，1990 年

は 395,981 ha に増加し，1980 年の約 3.2 倍になった。土地持ち非農家の耕作放棄地面積が 181,841 ha であり，その比率は 45.9 ％であり，1980 年の比率と比較すると約 20％上昇した。販売農家による耕作放棄地面積は 124,119 ha（その比率は 31.3 ％）であり，自給的農家の耕作放棄地面積は 90,021 ha（同，22.7 ％）であった。土地持ち非農家の耕作放棄地率が 20 ％台であるのは福島のみであり，30 ％台は岩手，宮城，長野，鳥取，宮崎の 5 県であった。また，50 ％以上は沖縄（63.7％），北海道を初めとする 14 都府県が該当し，残りの 27 府県が 40 ％台を示した。

IV　都道府県別の耕作放棄地面積率

　前章では耕作放棄地面積や土地持ち非農家が所有するその比率，ならびにそれらの時間的推移を検討した。

　その面積や比率には地域差があったが，一貫して増加・上昇していた。しかし，これらの変化が

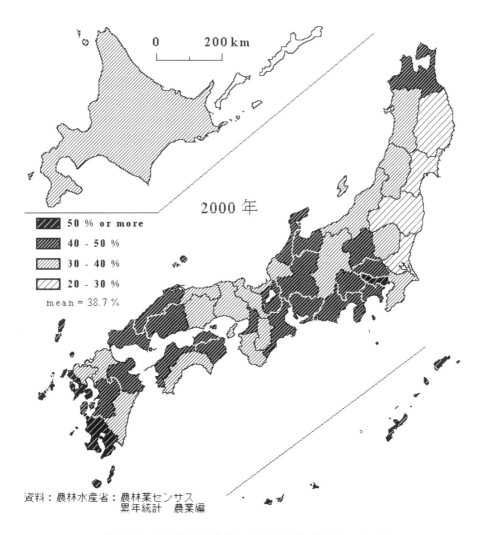

第8図　土地持ち非農家の耕作放棄地面積率，2000 年

社会一般では正確に認識されていない懸念がある。その理由の1つは，国勢調査の産業大分類別15歳以上の農業・林業就業者率が2000年では4.7％であり，2015年には3.5％になって低下し続けており，食料生産の現場である農山村の実情を正確に理解できる人々が一層減少しているからである。この一端を探るため，紙幅の範囲内で耕作放棄地面積率に関する指標を検討する。この比率の算定には様々な方式があるが，ここでは土地持ち非農家が所有している耕地面積を考慮した次式で耕作放棄地面積率を計算し，2015年の場合を第10図に描出した。

耕作放棄地面積率 ＝

100＊耕作放棄地面積／（農家の経営耕地面積＋土地持ち非農家の所有耕地面積）

日本の耕作放棄地面積が423,062 ha，農家の経営耕地面積が3,062,037 ha，土地持ち非農家の所有

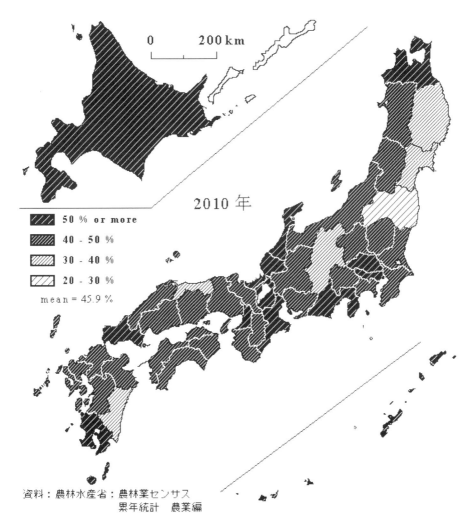

資料：農林水産省；農林業センサス
　　　累年統計　農業編

第9図　土地持ち非農家の耕作放棄地面積率，2010年

耕地面積が 659,070 ha であったので，耕作放棄地面積率（の平均）は 11.4 ％であった。都道府県別の比率が 30 ％以上であったのは，山梨（32.0 ％）と長崎（31.3 ％）の２県であり，低比率の 10 ％未満は北海道（1.9 ％），滋賀（4.3 ％），富山（4.5 ％），福井（5.2 ％），新潟（6.2 ％），秋田（7.1 ％），山形（7.6 ％），栃木（8.9 ％），沖縄（8.9 ％），福岡（9.3 ％），宮崎（9.5 ％）の 11 道県であった。最大値が約 30 ％であれば，日本の多くの人々が事態の重大性に気づきにくいことは予想できるが，この数値は低下することなく，当分少しずつ上昇し続けていく。

　日本の農家戸数は今後も減少し続けるので，耕地面積も減少し続け，耕作放棄地面積の増加はのちにはピークに達し，その後は減少に転じると考えられる。本稿では耕作放棄地面積やその比率の推移を説明してきたが，それは農山村の農林業的等質性の低下に伴う耕地面積の減少やその利用率の低下に由来しており，農業経営の（特に，労働）生産性や所得が他産業の水準と同等にならない

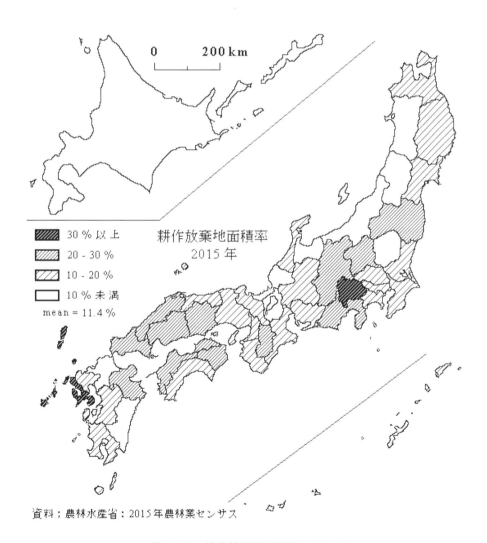

第 10 図　耕作放棄地面積率，2015 年

限り，この傾向は変化しない。しかし，一部には取り扱う農作物や製品を限定化して一定の結果を生み出している経営事例があり，たとえば，菌茸類の生産会社（長野県に多い），野菜工場（企業による巨額の投資が不可欠），企業の自社農場での農作物の栽培・販売，企業や農業生産法人による農家への野菜等の契約委託，企業による農家への牛等の飼・肥育委託，畜産加工品・食肉加工品の製造受託企業等があげられ，今後の発展に対する期待も大きい。とは言え，農家による従来の農業経営の企業化や，企業からの委託生産による農家経営は現実には必ずしも簡単ではない。

　また，耕地管理に付随した畦や土手の除草（草刈り；2月に草焼きバーナー（火炎放射器）等を用いて実施する土手（畦）焼きを含む）が不十分である場合，畦や畔が耕作放棄地と同然になりかねない。耕作放棄地には生命力が旺盛な背高泡立草・蓬・スギナ・葛・芒・羊歯類等の雑草が繁茂し易いので，様々な害虫や狸・白鼻芯・猪・鹿等の侵入・棲息に絶好の環境になり，周囲の耕地に悪影響を及ぼす。獣害が発生し始めると，農業生産の経費が増加し，農産物が全滅する場合もある。それゆえ，耕作放棄地の発生や増加は近くの耕地を適切に管理している農業者には迷惑であり，集落の人間関係に綻びが生じる可能性がある。それゆえ，耕作放棄地を僅かずつでも減少させる活動が日常的に重要である。

　耕作放棄地の増加等の対策として，農地中間管理機構（農地〔集積〕バンク）が2014年に全都道府県に設置された。しかし，機構は農地賃借の仲介役に過ぎないので，その存在意義と実効性には疑問符が付く。農地を貸したいと考える販売農家や自給的農家は市町村の関係部署にその希望を申告するとしても，農業後継者が不足である農家や営農意欲を把握しづらい土地持ち非農家は農地転売による所有権の変更や利用者の変更を躊躇し，現状の農地保有の先送りに終始しがちであり，不特定の借り手に農地を貸すことに大きな不安感を抱くと考えられるので，自発的に申告する可能性は低い。農地の機敏な売買を期待するならば，農地の取り扱い実績がある不動産業者に委託することもできる。しかし，現状では，農地の売却価格は低下傾向にあり，売買が成立しない場合があるので，農地を地目変更 4)することもある。それゆえ，機構は座して待つことなくそれらの実情や農家の所有耕地に関する将来的な意向を自ら調査するという選択肢もある。

　また，集落営農組織や農事組合法人を結成して 5)，耕作放棄地面積を減少させ，1つの組織や法人が経営する農地面積の規模を拡大して農地管理を維持する方策があり，特に後者にはかねて設立事例が多かった。この理由は，農事組合法人の設立経費が廉価で税制上の利点があり，農協等の協力も得られ易く，結果的にその設立が相対的に容易であったからである。しかし，2009年の農地法の改正により，企業法人が農地を借用できるようになったので農業経営に参入し易くなり，企業である有限会社 6)の設立・参入が際立って増加しており，今後も企業的な経営方式を導入した農業が発展するであろう。農家が急遽，企業に変化することや，企業体の一部を構成するのは専門知識・技術・資本等の理由で簡単ではないので，従来，集落営農や農事組合法人への農家の参加が相対的に容易で自然な変化であった。とは言え，集落の農家等の実情は様々であるので，農事組合法人の結成によって多様な農家が集落営農に参加し，集落の農作業が順調に改善・進展するとは限らず，不明確な部分が常に付随している。実際の営農は，農作業の担い手（農業機械を操作する人や協力者等）人数と作業技術，大型農業機械の確保と利用，事務局の体制と運営，年間の綿密な営農計画，

出資金や農業補助金・助成金制度の活用，気象状況等に影響され，健常な高齢者（他産業を退職した年金生活者等）が中心になって作業することが多い。このように，農山村の耕地管理や農作業は現場の活動に委ねざるを得ないが，農作業の担い手が十分に確保できず，運営資金繰りの目途がつかなくなった場合，集落営農や農事組合法人が破綻する可能性がある。

　様々な事柄を述べてきたが，日本の耕作放棄地面積の推移やその比率の試行的な算定によれば，耕作放棄地面積とその比率は当分，増加・上昇し続けるであろう。対照的に，日本の人口減少が続く中，農家戸数と耕地面積は減少し続けると考えられるので，企業・販売農家・自給的農家が協力しながら，経済的効率性や生態系の保全を意識しつつ農山村の土地資源を維持・管理していくことになる。

V　まとめ

　本稿では，日本の耕作放棄地面積とその比率に焦点を当てて 20 世紀後期以降の推移を説明してきた。その際，都道府県別の差異の提示に可能な限り配慮した。以下においては，要点を列挙してまとめとしたい。

　まず，耕作放棄地面積の推移を都道府県別に 1980 年から 2010 年にかけて提示した結果，耕作放棄地面積はほとんどの都道府県で一貫して増加してきた。この傾向に当てはまらなかった都道府県の耕作放棄地面積も，基本的には増加基調であった。また，1975 年から 5 年毎に 2015 年までの岡山県の耕作放棄地面積の推移を事例として提示したところ，1980 年から 1985 年にかけて一時的に減少したが，約 40 年間では増加基調であった。

　耕作放棄地面積の内訳では，販売農家のそれが僅かずつ減少傾向にあり，自給的農家と土地持ち非農家の耕作放棄地面積は増加し続けており，土地持ち非農家の耕作放棄地面積とその比率の増加・上昇が顕著である。そのため，土地持ち非農家の耕作放棄地面積率を 1980・1990・2000・2010 年の 4 年次について都道府県別に描出した結果，この比率が年次の経過につれて少しずつ上昇してきた。比率の変化が顕著になった場合があったが，比率の根本である経営耕地面積と耕作放棄地面積の規模やその変化こそが基本であることを再認識すべきである。

　2015 年の都道府県別耕作放棄地面積率の平均は 11.4 ％であったが，長崎と山梨では 30％台を記録した。これらの比率は当分，上昇し続けていくと考えられる。また，土地持ち非農家とその所有耕地面積は従来以上に社会的に注目されてくるであろう。農業経営の企業化や企業の農業への参入の進展に伴い，販売農家数と自給的農家数，および経営耕地面積は減少し続けると予想できるので，日本国内での農業生産は厳しくなっていく。少数精鋭の農業経営体の育成を目指すべきであろう。

注

1) 耕作放棄地は，農作物が 1 年以上作付けされず，農家が数年の内に作付けする予定が無いと回答した耕地（田畑，果樹園）であり，世界農林業センサスで定義づけられている。
2) 土地持ち非農家とは，農家以外で耕地と耕作放棄地を合わせて 5 アール以上所有している世帯である。

3) 農業センサスの農家調査における「農家」の定義は，頻繁に変化してきたが，1990年以降では経営耕地面積が10アール以上で農業を営む世帯であると規定された。また，過去1年間の農産物販売金額が15万円以上である世帯は，例外規定農家と表記された。1985年までの農家は，経営耕地面積が東日本では10アール以上，西日本では5アール以上で農業を営む世帯とされ，日本の東西で経営規模の下限に差が設けられていたが，1990年以降は全国一律で10アールになったことが大きな変化である。また，調査結果の詳細の公表対象が販売農家に限定されるようになった。

4) 田や畑等の農地を農地以外に転用するには，農地転用届を農業委員会に提出し，その許可を受ける必要がある。また，その手続きは農地の所在地によって異なり，市街化区域に所在する農地の転用は比較的容易であるが，市街化調整区域やその他の区域に存在する農地の転用は，都道府県の農地転用許可が必要である。

5) 農林水産省によれば，集落営農とは，集落を単位として農業生産過程の全部または一部について共同で取り組む組織である。また，農事組合法人は農業生産の協業を図る法人で，組合員は原則として農民である。

6) 社員が50名以内で資本金が300万円以上の会社であり，1人で設立することもでき，役員任期がなく中小規模の事業実施に適している。しかし，新会社法が2006年5月に施行され，有限会社制度は廃止された。よって，有限会社を新規に設立することはできないが，従来の有限会社の形態で株式会社を設立することができる。なお，従来からの有限会社は新会社法では株式会社の一形態として扱われ，名称変更等を伴わず，そのまま継続できる。

文　献

堤　聡・嶋　栄吉 (1993). 青森県における耕作放棄地の実態について. 農業土木学会誌, 61(5), 399-404.

寺床幸雄 (2009). 熊本県水俣市の限界集落における耕作放棄地の拡大とその要因. 地理学評論, 82(6), 588-603.

森本健弘 (1991). 茨城県波崎町における集約的農業の発展に伴う不耕作農地の形成. 地理学評論, 64A9, 613-636.

森本健弘 (1993). 千葉県市川市柏井町四丁目における不耕作農地の形成と農業経営. 地理学評論, 66A9, 515-539.

山本晃郎 (2002). 岡山県における遊休樹園地の実態と賃貸停滞の要因. 岡山県農業総合センター農業試験場研究報告, 20, 51-56.

(2019年4月)

兵庫県但馬地域における水田・里山とスキー場の

多様な放牧利用

神　田　竜　也

Ⅰ　はじめに

　中国山地や兵庫県但馬地域は，優良牛を育んできた伝統的産地であった。中国山地の肉用牛飼養は水稲との複合経営を特色とし，現状は規模零細でかつ高齢化が著しく，飼養戸数および頭数は大幅に減少している（大呂，2014）[1]。中国山地では，奥山や入会地での放牧に特徴があったが，戦後，役畜から肉用へと移行するなかで，肉質の追求，放牧牛の市場評価の低さにより放牧は停滞していった。従来の公共牧場や入会放牧地が姿を消していった一方で，1990 年代には既存の水田・畑，背後の里山へ肉用牛を放牧する農家があらわれた。神田（2016）は，中国山地の小規模な肉用牛産地において，畜産農家の組織化による水田放牧の実態を報告した。ここでは，放牧資材の初期投資や借地の調整コストの点から，放牧導入が困難であった数頭飼養の農家も放牧を可能としている。

　中国山地の延長部に相当する但馬地域は，但馬牛として全国的にも知られる肉用牛の産地である。ここでも個々の農家や集落組織による水田・里山などへの放牧がみられることから，筆者は断片的に現地を訪問し，情報収集につとめてきた。そのなかで，新たな知見が得られたので，本稿では但馬地域の水田・里山とスキー場の放牧[2]を紹介し，若干の展望を提示したい。

　本稿の調査については，2015 年 3 月～2017 年 9 月の間に，新温泉町・香美町・豊岡市の各農林水産課，新温泉農業改良普及センター，JA たじま畜産課，放牧実施農家や集落への聞き取りと資料閲覧，放牧の視察を行った。

Ⅱ　銘柄牛産地としての但馬地域

1．但馬牛

　但馬地域は兵庫県の北側一帯で，現在は新温泉町，香美町，豊岡市，養父市，朝来市の 3 市 2 町をさす（第 1 図）。気候は日本海型気候で，冬期には山間部で 2m の積雪がある。西は，氷ノ山（1,510m）をはじめとする標高 1,000m 前後の山地である。朝来と養父の市街地および集落は，おもに日本海へと注ぐ円山川のつくる谷や支谷沿いにあり，下流部には但馬最大の豊岡盆地がある。日本海側の新温泉や香美は，南側にいたるにつれて谷が奥深くまでのび，そこに集落が点在している。このことがかつての和牛飼育にも影響していた。すなわち，山をこえて交配することが非常に困難で，おのおのの谷のなかで交配が続けられた。この「閉鎖育種」によって改良が重ねられ，当地の牛は優良な資質をもったといわれる[3]。

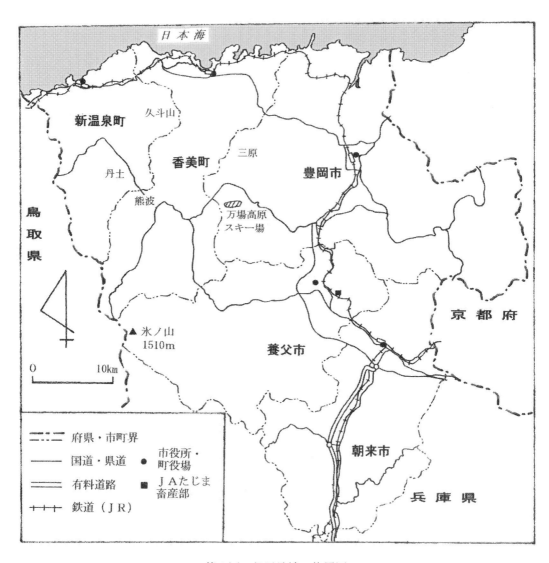

第1図　但馬地域の位置図

「蔓（つる）」とは，くりかえし交配することで，よい特質が固定化されたその系統のことをさす。また，その系統牛，牛の集団を「つる牛」といい，それぞれ優れた特性をもち，遺伝力が強く子牛もほぼ一様の性質をもつ（第2図）。

　但馬牛の特徴としては，遺伝力が確実、角味・骨味・骨はりがよい，皮膚・被毛・皮下脂肪、肉の歩留まりが優れる，連産・長寿で，食肉としても美味である。但馬牛は，もとも

第2図　蔓牛分布の模式図

資料：但馬広域営農団地運営協議会資料による。

と農耕や運搬用として利用されていたため，前軀はよく発達しているが，後軀の発達はやや劣っているといわれる。また，小型で増体が遅く，群飼育管理が難しい。このため，飼育技術は，農家によってバラツキがあるともいわれる。

　但馬牛の肉質は，いわゆるサシ（脂肪交雑）の入り方が非常によい。和牛ではとくにこのサシが肉質のよさをあらわし，その肉はふつう「霜降り」とよばれる。熱を加えると，サシが溶けて周りの筋肉をやわらかくし，深い味わいがある。なお，上質の牛肉の産地である神戸，松坂，近江などの素牛のルーツは，県内で飼養された但馬牛である。なお，2012年には神戸ビーフの海外輸出がはじまり，その需要が高まり新たな戦略が期待されている（『兵庫県肉用牛振興ビジョン』）。

２．産地の概要

　まず，但馬地域の肉用牛繁殖経営の推移を確認しよう。この14年間で飼養戸数は一貫して減少し，飼養頭数は若干の増加となっている（第3図）。戸数は2007〜09年の間に54戸減と急落しているが，その背景には高齢による飼養中止，飼料の高騰や子牛価格の低迷が関係している。現在の飼養戸数は，新温泉と香美の両町（美方郡）に多く但馬地域全体の64％を占め，ここはかつての優良つる牛を育んだ地域でもある。飼養頭数の拡大基調については，繁殖経営の新規参入と青壮年を擁する農家の規模拡大があげられる。新規参入の多くは，親世代に繁殖経営の経験があり，子の世代が別経営で参入する場合で，施設整備の土地も子に譲渡されることがある。また，農協では畜舎の新築や増築に関する制度を設けている。中国地方の伝統的産地が衰退していくなかで，少ないとはいえ当地域の新規参入は1つの興味深い事実である。その背景として，新規参入者の但馬牛ブランドや繁殖経営への関心 [4]，県都から遠距離にあり主たる産業が限定されていること，後述の子牛価格がこの2〜3年高値で推移していることなどいろいろ考えられるが，この点は改めて調査したい。

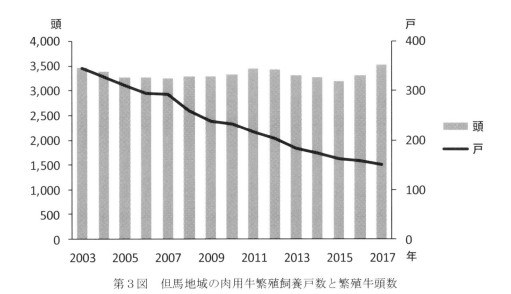

第3図　但馬地域の肉用牛繁殖飼養戸数と繁殖牛頭数
資料：JAたじまによる。

但馬家畜市場の子牛価格（雌および去勢雄）は，2011 年～13 年に 50 万円未満で低迷したが，2014年以降上昇し 2016 年は約 90 万円となっている。子牛価格上昇は全国的動向でもあり，最大の理由は離農がすすんで出荷頭数が減少したことである [5]。神戸牛の素牛として供給される但馬牛の場合，全国平均よりもさらに高い取引額となっている。

繁殖経営において，労働費とともに高い比率を占めるのが飼料費である。飼料については，但馬地域における繁殖経営の飼料自給率が 62%，県全体の 60%より 2 ポイントほど高い結果が出ている（2010 年，広域営農団地運営協議会による）。聞き取りによると，当地では降雨が多いこと，農地面積が狭小であることから機械が導入困難で，飼料作付はすすんでいない。なお，豊岡市の場合，円山川の河川敷計 31.4ha で肉用牛飼養農家 6 戸が飼料作をしている（他に酪農 5 戸，10.4ha）。

県内の放牧面積は 481ha で，このうち但馬地域が 382ha，79%を占める [6]。但馬地域のなかでも美方郡域では，広大な放牧地のほか，水田・畑，耕作放棄地，スキー場の放牧適地が存在し，1990 年代後半から放牧関連の事業を導入して放牧地整備をすすめた。また，個々の繁殖農家による放牧のほか，近年は集落組織による農地管理を主とする放牧もみられてきた。

畜産農家との連携に関しては，美方郡内においてレンタカウ制度がある。この制度は，畜産農家が放牧可能な自家の牛を登録し，放牧希望の集落等とマッチングして放牧拡大を図るものである。この登録農家は 2016 年現在 9 戸で，登録済み頭数は 99 頭である。普及センターはこのマッチングをサポートし，集落の要請により放牧機材を貸出することもある。

次章以降では，放牧実施主体を念頭におき，香美町，新温泉町，豊岡市の放牧例を取り上げる。まず紹介に先立って，各市町の位置づけを確認する。香美町は，繁殖経営の新規参入者や青壮年を擁する産地で，個々の農家が放牧地や水田・畑などで放牧している。新温泉町は，但馬地域のなかでも繁殖経営がもっとも多く，集落組織による集団的な放牧もみられる。本稿では 2 例を報告する。豊岡市はかつてから放牧実施農家や集落組織が存在し，2014～2015 年度に市単独の放牧関連事業を開始した。ここではおのおのの事業を導入したスキー場での放牧（G 氏）と H 氏の放牧を紹介したい。

Ⅲ　香美町の肉用牛繁殖経営と水田・里山放牧

香美町は県北部に位置し，西は新温泉町，南は養父市，東は豊岡市に接する。当町は 2005 年，旧香住町，村岡町，美方町の 3 町が合併して誕生した。2015 年の国勢調査にみる人口は 18,070 である。

香美町の農業では，基幹作物の米をはじめ，後述する肉用牛，ピーマン・ダイコン・キャベツなど野菜類が生産額の上位となっている。肉用牛繁殖経営は 2016 年現在で 44 戸，地区別にみると香住 4，村岡 25，小代 15 である。第 4 図で地区ごとの飼養頭数の推移をみると，村岡の伸びが顕著であることがわかる。村岡は後述のように多頭飼養が多く，小代は昔ながらの手間をかけて育てる小規模層が多いという。また，旧村岡町や美方町では，かつて 1 億円基金制度を創設し，牛を担保として資金借入ができるようにした。このことにより，増頭した農家がある。

つぎに飼養規模別経営体数をみると，繁殖雌牛 10 頭未満の小規模層は 16 戸で，全体の 36%をし

める。一方，30頭以上の層が10戸（23%）で，後述の2市町と比べてやや多い（第1表）。大規模層では100頭以上の飼養が4戸あり，うち2戸はいずれも法人（株式会社）である。以下，その概要を示す。年代は世帯主（法人は代表），頭数は繁殖雌牛。

A　40代，230頭（肥育は330頭），従業員4人，牛肉の直売も手掛ける，放牧有

B　50代，115頭，従業員4人，建設業からの参入

C　20代，111頭，新規就農，父も繁殖経営，放牧有

D　40代，109頭，2世代にわたって経営

　繁殖経営の経営主年代をみると，50〜60歳が全体の27%，60〜70歳が同25%を占める。繁殖経営の新規就農は，2008年1戸，2012年1戸，2015年2戸となっている。

　放牧実施は10戸，うち50代未満の青壮年層が5戸で，放牧を取り入れた経営に積極的なことがうかがえる。放牧地は計25団地，実施面積182.6ha（豊岡市も一部含む），放牧地，採草・野草地，スキー場は1団地の面積が20haを超えるものもある（第2表）。スキー場やその跡地では，先のAやCが放牧している[7]。水田や畑の放牧は1haに満たないものもある。放牧頭数は放牧面積におおむね比例し，1団地につき2〜23頭となっている。放牧期間は冬期に積雪を見るので，いずれの放牧地も6〜11月の6〜7カ月間である。放牧後の問題点は，牛が中毒症状をおこすワラビの繁茂，水田放牧地のシカによる牧草の食害などがある。

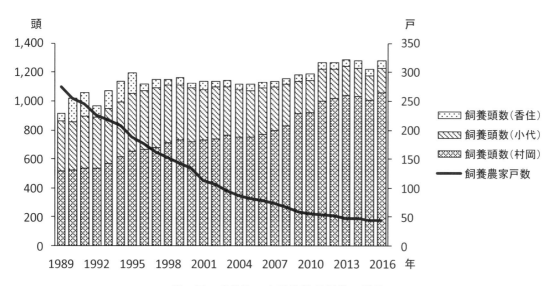

第4図　香美町の肉用牛繁殖経営の推移

資料：香美町役場産業振興課資料による。

第1表　香美町の肉用牛飼養規模別農家数（2016年）

飼養規模	1〜2	3〜4	5〜9	10〜14	15〜19	20〜29	30〜49	50〜99	100〜	計
戸数	5	6	5	6	6	6	4	2	4	44

資料：JAたじま調べ。

第2表　香美町の放牧地

地目	団地	面積 ha	おもな事業導入	備考
山地（牧地）	4	58.9	山地畜産	
採草地・野草地	2	26.2	山地畜産	
スキー場	5	75.6	山地畜産	豊岡2団地（17ha）含む
田	4	2.6	遊休農地等活用	
畑	5	9.9	山地畜産，日本型放牧	
樹園地	1	3.0		桑畑の跡地
耕作放棄地	4	6.4	国産飼料資源活用	
計	25	182.6		

資料：香美町役場産業振興課資料による。

　村岡区熊波のE氏（40代）の例を紹介する。E氏は，繁殖雌牛を90頭飼養する大規模繁殖農家である。地区の農会長の了承を得て，2015年に畜舎近くの水田70aで3頭の放牧をはじめた（借地料はなし）。電牧は冬期の積雪で倒れるため，退牧後撤去する。放牧中に1頭が死亡したことがあり，原因は不明とのこと。なお、別の放牧場（1ha）では10年前から約6頭を放牧していたが，ここはススキが繁茂しなくなり，シカの害が増え始めたという。経営については，現状の規模で労働力がほぼ限界にきている，雇用ができれば増頭する意向がある。

Ⅳ　新温泉町の肉用牛繁殖経営と水田・里山放牧

1．新温泉町の概要

　新温泉町は，県の北西部に位置し，西は鳥取県，東と南は香美町に接し，北は日本海に面する。2005年に，北の浜坂町と南の温泉町が合併し，新温泉町が誕生した。町南部には1,000m級の山が連なり，それを源流とする川の谷に沿って集落が点在する。2015年国勢調査にみる人口は14,819である。

　新温泉町の農業は，基幹作物の米をはじめ，後述の肉用牛，ダイコンが生産額の上位となっている。複合経営が主で，少なくなりつつある冬期の出稼ぎも収入源となっている。肉用牛繁殖経営は2016年現在で56戸となっている。当町では戦後の1957年に成牛3,300頭を有していたが，農業の機械化，子牛価格の低下，受胎率の低下などにより1974年には1,300頭規模まで減少した。その後は増頭振興により1983年に1,570頭まで回復した。しかし，1990年代以降は農家の高齢化と離農が続き，再び減少基調となり，現在は約700頭規模となっている（新温泉町「畜産の現況」による）。

　飼養規模別農家数をみると，10頭未満の規模層は33戸（59%）で小規模経営が多く、30頭以上の層は6戸（11%）である（第3表）。資料「畜産の現況」によると，1〜2頭規模の経営が1994年に全体の55%を占めていた。2004年は同規模が全体の35%，2015年は同15%に減少した。その一方で，10〜15頭規模や31頭以上の層の割合が微増し，とくに後者は壮年を擁する家の規模拡大

第3表　新温泉町の飼養規模別農家数（2016年）

飼養規模	1～2	3～4	5～9	10～14	15～19	20～29	30～49	50～99	計
戸数	11	12	10	9	2	4	3	3	56

資料：和牛登録協会

が背景にある。聞き取りによると，繁殖経営には2012年に1戸，2013年に1戸，2014年に2戸（うち1戸は畜舎整備）の就農があった（いずれも45歳以下）。

2．新温泉町の水田・里山放牧

ここでは，内容の強弱はあるが①放牧の経緯，②放牧の状況（牧区，面積，地目，草種，借地の有無など），③放牧管理（放牧牛の運搬，電牧の設置，見回り）を報告する。なお，聞き取りについては，いずれも2015年9月に行った。

（1）Ｆ氏　久斗山（63戸）は旧温泉町東部で，長くのびた谷の最奥部に位置する。久斗山放牧組合は事業導入[8]の受け皿組織として設立され，Ｆ氏（40代）のほか，50代，70代の3戸からなるが，基本的にはＦ氏が放牧している。Ｆ氏の家では，本人ほか，父，母の3人が経営に従事し，繁殖雌牛40頭を飼養している（10年前は50頭）。かつて水稲92aを作付していたがそれをやめ，飼料作もなく野草を購入している。

Ｆ氏は，2006年に集落の河川敷4haで放牧をはじめた。当時の区長は（周辺が荒れていない）昔の河川に戻したい意向があったという。ここは当初は畜産技術センター（旧畜産試験場）の繁殖雌牛3頭を含む計5頭を放牧し，現在は1回の運搬で入退牧するため3頭を放牧している。また，山間棚田や耕作放棄地[9]のほか，畜舎背後の林地でも放牧し，その面積は計26.5ha，8団地となっている。

放牧地拡大の契機となったのは，Ｆ氏が第3期中山間地域等直接支払制度の協定代表となったとき，集落内の全農地の利用状況を整理したことにある。このとき，未利用地への放牧には地元住民の強い反対があった。ただし，放牧目的の借地については，地権者のなかに同級生がいたことで，話がしやすかったようである。放牧中は1日1回見回りし，出産の3カ月前は畜舎で増し飼いする。Ｆ氏は放牧中，野草だけでも餌は十分であるという。多いときは30頭を放牧する。放牧は1戸でやるのがよいといい，それは病気（届出伝染病）が他家の牛にうつるからである。なお，放牧の入退牧時に血液検査をしているほど徹底している。組合員をのぞく借地は10戸分あり，利用料や管理を含む交付等の配分は，地権者10aあたり30,000円，組合側同18,000円となっている。

本例は，ほぼＦ氏単独の放牧とみなしうる。個々の農家が自家の牛を放牧する場合，その放牧面積はおのずと限られる。しかし，Ｆ氏の放牧地はかなり広域にわたっていた稀なケースであった。まず，筆者はこの点に注目したが，その基盤には河川敷や林地といった広大な未利用地を放牧利用している点にある。

放牧面積拡大のポイントを2点指摘しておく。第1に集落協定の保全管理にあたって，農地の状況把握が必要だったことである。Ｆ氏が協定代表のとき，集落内の農地状況を俯瞰できた点は重要であったといえる。第2に，借地において同級生や有志グループへの声かけが関係していたことで

ある。すなわち，仲間内から話をしていくと，借地利用につなげやすいことがわかる。

（2）集落組織の水田放牧　丹土（106 戸）は，旧温泉町の南東側に位置し，その一帯にはかつての地すべり地跡に棚田が広がる。丹土では，農地 60a の保全管理として集落内で草刈りをしていたとき，改良普及センターから放牧を提案された（2002 年）。そこで地元の有志による丹土鶴谷（たんどつりだに）放牧組合が結成され，顔なじみであった隣接集落の繁殖農家から放牧牛をレンタルした。電牧などの放牧資材は，集落協定の助成でまかない，放牧開始初期はここに畑を有していた高齢女性が見回りしていた。

放牧組合は 2015 年現在，40 代 3 人，50 代 3 人，60 代 1 人の計 7 人からなる。組合設立にあたっては，かれらが地元の野球仲間であり話をしやすかった。放牧面積は 2006 年に 1ha，2013 年から山地畜産確立事業により 4.8ha（5 団地）に拡大した。放牧期間は 6 ～ 11 月の 5 ～ 6 カ月間，放牧頭数は 9 頭。レンタル先の家は世帯主 50 代で 79 頭飼養，町内でも大規模層に入る。地権者は組合員 7 戸，80 代 2 戸を含む計 9 戸となっている。地権者には，集落協定による面積あたりの交付額からこのうち 4 割を支払う（6 割は組合側に配分）。見回りや電圧チェックは副会長が専任で朝夕の 2 回担当するが，それは牛が動揺するので 1 人のほうがよいという。電牧設置の労賃はなく，繁殖農家からの利用料もない。

丹土組合は集団型の放牧例で，隣接の繁殖農家の牛を借りうけ，その役割分担では組合側がおもに放牧後の飼養管理を行っていた。畜産側としては，放牧経営の負担が少なく放牧料も発生せず，あくまで農地保全に協力している意味合いが強い。

最後に，丹土集落における農地管理のあり方を，新温泉町資料にも依拠しつつ述べておく。圃場整備を完了した農地では従来どおり耕作が継続されるが，これよりも劣る農地は集落営農の管理も視野に入っている。一方，未整備の棚田などが該当する条件不利な農地では，放牧管理が妥当であるとしている。以上の考え方は，粗放管理も視野に入れた集落の農地区分，いわゆる農村版のゾーニングである。

V　豊岡市の肉用牛繁殖経営と水田・里山およびスキー場放牧

1．豊岡市の概要

豊岡市は，県の北東部に位置し，西は香美町，東は京都府，南は朝来市と境を接する。2005 年に旧豊岡市とともに，周辺の竹野町，城崎町，出石町，日高町と合併して新豊岡市が誕生した。2015 年の国勢調査にみる人口は 85,020 である。

水田は 4,160ha で，農家の 9 割近くが水稲を生産する。とくに「コウノトリ育む農法」による減農薬栽培が推進されている（全面積の 38%）。生産調整への対応には，均一に各農家へ配分するのでなく，担い手農家や前述の農法に取り組む農家へ加算している。他には，ピーマンやキャベツ，大豆などが栽培されている。

肉用牛繁殖経営は 2016 年現在 26 戸で，2003 年とくらべて 33 戸の大幅な減少を示す。9 頭規模以下の高齢農家の離農がおもな原因である。繁殖雌牛の飼養数はこの間 500 頭前後で推移している。この背景には，第 1 に離農後の牛を地域内の繁殖農家が引き取っていること，第 2 に一部の農家が

飼養規模を拡大していることがあげられる。

　飼養規模別農家数では，10頭未満の規模層が全体の4割を占める。30〜49頭規模には3戸があり，その世帯主と後継者の有無では60代：後継者有，50代：後継ぐ可能性あり，40代となっている。50頭〜規模は1戸で，60代：後継者有である。

２．豊岡市の水田・里山およびスキー場放牧

　豊岡市では，2014年に山地畜産確立事業，2015年に里地放牧事業を実施し，導入農家および組織に対して電牧の助成を行った。前者の事業は，市西部の神鍋高原にあるスキー場8haが対象となり，電牧など補助が10aあたり1万円でなされた。ここでは，放牧を希望する畜産農家が放牧組合を結成し，市の仲介を経てスキー場の運営会社と放牧組合側が交渉した。初年度は最大21頭が放牧され，会社側に謝礼として8万円（1haにつき1万円）が支払われた。

　一方，後者は，市内5カ所が対象であり，2カ所が繁殖農家の放牧，他の3カ所は集落営農や協定組織による放牧で，このうち2カ所については畜産農家から牛をレンタルして放牧する（第4表）。1カ所につき上限30万円の助成がなされた。後述の竹野町三原では，この事業導入で1.9haの水田放牧をはじめたが，経費は320,600円，自己資金はわずか20,600円となっている。すなわち，事業は，市の助成額がきわめて高く，放牧実施主体の負担がほとんどない。以下では，おのおのの事業を導入して放牧するG氏とH氏の例を紹介する。聞き取りについては，2017年8月に行った。

　（１）G氏　万場スキー場のゲレンデには，豊岡市の世帯主40代と30代、香美町の同30代（G氏）が放牧する（第5図）。放牧地は，伝染病の問題があるので各農家で牧区を設けている。放牧時の見回りや補助飼料給与は，2016年までスキー場近くに住む農協職員が1回1,000円で行っていた。2017年からは個々の放牧農家が行う。G氏の場合，週1回見回り（水の点検）する。放牧する以前は，会社側が乗用草刈機を使用してスキー場を除草していたが，放牧後はその手間が省けるようになった。

　G氏は就農した繁殖農家で，繁殖雌牛50頭を飼養する。香美町内でも放牧していたが，スキー場のような纏まった土地で，放牧可能な場所はないという。とくに飼料費の削減を評価している。放牧地とするゲレンデ上部までは未舗装の林道を通る。畜舎からこの放牧地までは1時間近くはかかる。それにもかかわらず，放牧は前述のように魅力的であるという。視察時には5頭が放牧されていた。草丈が短い時に放牧すると，放牧牛がそれを食べ尽くしてしまい，裸地化する。一方，草丈が1mぐらいの長さになると，食べなくなる。このような経験から，G氏は放牧地の草の状態，草地の維持にとくに注意している。なお，今後の経営志向について，G氏は増頭したいものの，畜舎を増築する土地がないのでいたって困難であるとの回答を得た。現状では，飼料費など経費節減につとめ，削蹄の副収入で経営を維持する意向である。

　万場スキー場の放牧農家は，G氏を含め青壮年農家でかつ大・中規模の飼養頭数を有する特徴がある。かれらは，経営の維持・拡大，飼養労働の省力化に放牧経営を位置づけていることが想定される。そうした農家において広域なスキー場は，季節的利用ができる格好の放牧地である。

　（２）H氏　豊岡市竹野町三原には，奥深くのびる谷やその斜面に5つの集落がある。このうちの北住（あちじゅう，総戸数39）は，その深く長い谷をすすんだ先の傾斜地にある。H氏は，繁殖雌

第4表　豊岡市里地放牧事業による放牧状況

地区	面積ha	放牧頭数	実施主体	備考
豊岡市目坂	0.7	4	繁殖農家	
竹野町三原	1.9	6	任意組合（組合長）	
出石町暮坂	1.1	8	繁殖農家	
但東町薬王寺	1.2	6	集落営農組織	レンタル牛
但東町口藤	1.5	3	集落協定	レンタル牛

資料：豊岡市農林水産課資料による。

第5図　G氏の放牧（豊岡市万場）

2017年8月3日，筆者撮影。

牛19頭を飼養し（10年前は16頭），他に水稲80aの作付がある。農業労働力は本人，妻は農家民宿を経営している。三原地区の北住には，H氏の放牧地4.3haがある。このうちの田2.4ha（5団地）には牧草地をかねて，ソルゴーやミレットを播種する。ここは，すでに1990年代後半から放牧していた所で，転作奨励で入る助成額を地権者に支払っていた。なお，中山間地域等直接支払制度により電牧一式を購入したこともあった。

その後，市の里地放牧事業により，新たにH氏の家に隣接する棚田や林地1.9haで放牧をすすめた。事業の導入にあたって，H氏と地権者の9戸による北住農家組合が結成された。

H氏は多いときで6頭を，牧草および野草を勘案しつつ転牧している。退牧後は電牧器と電牧線は回収するものの，ポールは建てたままである。放牧中の補助飼料給餌はない。飲み水については，水路や沢からホースで引き供給する。この放牧地付近には畑があるが，その地権者は刈り草を放牧牛に給与することがある。放牧の評価として，H氏は畜舎の糞尿処理軽減と飼料費の削減，放牧牛

の運動によい点をあげた。問題は，春期，電牧線を張る前にシカが進入し，雑草や牧草を食すことである。

市の事業導入の背景には，H氏はすでに単独で放牧し，豊富な放牧経験を有していたことがある。今回詳細な聞き取りはできなかったが，そうした放牧経験と集落での放牧は，少なくとも住民の同意もある程度得られていたものと考えられる。

VI　おわりに

本稿では，但馬地域を例として，肉用牛繁殖経営の推移や飼養規模をふまえ，水田・里山，スキー場の多様な地域資源の放牧利用を紹介してきた。

但馬地域の肉用牛繁殖経営は，他の伝統産地と同様に減少傾向にあるものの，飼養頭数は若干増加している。後者においては，繁殖経営の新規参入と青壮年農家の増頭意欲によるところが大きい。新規参入においては，土地の獲得や畜舎整備が大きな制約となるが，農協では畜舎整備助成をすすめてきた。

但馬地域においても，2000年代以降，肉用牛繁殖農家が経営改善の方策や低・未利用地の有効利用策として放牧を導入してきた。当地の放牧農家の多くは，地域内で飼養規模が大きい，青壮年を擁するという特徴がある。筆者の研究によると，個々の農家の放牧は，飼養規模拡大が限定的で，農家の経営維持や高齢化対策の性格をもつ（神田，2015）。ここでの放牧は，高齢化の対策というよりは，壮年の経営維持という向きが強い。とくに，大規模経営が飼料依存からますます土地から切り離される現状をかんがみると，土地への回帰という点で当地の大規模経営の放牧は意義をもつといえる。放牧地の拡大には，纏まった土地の確保が問題となるが，当地では，従来の専用放牧地のほか，河川敷，スキー場の季節的利用がみられた。F氏のような地権者の借地への働きかけは，水田・里山放牧の放牧面積が限られるなかで，放牧地拡大の方策として注目される。本稿では，壮年の飼養規模拡大が放牧によってどの程度なされたのか，あるいはなされていないのか踏み込めなかった。今後の課題としたい。

一方，新温泉町や豊岡市では，集落組織主体の放牧も行われている。丹土集落では，他集落の繁殖農家から牛をレンタルし，粗放的な土地管理を目的として放牧を導入した。その放牧システムは，組合側がおもに放牧後の飼養管理を行い，貸出農家の放牧料支払いはなく，協定交付金を地権者と組合で配分している。レンタル放牧では，集落と畜産農家の調整がカギとなる。丹土のように集落と畜産農家が顔見知りであると実践しやすいが，豊岡市では調整に難航した例もあった。

本稿の成立にあたっては，最初から明確な問題意識のもとでおしすすめたわけではなかった。すなわち，放牧地域の地誌的接近から，これまで気になっていた放牧地拡大や放牧管理に関する知見を得ることができた。今後の放牧研究の一助としたい。

［付記］本調査では，各関係機関，放牧農家・集落のみなさまに多大なるご支援をいただきました。
　　　　末筆ながら，心よりお礼申し上げます。

注

1) 大呂（2014）は全国の和牛産地を12に細分し，このうち中国山地および但馬地域を「本州・九州の水田作と結びついた伝統的産地」と位置づけている。その特徴を列挙すると，和牛改良の先進地，経営規模零細・高齢化，水稲との複合経営，奥山への放牧である。

2) 水田・里山放牧とは，水田などの耕地，低・未利用地（転作地），耕作放棄地，背後の里山への肉用牛放牧のことである。また，スキー場はあくまで既存施設であり，耕地や林地とは性格を異にするので，水田・里山放牧のなかにふくめていない。スキー場の放牧利用は，その放牧主体と管理会社との利用調整，地域資源の有効利用，放牧管理など，水田・里山放牧との関連をみるうえで興味深い事例である。

3) 但馬牛（たじまうし）の記述に関しては，温泉町教育研修所調査部編（1967），但馬牧場公園の資料による。

4) ひょうご就農支援センター編（2016）には，但馬地域において3人の繁殖経営新規就農が取り上げられている。その参入動機のコメント欄では，但馬牛の飼育に魅力を感じていることが読み取れる。

5) 同家畜市場では，2012年をピークに2015年は前年度5.0%減の2,762頭となった（畜産経営対策部，2016）。

6) この数値は，兵庫県の「飼料をめぐる情勢」による。

7) スキー場放牧の嚆矢は，2001年に美方スノーパークにおいて，この敷地内に畜舎をもつ農家がはじめたことであった。ここでは現在，Aが放牧しているが，利用料は発生せず，Aが放牧管理する。

8) 「強い農業づくり交付金」による放牧地整備など。

9) 本人案内のもと，2，3の放牧地を視察した。このうち計50aの放牧地は，狭小な谷あいの小区画の棚田で，農道は未整備である。

文　献

大呂興平 (2014). 『日本の肉用牛繁殖経営―国土周辺部における成長メカニズム―』農林統計協会.

温泉町教育研修所調査部編 (1967). 『温泉町郷土読本―温泉町誌―』温泉町.

神田竜也 (2015). 水田・里山放牧の展開と推進課題. 経済地理学年報, 61(1), 37-50.

神田竜也 (2016). 畜産農家の組織化による水田放牧の可能性. 奈良大地理, 22, 24-34.

畜産経営対策部肉用子牛課 (2016). 繁殖雌牛の増頭に向けた地域の取り組み―最近の肉用子牛価格をめぐる情勢を交えて―. 畜産の情報, 323, 53-65.

ひょうご就農支援センター編 (2016). 『新規就農先輩の軌跡』同.

（2019 年 1 月）

香川県仁尾塩田の運命

—開発から廃止後の状態—

重　見　之　雄

Ⅰ　はじめに

　わが国の塩田の大部分はすでに江戸時代に開発されたものである。開発には2つの時期があり，1つは17世紀で，おもに藩営によるものが中心であった。もう1つは19世紀でおもに民営によるもので，いずれも新田開発と同一軌道上のものであった。そして灌漑用水の得易い所は水田，得難ければそこを塩田にした。

　香川県の塩田の大半は明治以後の地主資本によって開発されたもので，大部分が地主会社による法人が所有し，しかもすべて小作塩田であった。明治38（1905）年に塩の専売制が施行され，直接生産者に塩製造権が，即ち小作塩田の場合は小作人に与えられた。大正10（1921）年頃になると，地主会社ではその製造権を無断で会社に移管しようとし，それに反対する小作争議が起こった（加茂，1993: 13）。

　当塩田は江戸時代に開発された古浜と大正期になって開発された新浜からなるが，たまたま新浜は小作争議の時期後，地主会社による直営自作化された時期になって開発された最も新しいものであった。

　当稿では古浜の開発と経営，新浜について，その開発の経過，入浜式塩田当時，流下式塩田への転換，第四次塩業整備，廃止後の塩田とその後に至るまでの経過の追跡を試みようとするものである。

Ⅱ　古浜の開発と経営

　第1図では既に古浜だけが開発されている。古浜については「塩田ノ設置ハ天保六（1825）年，現製造人（塩田忠左衛門）ノ先代外数名共同ニテ現今ノ塩田四塩戸ヲ築造シ当時ハ小作経営ヲナセルガ其ノ後明治八（1875）年及明治十七（1884）年ノ両年度暴風ノ為大損害ヲ蒙リ他ノ共同者ハ総テ脱退セシヲ以テ爾後独力経営スルコトトナリ同年ヨリ小作ヲ廃シ自営トシ以テ現今ニ至レリ」（専売局，1913: 1119），すなわち明治17（1884）年から塩田忠左衛門による自作経営になった。そして古浜の明治44（1911）年の収支については第1表に示したが，6町歩余りの塩田で年間2,631円余と当時としてはかなり大きな利益をあげていた。

　自作者であった塩田忠左衛の資産所有状況については後にも述べるが，この時点では「営業主ハ県

第1図　仁尾新浜の埋立造成前

資料：2万分の1「詫間」「仁尾」

　　　明治30年測図。

第1表　古浜塩田（明治44年）

6町3反1畝12歩の収支

	金　　　額	種　　　類
収　入	11,452円23銭	塩納付賠償金
支　出	2,980円00銭	燃料（石炭）代金
	3,831.00	労銀
	1,129.00	包装費（叺代金）
	76.00	撒砂入替費
	554.46	建物設備器具機械修繕費
	250.00	
計	8,820円46銭	
利益金	2,631円77銭	

資料：専売局（1913），p1，p123より。

第2表　仁尾塩田略年表

天保7(1836)年	古浜約6町歩完成
明治17(1884)年	津波により堤防決壊、塩田忠左衛門購入
大正5(1916)年	新浜埋立出願、製塩許可申請
大正8(1919)年	香川県より埋立許可
	会社設立総会、資本金75万円　大蔵省専売制局より
	塩製造許可58町4反5畝27歩　1,700万斤
大正9(1920)年	許可条件　三、塩田を自作し自ら塩製造業を自作すべし
	入浜式塩田開拓工事に着工
大正12(1923)年	塩田59,0589ha竣工、7月より作業請負により採かん開始
	煎熬（製塩）は平釜式25基会社直営
昭和10(1935)年	真空式製塩工場運転開始　古浜（社長の個人所有）を買収
	採かん地（塩田）面積66,0686haとなる
昭和23(1948)年	職業安定法により採かん作業請負を廃止し、会社直営になる
昭和32(1957)年	流下式塩田への転換工事完成、塩田62,7282ha,枝状架5,061
昭和46(1971)年	塩田廃止

資料：森　武範『仁尾塩田50年史』（草稿）による。

内屈指ノ富豪家ニシテ資産六十万円ヲ有シ現ニ多額納税者タルノミナラズ曩ニ衆議院議員ニ挙ケラレタルコトアル等地方ニ於イテ声望隆シ」（専売局, 1913: 1120）とあり，明治31（1898）年8月の第6回総選挙で衆議院議員に当選している（日本国政調査会編, 1977: 33）。

Ⅲ　新浜開発の経過

　第2表に新旧両塩田の開発から，昭和46（1971）年に第四次塩業整備によって廃止されるまでの略年表を示した。当塩田は入浜式塩田当時年間1ha当り塩生産量が約140tと瀬戸内沿岸でも最高位を示した。

　明治期まで当仁尾町における経済を支えていたものは，江戸時代に丸亀藩の保護育成によって発展してきた液類（酢，酒，醤油，菜種油など）の生産と販売であった。製品の搬出はおもに港によったが大正期になって鉄道が開通し，最寄りに詫間駅が開設されると，たちまち港が衰微し，経済的基礎が失われた。そこでこれに代わるものとして，大正5（1916）年に新塩田の開発が発案され，その後大正8（1919）年に地方の地主資本を結集して仁尾塩田株式会社が設立された。

　第1図に新浜開発前の状況を示したが，大正9（1920）年にやっと当時の専売局から塩製造許可が交付された。それには幾つかの条件がついており，そのうちの一つは第2表の下線部分に見られるよ

第2図　最盛期の塩田
資料：2万5千分の1「仁尾」
　　　昭和3年測図。

第3図　入浜式塩田の採かん作業
資料：仁尾町建設課（1984），p55より。

うに，塩製造権は必ず経営者である会社自らが保持し塩田を自作することであった。そして大正 12（1923）年 7 月から塩田の部分的完成した所から作業請負，つまり収納塩の出来高払いという形で塩田を稼働させ始めた。塩田が全部完成したのは翌 13（1924）年で，製塩工場は昭和 10（1935）年に真空式の工場が完成してからは工場だけは会社が別に直接労働者を雇って経営した。最初から会社が塩田を自作したことはまさに許可条件に従ったものであり，結果的には宇多津塩田などで行われた小作争議の教訓を生かしたものになった。

　新浜の造成はすべて海面埋立によるものであったが，これに対して漁業者側は殆んど異議を申し立てておらず，きわめて円満のうちに工事が進められた。しかも会社側は新塩田を東西に貫く道路の新設や，漁船の係留場所，網干場などの提供など若干の便宜的供与を行っている [1]。第 2 図は昭和 3（1928）年の測図で第 3 図に写真で示したように入浜式塩田における採かん作業（塩田から濃縮した海水を採収すること）の稼働最盛期の状況である。

Ⅳ　おもな株主

　第 3 表に主要株主とその所有資産状況を示した。前の第 2 表中に示したように大正 8（1919）年は仁尾塩田株式会社創立の年で，この当時の 15,000 株を 736 人が所有していた。第 3 表にはそのうち250 株以上の所有者 11 人の氏名をあげたが，かれらだけで総株数の 29％を所有していた。先述の塩田忠左衛門名義のものは 300 株であるが，次の代の塩田賢二郎は 1,000 株を所有する最大の所有者であった。大正 10（1921）年には世代交替しており，忠左衛門という名前が世襲されている。大正8（1919）年の大株主の中の先代忠左衛門が衆議院議員だったことは前にも述べたが，それに先がけ

第 3 表　大株主とその資産所有状況

| 発起人 | 大正 8 年 | | 昭和 10 年 | | 出身地・職業 | 大正 14 年 | | | 昭和 5 年 | 昭和 7 年 | 昭和 14 年 | 備　考 |
	株主名	持株数	株主名	持株数		所有農地	資産	納税額．円	納税額	納税額	直接国税総額	
○	塩田　賢二郎	1,000	（忠左衛門）	5,474	仁　尾　商業	205町0	400万円	11,212.250	6,228円	4,745円	9,008円02	忠左衛門を襲名
○	鳥取　杢治	450	（富士男）	282	笠　田　農業						1,537.23	
	西脇　亀一	423		335								
○	辻　藤三郎	400	（鷹義）	670								初代社長
	田淵　貞四郎	400	（ヨシ）	220								
	塩田忠左衛門	300	世代交代									賢二郎の先代
○	塩田　正太郎	300	→700									忠左衛門の新家
	武田　謙	290	→465		多度津　農業	140.6	300万円	8,912.700	5.399	3.494	11,088.93	
	浪越　鷹太郎	270	→1,006		仁　尾　農業		45万円	1,750.900		661	1,726.51	
	荻田　才助	270										
	鳥取　治郎八	250	→360		笠　田　農業	143.2	120万円	6,300.580	1.771	2.081		
	鳥取　為三郎		431		笠　田　農業						8,511.93	
	吉岡　金蔵		389		丸　亀　商業					554	1,834.56	
	松田　友良		181		詫間　村長	68.0	127万円	2,725.360	1.430	1.443	3.265.02	
	塩田　角治		153		多度津　農業	169.7	600万円	10,714.500	7.616	4.332	12,653.09	
	加藤　勘学		110		弦　打　農業		100万円	8,996.050	5.398	4.181	7,874.92	
	合計　736人	15,000	471人	22,000								

　資料：仁尾塩田 kk「株主名簿」および『明治大正日本全国資産家・地域資料集成』（1984）

　　　による。

て明治23（1890）年から同27（1894）年までは仁尾村長であった。当初270株を所有していた浪越鷹太郎が明治40（1907）年から大正10（1921）年までの村長，300株を所有した塩田正太郎が最後の仁尾村長としてその後を継ぎ大正13（1924）年に町制を施行してからの最初の町長でもあった。その後昭和10（1935）年から同20（1945）年までの間最大株主であった塩田賢二郎の次世代，忠左衛門が町長を務めている（仁尾町, 1955: 211）。

昭和10（1935）年の株総数は2万2千，株主総数は大正8（1919）年の736人から471人に減少しているが，特定の株主への所有の集中と株主の交替がみられる。塩田忠左衛門は明治31（1897）年の納税額は香川県下で第2位，鳥取治郎八も県下15人の多額納税者の中の1人として名を連ねている（日本全国商工人名録発行所, 1898: 264）。そして第3表に見るように大正14（1925）年に前者は農地205町歩を所有し，これは県下最大であったし，後者は笠田村（現豊中町）で村外者であったが，143町歩もの農地を所有する大地主であった（農商務省農務局, 1924: 223-224）。第3表の大正8（1919）年の株主については250株以上の株主を11人あげ，そのうち10人は世代交替しているが昭和10（1935）年の株主でもあった。同年の株主名には100株以上の株主45人の中から，資産の所有状況などが何等かの資料によって裏付けられるもののみを新たに加えた。このうち松田友良は大正2（1927）年から昭和8（1933）年まで20年間も詫間村長，昭和6（1931）年から8（1933）年まで県会議長でもあった（詫間町誌編集委員会編, 1952: 350）。そして塩田は詫間18番浜の面積約2町歩を1塩戸所有していた（香川県塩業組合連合会, 1954: 45）。

加藤勘学は弦打村（現高松市）で大正14（1925）年から資料に名前が登場してくるが，この先代加藤直兵衛がここに2町7反歩余りの塩田を所有し，「塩田以外ニ約百町歩ノ田地ヲ所有シ香川県ニ於テ屈指ノ資産家」（専売局, 1913: 712）とあるのは明治45（1912）年の状況で，第3表の大正14（1925）年の所有農地欄には当時の所有農地50町歩以上だった者だけ所有面積を記入したものであるから，同年にはそれ未満しか所有していなかったのであろう。塩田は大正時代に弦打浜の大半を所有し，経営していたようだが，ここは昭和9（1934）年から大幅に塩製造人名義が変わっている[2]。しかし他の資料には昭和14（1939）年までは加藤の名字が見られることから，他にも相当の資産を所有していたものであろう。

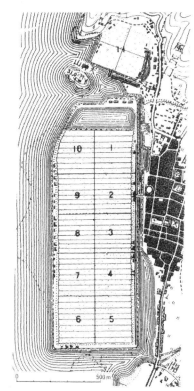

第4図　最盛期の塩田

資料：第2図を拡大。区画は日本日本専売公社塩脳部（1954）p102-103及び聞き取りによる。

仁尾塩田はやはり地方の地主資本によって開発され，大株主は他地域の塩田地主と同様にかなりの財産家で，地方議会などで活躍していたことなど他の塩田地主と共通的な性格を有していたものと思われる。

V　請負人の性格

　当初の請負契約証[3]（以下契約証という）の第一に「請負期間ハ大正拾（1921）年壱月拾七日ヨリ大正拾壱年二月八日迄ノ期間トス」とあることから，契約期間は 1 ヶ年であったが，しかし実際には毎年更新して作業請負を続けていたようである。そして契約証の第二に「大正十年一月十七日，労務請負保証金トシテ金四百円ヲ（1 か年百円ニ付利子六円ニテ）貴殿ニ御預ケ申置不都合ナク本契約満期ノ時拙者へ申受クルモノトス」とあり，この保証金は昭和 5（1930）年 500 円になっており，請負人が交替する際には当事者間で甘土料（請負権料，小作地の場合は小作権料のことで，天土料とも云う）として支払われることが引き継がれてきていたようである[4]。

　そして当初は塩の納付までが請負人の仕事で契約証書の第三に「拙者ハ作業場ノ善良ナル管理者トナリ塩製造作業ヲ誠実ニ執行シ良質ノ食塩ヲ貴殿ノ為ニ専売局ニ納付スルモノトス」とある。さらに請負人の所得になるものについては第四に「納付塩ニ対スル賠償金ハ左ノ通リ処分セラルベキコト」として「賠償金ヨリ先ズ参等塩ニ相当スル代金引去リ，貴殿ノ所得トシ其残金ヨリ石炭，縄，叺其他製塩用品代金悉皆，建物，機具新調修繕用，使用人ノ賃金及塩田経営用雑費ヲ控除シタル残金ヲ期末ニ於テ労働報酬トシテ申受クベク候，但事情ノ如何不拘以上ノ諸費全部ヲ控除シ得ザル場合ハ其ノ不足金ハ拙者ニ於テ賠償可仕候」[5]と相当きびしい内容になっている。

　一般的に入浜式塩田は 1.5 ～ 2 町歩に区画されており，これを 1 塩戸（えんこ）と称した。ここではほぼその約半分の 7 反 2 畝ごとに細分され，これを単位に請負契約がなされ，第 4 図に示したように新浜ではまず大きく 10 区画に分けられていたものがさらに 8 区画に細分され，各細長い区画に 15 台ずつの

第 4 表　塩戸別担当者数の変化

担当塩戸数	大正 12 年	昭和 5 年	昭和 10 年	昭和 15 年	昭和 23 年	昭和 28 年
1	22	35	41	41	79	81
2	18	15	14	22	3	2
3	1	1	1			
4	3	1	1			
5						
6						
7						
8	1					
9		1	1			
計	45[1]	53	58[2]	63	82[3]	83[4]

　注：1) 採かん開始　2) 古浜 4 追加　3) 請負制廃止　4) 流下式転換前
　　　資料：「仁尾塩田鹹水溜台帳」による。

- 162 -

沼井が2列に並んでいた。そして2区画に1ヶ所の割合で平釜式の煎熬（製塩）場が設けられていた。

　古浜は塩田忠左衛門の個人所有であったものが，前に第2表中に示したように昭和10（1935）年に真空式製塩工場が完成した年に会社が古浜を買収して No.11 とし，これを田の字型に1区画として請負わせた。古浜は6町5反を4分したので新浜の約2倍の面積が1区画になっていた[6]。

　塩田開発当初請負人を募集した当時は愛媛県多喜浜からかなり来たようである[7]。ここでは請負の単位を塩戸というよりもむしろ区画と称したほうが適切であったかも知れない。区画数別請負人数の変化を第4表に示した。大正12（1923）年には1人で8区画，昭和5（1930）年と10（1935）年には1人で9区画をも請け負っていた者がいた。昭和15（1940）年からは1人で3区画以上の請負人はいなくなった。この頃から第二次世界大戦の激化のため請負人不足になってきたようである。

第5表　家族数・塩業従業者数別世帯数

		塩業従事者数				世帯数
		1人	2人	3人	4人	
家族数	2人	1	1			2
	3	1	2			3
	4	1	2			3
	5	5	4	1		10
	6	3	10	2		15
	7	4	11	2	1	18
	8	6	6			12
	9	1	4	4		9
	10		2			2
	11		1	1	1	3
	12		1	1		2
	13		1			1
計		22	45	11	2	80

資料：四国地方総合開発調査所（1954），p89-91

　　　より作成。

第6表　塩業と農業収入への依存度別世帯数

		塩業収入への依存度				計
		8割以上	7～8割	5～7割	3～5割	
農業収入	なし	5	1	1		7
	1割以下	19	1	2		22
	1～3割	17	8	3	2	30
	3～5割		1	11	4	16
	5割以上			3	2	5
計		41	11	20	8	80

資料：四国地方総合開発調査所（1954），p89-91 より作成。

第7表　経営耕地面積別・兼業世帯数

	なし	0.1ha以下	0.1〜0.2	0.2〜0.3	0.3〜0.5	0.5〜1ha	計
総　　数	11	39	15	6	5	4	80
うち農地改革により拡大		5	1	2	1	2	11
兼業内容　商店勤務		2					2
工場勤務	1	4	3	2			10
保安隊			1	1			2
公務員				1			1
他村塩業						1	1
商　業	2						2
家政婦			1				1
農　協			1				1
国　鉄			1				1
船　員		1					1
精米業		1					1
計	3	8	7	4		1	23

資料：四国地方総合開発調査所（1954），p82-84 より作成。

　前に第2表の中に示したように，昭和23（1948）年には請負制度を廃止して採かん過程も会社直営に改めた。その際会社はそれまでの請負人に対して甘土料および離職手当として1人当り平均19,367円を支払った[8]。そしてそれ以後は従来通りの各区画から採かん責任者（親方）として自分の担当区画の従業員の雇用を任された。実際には親方の家族が労働力を補助していた。

VI　雇用従業者の兼業状況

　各区画の従業者80世帯の「家族構成と就業状況」について昭和29（1954）年の調査結果を第5表に示した。家族数僅か2人だけというのは2世帯のみで，そのうち1つの73歳は主業として塩業に従事するが，農業に従事せず，72歳は農業には従事するが，浜仕事には出ない老人世帯，もう1つは31と26歳で，両者とも主業として塩業で農業に従事せず，両世帯とも塩田からの収入が8割を超えている塩業専業世帯である。家族数が7人というのが18世帯と最も多く，家族数が10〜13人の合計が8世帯もあり，その中には4代同居も見られ，当然核家族化が進んでいなかった（四国地方総合開発調査所, 1954: 85-88）。

　更にこれら80世帯がどの程度塩業収入に依存していたかについて第6表に示した。依存度8割以上が41世帯と約半数を占め，大部分の世帯が5割以上の収入を塩業に依存していたし，また大部分の世帯では僅かな農業収入が塩業収入を補っていたことがわかる。当時の仁尾町の農地の状況を見ると，水田が145町歩余りだったのに対し，畑はその約2倍の309町歩あまり，そのうち果樹園が約130町歩余りでこれは主に柑橘類である。経営耕地面積3反未満が417戸で全農家戸数の約43%を占め，専業農家も全農家戸数の31%余りに過ぎず，経営面積が零細にしては家族労働力が多いので，同居家族は他にも職業を求めていたことが指摘されている（四国地方総合開発調査所, 1954: 80）。零

細で自給的な米麦2毛作を基礎に，柑橘類，たばこ，除虫菊，花卉園芸，蔬菜類などの商品作物の導入が図られつつあったが，農家の立場からみても，塩田で働くことは農繁期と夏の塩田の最盛期とは重ならず，年間労働力配分が可能なので，集約的な農業も有力な現金収入源であったことは確かである。

　各区画に割り当てられた80人の従業者（棟梁）世帯の兼業状態を第7表に示した。棟梁自身多くは塩業に重点的に従事していたが，兼業していた場合もある。世帯別に見ると農業以外の兼業は23世帯で，そのうち10世帯は家族が何等かの工場に勤務するが，その勤務先までは記されていない。塩田における採かん作業は他の産業のように定刻出勤というものではなく，天候の状況を考慮して，各浜の棟梁およびその家族従業者に任されていた。晴天日数が最も多い当地でもせいぜい年間160日程度であった。そのため兼業先によっては兼業が可能であったのではないかと思われる。

　上記の調査結果には「仁尾塩田（株）の棟梁一家の生活構造を通じて，……（中略）……殆んどの棟梁は農業と兼業で塩業に従事しているが，その家族もその多くは農業の延長として塩業に従事し……（中略）……採かん労働力は質的にはそれが主として農業との兼業関係にする関係から成り……（後略）」とのコメントが附記されている（長谷，1958）。まさに岡山県西部を含めて，香川県の多くの半塩戸経営かそれ以下の入浜式塩田の労働力は零細な農業の余剰労働力によって支えられていた面が大きかったといえるであろう。

Ⅶ　流下式塩田への転換

　入浜式塩田では塩田の表面に撒布された重い撒砂を人力で移動させなければならなかった。わが国ではこの技法が江戸時代から約300年間も続いてきた。しかし昭和30（1955）年頃になると，塩田面にゆっくりと海水を流す流下式塩田（第5図）への転換が図られるようになった。昭和27（1957）〜30（1955）年頃の入浜式塩田の夏の最盛期には家族労働者まで含めると常時約800人もの従業者が働いていた。

第5図　宇多津流下式塩田（昭和40年）

資料：扶桑塩田写真集編集委員会（1978），p28より。

第6図　廃止後の仁尾塩田　　　　　　　　　　第7図　最近の元仁尾塩田

資料：2万5千分の1「仁尾」昭和53年改測。　　資料：2万5千分の1「仁尾」平成16年

　　　　　　　　　　　　　　　　　　　　　　　　　　　9月発行。

　　流下式塩田への転換は入浜式塩田当時の生産力の低かった地域が優先され，当地のような優秀な塩田は後回しになった。入浜式塩田は人力によって砂を動かしたが，流下式塩田は海水を動かすことによって肉体労働は管理労働に変わり，僅かに30人ですむようになり，多くの余剰労働力を生じたが入浜式塩田当時から既に後継者不足の状態であった関係上大きな失業問題にはならなかった（日本専売公社, 1973: 829·834）。しかし全国的な食塩の生産過剰となり，昭和46（1971）年にはイオン交換樹脂膜法への転換によって塩田は全部廃止されることになった。従って流下式塩田の運命は僅か数年間だけで，当地の塩田も昭和47（1972）年1月21日，第四次塩業整備によって食塩の生産が廃止されることになった（重見, 1984: 294）。

Ⅷ　廃止後の塩田

　　第四次塩業整備によって塩田は廃止になることは数年前からわかっていた。会社名を仁尾興産 kk に改め，北部の1.6haはくるまえびの養殖場に転用された。塩田表面の海抜高度は付近の潮汐干満の差の中位であったので，そのままの状態で養殖場に転用することはできた。しかしそれ以外の塩田跡地を公共用地や住宅地に転用しようとするためには水の供給が不可欠であった。そのため昭和48（1973）年には香川用水から給水を受けた。さらに，公共用地や住宅地への転用に際しては大量の土砂を運び込んで海抜何mかに埋め立てる必要があった。塩田そのものが海抜0mの海面埋立による四

辺形の人工島であったのでここで生産した塩を運ぶためのごく小さな橋はかかっていたが，改めて大がかりの埋立を行うためには大量の土砂を投入しなければならなかった。そのためには頑丈な橋の建設が必要であった。

　厖大な量の埋立のための土砂の搬入，強力な4ヶ所の大橋，都市計画道路，上下水道などのインフラ整備がほぼ完成したのが，塩田が廃止されてから5年後の昭和52（1977）年であった。翌53（1978）年10月には太陽熱発電の実験プラント建設工事が開始され，「タワー集光方式」と「曲面方式」の2方式によるものであった。どちらも反射鏡によって太陽光線を1点に集め，水をボイラーによって加熱し，その蒸気力によって発電機をまわすというものであった。実際に発電が開始されたのは昭和56（1981）年3月からであった。これらが稼働し，同時に太陽博覧会が開催された場所が第6図の中に記載されている。昭和58（1983）年11月まで2年8ヶ月の間，入場者125万人を数えた。博覧会の終了とともに発電実験も中止された（仁尾町建設課，1984: 45-51）。

　これらが行われていた以外の場所では区画整理事業が行われ，第7図が最新の状況であるが，新しい町役場や，昭和55（1980）年2月には町営の野球場やテニスコートが建設され，9月には町立中学校が移転してきた。翌56（1981）年には福祉会館や勤労者体育センター，老人ホームなどの公共福祉施設および町営住宅なども建設され，他地域からの移住者も迎えられた。さらにその挙句四国では唯一のテクノポリス地域に指定された。

　以上のように当町では大正期の塩田の開発とその廃止が極めて大きな経済的な変化を与え，人口も約1万5千人とこれまでの最大で，大正13（1924）に単独で町制を施行している。しかしそれ以後人口は次第に減少に転じ，当時の約半数程度の約8千人になった。平成の大合併時期になって三豊市に合併されて今日に至っている。

IX　おわりに

　仁尾町は明治時代まで瀬戸内沿岸の典型的な農村であった。とりわけ米麦を中心とする集約的な農村で，生産物にできるだけ付加価値をつけて販売しようとそれらを原料とする加工品の生産，すなわち味噌，醤油，酒への加工，日照時間の多い南斜面を利用しての柑橘栽培等が盛んになっていた。しかも市街地の前面は波静かで，遠浅な海岸は零細な沿岸漁業，しかし人口の増加は当然地域経済の発展の必要性をもたらした。新塩田が開発された当時，当然人口は増加したが，第二次世界大戦の激化と共に働き盛りの男性は戦地へと駆り出され，入浜式塩田は労働力不足による大きな打撃を蒙ったが，終戦後復員によって塩生産も回復するにつれて，町全体の人口は昭和25（1950）年にこれまでの最高の1万1千人を超えた。当時は同町を含む三豊郡はむしろ岡山県側の児島郡味野や野崎家が所有する内海山田塩田への労働力の供給地だった。しかし以後昭和30（1955）年頃の流下式塩田への転換後，昭和46（1976）年の第四次塩業整備による塩田の廃止などマイナスの条件が続くことによって人口は減少の一途をたどった。それ以後太陽の町を標榜して太陽熱発電や太陽博覧会の開催なども永

久的なものではなく，ごく一時的なものに過ぎず，人口減少には歯止めがかからず昭和 60（1985）年には約 7 千人になった。

俗にいう少子高齢化の全国的な荒波の中で，地方の市町村はどのような対策を講じたらよいのか，当地でも沿岸の大小蔦島を目玉としての観光開発などまさに地理学の本格的な出番かと思われる。しかしいざ具体的となると，なすすべが浮かばないのは誠に残念である。今後一層の地域調査の進展に期待したい。

注

1）仁尾興産 kk（塩田廃止後仁尾塩田 kk の改名会社名）所蔵の「重要書類」綴　大正 8（1919）年 12 月起による。

2）日本専売公社高松地方局（現日本たばこ kk 四国支社）所蔵「塩製造許可台帳」大正 6（1917）年起による。

3）当時の仁尾塩田 kk（現仁尾興産 kk）所蔵「塩田労務請負契約証」大正 10（1921）1 月 17 日による。

4）かつて請負人であった吉田仙吉氏からの聴き取りによる。

5）前注 4）に同じ。

6）前注 3）同上社所蔵「仁尾塩田鹹水台帳」による。

7）現仁尾興産役員　森　武範氏からの聴き取りによる。

8）森　武範『仁尾塩田五〇年史』（草稿）による。

文　献

香川県塩業組合連合会（1954）．業界一覧．塩業展望 29, 1-84.

加茂　詮（1993）．『近代日本塩業の展開過程』北泉社.

四国地方総合開発調査所（1954）．『塩業―生産機構と生産力並にその分析―』四国地方総合開発審議会.

重見之雄（1984）．『瀬戸内塩田の経済地理的研究』大明堂.

専売局（1913）．『塩業組織調査書』専売局.

詫間町誌編集委員会編（1952）．『詫間町誌』香川県詫間町役場.

仁尾町（1955）．『仁尾町誌』仁尾町.

仁尾町建設課（1984）．『仁尾浜の再生と未来―仁尾浜埋立ての記録―』仁尾町.

日本国政調査会編（1977）．『衆議院名鑑』日本国勢調査会.

日本全国商工人名録発行所（1898）．『日本全国商工人名録（明治 31 年版）』日本全国商工人名録発行所．（渋谷隆一編（1984）．『明治期日本全国資産家地主資料集成Ⅲ』柏書房.）

日本専売公社（1973）.『第四次塩業整備事績報告—塩業近代化のはじまり—』日本専売公社.

日本専売公社塩脳部（1954）.『日本塩田地図』日本専売公社塩脳部.

農商務省農務局（1924）.『五十町歩以上ノ大地主』.（渋谷隆一編（1984）.『大正昭和日本全国資産家地主資料集成Ⅰ』柏書房, 171-230.）

長谷正視（1958）. 流下式転換後の塩業経営形態. 日本塩業の研究 1, 163-196.

扶桑塩田写真集編集委員会（1978）.『扶桑塩田写真集』宇多津塩田株式会社.

（2019 年 5 月）

条件不利地域における地域振興

田　中　史　朗

I　はじめに

　経済のグローバル化の進展は，東京への人，もの，金，情報の一極集中を推し進める一方で，地方，なかんずく第一次産業を経済基盤とする離島・半島・中山間地域などの条件不利地域[1]では，人口減少と高齢化がとめどもなく進み，かつ地理的・自然的制約のために日常生活，生産活動に著しく支障をきたし，地域社会を維持することさえ困難な深刻な事態に直面している。事態を静観すれば，人の住まない場所となる。人の住まない場所は，人の住めない場所へと変質する。結果，第一次産業の担い手がこれまで自覚することなく果たしてきた諸機能が損なわれることとなり，都市住民といえども不利益を被らざるをえなくなる。つまり，人の手が加わらない条件不利地域にあっては，土砂崩れや洪水などの自然災害が頻発し，産業廃棄物などのゴミ捨て場となり，景観・生態系の破壊と水源の汚染が進み，外部からの不審者に対して無防備な状態になる。そこで，国土の均衡ある発展をはかるうえでも，また，農林水産業および農山漁村がこれまで果たしてきた多面的機能[2]を保持するためにも，そこに住み続けたい人がいる限り，そこでの暮らしが成り立つようにしなければならない。

　ところで，中央と地方，都市と農山漁村との間のいびつな経済発展の端緒は，戦後の高度経済成長期の重化学工業優先政策にある。工業立地条件に恵まれ，工場進出が相次いだ太平洋ベルト地帯と，開発から取り残され，若年労働力を大都市圏に輩出してきた周辺部との経済格差は年を追うごとに拡大し，過疎・過密問題が顕在化し，今に至ったのである。

　過疎・過密問題を解消するために，政府は過去幾度となく国土総合開発計画の中で対策を講じてきたが，地域間格差は解消するどころか，むしろ拡大の一途をたどってきた。例えば，高度経済成長期の 1962 年に制定された「新産業都市建設促進法」，1971 年の「農村地域工業等導入促進法」，翌 1972 年の「工業再配置促進法」などは，工業発展から取り残されていた地域への工場立地を促すための一連の立法措置であったが，格差解消の抜本的な解決策とはならなかった。また，安定経済成長期の 1983 年には先端技術産業を地方へ誘致し，大都市圏から人口を移動させようと「高度技術工業集積地域開発促進法」（通称「テクノポリス法」）を制定したが，これとて，1985 年のプラザ合意以降の急速な円高ドル安基調の中で，九州・東北地方を中心に地方に進出していた電気・電子工業は，より人件費の安い中国・ASEAN 諸国に軸足を移し，地方経済の衰退に拍車をかけることになった。アメリカ合衆国との貿易不均衡を是正し，内需拡大による持続的な経済成長を目指した経済構造調整期の 1987 年には，都市と農山漁村との交流促進によって地域活性化をはかろうと「総合保養地域整備法」（通称「リゾート法」）を制定したが，バブル経済の崩壊によって事業者および

地方自治体は多額の負債を抱えて経営に行き詰まり，自然破壊の爪痕だけを残して開発計画は頓挫したのである。

　成長戦略の一環として地域の活力創造を政策スローガンに掲げる安倍晋三首相は，「地方創生」を政権の重点政策に浮上させ，2014年に「まち・ひと・しごと創生法」を制定し，人口減少に歯止めをかけるとともに，東京一極集中を食い止めるためのダム機能として，「若者に魅力のある地域拠点都市」を築こうとしているが，一方で，これとは相矛盾するような形で，物品関税の撤廃やサービス・投資の自由化を推し進めるためのTPP11（環太平洋経済連携協定）・日欧EPA（経済連携協定）・日米TAG（物品貿易協定）の締結・発効に向けての環境整備として，競争力のある農業・漁業を育てるとのスローガンの下，農地および区画漁業権の取得を外部資本に開放するための規制緩和を着々と進めてきた。こうした一連の措置は，農山漁村地域に弱肉強食の競争原理を持ち込むことになり，地域の第一次産業の担い手および農水産関連産業従事者の激減を招来することが予想され，その結果，農山漁村地域は外部圧力に対して脆弱な社会となり，環境が損なわれ，かえって地域経済，地域社会の衰退に拍車がかかることにもなりかねない。これまで大勢の農林漁業者そして農山漁村集落が担ってきた環境・景観保全や伝統文化の継承などの多面的機能がこれから先，一部の農林漁業資本によって保持されるとはとうてい思えないし，また，経営が悪化したとしても，外部資本が地域のことを第一に考えて踏みとどまってくれる保証はどこにもない。結局のところ，「地方創生」とは名ばかりで，その実，地方切り捨て政策以外の何ものでもない[3)]。今日，農山漁村地域に求められているのは，永続可能な地域社会を築くために，地域の基幹産業である第一次産業が将来にわたって安定的に存続できるための処方箋を導出することにある。本研究では，鹿児島県の離島地域を中心に，条件不利地域での地域活性化[4)]に向けての地域資源の内容と活用状況，産業づくり，すなわち，事業開発への挑戦とその成果，人および組織づくりへの取り組みとその活動状況についてのこれまでの調査研究をレビューし，地域づくりの手法と課題を総括してみたい。

II　目標とする地域社会

　地域づくりの目標は，大きく儲けることができずとも，大勢の者が地域資源を分かち合いながら，精神的にも（地域活動にも積極的に参加できる時間的ゆとりのある状態），物質的にも（勤労者並みの生活が享受できる所得保障の実現），豊かさを実感できる地域社会を形成することにある。すなわち，「よそ者をそこに住みたいと思わせるような地域社会」，「よそ者がそこに住む人に魅せられて集まるような地域社会」が理想とする社会である。そのためには，①人づくり，②生活文化の再生，③産業づくり（事業開発への挑戦）が必須要件となる。

　人づくりにあたっては，人が育つ環境づくりが先決であると同時に，やる気のある若者に活躍できる「場」を提供することが肝要である。つまり，やる気のある若者に責任ある仕事を任せ，年長者・経験者が物心両面でサポートする体制を構築することが重要である。人材育成の好例として，大阪府の泉佐野漁業協同組合（以下，「泉佐野漁協」と略記する）と大阪府漁業協同組合連合会（以下，「大阪府漁連」と略記する）の対応があげられる。泉佐野漁協では2000年代初頭に，やる気のある30歳台の若手組合員を漁協理事に選出し，大阪府漁連も彼を同組織内に設立した「小型機船底

曳網漁業管理部会」（大阪府下 206 業者で構成）の部会長に抜擢し，思う存分リーダーシップを発揮させている。彼もその期待に十分に応え，週休２日制の実施，小型魚再放流のバックフィッシュ運動など，大阪府小型機船底曳網漁業の広域的な資源管理の統一した基準づくりとその実現に尽力し，後進の手本となり（田中, 2008: 89, 93, 99, 100），今では泉佐野漁協の組合長の職だけにとどまらず，大阪府豊かな海づくり協議会の副代表，大阪海区漁業調整委員をつとめるなど重責を担っている。この他，青壮年部の組織化と活動の活性化も人材育成にとって有効である。例えば，単一漁協の枠を超えて小型機船底曳網漁業の広域的漁業管理を実践している淡路東浦地区（大阪湾に臨む洲本市と淡路市の 10 漁協で構成されている）にあっては，①休漁日の設定，②出漁・帰港時刻の統一，③網目のサイズ拡大と統一，④小型魚再放流の４点で同一歩調をとっているが，10 漁協が足並みをそろえることができた要因の一つとして，地元で 4H クラブと称している青年部の活発な活動をあげることができる。稚魚・稚貝の中間育成や放流などの共同事業の実施や各種研修会での相互の人的交流が人づくり，人脈づくりに活かされ次世代のリーダーが育つ素地を作ってきたのである（田中, 2006: 51-53）。また，兵庫県では漁村地域の指導者にふさわしい人材育成を目指して，兵庫県漁業協同組合連合会（以下，「兵庫県漁連」と略記する）と一般社団法人兵庫県水産振興基金が主体となって 2005 年 10 月に「大輪田塾」5)を開設した。2016 年 10 月時点での修了生は 50 名を数える。研修の成果として，①浜のリーダーが輩出されたこと，②仲間の輪が広がり，人的ネットワークを構築する場ができ，共同での活動を立ち上げることができるようになったこと，などがあげられる。

　生活文化の再生では，島が指摘しているように住民が互いに相手を尊重し，学びあい，助け合って楽しく生活が送れると同時に，外に向かって自己主張ができ，人を引きつけ，かつそこに生きることを誇りに思うような個性ある地域文化（「地域の顔」）を創造することにある（島, 1992: 1-10）。「葉っぱビジネス」を手掛けた徳島県上勝町の住民からは，「住んでいる地域が良くならないと自分の人生も惨めになる。良いところにお住まいですねと言われる町にしたい」との思いから，「つまもの」による地域興しに参加したとの声が寄せられている 6)。また，山口県蓋井島漁協では，花嫁対策として 1979 年から定期休漁日（第２・第４土曜日）を設定したため，資源管理の面で効果をあげるとともに，家族団らんと地域活動参加への機会が増え，ゆとりと潤いのある生活が実現したのである（島, 1995: 18-36）。

　産業づくりでは，域外への人口流出を食い止め，域内への人口流入を促すための，単に雇用の受け皿づくりとしてだけではなく，住民のやりがい，生きがいづくりとして，事業開発への挑戦が必要である。それを成功に導くためには，六次産業化の推進と異業種連携による域内外でのネットワークづくりが鍵となる。

Ⅲ　事業開発への挑戦

１．六次産業化

　六次産業化とは，川上（生産地）から川下（消費地）に至る流通過程で，生産者の取り分が極めて少ないことを背景に，それを打開すべく，生産（第一次産業）のみならず，加工（第二次産業）や販売・観光（第三次産業）にまで踏み込んだ一体的な取り組み（一次×二次×三次＝六次）を行

い，農林水産物の付加価値向上をはかるとともに，農林水産業・農山漁村の体験学習を通して都市住民との交流を促進し，農家・漁家民宿，レストラン経営など新たな地域ビジネスの展開や産業の創出によって，都市から農山漁村へ所得移転をはかる一連の取り組みを指している。漁業では「海業（うみぎょう）[7]」と呼ばれたりもしている。

六次産業化を推進するために，政府は2010年12月に「地域資源を活用した農林漁業者等による新事業の創出等及び地域の農林水産物利用促進に関する法律」（通称「六次産業化・地産地消法」）を公布し，2020年までにその市場規模を10兆円に拡大する目標を掲げている[8]。2016年の農林水産省（以下，「農水省」と略記する）の試算によると，およそ116兆円ある国内の食関連産業生産額の内，農林漁業者に帰属する額はわずか12.7兆円であり，全体の10.9%を占めるに過ぎない[9]。また，2016年度の農漁業における六次産業化の市場規模は2兆2575億円余りである（同年度の農漁業生産額は10兆7881億円である）。六次産業化を後押しするために，政府は補助金や農林漁業成長産業化ファンドによる出資を通して，農林漁業者に対する六次産業化プランナーの派遣や六次産業化ネットワーク活動資金の交付，新商品開発や加工・販売施設整備のための支援を行っている[10]。

２．六次産業化の戦略

（１）生産物の差別化戦略　農林水産物に付加価値をつけて高く売るためには，徹底した品質管理による商品づくり，すなわち，ブランド化をはかることが肝要である。ブランド化をはかることの利点としては，①顧客満足度を高め，顧客との関係性を強化することができる。②顧客との関係性強化によって長期利益を創造することができる。③地域経済再建への貢献と資源・環境への配慮が可能となる。資源・環境への配慮とは，例えば，漁業の場合，ブランド化によって少ない漁獲で高い利益を生み出すことで，乱獲を防ぎ，燃油を節約した，資源にも環境にもやさしい経営を打ち立てることができることを指す。④安全・安心・おいしさを追求した質の高いこだわりのある商品をつくることによって，輸出業者や高級食材を扱う新たなビジネスパートナーとの協力関係を構築することができる。⑤市場評価の高い商品を生産することによって，従事者のモチベーションが向上する，などの点が指摘できる。規格化された共同販売（以下，「共販」と略記する）体制の下では，農林水産物は消費地市場では往々にして他の産地・生産者と差別化されることなく同一商品としてとり取り扱われるケースが多いため，産地なり生産者の品質へのこだわりが価格に反映されない実態がみられる。これを克服するためには，生産者が労力に見合った価格を自ら設定できるような独自の流通チャネルの構築が必要となる。

ブランドの源泉について波積は，①品種，②生産・加工技術，③品質管理，④産地と旬，⑤流通過程における評価・選別などをあげている（波積，2010: 40）。このうち③品質管理では，鹿児島県甑島漁協が導入しているプロトン凍結法とか，島根県海士町にある第三セクターの水産加工会社「ふるさと海士」が導入しているCAS凍結法などの高度加工処理技術[11]を使った高鮮度の冷凍水産物や，枕崎市の遠洋カツオ一本釣漁船が漁獲したカツオの冷凍保存技術である「ブライン凍結１級品」や高鮮度の「スペシャル１級品」[12]などがある。これらは生産地から消費地までの時間距離を克服する有効な手段となっている。ただし，こうした農林水産物のブランド化は万能薬ではなく，次のような限界も指摘されている。①品質の変動性（季節性）の存在。②商品の価値実現における流通過

程の重要性。すなわち，鮮度保持のためにコールドチェーン（低温流通体系）の整備が不可欠であること。③供給量の不安定性。④限りなく続く差別化投資による収益の縮小。⑤ブランド化は国内市場の全体的な拡大や総体的な経営向上をもたらすものではなく，あくまでも産地間競争を勝ち抜くツールであり，縮小する市場を奪い合うライバル切り捨ての武器になっているなどの点である（佐野，2010: 36-44）。

（２）加工業の育成　加工業を振興させることの意義は，水産業を例にあげると次のようなものがある。①缶詰や冷凍加工品のように品質劣化を防止すると同時に，②練り製品加工にみられるように商品価値の低い素材の販売価格上昇が見込め（規格外品の商品化），③長期保存による周年出荷体制の構築が可能となり，④生産物の一部を加工に回すことによって，大量水揚げにともなう産地市場価格の値崩れを防止する，すなわち，産地市場価格を下支えする効果があり，さらには⑤加工場の稼働によって地域に新たな雇用が創出されると同時に，⑥域内生産額が増え，それにともない地方税の増収が見込まれるなどの点が指摘できる。このように生産者にとっても，地域にとっても多くの経済効果がもたらされるのが加工業である。それ故，地域の持続的発展にとって，加工業の振興は必要不可欠な基礎的条件となる。

（３）第三次産業（販売・観光業）の振興　大量に生産し，大量に販売するためには，共販ルートの存在は不可欠であり，その必要性を認めつつも，販売価格は市場動向に大きく左右され，かつ流通の川下に位置する量販店のバイイングパワー（巨大な販売力を背景とした強い仕入力・購買力）によって生産者は価格交渉力で弱い立場に立たされるため，収益の低下と不安定さは避けがたい。こうした状況を打開するためには，大量販売ルートである共販以外に，生産者自らが，場合によっては単協単位で多様な流通チャネルを構築して，販売リスクの軽減と出荷経費の節減をはかる手立てを講じることが必要となる。対策としては，産地直売所（「道の駅」や「海の駅」を含む）での販売や通信販売，都市のアンテナショップでの販売，生産物オーナー制度などがある。いずれの販売方法も，生産者自身の手で価格が決められるという利点がある。この他，ふるさと納税制度を活用した都市住民への地元農林水産物の売り込みなども考えられる。なお，販路開拓にあたっては，このような商品がほしいという顧客ニーズと商品の品揃えや品質などの産地情報とをマッチングさせる仲介者を得ることが必須要件となる。

　販路開拓の方向性としては，一つには，国内外での市場開拓，すなわち，中食の普及に合わせた調理済み食品の品揃えや学校給食を含めた食育の普及活動，さらには東アジア・東南アジアの富裕層をターゲットとした輸出促進，および和食のユネスコ無形文化遺産登録を追い風とした欧米のヘルシー志向層への輸出拡大がある[13]。二つには，観光業との連携強化，つまり，食材の供給を通して，第一次産業と観光業との結びつきを強化し，両産業の発展につなげることである。観光業は，農林水産業の六次産業化の一翼を担うと同時に，それ自体，宿泊，地元食材を利用した食事の提供，特産品（農林水産物）の販売などを通して，地域経済への波及効果の高い重要な総合産業である。離島など条件不利地域での農林水産業を基軸にした観光業としては，グリーンツーリズム・ブルーツーリズムなどと称される農家・漁家に宿泊して，農作業や漁労および農林水産物の一次加工を体験する余暇活動の他に，果物のもぎ取りと試食のできる観光農業，マリンレジャーとしての釣り，

潮干狩り，スキューバーダイビングなど多岐にわたる。これら五感（視覚，聴覚，触覚，嗅覚，味覚）を刺激する体験プログラムを提供することによって，観光客に地域の魅力を強くアピールすることができるのである。なお，体験学習を取り入れた民泊を推進することの意義について，筆者は①ホテル・旅館など一部の観光業者や外部資本だけが潤うのではなく，地域全体で豊かさを追求することができる。②民泊を通して，人々との交流が生まれ，リピーター客の獲得につながるだけではなく，利用客の口コミによって特産物も含めた地域の宣伝を担ってもらえる。つまり，地域のサポーターとしての役割を演じてもらえる。③交流を通して，地元民がやりがい，生きがいを感じることができる。④地元の良さ，地域資源の再発見・再認識につながり，地元を誇りに思うなど，住民の意識改革がおこる。⑤体験学習を通して，都市住民が農業・漁業を身近な存在として認識し，彼らの農業・漁業への新規参入を促すきっかけとなる。⑥日帰り観光客を足留めし，より多くの金を使ってもらえることなどを指摘し，積極的に評価している（田中，2013: 48）。また，観光による地域振興を成功に導くための必要条件として，①地域の特徴を出し，他の地域との差別化をはかる。今はやりの言葉で言えば，「今だけ，ここだけ，あなただけ」を体感できる観光開発を行う（藻谷・山田，2016: 115）。②関係者・関係機関との連絡調整のために，牽引役となる組織およびリーダーの存在。③官と民および住民相互の連携と役割分担の明確化。④活動の永続性を担保するために，活動に参加する人自身が活動を楽しむものでなければならないことの4点を，十分条件として，広域的観光圏形成の必要性を指摘した（田中，2013: 49-50）。さらに，観光による経済的恩恵を地域住民にあまねく浸透させるためには，第一次産業との連携強化を積極的に進めるべきであり，かつ住民の暮らしと環境保全を第一に考えて観光業振興をはかる場合には，旅行業者が立案した「発地型旅行」ではなく，地域住民が観光客・旅行業者に旅行プランを提案する「着地型旅行」を目指すべきであり，その際，旅行プラン，体験プログラムを誰が，どの機関がコーディネートするのかが成否の鍵になると同時に，地域のイメージダウンを防ぐために，観光ガイドの質の保証が重要となる（田中，2013: 46-47）。

（4）鹿児島県島嶼部での六次産業化　鹿児島県島嶼部での六次産業化への取り組みを事業主体別に整理すると次のようになる。(a)生産者によるもの，(b)系統組織（漁協）によるもの，(c)自治体主導によるものがある。

　(a)生産者主体の奄美群島における六次産業化は鹿児島県大島支庁，奄美群島広域事務組合など行政の積極的な支援もあり，その数は多くないものの，着実に実を結びつつある。なかでも一本釣で漁獲したカツオ・シビ（キハダマグロの幼魚）を刺身・鰹節として処理し販売すると同時に，魚コロッケや餃子などの総菜も製造・販売し，かつ奄美市長からゼロ・エミッションの助言を受けて発酵処理機を導入して，刺身や鰹節の製造過程で発生する頭部，骨，内臓などの残滓を捨てずに発酵させて堆肥をつくり，資源として有効活用するとともに，関西から修学旅行生を受け入れてブルーツーリズムを実施している奄美市名瀬大熊の「宝勢丸鰹漁業生産組合」の存在が際立っている[14]。「宝勢丸鰹漁業生産組合」は，六次産業化への取り組み以外に，魚食普及のための魚の捌き方講習会や奄美群島水産青年協議会と連携した「新鮮お魚祭り」の開催，地元中学生の職場体験の実施，児童福祉施設への魚の提供，地元小・中学校の学校給食への削り節パックや切り身の納入，地元の

伝統行事である船漕ぎ競争への参加など，様々な活動を通して地域に貢献している。

(b)漁協主体の六次産業化の事例として，甑島漁協の取り組みがある。ここでは，里地区で獲れたキビナゴなどの食用魚介類を，2007年6月1日に「こしきの里」という名称で商標登録しブランド化をはかるとともに，「離島漁業再生交付金制度」を活用して，2007年にHACCP対応の加工施設にプロトン凍結の冷凍加工機を導入し，大手外食産業，消費生活協同組合，学校給食，通信販売や道の駅での販売など，多様な流通チャネルを構築してキビナゴの販路拡張につとめている。2010年からスタートした同制度の第2期事業では，里地区で商標登録された高品質のキビナゴの認知度を高めて消費拡大をはかるために，パンフレットを増刷して魚食普及活動を行っている（田中，2012: 63）。

(c)自治体主導による六次産業化の事例として，徳之島町の取り組みがある。徳之島町では域内での所得向上と雇用創造を目的に，農水省の「農山漁村活性化プロジェクト支援交付金」を活用して，2011年に加工・販売施設「美野里館」を建設した。商品開発・食品衛生に関しては，厚生労働省の「地域雇用創造実現事業」の補助金を活用して独自の商品開発とブランド化を進め，5名の雇用を実現した[15]。国の補助金を活用した同様の取り組みは，徳之島の天城町・伊仙町の他，喜界町などにもみられる。

六次産業化成功の要諦は，①補助金を活用して，加工場・直売所などの建設費（初期投資）を抑える。②ブランド化をはかるとともに，商品の認知度を高めるために，メディア・口コミ・物産展を活用した宣伝につとめ，情報発信力を強化する。③販路の確保をはかる。そのためには，共販ルート以外に多様な流通チャネルを構築する。④販路開拓のための人材育成・獲得につとめる。⑤グリーンツーリズム・ブルーツーリズムの体験者（教育旅行者を含む）を地域のサポーターにする。⑥観光業振興による地元需要の掘り起こしにつとめる。⑦産官学の連携強化をはかることである。

3．異業種連携

（1）農水商工連携　農林水産業を基盤とした付加価値向上と雇用創出のための今一つの手法である農水商工連携事業について触れてみたい。農水商工連携とは，各事業所が情報，知識，販売ノウハウ，スキル（技能），資本，労働力，人脈などの経営資源を持ち寄り，地域資源を余すところなく活用して新たな商品の開発，サービスの提供に結びつけ（域内経済循環をつくり），売上げの増加による所得向上と域内に多種多様な職種を生み出し，地域雇用を生み出す点に特徴がある。

農水省と経済産業省が共同して2007年11月から，農林漁業者と商工業者との連携による取り組み，すなわち，「農商工連携」を新たな地域経済の再生をはかるための重要施策として推進している。事業推進のため，2008年7月に「中小企業者と農林漁業者との連携による事業活動の促進に関する法律」（通称「農商工等連携促進法」）を施行した。

ただ，農水商工連携が十分に効果を発揮するためには，クリアすべきいくつかの課題がある。一つには，連携基盤の整備，すなわち，産官学の縦横の地域ネットワークづくりと役割分担が，二つには，連携の核となるコーディネーター役の人材育成が，三つには，商品企画力・商品開発力が，つまり，エピソードを盛り込んだ売れる商品づくりとパッケージ化が，四つには，販路の開拓が，すなわち，展示即売会への出展はもちろんのこと，輸出商談会の活用，首長が先頭に立ったトップ

セールスの展開，県人会の活用による地域のサポーターづくり，サービス・商品市場に明るい外部人材の登用，例えば，大都市の中央卸売市場の荷受会社員や市況に明るい情報サービス会社員をスカウトすることなどが，五つには，広報・宣伝活動，などがある[16]。なお，広報・宣伝活動の要諦は，誰を対象にどこに売り込むかという顧客集団（ターゲット）の絞り込みにあり，4P戦略（マーケティングミックス）（波積，2010: 42），すなわち，①何をいくつつくるのかという製品（Product）戦略，②いくらで販売するのかという価格（Price）戦略，③どういった広告媒体を活用して売り出すのかの広告・販売（Promotion）戦略，④どのような販売ルートで売り出すのかのチャネル（Place）戦略を念頭に置いた広報・宣伝活動が重要な鍵になる。

（2）**奄美群島での農水商工連携**　奄美群島での農水商工連携事業では，宇検村がもっとも熱心に取り組んでいる。宇検村では，村と地元出身者の設立した観光グループ会社[17]が共同出資して第三セクターを設立し，かつ運営の一部を観光グループ会社に委ねる指定管理者制度[18]を使って，多彩な事業を展開している。例えば，「開運の郷プロジェクト」では，宿泊施設「やけうちの宿」，レストラン「宇検食堂」の他，総合運動公園や総合体育館をつくり，スポーツ合宿を誘致するなどして約70名の新たな雇用を生み出している。さらには「宇検村元気の出る公社」（村が55%，観光グループ会社が45%出資した第三セクター）を設立し，①宇検村堆肥センターの運営，②「宇検村まるごとオーナー制度」の運営[19]，③奄美大島森林組合への用地賃貸，④農作業の請負（サトウキビ畑の耕耘と収穫）などの事業を展開している。これ以外にも宇検村は，MBC開発株式会社と提携して第三セクター「宇検養殖株式会社」を1986年に設立し，クルマエビの養殖も行っている。このように宇検村では民間企業との提携を進める中で，民間企業が持っている資金のみならず，技術，経営ノウハウ，販路，情報を最大限活用してリスクの軽減をはかりながら事業開発への挑戦を続け，地元での雇用創出につとめている。

沖永良部島知名町においては，島外の民間企業と提携して島に自生する桑の葉を粉末にした「シマ桑茶」などの商品づくりを行っている。また，与論町では，奄美群島広域事務組合と与論町商工会が連携して，キビ酢，ドラゴンフルーツケーキ，島ミカンを使ったスパイスなどを島の特産品として開発した。

このように奄美群島での異業種連携は民間企業同士の連携ではなく，行政の主導の下，行政と民間企業（民間団体）との連携によって，新たな特産品づくりを行っている点に特徴がある。

（3）**枕崎市の農水商工連携の可能性と課題**　枕崎市の地域経済の特徴は，カツオに大きく依存したモノカルチャー的な経済構造がみられる点にある。国・鹿児島県と比べて第一次産業および第二次産業の生産割合が高く（第1表），かつ，第一次産業では漁業の，第二次産業では水産加工業の，とりわけ鰹節の生産が突出して多い。鰹節の製造事業所は2018年の時点で48あり，従事者は約1,000名を数え，生産量は全国第一位の13,133トン（2016年）を誇り，日本の総生産量の約45%を占めている（枕崎市，2018: 33）。鰹節・削り節・なまり節・サバ節など節類合計の生産額は196億7903万円（2016年）で，枕崎市水産加工生産額の実に76.1%を占めている。枕崎市における鰹節生産の優位性として，次の7点があげられる。①枕崎市漁協や枕崎水産加工業協同組合の県外船を誘致するチカラが強いこと，すなわち，加工原魚を確保するために1983年に水深6mの外港を築き，1985年

第1表　産業別就業人口・生産額の割合（%）　　　　　（2015 年）

	第一次産業		第二次産業		第三次産業	
	就業人口	生産額	就業人口	生産額	就業人口	生産額
国	4.0	1.1	25.0	26.2	71.0	72.7
鹿児島県	9.5	4.6	19.4	20.0	71.1	75.4
枕崎市	12.3	11.0	24.0	28.2	63.7	60.8

資料：平成 27 年国勢調査，内閣府国民経済計算，鹿児島県県民経済計算年報，枕崎の統計より作成。

から海外旋網船を誘致し，原魚価格のプライスリーダーとしての地位を築こうとしたことや，1993年に輸入魚を扱える保税地域の指定を，1999 年 7 月 1 日には開港指定（鹿児島税関支署枕崎出張所開設）を受け，貿易港として輸入水産物取り扱い業務の条件整備を全国に先駆けて枕崎市・枕崎市漁協・枕崎水産加工業協同組合の三者が一丸となって積極的に行ってきたこと。②一航海 50 日前後の日本の海外旋網船の日本人乗組員（東北出身者が多い）が帰省を待ち望み，缶詰工場の集積しているバンコクやフィリピン東方沖の漁場から遠い焼津ではなく，漁場に近い枕崎への帰港と水揚げを望んでいること。③人件費が安いこと。④地震によるリスク（被害を被る危険性）を分散したい企業の投資行動，つまり，地震による被害を避けたり，軽減したりするために，加工場を消費地に近い焼津市以外の枕崎市にも設けたい企業の思惑があること。⑤鰹節を利用した商品化の広がりと鰹節の製造工程から生み出された副産物を高付加価値商品に造り替える産業技術の集積がみられること。⑥煮熟に欠かせない良質の水が豊富にあること。⑦焙乾や燻乾に必要な薪として使われるカシ，クヌギ，ナラなどが近隣で容易に調達できること。以上の点が，枕崎市を鰹節生産量日本一の地位に押し上げた要因であり，他産地と比べた強みでもある（田中，2015: 92-93）。と同時に，枕崎市が今後，飛躍的に発展していく鍵となるのは，こうした恵まれた条件をいかに活用して新たな商品開発やサービスの提供につなげていくかにかかっている。現在，枕崎市の鰹節製造業者は指定工場制の下で，出汁メーカーに原料を供給する一次加工の地位に甘んじており，その限りにおいて，これから先，飛躍的な発展は望めない。調理の簡便さを求める消費者の要求に応えた「本場のほんもの」の味を堪能できる商品づくりや，より機能性を追求した商品の開発を枕崎市の漁業者・加工業者・一般市民が一丸となって追求するとともに，高次加工を視野に入れた域内外の企業との連携を強力に推し進めていくことが肝要である[20]。

Ⅳ　まとめ

　地域づくりにとって，①人づくり，②生活文化の再生，③産業づくり（事業開発への挑戦）が不可欠であることはすでに指摘したところである。なかでも人づくりが最重要課題である。地域づくりおよび地域活性化の要（司令塔）として，その果たす役割は非常に大きいものがある。年長者・経験者の支えと研修機会の設置および仲間づくりと共同の活動を通して，地域リーダーは育ってくる。仮に，リーダーにふさわしい人物がいなければ，山口県萩市のように，市長自らが道の駅「萩しー

まーと」の駅長を全国公募し，リクルート社の社員を採用したように，必要とする人材を外部からスカウトしてくる手もある。ただし，人材獲得にあたっては，とかく古い因習にしばられがちな地域住民がそれを許容できるのかという問題もある。IT企業など11社のサテライトオフィスを誘致して町おこしに成功を収めている徳島県の山間部に位置する神山町の場合は，スタンフォード大学大学院に留学経験のある地元出身者がコーディネーター役をつとめ，地域で必要とする人材（地域住民が来てほしい職種の人）を逆指名して受け入れを進め，2010～2013年度にかけての4年間で58世帯，105名の移住を実現している（大南，2015: 62）。地域づくりの成否は，まさに人材の育成・獲得の一点にかかっている。

　有能なリーダーの個人属性として，①組織構成員に信頼されている。②協調性がある。③豊富な知識力を持ち，一目置かれる存在である。④問題解決にあたっては，きわめて公平である。⑤合意形成を大事にする。⑥アイデアマンであり，行動力がある。⑦地域のことを何よりも優先して考え，奉仕の精神に長けていることなど，7点をあげることができる[21]。

　目標達成のために舵取り役を任されるリーダーはボス的な独裁者ではなく，民主的討議を踏まえて決定を下すタイプでなければならない。そうでないと人を動かし，組織力を十分に引き出すことができないからである。その果たす役割としては，①組織の活動を方向づける経営企画力，②組織を効率的に動かす運営力，③組織および事業の継続性を確保するための後継者の育成などがあげられる。①に関しては，将来を見通した地域づくりの戦略を立て（目標を設定し），事業開発にあたっては，生産から加工，販売，果ては観光業まで取り込んだ六次産業化を企図し，計画的生産による価格主導権の確立と付加価値向上につとめ，多くの雇用を生み出せるか否かが当該能力の判断基準となる。②については，地域づくりのための組織が効率的に機能するためには，組織の統一性が保たれていること（構成員の結束強化をはかること）が絶対条件であり，そのためには組織内の意見や利害の対立を調整する指導者のリーダーシップの発揮とその力量が大きく問われることになる。ここに組織運営力の重要性が存在する。組織運営の秘訣は，個人の資質を度外視すれば，組織の民主的運営（構成員全員への説明・意見聴取・根回しといった合意形成をベースとする組織運営のルールづくり）と良好な人間関係の形成が重要なポイントとなる。仮に傑出したリーダーがいなくても，組織内部において，その運営の確かなルールづくり（成文化されたルールと，徹底した情報公開と情報共有および民主的討議を通しての合意形成）が行われていれば，リーダーの機能を補って余りあるものがある。③は当該地域での将来を見通した地域づくり運動の継続性を左右する重要な要素である。後継者の存在自体が，リーダーおよび組織の活動意欲を掻き立て，地域づくり運動の拡大再生産の誘因ともなるのである。さらには組織自体が企画力を高め，かつ組織力を引き出すためにも，人材確保とその育成が肝要となる。地方では往々にして，前例のないこと，目立った行動をとることに対してやっかみがある。こうした気風を払拭するためにも，一歩一歩確実に成功体験を積み重ねる不断の努力が，一見遠回りにみえても地域づくりを前進させる確実な方法であり，それが地域住民の自信につながり，新たな取り組みへの挑戦意欲をかき立てる源にもなる。ともあれ，地域づくりの成否は，地域づくり運動を通して，その恩恵をあまねく地域住民に行き渡らせる域内利益循環をつくり出し，そのことによって，住民の結束強化をはかり，彼らの意識変革を促し，モチ

ベーションを引き出すことにある。

注

1) 条件不利地域とは，一般的に，①過疎地域自立促進特別措置法，②離島振興法，③辺地に係わる公共的施設の総合整備のための財政上の特別措置等に関する法律，④半島振興法，⑤山村振興法，⑥特定農山村地域における農林業等の活性化のための基盤整備の促進に関する法律，⑦豪雪地帯対策特別措置法などの法律によって規定された地域を指す。

2) 農林水産業および農山漁村の多面的機能として，①食料供給機能，②環境保全機能（生態系・生物多様性の保全，良好な景観の形成，洪水防止，水源涵養，水質浄化，地球温暖化の防止など），③伝統文化継承機能（祭り，食文化の継承など），④コミュニティ維持機能（住民の暮らしを支える基幹産業としての役割），⑤陸域と海域との物質循環機能（海に流れ出した汚染物質が窒素やリンに分解され，やがて漁獲を通して陸域に回収される），⑥保養・交流・学習の場を提供する機能（森林浴，海水浴，潮干狩り，シュノーケリングなどレクリエーションの場の提供），⑦国民の生命と財産を守る機能（海難救助，密入国・領海侵犯・不法投棄の監視役）などがある。その評価額は，三菱総合研究所などによると，93兆9334億円（100.0%）で，その内訳は，農業8兆2016億円（8.7%），林業（森林）74兆9900億円（79.8%），水産業10兆7418億円（11.5%）となっている。つまり，第一次産業は国民の食を支え，地域や環境を守る重要な役割を果たしている。『平成27年版 食料・農業・農村白書』および試算値は2001年三菱総合研究所，2000年林野庁による。

3) 金井によると，「地方創生」は地方拠点にてこ入れをするという地域間格差是正ではなく，地方消滅・地方早逝の煙幕として，地方中枢拠点を重視している素振りをしているだけのように解釈されるとした（山下・金井, 2015: 191）。

4) 地域活性化という言葉は多義であり定義がない。そこで筆者は新たな事業・サービスの創造による生産および販売金額の増加と雇用の創出，住民の所得向上などの経済的側面や，定住人口の増加，住民の意識改革，人材育成に伴う地域マネージメント力の向上，生活環境整備などの社会的側面で効果が現れているならば，地域活性化がみられると判断したい。

5) 「大輪田塾」の事務局は兵庫県漁連指導部内に設置され，兵庫県漁連の職員が事務局事務を担当している。年間の塾運営費約250万円は，水産振興基金から拠出されている。入塾生の資格は漁業者および漁協職員で，いずれも原則，経験年数10年以上で，45歳未満となっている。入塾期間は2年であるが，最長3年まで延長することができる。少数精鋭主義の下，毎年入塾生を5名程度に絞り込み，毎月1回2コマの座学と県内外での年1回の研修を行い，修了論文作成を含めて30単位取得を修了要件としている（田和ほか, 2017）。

6) 「葉っぱビジネス」については，コミュニティビジネスとしては成功しているが，せっかく葉っぱで儲けた金が貯金されるだけで地域内に回っておらず，町の人口，地域内消費額，所得もずっと下がり続け，地域振興には結びついていないという批判もある（横石, 2007; 藻谷・山田, 2016: 237）。

7) 「海業」について婁は，国民の海への多様なニーズに応えて，水産資源のみならず，海・景観・伝統・文化などの多様な地域資源をフルに活用して展開される，漁業者を中心とした地域の人々の生産からサービスにいたるまでの一連の経済活動の総称であると定義している（婁, 2013: 51）。

8) 農林水産省 (2012).『平成 24 年版 食料・農業・農村白書』, 189.

9) 農林水産省 (2018). 平成 28 年農業・食料関連産業の経済計算（概算）による。

10) 農林水産省食料産業局のホームページ資料（www.maff.go.jp/j/shokusan/renkei/6jika/pdf/1-1.pdf「農林漁業の 6 次産業化の展開」, 2016 年 6 月）および平野（2018）。

11) プロトン凍結法とは，凍結時に電磁波をあて，凍結中に生成される氷の結晶を極力小さくすることで，解凍時の細胞破壊を防止し，凍結前の状態にまで再現できる凍結技術である。解凍後に流れ出るドリップ量は，通常の凍結方法と比べて約 40％に抑えられる。CAS 凍結法の原理も同じである。

12) 「ブライン凍結 1 級品（B1）」は，漁獲したカツオをマイナス 20 度にまで冷却した塩化ナトリウム溶液につけ込み急速冷凍したものであり，B1 カツオをブラッシュアップしたのが「スペシャル 1 級品」である。これはブライン凍結の直前に 1 尾ずつ素早く丁寧に船上で血抜き処理したもので，その特徴は，鮮やかな赤みと生臭さのないさわやかな味，そして弾力性のあるモチモチとした新食感の歯ごたえにあり，地域ブランド名「枕崎ぶえん鰹」で市場に供給されている。

13) 鰹節の EU 諸国への輸出が衛生基準から難しいと判断した枕崎市の鰹節製造業者 10 社は，鰹節の普及を目指して，2014 年 4 月にフランスのコルカルノー市に約 3 億円の資金を投入して HACCP 対応の「枕崎フランス鰹節」工場を建設した。

14) 「宝勢丸鰹漁業生産組合」は六次産業化の取り組みによって，出資組合員 6 名以外に，正規と非正規あわせて 10 名の雇用を創出した。2007 年 3 月より稼働した鰹節製造工場の建設にあたっては，防衛省の基地周辺対策事業費を充当し，建設費 1 億 8000 万円の内，自己資金は 3,000 万円で済んだ。

15) 総事業費 6 億 6307 万 5500 円の内，国の支援は 3 億 2524 万 3000 円（補助率は約 49％）であった。商品化されたものとしてはレトルトカレー 5 種，ジャム 5 種，ジェラート 6 種，スープ 3 種，ジュース 2 種，糖蜜などがある。

16) 経済産業省は地域を活性化する農商工連携のポイントとして，①連携基盤の整備，②商品開発，③販路開拓，④広報の 4 点をあげている。 経済産業省 (2010). 農商工連携の推進, 経済産業省地域経済産業グループ 地域経済産業政策課資料による。

17) 奄美観光ホテルグループ傘下の企業として，「奄美海運酒造」（黒糖焼酎ともろみの生産），「奄美観光ホテル」，「宇検農産」の他，遊戯施設がある。

18) 指定管理者制度とは，公共の施設の管理・運営を，より効果的・効率的に行うために株式会社や公益法人，NPO 法人，その他の任意団体などに代行させる制度のことである。

19) 「宇検村まるごとオーナー制度」の中身は，一般会員（家族・友人など少人数での利用）の場合，村の特産品であるマンゴー 3 kg, タンカン 10kg, パッションフルーツ，焼酎，もろみ酢，鶏飯の素などが送られてくる他，村内の宿泊施設の利用が年間 3 泊まで無料になるなどの特典があ

る。入会金は 6 万円である。プレミアム会員（団体での利用）の場合，マンゴー6 kg，タンカン20kg など村の特産品が送られてくる他，村内の宿泊施設の利用が年間 10 泊まで無料になる。入会金は 15 万円である。2012 年 7 月時点でのオーナー登録数は一般会員とプレミアム会員あわせて23 件であった。宇検村まるごとオーナー制度のパンフレット，聞き取り，宇検村議会だよりによる。

www.uken.net/kouhoutoukei/.../uken/.../201282gikai.p...

20) 枕崎水産加工業協同組合の化成工場では残滓を処理して魚粉，魚油，フィッシュソリブル(有機アミノ酸液肥)などが製造され，2011 年度には約 5 億円の売り上げを記録しているが，如何せん一次加工の段階にとどまっており，より付加価値の高い商品づくりに欠かせない二次加工・三次加工を行うまでに至っていない。

21) リーダーの個人属性として妻は，信頼性，協調性，知識力，公平性，合意形成尊重の 5 項目を，田中は経験に裏打ちされた信頼性と人的ネットワークづくりにつとめる行動力，そして人に尽くされるよりも尽くす奉仕の精神をあげている（妻, 1998: 103; 田中, 2008: 89, 100）。

文　献

大南信也 (2015). 雇用がないなら，仕事を持っている人を呼べばいい. 『中央公論』二月号, 60-63.

佐野雅昭 (2010). 水産物ブランド化に対する批判的一考察. 地域漁業研究, 50(3), 29-52.

島秀典 (1992). 村づくりの到達点と地域リーダーの役割. 漁業経済論集, 33(1), 1-10.

島秀典 (1995). 地域漁業の構築に向けて. 漁業経済研究, 40(1), 1-36.

田中史朗 (2006). 兵庫県瀬戸内海区の小型機船底曳網漁業の漁場（水産資源）利用とその管理. 地域漁業研究, 46(3), 43-63.

田中史朗 (2008). 共有資源の共同利用とその管理について―広域的漁業管理組織構築を目指して―. 地域漁業研究, 48(1・2), 83-102.

田中史朗 (2012). 離島における水産業を核とした地域発展モデル―鹿児島県甑島列島を事例として―. 鹿児島県立短期大学紀要, 63, 71-87.

田中史朗 (2013). 地域振興とニューツーリズム. 鹿児島県立短期大学地域研究所　研究年報, 45, 37-51.

田中史朗 (2014). 離島地域再生への道標. 鹿児島県立短期大学地域研究所　研究年報, 46, 29-46.

田中史朗 (2015). 水産業と地域経済からみるカツオ. 鹿児島県立短期大学チームカツオづくし編『カツオ今昔物語　地域おこしから文学まで』筑波書房, 77-100.

田和正孝・西詰宗弘・戎本裕明 (2017). 浜のリーダーを育てる「大輪田塾」の活動. 地域漁業研究, 57(3), 17-27.

波積真理 (2010). 水産物ブランドの現状と分析の枠組み. 妻小波・波積真理・日高健編著『水産物ブランド化戦略の理論と実践』北斗書房, 35-45.

平野智巳 (2018). 農林漁業成長産業化ファンド―その仕組みと活用事例―. 水産振興, 610, 1-69.

農林水産省 (2012). 『平成 24 年版　食料・農業・農村白書』農林統計協会.

農林水産省 (2015). 『平成27年版 食料・農業・農村白書』農林統計協会.

枕崎市 (2018). 『枕崎の統計』枕崎市.

藻谷浩介・山田桂一郎 (2016). 『観光立国の正体』新潮社.

山下祐介・金井利之 (2015). 『地方創生の正体』ちくま書房.

横石知二 (2007). 『そうだ、葉っぱを売ろう!』ソフトバンククリエイティブ.

婁小波 (1998). 資源管理組織の組織特性と組織手法. 地域漁業研究, 39(1), 93-109.

婁小波 (2013). 『海業の時代』農文協.

（2019年4月）

近代期大阪市における金属品加工業者の展開
－鋲力細工商組合文書の分析から－

中 島 茂

I はじめに

筆者は，先に個別工場一覧や同業組合設立関係文書を用いて，明治後期大阪市における金属系工業の地域的展開を分析し，金属および金属品製造・加工業者の市内における分布特性を明らかにするとともに，近世以来の既存製造業者の中から一定数の金属品工場経営者層が形成されてきた実態を明らかにした（中島, 2017）。日本における近代工業の成立をみる上で，精緻な金属加工技術の確立は重要な要件である。この金属加工技術・技能は，近世期から継承されてきた在来の伝統的・工芸的技術・技能に，明治期以降西欧から導入された近代的技術が付加または置換する形で展開してきたとみることができる。こうした技術・技能の継承・発展を具体的に担ったのは金属品製造業者であり，拙稿（2017）では旧来からの金属加工業者が近代的な工業生産を行う工場経営者へ，系譜的にどの程度繋がっているのかを解明しようとしたのである。

前稿（2017）では大阪市における金物同業組合の設立関係文書に関する分析を行ったが，この組合が明治期の大阪における金属製錬から金属加工にいたる幅広い業種を対象としていたことが，この組合を対象として取り上げた一つの大きな背景であった。しかし，明治期にあって既成の金属加工業者のうち，鋲力細工業者はその対象からは外されており，彼らは独自に鋲力細工商組合を組織して，同業者の利益擁護や利害調整を行っていた[1]。それは，鋲力細工業者が製銅から銅製品・鉄製品を含む大規模な金物同業組合への参入を望まず，独自の組合設立を目指したためであるが，ここではその経緯や理由については立ち入らない。ただ，このことのために，鋲力細工商組合設立に向け，同業者によって規約書策定等に関わる一連の文書が作成され，結果的にその文書が前稿でも触れた『大阪市史編纂資料』に綴じ込まれて保存されることとなった。

そこで本稿では，明治大正期の『大阪市統計書』に記載をみる鋲力細工関係の統計数値ならびに『大阪市史編纂資料』および『組合沿革調』所収の鋲力細工商組合に関する文書を分析することで，近代期大阪市における鋲力製品製造に焦点を絞った金属品工業展開の一端を明らかにしたい[2]。なお，近代日本の金属工業や機械工業に関する研究動向の整理検討は他稿に譲りここでは触れないが（中島 2001; 2010），近代期の鋲力製品に限ってみればほとんど先行研究がなく，昭和戦前期に大阪市が調査した報告書を数少ない手がかりとするものの，そこでも草創期の鋲力製品製造業については必ずしも詳かではない（大阪市役所, 1935）。

Ⅱ　明治大正期大阪市における鍍力製品の統計的把握

　大阪における鍍力製品類の統計記載は，1890（明治23）年の『大阪府農工商統計年報』に工業種類別戸数表中の「鍍力細工」として，郡市区別・専業兼業別戸数が記載されるのが最初とみられる。続いて，1897（明治30）年の同統計書に「鍍力細工品」として生産価額300,490円の記載をみるのが製造金額の最初である。同年には製造所数，職工数の記載はないが，同年の大阪府における金属・機械器具工業総生産額約1,077万円の2.8％を占めるに過ぎないものの，掲載されている個別84品目中では13番目の金額で，比較的大きな金額となっている。製造者数や職工数など詳しい数値は，1899（明治32）年に第1回が出る『大阪市統計書』によることになるが[3]，業者の大部分は大阪市に集中していたものの，同市域に隣接する西成郡や東成郡の一部にも製造業者がいた点は，改めて後述する。以下では主として『大阪市統計書』によりながら，明治大正期における大阪市の鍍力製品生産状況をみておこう。ただし，大阪市役所（1935，pp.2-3）によるように，鍍力製品は缶類，容器類を中心に多岐にわたり，容器類製造業者は鍍力板以外にアルミニウムなど複数種類の金属板を原料としているほか，同じ業者が多種類の類似製品を製造している。反面，鍍力製品とトタン製品が業者自身によっても混同されており，統計項目中の「戸樋」などはむしろ多くがトタン製品と推測される。このため，統計調査に当たって調査票に鍍力製品のみを正確に記載しがたかった状況にあり，その正確な統計的把握は困難とみられる。したがって，以下の数値は必ずしも当該製品製造の全容を示しているわけではないことを付言しておく。

　1899年～1926（昭和1）年の鍍力細工（1899年は項目名「鉄葉細工」，1921年以降は項目名「鍍力罐等」）の製造戸数，執業人員，製造価額をみると（第1表），戸数と執業人員については1901（明治34）年～1909（明治42）年と1913（大正2）年～1920（大正9）年，製造価額については1914（大正3）年～1920年については数値が得られないが[4]，1899年の107戸521人から戸数は1923年には557戸，人員は1925年には2,208人，製造価額は1926年には376万円に達している[5]。戸数，執業人員は20数年間で4～5倍に増加しており，製造価額は名目的には9倍程度に拡大している。鍍力製品は手作業での加工が容

第1表　明治大正期大阪市の鍍力細工製造

	戸数	動力有	執業人員	製造価額
1899年	107	…	521	415,423
1900年	107	0	305	88,921
1901年	…	…	…	274,306
1903年	…	…	…	79,141
1904年	…	…	…	167,565
1905年	…	…	…	417,144
1906年	…	…	…	462,925
1907年	…	…	…	514,803
1908年	…	…	…	354,869
1909年	…	…	…	351,065
1910年	161	3	421	645,132
1911年	221	1	487	907,617
1912年	215	2	467	656,919
1913年	…	…	…	368,730
1921年	406	56	1,522	2,132,050
1922年	477	62	1,645	2,130,529
1923年	557	83	1,907	3,585,243
1924年	508	78	1,836	3,159,943
1925年	122	101	2,208	3,508,421
1926年	118	99	2,026	3,768,000

注)単位は(戸), (人), (円)。…と1902年・1914年～1920年はデータなし。1925年以降は執業人員5人以上が対象。

資料：『大阪市統計書』より作成。

第2表　明治大正期大阪市の行政区別鋏力細工製造動向

		大阪市	西　区	南　区	東　区	北　区
1899年	製造戸数	107	27	37	13	30
	執業人員	521	46	103	308	64
	製造価額	415,423	12,654	28,044	355,869	18,856
1911年	製造戸数	221	74	44	36	67
	執業人員	487	150	128	86	123
	製造価額	907,617	304,028	197,051	100,276	306,262
1923年	製造戸数	557	81	271	91	114
	執業人員	1,907	339	760	303	505
	製造価額	3,585,243	587,763	1,480,588	366,113	1,150,779

注)単位は(戸),(人),(円)。

資料：前表に同じ。

易なため，動力化は明治期にはほとんど進展しておらず，大正後半期でも大多数を占める人員5人未満の小零細業者は，ほとんどが無動力である。5人以上規模の製造所でも，大正後半期に至ってもその過半は10人未満の業者で占められているが，この時期には100人超の工場も現れ始めている。

　次にこれらを行政区別にみると（第2表），1911（明治44）年は西区が前後の年と比べても大きな数値となっているが，総じて南区と北区に製造戸数，執業人員とも多い傾向にあり，製造価額についても同様である。1899年は東区に人員200人超の大規模な製造所があったと思われ，東区の製造価額が突出しているが，翌年以降はそうした大規模な製造所はみられなくなっている。この南区と北区に隣接する難波や曾根崎にも一定数の業者の集積がみられ，西成郡の数値として『大阪府農工商統計年報』や『大阪府統計書』に示されるが，1925（大正14）年における大阪市の第2次市域拡張に際して，西成，東成2郡全域が大阪市域に取り込まれるところとなった。大正期末には旧大阪市の南区に隣接する浪速区や北区に隣接する東淀川区，東区に隣接する東成区などで鋏力製品製造業者の集積が

第3表　大阪市行政区別鋏力細工種類別製造価額(1911年)

		大阪市	西　区	南　区	東　区	北　区
合	計	907,617	304,028	197,051	100,276	306,262
戸	樋	340,723	114,644	51,750	31,351	142,978
	缶	222,369	96,983	63,321	22,394	39,671
点灯具及付属品		108,885	6,987	47,597	21,630	32,671
飲 食 器		178,109	69,724	19,906	10,908	77,571
家 具		－	－	－	－	－
そ の 他		57,531	15,690	14,477	13,993	13,371
修 繕		－	－	－	－	－

注)単位は(円)。

資料：第1表に同じ。

進んで，生産拠点が周辺に向かって拡大している状況がうかがえる。

　最後に鍮力製品の種類別製造価額をみておこう（第3表）。『大阪市統計書』では1910（明治43）年〜1912（大正元）年までの3年間のみ，項目「鍮力細工」が「戸樋」「缶」「点灯具及付属品」「飲食器」「家具」「その他」「修繕」の小項目に細分されている。第3表は1911年値を掲げたが，この年は前述のように，前後の年に比べて全体の製造価額が増大しており，とりわけ戸樋が突出している。前後の年では缶が主体で，飲食器やランプなどの点灯具も製造額が伸びつつある。市内における品目ごとの地域特性はとくに明瞭ではなく，製品市場は大部分が国内需要である。そうした中で西区では大阪港を控えているせいか，わずかではあるが，朝鮮半島や台湾向けの製品もみられる。

　以上のように，鍮力製品製造は，不十分な統計数値によりながらも，明治大正期に急速にその規模を拡大させてきたことがわかる。ただし，全体とすれば，小零細規模の製造業者による手工業的製造工程が主体の業種で，製品内容も消費財が主体であったとみられるが，他方で大正後半期以降は缶類の重要性が高まり（統計書の項目も「鍮力罐等」に変更される），缶詰用や石油缶（一斗缶）等の容器需要がこの業種を支えていくこととなる。

Ⅲ　明治期における大阪市の鍮力細工業者

　鍮力細工商組合は，1885（明治18）年8月に設立された大阪府が認可する準則組合で，認可手続のために大阪府へ提出された「鍮力細工商仲間規約書」の署名人一覧には大阪市内で176名，西成・東成2郡で39名，合わせて215名の業者名が記載されている（第4表）。その規約書の第1章総則第1条には，

第4表　明治中期大阪の鍮力細工業者数

	1885年	工場主への転化数	1890年		
			合計	専業	兼業
大 阪 府 合 計	215	13	241	212	29
大 阪 市 計	176	12	171	152	19
西 区	30	2	42	42	0
南 区	55	5	65	60	5
東 区	65	3	37	25	12
北 区	26	2	27	25	2
西 成 郡	36	1	47	38	9
東 成 郡	3	0	17	17	0
堺 市	…	…	6	5	1

　　注）単位は（戸）。…は資料なし。工場主への転化数欄は，「個別工場一覧」（1894
　　年〜1920年）の工場主名と「鍮力細工商仲間署名簿」の氏名，住所が一致もしくは
　　強い関連が想定される件数。
　　資料：「鍮力細工商仲間署名簿（明治18年3月7日付）」（『大阪市史編纂資料』
　　311），『第13回大阪府農工商統計年報』(1890年)「工業種類別戸数」，『工場通覧』
　　等の「個別工場一覧」より作成。

「我鋊力商ハ外国輸入ノ鋊力板並ニ其空箱空鑵ノ類ヲ（鋊力板ハ金物商空箱空鑵類ハ一般ノ人家
　　ヨリ）買取リ之ヲ以テ百種ノ物品ヲ製造シ一般ニ販売スルヲ業トス」

とあって，鋊力細工商とは，海外から輸入された鋊力板もしくは市中から回収された鋊力缶等の古材を原材料として，鋊力製品を製造販売する業者のことを指している。同組合の設立認可に当たって，大阪府より意見を求められた大阪商法会議所が府知事宛に提出した文書には，

　「…原案鋊力細工商仲間ハ嘗ツテ鉄鋼工業者ニ於テ其仲間ヲ団結組織セシ際之ヲ包含シテ其三
　　拾弐組中ノ葉鉄細工組トセシ所爾後右ヲ分離シテ別ニ原案仲間ヲ団結セン丁ヲ希望シ…」[6]

とあり，鉄工，鉄製品関係の同業組合組織化の際，鋊力細工業単独での組合設立を望んだことがわかるが，その理由までは語られていない。

　大阪における鋊力細工業の成立は，大阪市役所（1935）によれば，文久年間（1861-63）には市中で鋊力製器具の利用がみられる旨の文献を紹介しており，1865（元治元）年頃に大宝寺町（南区内）の一井善七による鋊力製弁当箱もしくは茶筒製作の伝聞を取り上げている。幕末・明治初年ころに鋊力細工業へ参入した業者名として，同書には大谷宗七，丸井半次郎の名前が上げられており，両名とも上述の署名人一覧にその名前をみることができる。ただし，一井善七については署名人一覧にその名前をみないものの，署名順第3位に一井豊七の名前があり，後継者(または同人か)とみて間違いなかろう。他方で，「鋊力商工業調査要領書」の題目の下に，当時の鋊力細工商組合総取締増井貞次郎の名前で，1901（明治34）年6月13日付の文書が大阪府内務部に提出されており，この文書は先述した『組合沿革調』に収められている。この文書にみる鋊力細工業の沿革については，

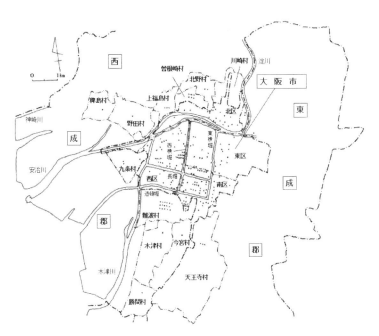

第1図　鋊力細工商組合署名人分布(1885年)

注) 1点が1人。大阪市内は町丁目ごと，郡部は町村ごとに表示。

資料：『大阪市史編纂資料』311所収文書より筆者作成。

　「本業ノ起原者嘉永初年ノ頃ニシテ其重ナル製品ハ茶入弁当ノ各種ニシテ当時全業者拾名余ノ小数ニシテ職工徒弟労力者及ヒ器械器具等ノ設置ナシ原料ハ阿蘭陀ブリキニシテ市内僅々一二ノ貿易商店ニテ販売セリ自来本業之年々盛大ニ趣キ明治拾八年八月大阪府之認可ヲ経テ規約設定組合ヲ創設ス」

として，斯業の創業を嘉永年間（1848-53）としている。

　上述の伝聞よりも10年以上遡るが，文久年間の普及事

情の説明には嘉永年間創業説の方が合致しているように思われる。いずれにせよ，西欧から輸入された「阿蘭陀（オランダ）ブリキ」板を材料とした生活雑器の製造が，幕末頃には大阪市内で始まっていたとみてよいだろう。

鉽力細工商組合設立期（1885年）における地区別同業者数は，第4表にみるとおり大阪市内各区にみられるが，東区の65や南区の55が多く，西成郡にも36を数えて，大阪市とその周辺地区に集中していることがわかる。ちなみに，『大阪府農工商統計年報』で業者数のわかる1890年の数値も掲げたが，典拠が異なるため単純な比較はできないものの，東区の業者数が大きく減少する一方で，他の地区は総じて増加しており，とりわけ周辺部の西成・東成2郡や堺市にも同業者をみることができる。業者数は大阪市では若干の減少であるが，全体としては増加で，大阪市の中心部から周辺地区に向けて拡散している状況を推測させる。

上述の署名人一覧には住所，氏名の記載があるため，これをもとに作成した大阪市内（町丁別）および西成・東成両郡（村別）の鉽力細工業者分布図をみると（第1図），大阪市内のほぼ全域に業者は展開しているものの，とくに西区の阿波座から新町通にかけての地区，南区の順慶町（南区北縁の東区との境界部），東・西横堀川と長堀川・道頓堀川に囲まれた地区，難波新地は大きな集積地となっていることがわかる。また，郡部では大阪の市街地に隣接した西成郡難波村や曽根崎村などに多くの業者が集まっており，とくに難波村には16人の同業者集団をみることができる[7]。この地域的展開は，先に見た大阪金物同業組合加盟者の分布とかなり近似した展開となっており，金属加工業者全般

第5表　鉽力商工業調査要領にみる鉽力細工業

	合　計	樋	バケツ	船　灯	雑　種
営業人員	253	60	5	12	176
職工人員	343	120	35	36	152
問屋被雇用者	210	30	35	36	109
製造価格	300,658	58,980	37,000	55,200	149,478
製造高	…	25,900	18,500	13,800	…

注）単位は(人),(円),製造高は樋(間).バケツ・船灯(個)。記載には年次表記がないが，報告の前年値とすれば，1900（明治33）年値とみられる。職工については，徒弟共506人（内女38人）の注記あり。

資料：『組合沿革調』所収の「鉽力商工業調査要領書」(1901年)より作成。

の展開のなかに，鉽力細工業者も包摂されていると解釈してよいだろう（中島2017）。さらに，個別工場一覧にみるその後の金属品工場の展開でも，これら南区から難波村一帯に大きな集積を示しており，金属系工業が近代化の早い時期から大阪市南部とその外縁部に工業地域を形成する原動力となっていたことがわかる（中島2001，2010）。

「鉽力商工業調査要領書」に立ち返ると，この文書内容は，「明治参拾年ヨリ参拾四年ノ実況調査ニシテ」とあって，人員等は1901年値と，製造高等は直近年の1900（明治33）年値と判断されるが，

営業人員は 253 名とあり，その製造品目別内訳や職工数，製造価格等は第 5 表に整理した。『大阪市統計書』の製造戸数 107 戸とは数値が大きく異なるが，鋲力細工職人を個人事業主とみなすか，問屋もしくは他の事業主に雇用されている職工とみなすかによって，捕捉される事業者の数は異なることになる。職工数については 343 人（徒弟を含めて 506 人）とあり，『大阪市統計書』による執業人員の 1899 年値 521 人，1900 年値 305 人との照合からは，統計書の数値の動きが職工数そのものの変動を示しているというよりも，徒弟（すなわち，見習い工）を含む数値か，職工のみの数値かの捕捉のあり方の違いを反映した結果のようにも思われる。第 5 表によれば，職工数 343 人のうち，210 人は問屋に雇われているものと判断され，問屋制家内工業の枠組が大きな意味をもっていたと考えてよいだろう。製造価格の 30 万円は，統計書の 1899 年もしくは 1901 年値と近似しており，実態を一定程度反映したものとみられる。品目別では樋，バケツ，船灯，雑種の 4 区分がなされ，バケツや船灯は専門の問屋からの製造発注のもとで生産が行われていたことがうかがえ，雑種に含まれる各種製品でも約 3 分の 2 は問屋のもとで生産が行われていたとみられる。樋については建物建築現場での普請に合わせた製作が行われており，問屋の影響は小さかったとみられる。

　原材料の入手については，

　　「製造原料ヲ得ル方法

　　　一　鋲力新板及平板

　　　二　産地大抵英米独清ノ四国トス

　　　三　収集神戸商館ノ手ヲ経ル

　　　四　壱ヶ年新鋲力板壱万函　壱函ニ付百拾弐枚入

　　　　　此価格七万七千円

　　　五　平板弐万弐千六百枚

　　　　　此価格壱万九千四百四拾円」

とあり，欧米もしくは中国からの神戸港を通じた輸入，間接輸入が主たるルートであったことがわかる。しかし，「新板」に対する「平板」の説明がないため，これが他の用途で利用されていたものを成形しなおした中古材のことを指すかどうかは判然としない。数量的には新板が圧倒的で平板はごくわずかな量にとどまるが，金額的には平板は中古材とすれば，新板と比べて非常に割高なものになっている。中古品の再生材であれば，その再生加工費が入っているのかもしれない。製造者からの販売先は，

　　「製造者ト需用者トノ関係ハ船灯雑種之類ハ商人及需用者（卸小売）等ニ販売ス然レトモバケツ

　　ハ市内ノ一定ノ問屋アリテ需用者ニ直接販売スルコトナシ又樋ハ家根張家方一切ヲ含ム小普請ハ

　　大概需用者直接ニシテ大普請之請負等ニ至リテハ偶々間接又ハ直接ニ請負事アリ」

とあって，大阪市内の問屋もしくは商店への納入，発注先への直接納入（建築現場での作業）が大部分を占めている。国内市場では中四国，九州地方といった西日本，海外市場では台湾，朝鮮，清，ウラジオストクといった近隣諸国が上げられている。ただし，『大阪市統計書』によれば，海外向けは数量的には限られていたとみられる[8]。

鋮力細工商組合署名者一覧		個別工場一覧				
同業者名	住　所	工場主名	工場所在地	創業年月	製造品目	掲載年次(職工数)
山崎久兵衛▲	大阪市西区阿波座下通2丁目	山崎豊吉	西区阿波座下通2丁目	1868年2月	洋灯付属品	1911-1913年(各年5人)
朝木多吉▲	大阪市西区新町通2丁目	朝木製樋所	西区新町通1丁目	1909年1月	樋管米櫃	1911-1913年(各年9人)
尾田喜兵衛▲	大阪市西区北堀江1丁目	尾田新三郎	西区北堀江上通1丁目	1890年5月	戸　樋	1919年(4人)
木谷熊蔵▲	大阪市西区北堀江通2丁目	木谷熊吉	西区北堀江浦通1丁目	1897年2月	戸　樋	1919年(3人)
田月芳二郎▲	大阪市西区北堀江下通3丁目	田月芳三郎	南区安堂寺橋通3丁目	1877年5月	鋮力細工	1909,11-13(各年10人)、17年(15人)
…	…	田月義三郎	南区安堂寺橋通3丁目	1877年5月	鋮　力	1919年(9人)
…	…	田月由之助	南区東清水町	1904年1月	製　缶	1909、11-13(各年5人)
…	…	田月常次郎	南区瓦屋町3番町	1908年4月	小　缶	1911-1913年(各年5人)
山岸佐太郎●	大阪市南区大宝寺中町	山岸佐太郎	南区大宝寺中之町	1901年4月	鋮力缶	1911-1913年(各年5人)
丸井作次郎●	大阪市南区長堀橋通2丁目	丸井作次郎	南区安堂寺橋通4丁目	1878年10月	鋮力缶	1917、19年(8人)
藤村新平●	大阪市南区南綿屋町(?)	藤村新平	南区難波稲荷町1丁目	1910年6月	鋮　力	1917、19年(5人)
増井貞次郎●	大阪市東区北久太郎町4丁目	増井貞次郎	東区北久太郎町4丁目	1873年3月	鋮　力	1901年(92人)、17年(4人)
石川友助●	大阪市東区備後町5丁目	石川友助	東区備後町5丁目	1882年4月	鋮力缶	1919年(5人)
河井治兵衛●	大阪市北区河内町2丁目	河井治兵衛	北区河内町2丁目	1875年3月	亜鉛引樋	1919年(5人)
西川孫兵衛●	大阪市北区天神橋筋丁(?)	西川孫兵衛	北区天神筋町	1906年9月	鉄製品	1907、08、11-13年(15人)
…	…	西川孫兵衛	北区上福島北1丁目	1906年7月	琺瑯製品	1907(19人)、08年(23人)
森田亀吉●	西成郡九条村	森田亀吉	西区本田通1丁目	1887年7月	船灯・金具	1909、11-12(各年5人)、13年(15人)、20年(17人)

注)氏名の後の●は個別工場一覧に同名の工場あり。▲は個別工場一覧に近隣住所で同姓異名の工場あり。住所欄の(?)は原表の住所表記が不正確なもの。朝木製樋所は合資会社組織。

資料：『大阪市史編纂資料』311,『工場通覧』,『大阪府統計書』等の個別工場一覧より作成。

IV　鋮力細工業者の金属品工場への転化

　鋮力細工業は, 第2章での検討からも明らかなように, 小零細な製造業者によって占められており, 一定規模を擁する工場への転化の事例は非常に限られていたとみられる。ここでは鋮力細工商組合署名人一覧と明治大正期における個別工場一覧に記載をみる工場主名との照合から, 1885年の組合設立時における署名人の中から工場主へ転化した事例を抽出し, その内容を検討する[9]。注9)で示した資料のうち, 農商務省が編纂した『工場通覧』は, 1909年が職工数5人以上を対象とする以外は, すべて職工数10人以上の工場を対象としているが, 大阪府が刊行した個別工場一覧のうち,『大阪府下会社組合工場一覧』と『大阪府下組合会社銀行市場工場実業団体一覧』は掲載工場の規模に制約条件がとくにみられず, ほぼ『工場通覧』と同様の記載内容で, 職工数1〜2人の工場も掲載されており,『大阪府下商工業者一覧』は, 職工数3人以上を対象としている。ちなみに, 1920(大正9)年の状況を示すとみなした『大阪府下商工業者一覧』と『大正十年十一月工場通覧』から製品種類に鋮力製品が含まれると考えられる工場を抽出すると[10], 前者の51工場, 職工数318人に対して, 後者は3工場, 職工数40人にとどまっている。このため, 小零細規模の工場が大半を占める鋮力細工業の場合,『工場通覧』ではほとんど捕捉されず, 大阪府刊行資料へ依拠せざるをえない状況がある。

　鋮力細工商組合設立文書にみる署名人一覧と個別工場一覧の工場主名とを照合すると, 署名人一覧でみて13名の同業者が工場主に転化している可能性が高い(第6表)。文書は1885年3月時点のものであり, 個別工場一覧は1894年〜1920年の間の資料であるため, 親子等で代替わりしている事例も一定数あると思われ, 所在地等の近接性などから同一家族による工場主の可能性が高い場合には表中に▲印を付している。たまたま西区在住の5名に▲印が付いているが, 朝木多吉は合資会社を立ち

上げたものと推測される。田月芳二郎については，工場主名田月芳三郎と同一人の可能性が高く，大正中期に芳三郎から義三郎へ代替わりしたと判断される。このほかにも明治末から大正初期にかけて田月姓２名が製缶工場主として登場してくるが，縁者の可能性が高いと思われる。ただし，いずれも工場は南区に所在し，互いに比較的近い位置関係にあるものの，署名人一覧の住所は西区北堀江下通となっている（北堀江下通も南区の各工場所在地からそれほど遠くはない）。

このほか，南区に３名，東区と北区に２名ずつ，西成郡九条村に１名の同業者が工場主としても名前が上がってくるが，南区長堀橋通の丸井作次郎と，上述した幕末・明治初期にその名をみることのできる丸井半次郎（南区順慶町）は，両名とも署名人一覧に名前を見出せるうえ，住所も比較的近いが，その関係は現時点では明らかでない。また，東区の増井貞次郎は鍮力細工商組合設立発起人の総代として一連の作成文書にその名前をみることができ，初代の總取締を務め，「鍮力商工業調査要領書」の署名も彼の名前で行われていて，鍮力細工商きっての有力者であるが，明治期には規模の大きな工場主となっているものの，大正期には 1917（大正６）年に４人規模の工場主として登場するのみである。さらに，北区の西川孫兵衛は，署名人一覧の住所表記が杜撰であるが，個別工場一覧による通り，北区天神筋町とみてよく，ほぼ同時期に北区上福島北１丁目（旧西成郡上福島村）に琺瑯製品の工場を構えていて，同一工場主と思われる。西成郡九条村の森田亀吉は，近接する西区本田通に船灯関係の金属品を製造する工場を構え，工場創業が 1887 年と，組合設立の頃には工場を立ち上げていたとみられる。九条村や本田通など大阪港に近いこれらの地区には船舶部品関連の工場が多く，森田工場もそうした鍮力製舶用器具を製造していたようである。

これら以外にも署名人の中から工場を構える人びともいたかとは思われるが，『工場通覧』が資料の主体となる大正期には，10 人以上という掲載基準に満たない鍮力細工業者の多くは，その存在を確認できない。しかし，全体として 200 名以上の同業組合立ち上げ時の署名人のうち，わずか 13 名ほどしか工場主としては確認できず，しかも，その多くは原動機を使用していない手工業の域を出ていないものである。『大阪府下商工業者一覧』は原動機使用に関しては捕捉度が低く，動力化の程度を正確に確認できないため，『大阪府下組合会社銀行市場工場実業団体一覧』による 1917 年の状況をみると，鍮力細工関係の全 39 工場中，原動機使用工場は 16 工場を数え，41％の工場で原動機を使用している。これら 39 工場のうち，鍮力細工商組合署名人一覧に名前をみたのは４工場主のみで，うち原動機使用工場は１工場にとどまっている。前稿における大阪金物同業組合の分析結果と比べてみても，鍮力細工商の多くが旧来からの職人的手工業生産に依拠する問屋制家内工業の水準にとどまっていたとみて間違いあるまい。

V おわりに

本稿では，今日なお大阪工業の柱の一つとなっている金属系工業の中から，明治期にあって大阪金物同業組合に合流せず，独自に準則組合として同業組合を立ち上げていた鍮力細工商組合を取り上げて，まず，主として『大阪市統計書』に基づく鍮力細工業の統計的把握を行った。次いで，その設立関係文書ならびに同組合が『大阪府誌』作成のために大阪府からの指示によって大阪府内務部へ提出した文書を検討し，個別工場一覧との照合による同業者の工場生産への展開のあり方について分析を

行ってきた。最後にその要点をまとめておきたい。

　鍮力製品自体は，幕末期に西欧から日本へ導入された，近世日本にはなかった新しい素材による容器類などの製品で，いわば近代化を象徴する物品の一つであったといえよう。しかし，その明治期における生産のあり方は，主として職人の手仕事にかかる問屋制家内工業に基づくものであった。同業者の大阪市およびその周辺部における地理的な展開は，大阪金物同業組合に加入した他の金属製品製造・加工業者の展開とほぼ同様の傾向を示しており，明治中期には大阪市南区および西区の長堀川，道頓堀川，東・西横堀川に囲まれた地区を中心に，旧市街地とその外縁に当たる難波新地，難波村，曽根崎村，上福島村などに多く分布していた。その点で，鍮力細工業は大阪における金属品工業展開の一翼を担っていたことは間違いない。

　しかし，鍮力細工業者は，他の金属品製造業者と比べても小規模零細性が顕著で，規模の大きな工場制生産への展開力は弱く，大阪府へ提出された同業組合設立文書に署名した 215 名の同業者のうち，のちの個別工場一覧で工場主とみなされたものは 13 名に過ぎなかった。比率にすればわずか 6 ％である。また，個別工場一覧で確認できる鍮力製品関係工場は，他の金属品工場と比較しても原動機の導入が遅れており，大規模化や動力化といった近代的工業生産への展開が立ち後れる傾向にあった。しかも，それらの工場に関わった設立当初の同業者はひじょうに限られており，動力化を進め，規模を拡大させた鍮力製品工場の多くは，当該の同業者集団とは異なる出自の工場主であったことがうかがえる。鉄鋼工業者団体や大阪金物同業組合への参入を避け，独自の同業組合の設立によって同業者の利益を守ろうとした背景には，こうした職人の手工業的家内工業生産に関わる意識の強さが反映していたのかもしれない。このような鍮力細工商組合設立のあり方は，ものづくりに対する前近代的観念と近代化指向との狭間にあって，前者のいわば「古い道」を目指した事例であったといえそうである。当時，日本工業近代化の先頭に立っていた大阪においてすら，業種や製造品目によって近代工業化への歩みは多様な諸相を示していたといえよう。

注

1) 「ブリキ」の表記について，本稿では原則として近代期の文書の多くで用いられている漢字表記の「鍮力」を用いるが，原文が「ブリキ」等を用いている場合はその限りではない。なお，ブリキの語源はオランダ語の blik によるとするものが通説で，日本語ではカタカナ表記の「ブリキ」のほか，漢字表記の「鍮力」や「鉄葉」が用いられることもある。

2) 『大阪市史編纂資料』は大阪市立大学学術情報総合センターに所蔵されており，本稿で取り上げる鍮力細工商組合関係の文書は『大阪市史編纂資料』311 に綴じられている。また，『組合沿革調』は，1903（明治 36）年に大阪で開催された第 5 回内国勧業博覧会事業の一環として出版された『大阪府誌』を作成するために，調査対象となった同業組合が作成し，大阪府へ提出した文書類が綴じ込まれた資料で，大阪府立中之島図書館に所蔵されており，鍮力細工商組合の文書は全 2 巻のうち，『組合沿革調　工業之部』に文書 (17) として収められている。『組合沿革調』の詳細については，拙稿（1997）を参照されたい。

3) 『第 21 回大阪府農工商統計年報』（1898 年）から戸数，職工数の記載が始まるが，十分な捕捉が

なされていないためか，戸数，職工数とも非常に少ない数値にとどまっている。

4) 上記以外に『大阪市統計書』は1902（明治35）年分については刊行されていない。

5) 戸数については1925年以降，執業人員5人以上のものに対象が限定されたため，見かけ上の数値が大きく減少している。

6) 『大阪市史編纂資料』311に綴じ込まれた文書で，1885年5月16日付で大阪商法会議所理事近藤徳兵衛，会頭五代友厚の連名により当時の大阪府知事建野郷三宛に提出されたものである。

7) 1897（明治30）年の大阪市における第1次市域拡張によって，この西成郡難波村や西浜町，それに木津村，今宮村，東成郡天王寺村の3村北部は南区へ，西成郡曽根崎村，北野村，川崎村，上福島村，下福島村，野田村は北区へ，九条村から西方，大阪港へ至る神崎川から木津川に挟まれた一帯は西区へ編入されることになった。

8) 『大阪市統計書』では1910（明治43）年〜1913（大正2）年の間について，鉶力細工の製造価額欄は「工場」「家内工業」の生産形態別と，そのそれぞれの外地向け数値を掲載している。それによれば，外地向けの製造価額は少なく，最も多い1912年でも52,212円で製造価額全体の7.9%にとどまっている。

9) 本稿で利用する個別工場一覧は，調査年次でみて1902年，1904年，1907年，1909年，1916年，1918年〜1920年が『工場通覧』，1894年〜1896年が『大阪府農工商統計年報』，1897年と1901年〜1906年が『大阪府統計書』，1899年，1900年は『大阪府諸会社銀行及工場表』，1907年〜1909年と1911年が『大阪府下会社組合工場一覧』，1912年，1913年，1915年(1917年)が『大阪府下組合会社銀行市場工場実業団体一覧』，1918年(1920年)が『大阪府下商工業者一覧』である。カッコ内は判明分修正の年次であり，資料的にはカッコ内の年次として扱っている。資料が重複している年次は原則として大阪府刊行資料を優先するが，前後の年次との齟齬のなさも考慮している。なお，1898年，1910年，1914年，1915年の4ヶ年分については該当する資料が得られない。

10) 金属品工場のうち，製品種類欄に鉶力（またはブリキ），缶類，バケツ，樋，玩具等の記載のあるものを抽出した。個別工場一覧の品目表記が単に「金属品」などと曖昧な場合もあるため，実際には鉶力製品を製造する工場はもっと多かったと思われる。

文　献

大阪市役所産業部調査課 (1935). 『大阪の鉶力製品工業（大阪市産業叢書第17輯）』大阪市役所産業部調査課.

中島　茂 (1997). 『大阪府誌』作成調書にみる明治期大阪府下の綿織物業. 歴史地理学, 39-2（通巻183），33-42.

中島　茂 (2001). 明治期大阪市における機械・器具工場の分布について. ジオグラフィカ・センリガオカ, 4, 82-115.

中島　茂 (2010). 大正期大阪における機械器具工場の地域的展開. 愛知県立大学文字文化財研究所年報, 3, 1-33.

中島　茂 (2017). 同業組合設立文書にみる明治後期大阪の金属系工業の地域的展開. 愛知県立大学日

本文化学論集, 8, 49-71.

（2019 年 6 月）

労働力構造からみた地場産業の今日的課題
—福山市における衣服関連産業を事例として—

塚　本　僚　平

I　はじめに

　わが国における地場産業の衰退傾向が指摘されるようになって久しいが，その打開策は今日に至るまで明確に示されておらず，様々な視角からその方途が模索されている。そうしたなかにあって，一部の産地では製品や産地のブランド化による産業の維持・存続が図られているほか，高加工度・短納期が求められる製品を扱っている産地では，一定規模の国内生産が維持されているケースも確認される[1]。ただし，こうした産地においても近年では労働者の高齢化や若年労働者の確保難が進行しており，それらは産地・産業の存続にかかわる課題となっている。

　しかしながら，斯学におけるこれまでの地場産業研究では，分業関係を中心とした生産・流通構造や，企業の空間的配置に関する分析に主眼が置かれてきた。そのため，労働力に注目した研究は相対的に少なく，その蓄積が充分であるとは言い難い[2]。加えて，近年の地場産業地域では，国内での労働力不足に起因する外国人労働者——主に外国人技能実習生——の増加がみられるなど，その変化が著しい。こうした状況をふまえると，地場産業地域における労働力構造の実態を把握するとともに，将来的な産業・産地の存続にむけた労働力確保の方策を検討する必要がある。

　そこで本稿では，地場産業のなかでも特に労働集約度が高く労働力の確保が困難になっているとみられる産業として，広島県福山市[3]における衣服関連産業をとりあげる。後述するように，当該地域は岡山県倉敷市や井原市とともにデニム生地やジーンズ製品を中心としたカジュアルウェア等の生産地を形成している。しかしながら，今日では特に縫製工程における労働力確保に困難を抱えており，それを補うための方策として，外国人技能実習制度を利用する企業が多くみられる。当該制度を利用した産業活動については，これまで社会学等の分野において研究が蓄積されており，様々な課題・問題が指摘されてきた。そうした既存研究の成果とも照らし合わせつつ，改めて地場産業地域における労働力構造の実態を分析するとともに，産業の維持・存続に向けた方策について考察したい。

　以下，IIでは国内の衣服関連産業の動向とあわせて福山市における同産業の展開過程をみる。そのうえで，IIIにて外国人技能実習制度の概要と同制度を利用した福山市における縫製業の実態を確認し，IVにおいて当該産地が抱える課題とその要因について分析する。そして，それらをふまえたうえで，Vでは産業の維持・存続に向けた方策について検討したい。なお，本研究を進めるにあたり，2019年3月から5月にかけて福山市で縫製業等を営む企業8社への聞き取り調査を実施した。

Ⅱ　衣服関連産業の動向

1．全国的な衣服関連産業の動向

　近年，わが国における繊維・衣服関連産業は，急激な縮小傾向を示している。「工業統計調査」によると，2016 年時点の繊維工業における事業所数は 12,171 事業所，従業者数は 258,823 人，製造品出荷額等は 3,814,854 百万円である。これらの数値を当該産業が好調であったバブル期（1991 年）と比較すると，いずれも 70～80％程の減少を示しており，この間の顕著な縮小傾向がうかがえる[4]。こうした傾向は，主に市場における輸入品との競合に起因するといわれており，経済産業省製造産業局生活製品課（2018）によると，1991 年の段階で 51.8％であった国内のアパレル市場における輸入浸透率（数量ベース）は，2017 年時点で 97.6％に達している[5]。

　また，同資料によると国内のアパレル市場規模は 1991 年時点で 15.3 兆円であったが，2016 年には 10.4 兆円に縮小している。その一方，製品供給量は同期間に約 20 億点から約 40 億点へと倍増しており，それに伴って衣料品の購入単価や輸入製品単価は 1991 年比で 6 割前後の水準にまで下落している[6]。こうした購入単価や輸入製品単価の下落は，1990 年代後半からのデフレの進行が影響しているとみられる。また，同時期に市場での存在感を増していった UNIQLO に代表される国内の大手 SPA（製造小売）のほか，ZARA や H&M といった海外発のファストファッションブランドが台頭したこともこうした傾向を助長した。なお，総務省の「家計調査」においても，上述の変化が如実に表れている。2010 年を 100 とした場合の被服・履物に関する消費水準指数（二人以上の世帯，原指数）は，1991 年時点では 191.3 であったが，2015 年には 95.8 まで低下している。

2．福山市における衣服関連産業の展開

　今日，福山市を含む三備地域[7]は，デニム生地やジーンズ製品の産地として認識されている。このうち，倉敷市児島地区はナショナルブランドメーカーや縫製・洗い加工[8]の企業が集積するジーンズ製品の産地として，一般にも広く知られている。一方，井原市と福山市は専らデニム生地の生産地と見做されており，児島地区と比べて知名度はそれほど高くない[9]。しかしながら，井原市や福山市にも縫製・洗い加工を専門とする企業が一定数立地しており，これらの地域においても，ジーンズやカジュアルウェア等が生産されている[10]。

　こうした知名度の違いや，地域ごとに産出される製品が異なるという認識は，これまでの各地域における産業の展開過程に由来すると推察される。岡山経済研究所編（1993）等に記されているように，児島地区における衣服関連産業の発端は，福山市と同じく綿花栽培や綿織物の生産であった。しかしながら，その後ほどなくして足袋や厚司（和服の作業着）などの縫製品が盛んに生産されるようになり，それが今日のジーンズや学生服の生産へと繋がっている。

　それに対し，福山市では富田久三郎氏によって備後絣の製法が確立されて以降，その販路が全国へと広がったこともあり，高度経済成長期頃までその生産が盛んに行われた。また，それと並行して 1910 年代から「裏白本紺」と呼ばれたデニム生地が作業衣用服地として生産されるようになり，第二次世界大戦後には一時期，全国生産の 80％ほどを占めるに至った（新市町史編纂委員会編，2002: 1130-1131）。このように，かつて福山市において生地生産が隆盛を極めたことが，先述のような認識を生む要因の一つになったと考えられる。

ただし，福山市ではこうした生地生産に加え，縫製品の生産も早くから行われていた。1920年代より，備後絣の販売網を活かしながら二次製品として縫製品を生産する企業がみられるようになり，1930年代に動力ミシンが導入されたことで，繊維・衣服の総合的な産地へと発展していった。その後，戦間期には軍服の生産が行われ，戦後は朝鮮戦争の特需とともに参入企業の増加，生産品目の多様化が進んだ。なかでも，高度経済成長期に需要が拡大したワーキングウェアの生産量の増加は著しく，それを受けて1960年には当該製品群を中心に縫製品が広島県の特産品に指定された。なお，こうして産業が発展した一方，1960年代から労働力不足が顕在化しはじめた。そのため，1970年代には県内の内陸部や山陰地方のみならず，九州地方にまで工場を設置する企業がみられるようになった。

　また，オイルショックの前後からワーキングウェアの多品種少量生産が求められるようになったが，同様の変化はそれ以外の縫製品においても生じた。その際，ワーキングウェアからジーンズ等へ主力製品を転換する企業がみられたほか，ワーキングウェアメーカーが問屋機能も担うようになるなど，在庫管理の効率化や価格決定権の掌握も進んだ。

　上述のような変化を経つつ，福山市は繊維・衣服製品の総合的産地として発展してきた。しかしながら，1990年代以降は事業所数や従業者数が減少している。その要因の一つとして，当地に立地している複数の大手ワーキングウェアメーカーが，安価で豊富な若年労働力を求めて生産機能を海外に移転させたことを指摘できる。衣服関連産業のなかでも縫製工程は特に労働集約度が高いため，日本とアジアの新興国との賃金格差を利用した労働費指向の工場移転が進行したのである。結果，今日では縫製工程を中心に産業の大幅な縮小が認められるが，一方で，国内に生産機能を留めている企業も存在する。ただし，それらの企業においては，外国人技能実習制度を活用することで労働力を確保しているケースが散見される。

Ⅲ　外国人技能実習制度と福山市の衣服関連産業

1．外国人技能実習制度の概要とその課題

　外国人技能実習制度は，「出入国管理及び難民認定法（以下，入管法）」における在留資格「技能実習」を認められた外国人を対象に，製造業をはじめとする各種産業において技能修得を図る制度とされている。在留資格「技能実習」は，技能等の修得を目指す1年目の「1号」，技能等に習熟することを目指す2〜3年目の「2号」，技能等に熟達することを目指す4〜5年目の「3号」[11]に分けられる。また，主に大手企業が単独で実習生を受け入れる「企業単独型」（各号イ）と，中小企業等が監理団体を介して実習生を受け入れる「団体監理型」（各号ロ）に分けられる（第1図）。

　現在の外国人技能実習制度は，1981年における入管法の改正によって外国人研修生の在留資格が創設されたことを端緒としており，その後，複数回にわたる改正を経て現在に至っている。この間における制度面での主な変化は，①対象となる業種・職種の拡大や技能実習期間の創設・延長，②研修生・実習生を取り巻く環境に関する批判への対応の2種に大別できる。

　このうち①については，1989年の改正入管法において設置された在留資格「研修」が，それまでの身分に基づく資格（地位等類型資格）から活動に基づく資格（活動類型資格）へと再定位[12]されたこと，それとともに，中小企業による協同組合等を通じた団体監理型での受け入れが可能になったこと

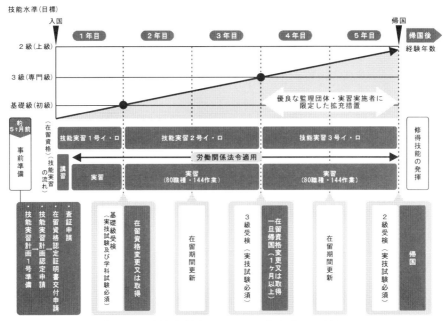

第1図　技能実習生の入国から帰国までの流れ

資料：公益財団法人 国際研修協力機構（JITCO）HP「外国人技能実習制度とは」より一部加筆。

が最も大きな変化であった。その後，1993 年には 1 年間の研修期間後に 1 年間の就労が可能となる技能実習制度が創設され，1997 年には実習期間が 2 年へと延長された。この間，技能実習への移行対象職種が製造業を中心に拡大されたほか，2000 年には養豚や養鶏，水産加工食品製造等が，翌 2001 年には畑作や酪農等も技能実習の移行対象職種となり，研修・実習生の受け入れが大幅に拡大されることとなった。その結果，実習生の数は 1982 年時点では約 1 万人（当時は研修生のみ）であったが，実習制度が創設された 1990 年代初頭には約 4.5 万人，2001 年には約 7.5 万人を記録し，2017 年時点では 27 万人を超える実習生が日本国内に在留している（上林，2009; 国際研修協力機構，2018）。

　一方，②については研究者のみならずマスコミ関係者等からも，制度に関する様々な批判が展開されてきたという経緯がある [13]。そこでは，技能実習制度が掲げる「新興国への技能移転」という目的と，実習生を実質的な労働力と見做している実態との乖離がしばしば指摘されてきた。また，それに付随する事項として，実質的な労働者である実習生に対し，日本人労働者と同等の労働法規等が十全に適用されてこなかったことが最大の批判点となってきた。具体的には，実習計画に記された時間を大幅に超過した過重労働や，そうした超過時間分に係る賃金の未払いといった問題が全国各地で発生してきた。そのほかにも，実習生が送出し機関から請求される高額の保証金を支払うために，多額の借金を抱えた状態で来日するケースが多発していることや，実習生が来日後の生活において実習先以外に社会関係を構築することが少ない――日本社会への包摂が進まない――ことなども問題視されている。このうち，過重労働や賃金の未払いといった問題に関しては，2010 年に在留資格「技能実習」が新たに設けられ [14]，実習期間のうち講習を除くすべての期間において労働関係の法令が適用されるよう，制度が改正された [15]（第 1 図）。

このように，外国人技能実習制度は実質的に日本国内における労働力不足を補う制度として機能してきた。なかでも，若年労働者の確保が難しい地方の中小零細企業にとって，実習生の存在は事業を継続するうえで不可欠なものであった。しかしながら，その制度的な問題等に起因する労働問題や人権問題は充分に解消されないまま今日に至っている。

２．福山市における衣服関連産業の今日的状況と後継者育成事業

　先にも述べたように，福山市の衣服関連産業では，縫製工程を中心に外国人技能実習制度を利用することで労働力を確保している企業が散見される[16]。これは，若年人口の減少や，他産業との労働力獲得競争の結果，企業が必要とするだけの人員を確保することが困難になっているためである。また，かつては地域内に家庭内職者が多数存在していたが，そうした人たちの高齢化や他産業への流出も産業全体としての労働力不足に拍車をかけている。

　本研究における事例企業（第1表）のうち，実習生を受け入れている企業は，いずれも1990年代半ばから2000年代初頭より中国人技能実習生の受け入れを開始した。当時は，主に上海近郊などの沿海地域から20歳台を中心とした若年女性を実習生として受け入れており，その多くが来日以前に縫製業に従事した経験を有していた。そのため，実習生でありながらも即戦力として業務を担えるような人材を多く確保できていたという[17]。しかしながら，中国が経済発展を遂げるにしたがって，同様の人材を確保することが難しくなっていった。そのため，事例企業のうちA社やC社は実習生の募集地域をベトナムやカンボジアといった他国へと変更したほか，他の事例企業でも中国内陸部において募集を行うようになるなど，人材の確保先に変化がみられるようになった[18]。

　こうした変化を経た結果，今日では実習生の来日までの就業経験も多様化しており，それに応じて受け入れ先企業で担当する工程や業務内容にも個人差がみられる。例えば，来日前に縫製業の経験が豊富であった実習生は，実習を経るなかで生産現場でのリーダー役を務める場合があるが，事前の経

第1表　事例企業の概要

	設立年	日本人従業者数	外国人技能実習生数	技能実習生の出身国
A社	1960年	43名	13名	ベトナム
B社	1983年	4名	4名	中国
C社	1952年	3名	6名	カンボジア
D社	2012年	6名	―	―
E社	1973年	23名	28名	中国
F社	2005年	8名	―	―
G社	1967年	10名	23名	中国
H社	2008年	2名	―	―

注：事例企業のうち，D社は生産機能を持たず，受注内容に応じて外注先を選択・調整して事業を展
　　開している。その他の事例企業は，いずれもジーンズ・カジュアルウェアのOEMを事業の主体
　　としている。なお，日本人従業者数には役員のほか，パート等の非正規従業者数を含む。
資料：聞き取り調査をもとに作成。

験が乏しい実習生は来日後，一定の実習期間を経た後でも特定の工程のみを担当していることがある。

　このように，実習生が有する技能には差異が認められるが，その習熟を図るために各社では日本人のベテラン従業者による技能の伝達が図られている。聞き取り調査では，若い実習生に技能を伝えることにやりがいを感じている日本人従業者がみられることや，言語の異なる相手への教育を試みるなかで，指導方法の合理化・効率化を図ったという声が聞かれた。こうした点については，実習生の受け入れが労働力不足への対処という面以外にも肯定的な影響を生んでいると捉えられる。ただし，一部では過去に外国人との協働に難しさを感じた日本人従業者の離職が生じたことも確認された。実習生の受け入れに際し，社内における日本人従業者との融和や，地域社会への包摂を図ることの重要性は，既存研究でも度々指摘されてきた。そのため，事例企業ではそうした課題の改善に向けた取り組みも行われている。例えば，E社では社内行事として季節ごとに旅行や忘年会等のイベントを催すだけでなく，地域の祭りに実習生とともに参加するなど，社内外において実習生と日本人との良好な関係性の構築が図られている。

　こういった企業努力がなされている一方で，実習生を受け入れて事業を展開することに対して，「安価な労働力を利用している」との批判がなされることがある。しかしながら，事例企業における実態と，世間一般のそうした認識との間には乖離が存在する。例えば，実習生を受け入れる際に企業は寮などの住居やそこで使用する家具・家電等を揃える必要があり，それらが故障・破損した場合にはその修理にかかる費用も負担している。加えて，監理団体に対しては監理費を月毎に支払っており，それらの費用と実習生への賃金や各種の社会保障費等を足し合わせると，1人あたり月額20万円程が必要となる[19]。さらに言えば，実習生が体調不良に陥った際の病院への付き添いなども経営者らが担っているため，総体的にみれば日本人従業者を雇用するよりも企業や経営者にかかる負担は大きいといえる。

　上述のように，実際には既存研究等で指摘されてきた技能実習制度に関する批判が当てはまらないケースも多々存在する。しかしながら，生産活動を技能実習生の存在に依存することの危うさには否定しがたいものがある。例えば，宮島・鈴木（2014）も指摘しているように，実習生に依存した生産活動が長期化することによって，実習生の存在を前提とした産業構造が固定化されることも考えられる。その場合，当該産業が地域の若年層の就業先として想定されづらくなり，結果として若者の他地域への流出が加速する恐れもある。

　また，現在の技能実習制度では，在留可能な期間が最長でも5年に限られている。そのため，時間の経過とともに，新たに来日した実習生に対して技能を指導する人材——現在は日本人のベテラン従業者が担っている——が枯渇することも想定される。加えて，企業内では工程間分業による生産が行われているが，それらの各工程をどの従業者に割り振り，どのように統合するかが効率的な生産活動にとって欠かせない技能となっている。実習生が多くを占める現状では，各工程を担当するために必要な技能は主に日本人従業者から実習生へと伝達されている。しかしながら，在留期間という時間的な制約があるため，実習生を対象に工程全体をマネジメントする技能の継承を図ることは想定しづらい。それゆえ，日本人の若手従業者の確保が進んでいない現状では，多くの場合，当該技能を有するのは60歳台以上のベテラン従業者に限られており，このことは現在の経営者が次代への事業承継を

躊躇する要因の一つにもなっている。

　こうした課題や懸念等をふまえ，事例企業8社は日本人を対象とした縫製技術者の育成事業を開始した。当該事業は2019年から本格化される予定であり，2018年には試験的な取り組みとして，7月11日〜8月10日の約1ヶ月間にわたる技術実習が行われた。その概略は，A社内に設置された「縫製トレーニングセンター」において，かつてOEMを主体に事業を営んでいた技術者を講師として招聘し，基本的なデニムパンツを縫製できる技術を習得することを目標に技術実習を行うというものであった。当初は，一般公募による研修を計画していたが，思うように希望者が集まらず，最終的にはA社の若手女性社員（20代，3年目）と市内にある服飾資材商社の若手男性社員（20代，1年目）の2名が参加した。参加者は，自社で営業や検品等の業務を担っているが，製品の生産過程を把握したうえで業務にあたることの必要性を感じて研修に参加したという。このように，2018年の事業は半ば企業の社員研修のような形での実施となったが，2019年以降は新たに縫製業に携わることを目指す人材を対象に，広範囲にわたって事業の周知を図りつつ研修を実施する予定である[20]。

Ⅳ　衣服関連産業における労働力確保に向けた課題

1．産業構造上の課題

　前章では，外国人技能実習制度を利用しつつ事業を展開する企業の事例をみた。そこでは，これまで技能実習制度に対してなされてきた批判が必ずしもすべての企業に当てはまるわけではないことが確認された。ただしその一方で，依然として労働力不足への対処を迫られている企業の実態も明らかになった。労働力不足に対しては，先述した育成事業のように生産現場からの取組も重要であるが，それと同時にアパレルメーカーや商社，小売業者等が担う企画・開発や流通といった過程の変革も求められる。なぜなら，縫製事業者による労働力確保が困難な理由は，良好な労働条件——特に賃金面での条件——を提示することの難しさにあり，それが産業構造に由来していると考えられるからである。そこで本章では，現在の労働力不足問題に関連しているとみられる産業構造上の課題について検討したい。

　近年，アパレル製品の多品種少量生産化が進んでいると言われているが，実際には「小ロット生産といいながらも量的志向が強い構造」（伊丹，2001：243）が併存している。これは単位当たりの生産コスト削減を図ったり，販売時の機会損失を回避したりといった理由のほか，消化仕入れ方式[21]と呼ばれる独特の商習慣が存在すること等，様々な要因が重なり合った結果である。こうした根強い量産志向は必然的に大量の在庫を生じさせることになるが，それらの一部はセール品として販売され，それでも在庫として残った商品は廃棄物として処理される。従来から日本のアパレル製品は，こうしたセールによる値引きや廃棄に係る費用を見込んで販売価格が設定されてきたが，近年ではデフレの影響から商品の価格を低く抑えることが強く求められている。こうした矛盾する産業構造上の問題と市場からの要請を強引に両立させようとした結果として，もはや新興国の低賃金を利用することでしか対処不可能なほどコスト抑制への圧力が生じている。そのため，ラグジュアリーブランドの商品など一部のものを除き，日本国内での生産が困難な状況が生まれている。実際，前章でみた事例企業においても販売価格が数万円から十数万円の製品の生産が多くを占めており，そうした製品を扱わないと

事業が成立しないとの声が聞かれた[22]。

　なお，上述のようなコスト低減への圧力が増した要因として，1990 年代以降の国内市場における SPA やファストファッションの台頭を指摘できる。こうした企業が躍進した背景には，海外生産によるコスト抑制だけでなく，サプライチェーン全体を管理することによるコストの削減や市場への高い対応力があった。しかしながら，国内の既存大手アパレル企業は，サプライチェーンの管理ではなく海外生産によるコスト低減を強く志向した。このことも，国内の衣服関連産業の縮小・衰退に大きく影響したとみられる（杉原・染原，2017: 20-31）。

　また，今日では安価な人件費を求めた海外進出にも限界が見えつつある。衣料品には季節性があるうえ，近年ではファストファッションの台頭もあり，リードタイムの短縮を考慮した生産地の選択が求められる。しかし，日本企業がこれまで主な生産地としてきたアジア諸国では人件費の上昇が進み，現実的な「次の生産地」を見出しにくい状況になりつつある。

　同様の問題は，実習生の募集先についても指摘できる。これまで実習生の最大の送出し国であった中国では，ながらく一人っ子政策がとられてきたこともあり，国内での若年労働力不足や賃金上昇が生じている。また，タイやインドネシアといった東南アジアの国々でも，2030 年代には生産年齢人口がピークを迎えると予想されている。そのため，今後はこれらの国々から実習生を受け入れることが困難になっていくと考えられる。さらに言えば，将来的にこれらのアジア諸国が外国人労働力を求めるようになった場合，第三国からの人材獲得競争において日本がこれらの国々に対抗できるだけの労働条件を整えることができるか否かについても不透明な部分が多い。

　こうしたことを踏まえると，衣服関連産業全体として商品の企画から販売までの過程を再考する時期にきているといえる[23]。例えば今日，社会の全般的な傾向として環境問題への関心が高まっているが，そうした変化と衣服関連産業における流行の陳腐化の加速や，それに伴う廃棄衣料の増加という現象の間には，大きな矛盾が認められる。また，近年では企業の社会的責任（CSR）や労働のあり方が厳しく問われるようになっている。そのようななかで，コスト抑制への強い圧力の下，十全な生産管理が難しい新興国での生産を継続することは，様々なリスク——労働環境の劣悪さや児童労働といった労働・人権問題，環境問題等への加担——を抱えることにもなり得る。こうした今日的課題を解消するためには，より適切な量の商品が適切なコストで生産され，適切な価格で消費される方向へと産業構造を転換させる必要がある[24]。その過程において，日本国内での生産活動が可能な産業のあり方や，日本人労働者の就業先として縫製業が選択されるようになる方途を模索する余地が生じてくると考えられる。

２．外国人労働者の日本社会への包摂

　今後，長期的には上述したように産業全体が抱える構造上の課題を解消しながら，国内生産を維持する方途を模索していくことが求められる。ただし，それには相当な時間を要することが想定されるため，短中期的には現在のように外国人技能実習生を含む労働力で以って産業の維持を図ることが現実的な選択肢となる。その際，企業や産業が取り組むべきことの一つは，Ⅲでみた事例企業 E 社のように，企業内だけでなく広く地域社会においても実習生が受容されるように計らうことであろう。

　実習生の来日目的は，技能の修得もさることながら，金銭の獲得も大きなウェイトを占めている。

そのため，「実習生はお金を稼ぐことを優先する，労働を軸とした生活空間を構築」（許，2008：91）する傾向がある。また，在留期間が限られているために，日本人・実習生の双方において「共生」に向けたインセンティブが欠如しがちであると推察される。そうした状況下において，安易に多様性を称揚したり，実習生をはじめとする外国人労働者の受け入れ拡大を図ったりすることは，排外主義の高まりやパラノイア・ナショナリズムの生起に繋がる恐れがある[25]。すなわち，トランプ政権下の米国社会においてみられたように，外国人労働者の流入が国民の雇用を奪ったり，労働条件の悪化をもたらしたりしているとは実証されていないにもかかわらず，そうした言説がリアリティをもって社会に認識されてしまう状況が生まれ，その結果として外国人というだけで彼／彼女たちを排斥しようとする動きへとつながることが懸念されるのである。

　こうした事態を回避するためには，実習先の企業だけでなく，地域社会全体が実習生との関係構築を積極的に図っていく必要がある。実際にそうした取り組みがなされている事例をとりあげた研究成果として宋（2017）があるが，そこでは石川県白山市・加賀市における中国人技能実習生とホスト社会との関係構築に際し，国際交流団体が主催する日本語教室や日本文化体験等が重要な契機になったことが示されている。また，そこで言及されているように今後，実習生の来日目的は技能修得や金銭の獲得だけではなく，文化学習や生活体験などを含んだものへと変化していくことも予想される。そうした点に鑑みると，実習生をはじめとした外国人労働者の地域社会への受容は，ますますその重要性を増してゆくと考えられる。福山市についていえば，市内に各種の製造業企業が多数立地している関係上，県内でも外国人居住者が多い地域となっており，そのためすでに外国人居住者を対象とした日本語教室が国際交流協会や NGO 等によって主催されている。今後は，こうした主体と実習生の受け入れ先企業との積極的な連携も必要になってくるであろう。

V　おわりに

　本稿では，地場産業のなかでも労働集約度の高さゆえに労働力の確保が困難になっているとみられる福山市の衣服関連産業をとりあげた。そして，当該地域における外国人技能実習制度を利用した産業活動の実態を明らかにするとともに，今後の労働力確保，ひいては産業や産地の維持・存続に関する方策について考察した。

　福山市の縫製業においては，外国人技能実習制度を利用して事業を展開する企業が多数存在するが，それらの企業では実習生を貴重な戦力と見做していた。そこでは，各工程に必要な技能が日本人のベテラン従業者から実習生へと伝達されることで，各社の事業継続が果たされていた。一方で，工程全体をマネジメントする技能に関しては，企業への長期的な定着が予想される従業者への継承が望まれているが，適当な人材が存在しないため実現には至っていない。こうした状況は，長期的な企業の存続や産地・産業の維持を考えた場合に，大きな問題として認識される。そのため，事例企業群は日本人を対象とした人材育成事業に取り組み始めたが，試験的に実施した事業では参加者を集めることに苦慮した。

　こうした現象からも読み取れるように，衣服関連産業では若年労働力の確保が困難な状況が続いている。その背後には，産業構造上の問題に起因する賃金の低さなど，生産現場だけでは対処が難しい

課題が横たわっている。そのため，今後の長期的な課題として，現状の様々な問題を抱えた産業構造の転換が求められる。ただし，そうした課題が解消されるとしても，それまでの間，事業の継続や産地・産業の存続を図るためには，外国人技能実習生を含めた生産活動をより良好なかたちで維持していく必要がある。すなわち，近年の外国人労働者に関する議論において問題視されている排外主義等の高まりを抑えながら，外国人労働者の地域社会への包摂を図らなくてはならない。そのためには，先行地域でみられるように，地域社会と実習生が積極的に関係を構築していくような仕組みを形成する必要がある。

　なお，上述した衣服関連産業全体が抱える構造上の問題を解消していくためには，消費者の意識や行動の変化も重要となる。近年ではアパレル製品の多くが安価でありながら一定の品質を有しており，消費者はそれを当然のものとして認識している。しかしながら，そうした商品が生産される過程では，第三世界における労働力——女性や子どもがその多くを占めるとされる——の搾取や環境破壊等，不適切なかたちでコストが外部化されている可能性も存在する[26]。今日，一部の消費者は商品の購入に際して，生産・流通に係る倫理的な側面を重視しはじめているが[27]，そうした変化を生産・流通側も適切に認識し，産業構造の転換へとつなげていくことが望まれる。

　本稿でとりあげた衣服関連産業に関していえば，例えば生産工程を消費者に知ってもらう機会をつくることも，消費者の意識や産業構造の転換を図るきっかけの一つになると考えられる。かつて宮口（2015）は，過疎地域の持続可能性に関する論考において，過疎地域と呼ばれる農山村の暮らしをつくってきた営みや，そのための様々な技術（ワザ）には「人間論的価値」があると指摘した。そして，その価値を当事者である住民が理解するためには，外部（都市）の人に評価されることが必要であると同時に，そうした価値を時代にあわせたかたちで内発的に育て，地域に上乗せすることが地域づくりにとって肝要であると提言している。これと同様のことが，製造業——特に生活必需品としての衣服製品の製造——における技術についても指摘できるのではないだろうか。今日，産業に関わる人を除いて，衣服を自らつくることはおろか，それらが生産される様子を目にする機会も限られている。そうした状況であるからこそ，多くの人に生産現場や技術を目にする機会を提供することを通じてその価値を認識してもらうとともに，生産者は外部の人（消費者）との接点を持つことで時代にあわせた新たな価値を創造していくことが可能になるのではないかと考える。

［付記］本稿の作成にあたっては，福山市内に立地する衣服関連産業の企業の皆様方を中心に，多大なるご支援とご協力をいただきました。末筆ながら，ここに記して厚く御礼申し上げます。

注

1) 本稿の対象地域である福山市の周辺では，愛媛県の今治タオル産地（ブランド化）や，岡山県倉敷市児島地区における学生服生産（別注品を中心に短納期が求められるため海外生産が困難）などが例としてあげられる。

2) 地場産業地域における労働力を扱った近年の研究としては，輪島漆器産地での徒弟制度を通じた熟練労働力の再生産過程を分析した須山（1992・1993）や，大川家具産地における地域労働市場の

変化をみた豆本（2006），備前・旭川の両陶磁器産地における人材養成システムについて検討した初沢（2006）などがある。

3) 福山市のなかでも，旧新市町（2003 年合併）と旧神辺町（2006 年合併）が繊維関連産業の中心地であり，同地域に多数の関連企業が立地している。

4) 1991 年時点での事業所数は 61,403 事業所，従業者数は 1,102,961 人，製造品出荷額等は 12,853,350 百万円であった（ここでは，2013 年に産業分類が改訂されたことをふまえ，旧分類における「繊維工業」と「衣服・その他の繊維製品製造業」の合算値を用いている）。これらと 2016 年時点の数値を比較すると，事業所数は 80.2％，従業者数は 76.5％，製造品出荷額等は 70.3％の減少を示している。なお，経済産業省製造産業局生活製品課（2018）でも指摘されているように，旧分類における「繊維工業」，すなわち繊維原料の生産に関しては，大手紡績メーカー等による高機能・高性能繊維の開発が進んでおり，今日でも高い競争力を備えているとみられる。これに対し，旧分類において「衣服・その他の繊維製品製造業」として扱われてきた衣料品の生産については，輸入品との競合等により，上記の数値以上に厳しい状況に置かれていると推察される。

5) 日本繊維輸入組合の統計資料によると，2018 年時点で最大のアパレル製品輸入先は中国（全輸入量の 64.8％を占める）であり，それにベトナム（同，12.8％）が続いている。

6) この間，一時的な上昇がみられることもあるが，両者とも総じて下落傾向を示しており，2017 年時点で輸入製品単価は 1991 年比で 65.8％，購入単価は同 56.9％となっている。

7) デニム・ジーンズ製品の産地である岡山県倉敷市・井原市と広島県福山市は，旧国でみたときそれぞれ備前（倉敷市）・備中（井原市）・備後（福山市）に位置している。このことから，これらの地域は一括して三備地域と称されることがある。

8) ジーンズ製造業では，色落ちやダメージ加工を施す工程を洗い加工と呼ぶ。

9) 例えば，永田（2012）においてもジーンズ製品産地としての倉敷市児島地区，デニム生地産地としての井原市・福山市という認識を見て取ることができる。

10) ただし，デニム生地・ジーンズ製品に関する詳細な統計資料が存在しないため，各地域にける各種製品の産出量や，それに関わる企業数・従業者数にどの程度の相違があるのか，実態を正確に把握することは難しい。

11) 「外国人の技能実習の適正な実施及び技能実習生の保護に関する法律」が 2018 年に施行されたことに伴い，第 3 号実習生の受け入れが可能となった。なお，3 号実習生の受け入れは，優良と認められた実習実施者（受け入れ先企業）・監理団体に限定されており，所定の技能評価試験（技能検定 3 級相当）の実技試験に合格した実習生が対象となる。

12) 地位等類型資格と呼ばれるものは入管法の別表第二において定められたものを指し，具体的には永住者・日本人の配偶者等・永住者の配偶者等・定住者の 4 種がこれに該当する。一方，活動類型資格は同法の別表第一において定められたものを指し，現在，技能実習を含む 24 種の資格が定められている。

13) 近刊の書籍だけをみても，上林（2015）のほか，安田（2010），「外国人実習生」編集委員会編（2013），井出（2016），NHK 取材班（2017）などが外国人技能実習制度に関する課題・問題を指摘している。

14) これにより，それまで「研修」とされてきた期間（1年目）が「技能実習1号」，2〜3年目の技能実習期間（在留資格「特定活動」）が「技能実習2号」となった。

15) ただし，こうした法改正以後も実習生に関する労働問題や人権問題は無くなっていない。法務省入国管理局によると，2017年度の団体監理型での実習において不正行為（最低賃金や割増賃金の不払い，違法な時間外労働等）が認められた実施機関の数は，全業種で183機関にのぼり，そのうち94機関が繊維・衣服関係であった。2018年の入管法改正に伴い，新たな在留資格「特定技能」が創設されたが，繊維・衣服産業が当該資格の対象とならなかったのは，技能実習制度におけるこうした問題の多さも影響しているとみられる。

16) 広島労働局の資料によると，2018年10月末時点で県内の安定所別にみた技能実習生の数は，福山地区が3,152人で最多である。この数は，同じく製造業企業が多く立地する東広島地区（2,397人；県内第2位）や広島地区（1,965人；同第3位）を大幅に上回っており，このことからも福山市の衣服関連産業に従事する実習生の多さを窺い知ることができる。

17) 先述したように，こうした人材を求めることと，実習制度が掲げる目的との間には矛盾が存在する。しかしながら，労働力不足と1990年代以降の景気後退のなかで，人材育成にかける金銭的・時間的な余裕が充分に無かった企業にとっては，一定の技能を有する実習生を受け入れることが，事業継続のための数少ない現実的な選択肢だったといえる。

18) 事例企業のなかには近い将来，現在とは異なる国（ミャンマーやベトナム等）での募集を検討しているところもあった。

19) 社会保障費としては，社会保険や厚生年金，労働保険，雇用保険といったものが支払われている。また，監理費は監理団体によって金額が様々であるが，事例企業の場合は約5,000円であった。これらに加えて，企業は監理団体に対して年毎に組合費も支払っており，それらは実習生の来日直後に実施される研修の費用や，実習生が帰国する際の飛行機料金等に充てられている。こうした企業の金銭的負担に関しては，これまでにも「制度を「真面目に」運用しようとすれば…（中略）…結果的に日本人と同じくらいの費用がかかる」（黒田，2009: 66）との指摘がなされている。

20) 当該事業は，兵庫県の豊岡かばん産地における後継者育成事業を参考にしている。なお，事業の詳細等については，繊維産地継承プロジェクト委員会のHP（https://hito-to-ito.com/）を参照されたい。

21) 商品が百貨店等の小売業者の店頭に陳列された後も，売り上げが計上されるまでその所有権が卸業者やメーカーに残される取引形態を指す。この方式では，小売業者に在庫のリスクが生じないため，多数の商品を納入するようメーカー等に求める傾向が生じやすい。

22) いずれの事例企業においても，高価格帯の製品が主に扱われているが，企業の規模によってその状況がやや異なっている。具体的には，実習生を受け入れている企業は相対的に事業規模が大きく，受注内容も比較的大ロットのものが多いが，実習生を受け入れていない企業は相対的に事業規模が小さく，受注内容は比較的小ロットのものが多いことを指摘できる。

23) 今後の衣服関連産業全体のあり方については，尾原（2016），杉原・染原（2017），斎藤（2019），仲村・藤田（2019）なども参照されたい。

24) こうした変化の先駆けとして，ファクトリエ（ライフスタイルアクセント株式会社）や10YC（株式会社10YC）といったオンラインSPAと呼ばれる企業の取組は，注目に値する。

25) 外国人労働者の流入に伴う排外主義やパラノイア・ナショナリズムの生起については，五十嵐（2010）やハージ（2008）等に詳しい。

26) このような問題に関しては，クライン（2001）以降，様々な事例に基づいた批判が展開されており，先に挙げた斎藤（2019）や仲村・藤田（2019）等においても同様の指摘がみられる。

27) こうした傾向については，「ミレニアル世代にとってのラグジュアリーは，どこで作られたか，どのように作られたかに価値がある。ブランドの名前よりも質，職人技，信頼性が，はるかに大切になっている」（杉原・染原，2017: 138-139）という言葉に端的に表れている。このことは，消費者が商品の「「安さ」ではなく「価格の妥当性」」（杉原・染原, 2017: 144）を求めはじめていることを示唆していると言えよう。

文　献

五十嵐泰正 (2010).「越境する労働」の見取り図. 五十嵐泰正編『労働再審２—越境する労働と＜移民＞—』大月書店, 11-50.

伊丹敬之＋伊丹敬之研究室 (2001).『日本の繊維産業—なぜ，これほどまでに弱くなってしまったのか—』NTT出版.

井出康博 (2016).『ルポ ニッポン絶望工場』講談社.

NHK取材班 (2017).『外国人労働者をどう受け入れるか—「安い労働力」から「戦力」へ—』NHK出版.

岡山経済研究所編 (1993).『図説 岡山経済—21世紀柄の新たな発展基盤を求めて—』山陽新聞社.

尾原蓉子 (2016).『グローバリゼーションとデジタル革命から読み解く—Fashion Business 創造する未来—』繊研新聞社.

「外国人実習生」編集委員会編 (2013).『外国人実習生—差別・抑圧・搾取のシステム—』学習の友社.

上林千恵子 (2009). 一時的外国人労働者受入れ制度の定着過程—外国人技能実習制度を中心に—. 社会志林, 56(1), 39-63.

上林千恵子 (2015).『外国人労働者受け入れと日本社会—技能実習制度の展開とジレンマ—』東京大学出版会.

許善姫 (2008). 外国人研修・技能実習生の労働に対応する生活空間—アパレル産業の中国人研修・技能実習生への聞き取り調査から—. 神戸文化人類学研究, 2, 70-92.

クライン, N.(松島聖子訳) (2001).『ブランドなんか, いらない—搾取で巨大化する大企業の非情—』はまの出版.

黒田由彦 (2009). 地域産業を支える外国人労働者—外国人研修生・技能実習生というもうひとつのDEKASEGI—. 名古屋大学社会学論集, 30, 53-70.

経済産業省製造産業局生活製品課 (2018).『繊維産業の課題と経済産業省の取組』経済産業省製造産

業局生活製品課.

国際研修協力機構 (2018). 『外国人技能実習・研修事業実施状況報告（JITCO 白書）〈2018 年度版〉』国際研修協力機構教材センター.

斎藤孝浩 (2019). 『アパレル・サバイバル』日本経済新聞出版社.

新市町史編纂委員会編 (2002). 『新市町史 通史編』広島県芦品郡新市町.

杉原淳一・染原睦美 (2017). 『誰がアパレルを殺すのか』日経 BP 社.

須山聡 (1992). 石川県輪島市における漆器業の発展. 地理学評論, 65(3), 219-237.

須山聡 (1993). 職人の地域的移動パターンからみた輪島漆器の生産地域の拡大. 地理学評論, 66(10), 597-618.

宋弘揚 (2017). 中国人技能実習生とホスト社会との接点―石川県白山市と加賀市を事例に―. 地理科学, 72(1), 19-33.

豆本一茂 (2006). 家具産地の再生と地域雇用. 下平尾勲・伊東維年・柳井雅也編著『地域産業の再生と雇用・人材』日本評論社, 103-120.

仲村和代・藤田さつき (2019). 『大量廃棄社会―アパレルとコンビニの不都合な真実―』光文社.

永田瞬 (2012). 三備地区における繊維産業集積の現状. 福岡県立大学人間社会学部紀要, 21(1), 23-39.

ハージ, G. （塩原良和訳） (2008). 『希望の分配メカニズム―パラノイア・ナショナリズム批判―』御茶の水書房.

初沢敏生 (2006). 陶磁器産地の特性と人材養成―岡山県備前産地と北海道旭川産地を例に―. 下平尾勲・伊東維年・柳井雅也編著『地域産業の再生と雇用・人材』日本評論社, 123-140.

宮口侗廸 (2015). 過疎地域の人間論的価値とその近未来. 経済地理学年報, 61(2), 125-133.

宮島喬・鈴木江理子 (2014). 『外国人労働者受け入れを問う』岩波書店.

安田浩一 (2010). 『ルポ 差別と貧困の外国人労働者』光文社.

（2019 年 6 月）

乾燥地都市における経済開発と地域再生

北 川 博 史

I　はじめに

　私たちにとって，沙漠に代表される乾燥地は身近な存在ではないように思える。多くの日本人が沙漠に対して抱くイメージは，砂丘の上をラクダがゆったりと歩く光景に象徴されるような憧憬に似た感情に基づくものであろう。一方，現実の乾燥地は多くの困難を抱えている地域が少なくない。近年，乾燥地は，砂漠化の進行や干ばつなどといった環境条件の変動が激しく，そこに暮らす人々は多くの課題に直面している。国連のミレニアム生態系評価によれば，乾燥地において暮らす人々は，一人あたり GDP が最も低く乳幼児死亡率が最も高い，とされており（MA, 2005），福利厚生の水準は他の地域に比して非常に低い状況にある。こうした乾燥地の地域問題を様々な次元から明らかにするとともに，解決へのきっかけを探ることは意義あることであろう。

　これまでの斯学における乾燥地研究のなかでは，乾燥地科学の必要性を地理学の立場から主張した篠田（2009）や沙漠の自然環境と人々の生活の在り方を検討した赤木（1990，1998）による一連の研究が注目される。これらは，今後の乾燥地研究を進める上で特筆される研究成果である。

　乾燥地資源の利用については，池谷（2006）や相馬・古澤（2010）が指摘したように，乾燥地における牧畜民の資源利用，オアシス農業やサバンナ地帯での降雨依存農業など，主として農牧業の開発の側面から検討されてきた。近年では，乾燥地を観光の消費対象としたツーリズムの可能性（菊池・有馬，2010）や核実験場などの特殊な利用（門村，2010）についての議論もみられる。さらには，乾燥地都市の発展の特徴を明らかにした山下（2009）やインドの半乾燥地域における産業集積の実態を示した北川（2010，2013）に加えて，乾燥地都市であるアメリカ合衆国アリゾナ州フェニックスを事例地域としてその経済開発の実態とその動向を検討した北川（2014）においても指摘されたように，乾燥地の経済開発と利用は，今日，これまでとは異なった地域的動態を確認できる。

　こうした経済開発の新たな動向がみられる一方で，乾燥地に位置する国のなかには，いまだに自国の資源開発により経済成長を目指している国も少なくない。鉱産資源を中心とした一次産品の輸出に依存する経済構造は，必ずしも地域の持続的な発展に寄与することにはならない可能性が高い。とはいうものの，資源開発以外の産業発展が必ずしも期待できない乾燥地にとっては，資源の開発と輸出に依存せざるを得ないことも事実である（北川，2014）。乾燥地においては，その自然環境の過酷さゆえに基幹産業となる部門は限られており，鉱業に依存する場合が少なくない。現在においても，モンゴルなどの発展途上国の乾燥地においては，鉱産資源の需要の高揚とともに多くの場所で急速な鉱山開発が進められている。しかしながら，そうした鉱山は，資源が枯渇すれば，いずれは廃鉱となる。その後，鉱山開発にともなって形成された鉱山集落も，廃鉱に伴う基幹産業の喪失

と無住化を経て，集落そのものが放棄されていくことになる（Sayers,C.E., 1987）。とくに，乾燥地の場合，代替される基幹産業が極めて限定的であるため，地域の再生が図られることは希であり，集落が放棄される可能性は極めて高い（北川, 2016）。

　乾燥地科学に政策科学的な貢献が求められつつある今日，こうした乾燥地都市の開発のみならず，再生および持続的な経済開発の方向性について検討することは，Future Earth や SDGs などが掲げる持続可能な開発目標に照らすと，喫緊の課題であろう。本研究は，こうした点を踏まえて，オーストラリアを事例として，経済開発とその後の地域再生の実態を明らかにしつつ，乾燥地における経済開発のあり方と今後の可能性，さらには乾燥地都市の成立・維持・再生のメカニズムについて考えてみたい。

　これ以降，第Ⅱ章では，乾燥地都市の成立から持続的発展段階にある事例地域として取り上げたオーストラリア・ノーザンテリトリーにおける地域的動態を検討したい。同章では，はじめに地域的人口動態と乾燥地システムとの関係性を検討するとともに，乾燥地都市の起源と形成過程について概観する。つづいて，第Ⅲ章では，乾燥地都市の衰退・放棄段階にある事例地域として取り上げた西オーストラリア州における地域的な動態を検討する。続いて，乾燥地都市の持続的発展にとって地域間ネットワークのあり方が重要であることから，第Ⅳ章ではオーストラリアにおける経済機能のネットワーク化の現状と特徴を整理した後，第Ⅴ章において，乾燥地都市における，場の創造，付加価値の増大と地域資源の活用のあり方について考察を行いたい。

Ⅱ　オーストラリア・ノーザンテリトリーにおける乾燥地都市の地域的動態
1．乾燥地システムからみたノーザンテリトリーの位置づけ

　世界全体の陸地に占める乾燥地の割合は 41.3% にも上る（第1図）。そのうち，極乾燥となる沙漠はアネクメーネの範囲を決定する際の乾燥限界として，一般的には人間活動が極めて困難ないしは

第1図　世界の乾燥地システム

資料：　MA(2005)より作成。

不能な地域として認識されている。乾燥地の乾燥度にはかなりの開きがあり，人間が生存する環境・条件として一様ではない（山下，2010）。そのため，乾燥地のなかには，その乾燥度に応じて生活の場としてあるいは経済活動の場としての都市も少なからず存在している。

　本論において対象としたオーストラリアは国土の大半が乾燥地であり（第1図），乾燥大陸とも称される地域である。オーストラリアの主要都市であるシドニーやメルボルン，アデレードやパースなどの大都市は沿海部に位置し，総じて人口は乾燥度の低い温帯地域に集中している。

　事例地域としたノーザンテリトリーのなかでも北部の沿岸地域は，サバナ気候下にあり，場所によっては雨緑林を形成している。したがって，北部沿岸地域は比較的温暖湿潤であり，ノーザンテリトリーにおける乾燥地システムを示した第2図によれば，乾燥度が低い地域である。当該地域においては，Darwin（ダーウィン）を中心に人口が集中しており，この地域に立地する都市群は総じて人口増加率が比較的高く，近年，経済開発が進展してきたことが理解できる（第2図）。

　一方，ノーザンテリトリー南部に関しては，第2図によれば，同州南部の中心都市である Alice Springs（アリススプリングス）周辺の地域は，乾燥地システムにおける乾燥地域となっており，それに接する中北部には半乾燥地域が広がっている。南部地域は，その大半が乾燥地であり，都市が成立するには極めて厳しい自然条件下にあるといえる。しかしながら，第2図をみても理解されるように，この過酷な条件下にある南部地域にも多くの都市が立地している。

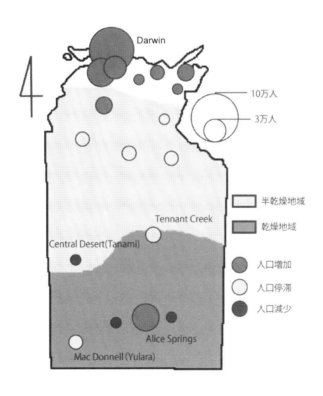

第2図　乾燥地システムとノーザンテリトリーにおける人口分布
資料：Australian Bureau of Statistics および MA（2005）より作成。

確かに，ノーザンテリトリー南部においては，北部に比して，人口分布は稠密ではないことは明らかであり，都市人口が約３万人のアリススプリングスを除くと，Tennant Creek（テナントクリーク）や Mac Donnell（Yulara）（マクドネル）など人口１万人未満の小規模な都市や集落を確認できるに過ぎない。しかしながら，こうした南部の乾燥地都市の多くは，これまで数十年にわたり持続的な発展を遂げており，アリススプリングスをはじめとして，かつて人口増加を経験した都市は少なくない（第２図）。また，アリススプリングス以外の都市に注目すると，前述のテナントクリークやマクドネルのみならず，そのほかの主要都市においても，人口は漸減しているものの，その人口減少率はわずかに過ぎない。

　前述のように，人口の増加が確認されるノーザンテリトリー南部の中心都市であるアリススプリングスは，平均年降水量が279.2mm と非常に少なく，砂漠気候の卓越する都市である。こうした乾燥地都市における人口増加ないしは人口維持の背景には様々な要因が考えられるが，当該地域での産業発展や経済機能の立地もその一要因となることは想像に難くない。そうしたノーザンテリトリー南部の経験は，乾燥地の経済開発の可能性を示唆するものであるといえよう。

２．乾燥地都市の起源と形成過程

　本来，人間は，その活動にとって，生活用水や農業用水などの新鮮な水が重要であった。そのため，古来より，河川やオアシスなど，水を確保しやすい場所に集落を形成してきた。しかしながら，

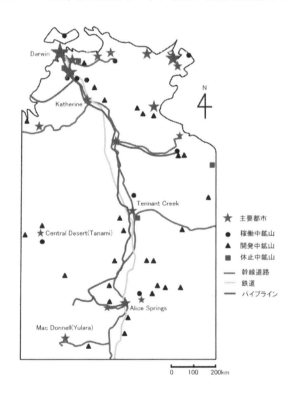

第３図　ノーザンテリトリーにおける鉱山および都市分布とネットワーク
資料：Blewett R.S.（2012）他より作成。

水へのアクセスが総じて困難な乾燥地は，多くの人々が生活し，都市を形成するには不適当な場所といわざるを得ない。

とはいうものの，世界の乾燥地都市の地域的動向を検討した Cooke, et. al.（1982）によると，1977年段階において，人口 10 万人以上の比較的大きな乾燥地都市は 355 を数え，その中には人口増加を経験している乾燥地都市が少なくないことを指摘している。こうした乾燥地都市は，駐屯地や交通・通信の結節点のほか，鉱山都市を起源とする場合が多々みられる（Kates et al., 1977）。

第3図はノーザンテリトリーにおける主要鉱山および都市の分布を示したものである。これによると，当該地域に銅および金鉱山を起源とした旧鉱山都市であるテナントクリークが確認できる。この都市の起源は，1872 年に大陸縦断電信線の中継拠点としての開発にさかのぼるが，1930 年代に金鉱発見によるゴールドラッシュおよび 1950 年代以降の銅鉱山の開発により大いに発展した。都市化の進行は，鉱山開発により促進され，1960 年代にはノーザンテリトリー南部の主要都市としてさらなる発展を遂げている。その後，廃鉱により，鉱山都市としての機能は失われてしまったが，現在では大陸を南北に縦断するスチュアート・ハイウェイの中継地，交通の結節点としての機能を有している。このように，テナントクリークは，当初，乾燥地の都市にしばしば見られる鉱山都市としての性格を有していたが，その後，廃鉱に伴い衰退するものの，放棄されることはなく，現在でも都市として存続している。

一方，第3図にはテナントクリーク以外に，乾燥地都市として，アリススプリングスおよびマクドネルも確認できる。前者は，1872 年にロンドンからシドニーに至る電報網の中継点として電報局が開設され，これに前後して都市が成立した。1929 年にアデレードからの鉄道が開通してからは周辺のアウトバックの交通拠点として発展した。現在では，アデレードとダーウィンを結ぶ大陸縦断鉄道の中間地点となっているが，大陸縦断鉄道が 2004 年に全通するまでは鉄道と自動車交通の結節点となっていた。また，前述のマクドネルを含むユララやカタ・ジュタで知られるウルル＝カタ・ジュタ国立公園への観光拠点として発展しつつある。

以上のように，ノーザンテリトリーの乾燥地都市はすべてが鉱山都市を起源とするものではなく，地域資源の活用による都市形成や交通・通信の結節点を起源とし，その後，都市の中心性が高まり，周辺の地域の中心都市として発展してきた都市も存在している。こうしたテナントクリークやアリススプリングスにみられるように，持続的に発展してきた主要な乾燥地都市は，地理的な側面からみると，結節点，拠点としての性格を有するとともに，何らかのネットワーク上に位置することの必要性が想起される。

Ⅲ　西オーストラリア州における乾燥地都市の地域再生の取り組み

１．鉱山開発と鉱山集落の盛衰

西オーストラリア州は MA（2005）によれば，沿岸部をのぞいて，半乾燥地域もしくは乾燥地域に区分される。とくに，事例地域であるゴールドフィールズは地域の大半が乾燥地域にあたる。当該地域はその名称が表すように，1890 年代にゴールドラッシュがおこり，内陸部に向けて鉱山開発が進んでいった。鉱山開発とともに，人口も急増し，1880 年代前半には約 2 万人足らずであった西

オーストラリア州の人口は，ゴールドラッシュ発生後の 1897 年には 11 万人にまで急増した。ゴールドフィールズにも多数の移住者が流入し，多くの鉱山集落が形成された。しかしながら，その大半は，廃鉱とともに消滅することになる。今日，鉱山都市として機能している都市は，ラバートン（Laverton）やカルグーリー・ボールダー（Kalgoorlie-Boulder）などごく少数の都市を数えるに過ぎない。

　西オーストラリア州には現在でも多数の金鉱山が存在する（堀・菊池, 2007）。とくに，ゴールドフィールズ周辺に集中しているが，カルグーリー（Kalgoorlie）などいくつかの金鉱山をのぞいて，大半はゴールドラッシュ終焉後に開発された鉱山である。これらの鉱山は，当時よりもより内陸部において開発されており，現在でもほとんどの鉱山において鉱山集落を形成するには至っていない。その一方で，ゴールドラッシュ当時に形成された鉱山集落の分布を示した第 4 図によると，現在のカルグーリー・ボールダーからレオノラ（Leonora），さらには東側に向かったラバートンへの主要道路沿いに展開しており，現在の鉱山分布域よりも東側の地域に集中する。

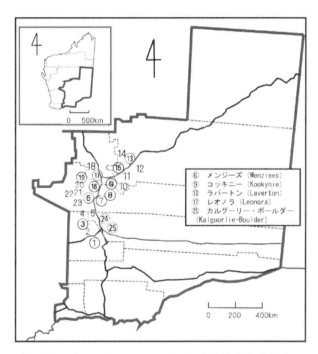

第 4 図　ゴールドフィールズにおける鉱山集落分布

注：図中の数字は第 1 表の集落番号，図中の丸数字は現存する集落，数字のみは消滅集落。

資料：Department of Regional Development and the North West（1988）および Golden Quest Trails Association（2003）により作成。

　また，鉱山の稼働状況も示した第 1 表によれば，19 世紀後半に鉱山開発されたゴールドフィールズにおいては，現在，ほとんどの鉱山は稼働していないことが理解できる。また，鉱山に付随する鉱山集落に関しても放棄された例が少なくない（第 1 表）。こうした鉱山集落の中には，1920 年代

という比較的早い時期に廃鉱に伴って集落が放棄された事例も認められる。そのほか，鉱山の閉鎖にともない消滅した鉱山集落も多く，現在でも残存している集落に関しても，その機能や規模を大きく縮小し，消滅の危機にある。

第1表　ゴールドフィールズにおける鉱山の稼働状況と鉱山集落

	鉱山集落名	鉱山の稼働状況	鉱山集落の有無	放棄された年
1	Coolgardie	×	△	
2	Kunanalling	×	×	1942
3	Ora Banda	×	△	
4	Siberia	×	×	1925
5	Goongarrie	×	×	－
6	Menziees	△	○	
7	Menziees Cemetery	×	△	
8	Niagara Dam	×	△	
9	Kookynie	×	△	
10	Old Rail Bridges	×	×	1970
11	Mt Morgans	×	×	2001
12	Hawks Nest	×	×	－
13	Laverton	○	○	
14	Windarra	×	×	1998
15	Murrin Murrin	○	○	
16	Gwalia	×	△	
17	Leonora	△	○	
18	Granite Creek	×	×	－
19	Coopperfield	△	△	
20	Snake Hill and Lake Ballard	×	×	－
21	Uarring	×	×	－
22	Davyhurst	×	×	－
23	Rowles Lagoon/Carbine	×	×	－
24	Broad Arrow	×	△	
25	Kalgoorlie-Boulder	○	○	

注1：「鉱山の稼働状況」欄の△は、開発当時の鉱山は廃鉱となったが、近隣において新たに鉱山開発され、現存していることを示す。

注2：「鉱山集落の有無」欄の△は、ほぼ廃集落（集落人口20人未満）の状況にある集落を示す。

資料：Department of Regional Development and the North West(1988)、Golden Quest Trails Association(2003)ほかより作成。

２．乾燥地の廃鉱山集落群における地域再生の試み

　前述したように，19世紀後半以降の鉱山開発初期に成立した鉱山集落は，現在までに消滅あるいは衰退した都市が少なくない。この都市衰退の直接的な要因は廃鉱に求めることができるが，乾燥地であるがゆえの要因も指摘できよう。鉱山開発は，20世紀に入ると，露天掘りによる採掘方法が採用されるようになり，大規模な地形改変をともなう鉱山開発が一般的となった。結果として，廃鉱後の鉱山の景観は,巨大な深い穴と鉱滓の積み上がった山によって構成される無残なものとなる。最近では，こうした景観を産業遺産として評価する場合も多々みられるが，その評価は分かれるであろう。そうした大規模な地形改変のなされた地域は，農牧業開発あるいは林産業開発をするにしても多くの困難をともなうと予想するに難くない。しかも，ゴールドフィールズは乾燥地域に属し

ており（MA, 2005），農林業の開発に優位性を必ずしも有するとはいえない地域である。したがって，廃鉱後の地域再生にはこれまでとは異なった見地から検討せざるをえない。

　近年，こうした廃鉱後の地域再生への積極的な取り組みとして，アメリカ合衆国アリゾナ州での事例が参考となる。例えば，鉱山集落に若手芸術家を呼び込みアトリエを提供することにより「芸術家のまち」へと再生する，あるいは，ゴーストタウンと化した鉱山集落の廃墟を地域資源としたツーリズムの消費対象とする，などの試みが行われている。そうした地域再生の取り組みに鑑みるに，第一次産業，第二次産業にみられるようなモノを生産する産業によって外貨を稼ぐことにより域内経済循環を高めるのではなく，菊池・有馬（2010）が，乾燥地を消費対象・商品とした新たなツーリズム開発の試み，に関して検討したように，場の持つ要素を資源化あるいは商品化し，これを交流人口が消費することにより外貨を稼ぐ，といったプロセスを構築する必要性が看取できよう。

　ゴールドフィールズでの地域再生の取り組みも，こうした一連の動向と軌を一にしている。ここでは，ほぼゴーストタウン（廃墟集落）となったコッキニー（Kookynie）（第1表の集落番号9）とすでに歴史的景観の再生と資源化が始まりつつあるメンジーズ（Menziees）（第1表の集落番号6）の事例を検討したい。

　コッキニーは，1895年に金が発見された際に成立した鉱山集落である。最盛期の20世紀初頭には，人口約3,500人を有する町として大いに発展し，多くのホテルや醸造所などを有する周辺地域の中心地として機能していた。当時は，カルグーリーとの間に一日4便の列車も運行されており，地域の重要な交通結節点としても位置づけられていた。現在では，人口は13人を数えるに過ぎず，「現存するゴーストタウン（A Living Ghost Town）」として資源化・商品化され，地域の再生が図られつつある（第5図）。

第5図　コッキニーの集落跡（2017年3月26日筆者撮影）

　一方，メンジーズは，1894年にこの地域で金が発見された際に成立した鉱山集落であり，最盛期の20世紀初頭には，人口約10,000人を有する鉱山都市に成長し，前述のコッキニーを凌駕する規模をもって多くのホテルや醸造所などが立ち並ぶ周辺地域の中心地としても機能していた。しかしながら，集落近隣の鉱山は閉鎖され，1910年までに，市の人口は約1,000人へと減少し，現在では

108 人を数えるに過ぎない（2016 年度国勢調査）。近隣の廃鉱にともない，鉱山集落としての機能は失われ続けたものの，集落の遠郊地域では現在でも鉱産資源開発が行われており，これも幸いして，廃墟集落とまでは至っていない。とはいうものの，かつての繁栄を再生するには至っておらず，歴史的景観を復元し，鉱山集落としての歴史的景観を資源化する試みが行われている（第6図）。

第6図　メンジーズの歴史地区と復元された建物（2017 年 3 月 26 日筆者撮影）

Ⅳ　乾燥地における経済機能のネットワーク化

　　第Ⅱ章でみたように，乾燥地都市の持続的発展には，一つの与件として，何らかのネットワークに組み込まれていることの必要性が想起された。本章では，オーストラリアにおける資源開発と生産機能のネットワーク化の現況について整理したい。

　　オーストラリア大陸においては，ボーキサイト，鉄鉱石，石炭やニッケル，マンガン，すず，さらには金やウランなどが内陸の乾燥地に大量に埋蔵されている。本研究で事例地域としたノーザンテリトリーもその例外ではない。地下資源開発は，内陸部にマウントアイザ [1] やマウントホエールバック [2] といった孤立した鉱山集落の新たな成立をともないつつ行われてきた。こうした鉱山では露天掘りにより大規模な鉱産資源の採掘が行われ，大型トラックや専用鉄道により近隣のポートヘッドランドやダンピアといった積出港まで搬出され，移出および輸出されている。

　　これまでオーストラリアは，鉱産資源を一次産品の形態で輸出することに依存する傾向にあったが，こうした構造は輸出相手国の好不況や国際価格の変動に影響され，安定した外貨獲得にならないばかりか，単純な経済構造を生み出す問題をはらんでいた。そのため，鉄鉱石などの一次産品に付加価値を与えることで，工業化を推進することを目指してきた。しかしながら，工業化には多くの課題も存在した。その一つは，地下資源の分布と既存工業地域や市場となるシドニーやメルボルンなどの大都市の分布との地理的な不整合である。

　　オーストラリアは，前述したように，大陸南東部の海岸線に沿って都市が成立しており，工業地域もこうした南東部の地域に偏っている。自国の鉄鉱石を原料として製鉄業を発展させるためには，鉄鉱石と石炭を調達し，製鉄所に運搬する必要がある。加えて，オーストラリアの国内市場は狭小

のため，生産された鉄鋼は大部分が輸出されることになる（宮下, 1972）。

　こうした状況下において，問題となるのは，原料および製品の重量とその輸送距離である。製鉄業に必要な鉄鉱石や石炭は重量が大きいため，可能な限り，輸送距離を最少にすることが立地論の観点からも重要視される。鉄鉱石や石炭などの鉱産資源は同一の場所に存在することはまれであり，歴史的にみても，製鉄所は，これまで石炭もしくは鉄鉱石の産地に近接して立地していた。しかしながら，近年の製鉄業の立地傾向は大きく変化している。製品自体の重量も大きいことや輸送手段の発達，高炉の高度化にともなう生産技術の発達などにより，製鉄業は原料産地を離れ，市場に近接する臨海型の立地パターンが先進工業国においては卓越するようになっている。

　オーストラリアの場合，良質な石炭を産出する炭田に近接するニューカッスルやポートケンブラに製鉄業の発展がみられた．こうした地域における製鉄業には西オーストラリアにおいて産出された鉄鉱石が海上輸送され，原料として利用されてきた．しかしながら，鉄鉱石を鉱山から国内の工業地域まで船舶で運ぶ際の輸送距離とそのコストは工業発展の障害となった（堀・菊池, 2007）。すなわち，北半球の先進工業国までの距離と鉱山から国内の工業地域までの時間距離や費用距離がほとんど変わらないため，鉄鋼にみられるように付加価値を付与したとしても工業製品の国際競争力を確保できず，加えて，そうした状況を改善するのは極めて困難であった。

　こうした状況に対処すべく，鉄道などの輸送インフラの整備を進め，市場と原料産地，工業地域との間の距離を克服する努力がなされ，ネットワーク化が促進されてきた。また，オーストラリアでは，内陸部の乾燥地や市場から遠く離れている油田ならびに天然ガス田からパイプラインを敷設し，地域間のネットワーク化を図るとともに市場に近い地域において石油精製や化学工業の立地を促進している。あわせて，積出港を整備することにより，エネルギー資源の輸出環境も整備されてきた。こうしたパイプラインの利用による石油や天然ガスの輸送は，内陸部の地下資源を既存の工業地域に輸送することにより，工業地域における石油化学工業や関連産業の発展に大いに寄与することになる。

　以上のように，内陸部の乾燥地における資源開発は，資源を産出する原料産地とこれを利用する工業地域との地理的な関係性に影響を受けてきた。近年の輸送技術の発達やインフラの整備は内陸部の乾燥地における地下資源の利用促進に大いに寄与した。乾燥地に工業を立地させることは困難な作業であるが，乾燥地において開発された地下資源と工業地域，さらには市場とを結びつけ，ネットワーク化の促進を図ることにより，これまで以上に乾燥地における資源開発の優位性が構築されることになることが理解されよう。

　こうした地域間のネットワーク構築は，資源開発と工業生産の発展といった側面のみならず，地域そのものの発展や再生にも大いに寄与することと考えられる。それは，第Ⅱ章でみたように，ノーザンテリトリーの乾燥地都市はすべてが鉱山都市を起源とするものではなく，地域資源の活用による都市形成や交通・通信の結節点を起源とし，その後，都市の中心性が高まり，周辺の地域の中心都市として発展してきたことにも反映されている。ノーザンテリトリーにおいて持続的に発展してきたテナントクリークやアリススプリングスなどの乾燥地都市は，地理的な側面からみると，結節点，拠点として性格を有するとともに，これらの都市をつなぐネットワーク上に位置している。

また，後述するように，ゴールドフィールズでは，現在，「Golden Quest Discovery Trail」と称した活動を国内外に宣伝している。これは，いわば，衰退あるいは放棄された乾燥地都市を連鎖させることにより交流人口の流入促進を目した活動である。この活動は乾燥地都市を新たなネットワーク上に再配置することも意味している。単一の都市での再生が難しい状況において，この活動は，都市をつなぐ，あるいは新たな価値連鎖を構築するといっても過言ではないが，そうした場の付加価値の増大を企図して乾燥地都市のネットワーク化を推進する一事例としても位置づけられる。

Ⅴ　場の創造，付加価値の増大と地域資源の活用

　第Ⅲ章でみたテナントクリーク，アリススプリングス，マクドネルはそれぞれ乾燥地都市として成立した背景は異なっているものの，現在まで持続的な発展を遂げている都市である。これらに共通するのは，それぞれの有する地域資源を活用した場の創造と場の付加価値増大が図られている点である。

　すなわち，テナントクリークは，鉱山開発という資源化を背景として場が創造され，鉱山都市として成立した。その後，廃鉱に伴い，場の創造あるいは付加価値化の要素となった鉱山という地域資源を失い，場の付加価値が低下する段階に至る。しかしながら，交通の結節点といういわば地域資源の活用が維持されることにより，場の再編が図られ，都市が消滅するに至らず，現在においては，乾燥地都市として持続的発展を遂げている。その背景には，交通や通信を介して他地域とのネットワークが構築されたことは無視できない。

　一方，アリススプリングスは，乾燥地都市として発展する要素となる地域資源には乏しい。しかしながら，テナントクリークと同様に，交通・通信網の結節点，中継点として場が創造され，付加価値の増大が図られた。その後，近隣の地域資源・観光資源とのネットワーク化が図られたことにより，都市の中心性が増大し，場の付加価値のさらなる増大を経験している。その結果，今日でも，持続的な発展を遂げている乾燥地都市として成立しているといえる。

　マクドネルについては，場の創造は，観光開発を背景とした地域資源化によってもたらされた。その後，交通ネットワークの形成とともに，観光入込客数が増大し，これにともなって第三次産業を中心とした基幹産業の成長が促進された。第7図はマクドネルにおける主要な集落の一つであるユララへの観光入込客数の推移を見たものであるが，これによると，1987年にスチュアート・ハイウェイが全通した後，観光入込客数の急増が確認できる。すなわち，ネットワークの形成とともに，場の付加価値が増大したと捉えることができよう。

　一方，ゴールドフィールズに関しては，前述したコッキニーやメンジーズは集落消滅の危機にあるとはいえ，完全に放棄された（abandoned）都市ではない。しかしながら，第1表でも示したように，多くの集落が廃鉱にともなって時間的推移とともに放棄されてきた。ゴールドフィールズでは，これらの放棄された集落群を資源化し，地域資源として活用することにより地域再生を図ろうとしつつある。それとともに，これらの集落群をネットワーク化することにより，場の付加価値を高める試みも行われている。乾燥地における鉱山都市が本来保持していた機能を失ったとしても持続的な発展を遂げるには，それぞれが有する地域資源を活用した場の創造と場の付加価値増大が図られ

る必要がある（北川, 2016）。

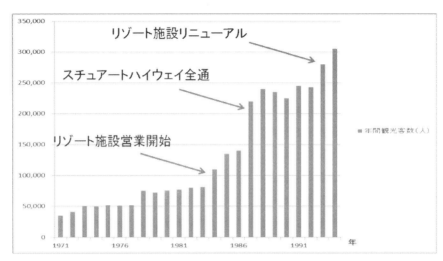

第7図　ユララへの観光入込客数の推移と高付加価値化
資料：Australian National Parks and Wildlife Service より作成。

　ゴールドフィールズの集落群は，現在，歴史的遺産を資源化し，それを地域資源として活用して新たな場を創造しつつある段階にあるといえる。今後は，場の付加価値を増大することが求められる。こうした場の付加価値を増大させるには，域外とのネットワーク化が図られることが必要である。ゴールドフィールズでは，現在，場の創造とともに，前述したように「Golden Quest Discovery Trail」と称した活動を国内外に宣伝している。これは，いわば，交流人口の流入を目指すべく，コト消費に対応した商品を提供していることに他ならないが，単一の場の付加価値を創造するだけではなく，ネットワーク化による場の付加価値の増大を企図した地域開発の一事例である。

　現在，ゴールドフィールズの廃鉱および放棄された集落の資源化とそれによる地域再生はいまだ初期段階であり，この試みが成功したのか否かを検証することは困難である。そのため，今後の研究上の課題としてこの地域の動向を注視する必要があると考えている。

Ⅵ　おわりに

　このような，場の創造や場の付加価値の増大に注目して都市の立地を考える立地論を援用して乾燥地都市の成立と維持のメカニズムをモデル化すると，第8図に示した様にまとめられる。

　はじめに，地域資源の活用による場の創造により乾燥地都市が成立する。ところが，乾燥地の鉱山都市にみられるように，資源の枯渇により場の価値が消滅した場合，多くの都市が消滅へと至る。とはいうものの，他の要素により付加価値の増大が図られた場合，例えば，テナントクリークのように，交通の結節点，中継点として場が再編されれば乾燥地都市は維持されることになる。そこには，域外とのネットワーク化の進展も包含されている。したがって，乾燥地都市の経済開発は，場の創造と付加価値の増大のみならず域外とのネットワーク化が同時に進行することにより可能とな

ると考えられる。

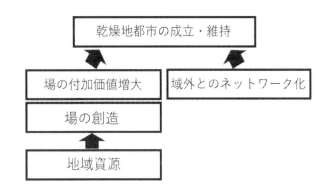

第8図　乾燥地都市の成立・維持モデル

注

1) オーストラリア北東部のクイーンズランド州北西部にある鉱業都市である。銅，鉛，亜鉛，銀鉱石などを採掘し，銅の一次製錬も行っている。鉱産物は，主に，鉄道で東約 1,000km のタウンズビルに輸送され，海外へ輸出されている。幹線航空路や幹線道路が街を貫いており，州北西部の地方中心都市としても位置づけられる。1923 年鉱床が発見され，1968 年に市制を施行した。都市の名称は鉱床発見者の妹の名に由来する。西オーストラリア中西部ピルバラ地方，パースの北 1,184 キロに位置する。
2) 西オーストラリア中西部のピルバラ地方に位置する鉄山。

文　献

赤木祥彦 (1990). 『沙漠の自然と生活』地人書房, 245p.

赤木祥彦 (1998). 『沙漠への招待』河出書房, 127p.

池谷和信 (2006). 『現代の牧畜民－乾燥地域の暮らし－』古今書院, 197p.

門村　浩 (2010). 乾燥地における特殊な空間利用と紛争. 篠田雅人他編『乾燥地の資源とその利用保全』古今書院, 199-219.

菊池俊夫・有馬貴之 (2010). 乾燥地における自然・文化資源の保全・保護とエコツーリズム. 篠田雅人他編『乾燥地の資源とその利用保全』古今書院, 143-160.

北川博史 (2010). 乾燥地における鉱産資源と工業開発. 篠田雅人他編『乾燥地の資源とその利用保全』古今書院, 123-142.

北川博史 (2011). インドにおける ICT 産業とその空間構造. 岡山大学文学部紀要, 55, 31-43.

北川博史 (2013). 新興国における IT サービスの輸出動向とその地域的動態. 岡山大学文学部紀要, 60, 47-58.

北川博史 (2014). 乾燥地都市における経済開発とその特性－アリゾナ州を事例として－. 岡山大学文学部紀要, 61, 23-34.

北川博史 (2016). 乾燥地都市における経済開発－オーストラリア・ノーザンテリトリーを事例として－. 岡山大学文学部紀要, 65, 39-48.

篠田雅人 (2009). 『乾燥地の自然』古今書院，213p.

相馬秀廣・古澤文 (2010). 変容するオアシス農業. 篠田雅人他編『乾燥地の資源とその利用保全』古今書院, 47-62.

堀　信行・菊地俊夫 (2007). 『世界の砂漠―その自然・文化・人間―.』二宮書店, 194 p.

宮下史明 (1972). オーストラリアの鉄鉱石資源と鉄鋼業. 早稲田商学, 230, 29-52.

山下博樹 (2009). ドバイにおける都市開発の特性と持続可能性. 山下博樹編『我が国におけるリバブル・シティ形成のための市街地再開発に関する地理学的研究』, pp.60-64.

山下博樹 (2010). 乾燥地における都市開発とその課題. 篠田雅人他編『乾燥地の資源とその利用保全』古今書院, 161-180.

山下博樹 (2014). 米国アリゾナ州における小規模中心地の盛衰とフェニックス都市圏の経済開発の特性. 2014 年日本地理学会春季学術大会発表要旨集　no.85.

Blewett R.S. (2012) : *Shaping a Nation: A Geology of Australia*. Commonwealth of Australia (Geoscience Australia) and ANU E Press, Canberra, Australia, 571p.

Cooke, R.U., Brunsden, D., Doornkamp, J.C. and Jones, D.K. (1982): Urban Development in Drylands. In Cooke, R.U., Brunsden, D., Doornkamp, J.C. and Jones, D.K. editors. *Urban Geomorphology in Drylands*. Oxford, England, Oxford University Press, pp.5-35.

Kates, R.W., Johnson, D.L. and Johnson-Haring, K. (1977): Population, society and desertification. In Secretariat of United Nations Conference on Desertification, *Desertification: Its Cause and Consequences*. Oxford, England, Pergamon Press, pp.261-318.

Millennium Ecosystem Assessment (MA) (2005): *Ecosystems and Human Well-Being: Desertification Synthesis*. Washington DC: World Resources Institute. 26 p.

Sayers,C.E. (1987) : *Old Gold & Mining Towns of Australia*. Weldon-Hardie, 160p.

（2020年 5 月）

中四国地方における大学進学移動の時系列的推移

－1980年代以降の四年制大学進学者について－

川　　田　　　力

Ⅰ　はじめに

　大学等[1]の高等教育機関の立地に関する問題は，教育の機会均等という教育政策のみならず，国土の均衡ある発展という国土政策・地域政策とも関連し，様々な領域で検討されてきた（猪股, 2006）。しかしながら，高等教育への進学は広域的移動を伴うことが多いことから，高等教育機関の立地を検討する際には進学移動の分析が不可欠といえる。

　大学等への進学移動に関する従来の研究には，高等教育機関の地方分散化という高等教育政策の成否を検討する目的の研究や，進学移動の地域的差異が発生する要因分析を目的とする研究などがある。

　前者の研究としては，1971～1991年の進学移動を地域ブロック別および都道府県別に分析し，県外進学率の減少および，大都市圏の中心に位置する都府県の地位の低下を指摘し，人口再配置政策としての大学の地方分散化政策に一定の有効性がみられたとする秋永・島（1995）の研究や，1975～2000年の都道府県別格差を分析し，高等教育政策が1975～1990年の格差縮小傾向と，それ以降の格差拡大傾向に影響を与えたとした佐々木（2006）の研究などがある[2]。

　後者の研究としては，1970～1980年の都道府県間進学移動について分析し，南関東，京阪神といった吸引中心の吸引圏が縮小したことを明らかにし，その要因として全国および特に広域中心都市における収容率の上昇を指摘した川田（1992）の研究や，1985年と2005年の大学進学率の地域ブロック別の格差の発生要因を分析し，経済的要因と高等教育進学率や設置大学数との間の相関が強まったことを指摘した中澤（2011）の研究などがある[3]。

　これらの研究の多くは，大局的には大都市圏と非大都市圏の地域格差を想定しており，全国レベルでの分析が多い[4]が，実際の進学移動は地域ブロック単位で一定のまとまりがあり，地域ブロック内での地域格差の問題と直結することが考えられる[5]。

　こうしたことから，本研究では中四国地方を対象として，大学進学移動の実態を時系列的に確認することを目的とする。対象時期は18歳人口の変動と高等教育政策の変化を踏まえ1980～2020年とする。分析の手順としては，まず，中四国地方の大学進学環境の変化として大学立地および大学進学率の変化を確認する[6]。その後，大学進学における県間移動を時系列的に検討する。主たる分析データは学校基本調査のデータを用いる。尚，紙幅の都合上，本研究は進学移動の実態を把握するまでに留め，要因分析については別稿を期したい。

Ⅱ　中四国地方における大学進学移動の時系列的推移

1．大学進学環境の時系列的推移

（1）**大学立地の変化**　中四国地方には 2020 年現在 71 大学が立地しているが，そのうち約半数の 35 校が 1980 年代以降に設立されたものである。

　1980 年時点で中四国地方には 40 校[7]が立地していた。その県別内訳は，鳥取県 1 校，島根県 2 校，岡山県 8 校，広島県 12 校，山口県 6 校，徳島県 3 校，香川県 3 校，愛媛県 2 校，高知県 3 校であり，岡山，広島，山口の 3 県に集中していた。

　1980 年以降の大学の新設状況は時期的に差異があり，1980〜1989 年に新設された大学は広島，徳島，香川[8]，愛媛の各県 1 校の計 4 校に留まっていた。しかし，1980 年代中頃からの国の経済構造改革の一環として規制緩和が進むなか 1991 年に大学設置基準が大綱化されたことと，18 歳人口増加への対応が求められたことにより，中四国地方における 1990〜1999 年の新設大学は 15 校，2000〜2009 年の新設大学は 12 校と急増した[9]。当該期間の設立数の県別内訳は，岡山県，広島県に各 8 校，山口県に 4 校，香川県，愛媛県に各 2 校，鳥取県，島根県，高知県に各 1 校であり，この時期の増加も岡山，広島，山口の 3 県に集中していた。その後の 2010〜2019 年の新設大学は 4 校で，鳥取，岡山，広島，愛媛[10]の各県 1 校であった。

　以上のように 1980 年〜2020 年の期間に，大学数自体はほぼ倍増したが，岡山，広島，山口の 3 県に立地する大学数の中四国地方の大学数に占める割合が，1980 年の 65.0％から 2020 年の 67.6％とほぼ変化はみられないなど，県別にみた大学の立地割合には大きな変化がみられなかった[11]。ただし，愛媛県の大学数は 2 校から 6 校に増加していることは注目される。

（2）**大学進学率の変化**　1980〜2020 年には，中四国各県の大学進学率[12]は平均 27.8％から 47.3％へと大幅に向上した。ただし，当該期間の全国の大学進学率をみると 1980 年は 26.1％，2020 年は 54.4％であるので，全国に比べると中四国地方の大学進学率の伸びは 8.8 ポイントも低くなっている。また，第 1 図をみれば分かるように，当該期間の大学進学率は 1990 年まで低下し，その後増加している。これは，全国的にも同傾向で，18 歳人口の推移および大学入学定員の推移と関係がある。

　全国の 18 歳人口は 1980 年の約 158 万人から，第 2 次ベビーブーム世代が 18 歳に達する 1990 年代初頭にかけて増加し，1990 年には 201 万人となったが，その後は少子化の急速な進行により 2020 年には 117 万人にまで減少している[13]。中四国地方では 1980 年の約 16.1 万人から 1990 年には 19.3 万人となったが，その後 2020 年には約 10.6 万人にまで減少している。

　大学進学者数は全国でみると，高等教育政策による大学入学定員に直接左右される。大学設置審議会は 1980 年代の 18 歳人口の増加に対して，大学・短期大学進学率を維持するため臨時定員も含め入学定員を増加させる方針をとった。しかしながら，1980〜1990 年の 18 歳人口急増期には入学定員増が間に合わず，1990 年の全国の大学進学者は 1980 年の約 41.2 万人から約 8 万人増の 49.2 万人に留まった。同様に中四国地方でも 1990 年の大学進学者は 1980 年の約 4.7 万人から約 3 千人増の約 5.0 万人に留まり，結果として当該期間は全国でも中四国地方でも大学進学率は低下した。

　1990 年代の 18 歳人口減少期には，大学設置審議会は臨時定員の解消を原則とするなど入学定員抑制方針を打ち出していたが，1991 年に大学設置基準が大綱化され規制緩和に伴う競争的環境が醸成

されたことで大学の新設が進んだ。また，1985年の男女雇用機会均等法の成立を契機とする女子の四年制大学志向の強まり[14]と，それに伴う短期大学の四年制大学への改組が相次いだこともあり，全国でみると1990年以降も大学進学者は増加し2000年には約60万人となった。その後[15]も大学進学者は漸増し2020年には約63.5万人となっている。以上の結果，1990年以降，大学進学率の全国平均は大幅に上昇した。一方，中四国地方では，1995年に大学進学者は約5.7万人となったが，それ以降減少から横ばい傾向に転じ，2020年には約5.2万人となっている。しかしながら，大学進学者の減少率を18歳人口の減少率が大幅に上回ったことから，1990年以降，中四国各県の大学進学率も大幅に上昇している。

　第1図をみれば分かるとおり中四国地方各県の大学進学率はほぼ類似した変化パターンとなっている。中四国地方各県の大学進学率の県間格差をみると，1980年には大学進学率が最も高かった広島県と，最も低かった高知県とで12.3ポイント差があったが，1990年には大学進学率が最も高かった岡山県と，最も低かった高知県とで10.2ポイント差に縮まった。しかし，その後2010年まで県間格差は拡大し，2010年には大学進学率が最も高かった広島県と，最も低かった山口県とでは16.8ポイント差となった。その後，2020年に向けて県間格差はやや縮小傾向にある。

　日本における大学進学率には一般に男子のほうが女子より高いという男女間格差があることは知られているが，中四国地方でも大学進学率に男女間格差がみられる。しかし，この男女間格差は1990

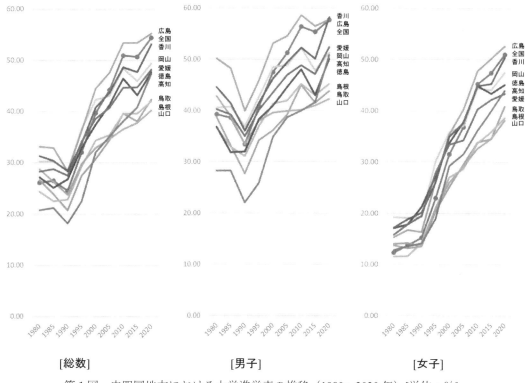

[総数]　　　　　　　　　　[男子]　　　　　　　　　　[女子]

第1図　中四国地方における大学進学率の推移（1980〜2020年）[単位：%]

資料：学校基本調査報告（各年度版）

年以降急速に縮小している。例えば，1980年に大学進学率の男女間格差が中四国地方で最も大きかった広島県では男女の大学進学率に34.8ポイントもの差があったが，2020年には5.2ポイントの差となっている。また，中四国地方における大学進学率の男女間格差の県間格差も1980年には最も男女間格差が大きかった広島県と，最も男女間格差が小さかった高知県とで19.4ポイントの差があったが，2020年には最も男女間格差が大きかった愛媛県と，最も男女間格差が小さかった鳥取県とで6.1ポイントの差となっており縮小傾向にある。一方，各県内での大学進学率の男女間格差が縮小してきたことにより，各県の女子の大学進学率の，男女を合計した大学進学率の県間格差の動向への影響度が高まっている。こうしたなかで，中四国地方における女子の大学進学率の県間格差が1990年以降概ね拡大傾向にあることは注視すべきであろう。

２．大学進学移動の時系列的推移

（１）大学進学先の推移　上述のように，1980〜2020年にかけて中四国地方では，大学の新設が進み，各県とも大学の入学定員が増加した。また，1990〜2020年に中四国各県の18歳人口が平均45%減，実数で計約8.7万人減と大幅に減少するなか，大学進学者数はピーク時[16]の平均約10%減，実数で計約5700人減と小幅な減少に留まり，各県の大学進学率は大幅な伸びをみせた。

　中四国各県からの大学進学先は，南関東，京阪神，中四国，自県内が多い[17]が，第2図から分かるように，1980〜2020年の中四国各県から南関東への進学者は大幅に減少しており，鳥取，島根，山口，

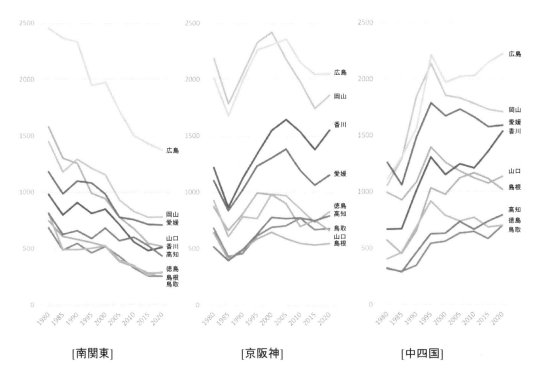

[南関東]　　　　　　[京阪神]　　　　　　[中四国]

第2図　中四国地方各県からの大学進学者数の推移（1980〜2020年）[単位：人]

注）中四国地方への進学者数は自県進学者数を含まない。

資料：学校基本調査報告（各年度版）

徳島の各県では 1980 年の３分の１程度まで，岡山，香川，高知の各県では２分の１程度まで減少している。これに対して 1980〜2020 年の京阪神への進学者は，いずれの県でも 1980〜1985 年[18]に減少し，その後増加傾向にあったが，2000 年以降は，県ごとに傾向が異なる。期間を通してみると香川，高知の両県からの進学者は増加した一方，島根，岡山，山口，徳島の各県では減少した。また，その他の県ではほぼ同数であった。京阪神への進学者の増減と発着県間の距離には関係がみられない。

中四国各県からの自県を除く中四国各県への進学者は，いずれの県においても 1995 年までに急増している。これは 1980〜1995 年の間に大学入学定員増加により中四国の大学への入学者数が約 2.4 万人から 4.0 万人と 1.68 倍となった影響が大きい。しかし，その後の傾向は県ごとに異なり，鳥取，香川，高知の３県では増加傾向にあるのに対し，島根，広島の両県は横ばい，岡山，山口，徳島，愛媛の４県では減少傾向にある。尚，中四国各県の自県内進学者数は 1980〜2020 年の間に，岡山，高知が２倍以上，広島，香川，徳島が約 1.5〜1.8 倍に増加した一方，鳥取，島根の両県はほぼ横ばい，山口県，愛媛県は微増に留まっている。

（２）中四国地方における大学進学移動　中四国地方では 1980 年以降，大学の新設や既存の大学の大学入学定員増によって大学進学者収容率は中四国地方全体でみれば 1980 年の 50.1％から 2020 年 81.0％に増加した。各県の 1980〜2020 年の収容率の増加は平均 29.3 ポイントであるが，県ごとに増加の程度は異なり，岡山県が 45.1 ポイント増，山口県が 39.8 ポイント増と高い伸びをみせたのに対し，香川県は 10.0 ポイント増，愛媛県は 20.6 ポイント増と低い伸びに留まっている。また，2020 年時点での収容率にも差異があり，岡山県で 103％，広島県で 91％，山口県で 88％と高い値となっているのに対し，香川県は 43％と低い値に留まっている。

こうした収容率の増加が進学移動に与えた影響も各県で異なっている（第３図）。1980〜1990 年の

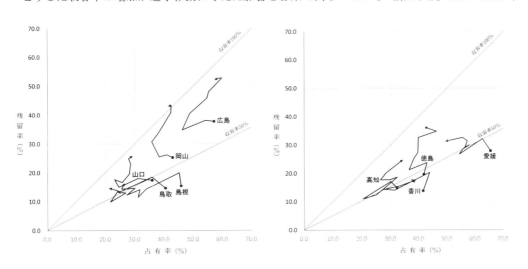

第３図　中四国各県の大学進学者の残留率・占有率の推移（1980〜2020 年）

注）始点（丸印）1980 年，終点（矢印）2020　　　　占有率：当該県内高校出身者数/当該県の大学入学者数
　　残留率：県内大学へ進学者数/当該県の大学進学者数 収容率：当該県の大学入学者数/当該県の大学進学者数
　　　　　　　　　　　　　　資料：学校基本調査報告（各年度版）

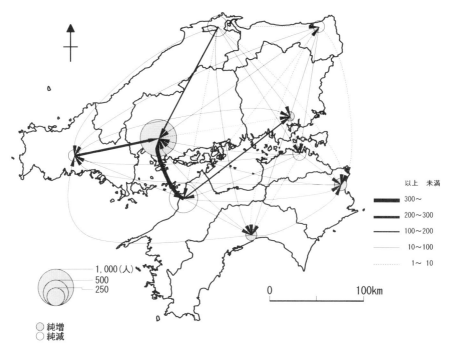

第4図　中四国地方における大学進学純移動（1980年）[単位：人]

資料：学校基本調査報告（昭和55年版）

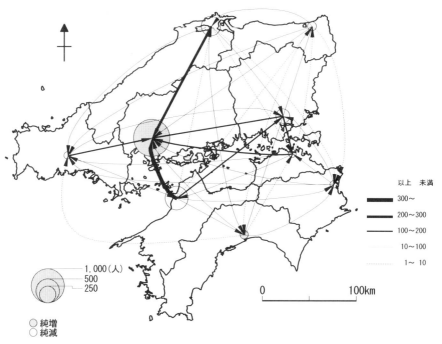

第5図　中四国地方における大学進学純移動（1990年）[単位：人]

資料：学校基本調査報告（平成2年版）

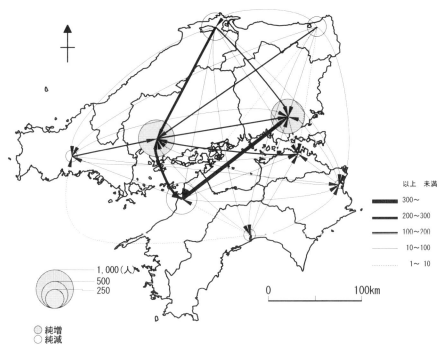

第6図　中四国地方における大学進学純移動（2000年）[単位：人]

資料：学校基本調査報告（平成12年版）

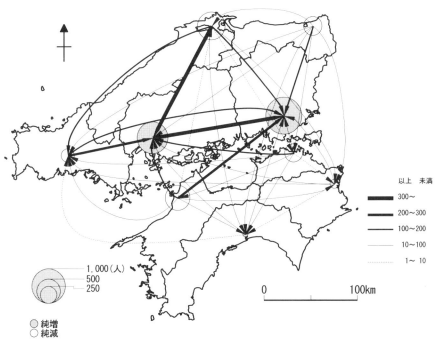

第7図　中四国地方における大学進学純移動（2010年）[単位：人]

資料：学校基本調査報告（平成22年版）

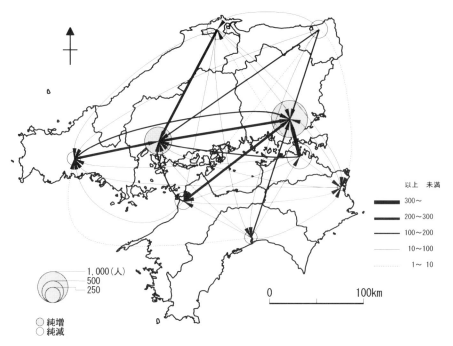

第8図　中四国地方における大学進学純移動（2020年）[単位：人]

資料：学校基本調査報告（令和2年版）

18歳人口急増期には，中四国地方のいずれの県においても収容率自体は増加したものの残留率はさほど増加せず，占有率が減少する傾向にある。これは，18歳人口の増加率に比して収容率の増加が小さかったこともあり，進学時の競争的環境が高まって進学移動の流動性が高まったとみることができる。1990年以降の動向は，県ごとに異なるが，収容率の増加に伴い，残留率と占有率がともに増加した岡山，広島，山口，徳島，高知の5県と，収容率が増加したにも関わらず残留率がさほど増加せず，占有率が低下した鳥取，島根，香川，愛媛の4県の2類型に大別できる。前者の5県は後者の4県よりも収容率が高く，前者の5県の収容率の平均は87％，後者の4県の収容率の平均は53％である。このことから前者の5県では収容率の増加が自県内進学を促進しているといえる。一方，後者の4県については解釈が難しいが，収容率が低いことが中四国地方の他県への進学を余儀なくさせていること，および，収容率の増加が他県からの進学者を誘引したことが想定できる。

　中四国地方各県間の大学進学移動を純移動でみた場合[19]，1980年には，広島，岡山，徳島，高知の4県が転入超過であったが，広島県の転入超過が1012人と圧倒的に大きく，とくに愛媛，山口，島根の3県からの純流入が大きい（第4図）。広島県以外の3県の転入超過はいずれも100人前後であった。転出超過が大きいのは愛媛県の634人，島根県の317人で，いずれも広島県への純流出が大きい。

　1990年には，岡山，徳島の両県が転出超過に転じ，転入超過は広島，高知の2県となった（第5図）。広島県は1980年での純流入が多かった愛媛，山口，島根の3県に加え，岡山，香川両県からも100人以上の純流入となり，中四国地方の全ての県との間で転入超過となった。転出超過が大き

い県は 1980 年に引き続き愛媛県 478 人，島根県の 336 人であった。2000 年には，岡山県が再度転入超過に転じ，広島，岡山の両県の転入超過はそれぞれ 916 人，805 人であった（第 6 図）。岡山県は香川県以外の中四国地方の全ての県との間で転入超過となった。転出超過が大きい県は愛媛県の 659 人，島根県の 506 人，鳥取県の 272 人であるが，愛媛県では広島県への純流出よりも岡山県への純流出が多くなった。

　2010 年には，岡山県の転入超過が 1135 人と広島県の転入超過 839 人を上回った（第 7 図）。岡山県は広島県から 337 人の純流入となったほか，中四国地方の全ての県との間で転入超過となった。高知県はわずかながら転入超過に転じた。転出超過が大きいのは島根県の 652 人，愛媛県の 528 人，鳥取県の 307 人，香川県の 284 人であり，この年から鳥取県からの最大の純流出先は広島県から岡山県へと変わった。2020 年には，岡山県で転入超過が 1386 人に増加する一方，広島県の転入超過は 790 人に減少した（第 8 図）。岡山県は香川県からの純流入が 328 人と増加したことが注目される。高知県は 1980〜2020 年で最も多い 171 名の転出超過に転じた。転出超過が大きいのは香川県の 676 人，島根県の 433 人，鳥取県の 335 人，愛媛県の 306 人であった。

　以上の結果をまとめると，中四国地方各県間の大学進学移動においては，広島県と岡山県が進学者を吸引する中心となっているが，2000 年以降，広島県が吸引力を弱める一方，岡山県が吸引力を強めている。一方，広島，岡山両県以外の県では，高知県を除き，1980 年以降，概ね純流出を続けてきたが，愛媛県を除いては 2010 年もしくは 2020 年の純流出が最大となっている。

Ⅲ　おわりに

　本研究では，中四国地方における大学進学移動の推移を分析した。その結果，県別に差異はあるものの，1980 年代以降，広域的には南関東への進学移動が大幅に減少するとともに，中四国地方各県間進学および自県内進学が増加したことが判明した。また，中四国地方では，広島県と岡山県が大学進学者を吸引する中心となっているが，2000 年以降，岡山県が一貫して吸引力を強めていることが明らかとなった。こうした背景には，大学新設等による各県の入学定員増にともなう収容率の増加があると考えられるが，収容率の増加の影響はどの県も一律ではなく，岡山，広島，山口，徳島，高知の 5 県では，収容率の増加に伴い残留率と占有率がともに増加した一方，鳥取，島根，香川，愛媛の 4 県では収容率が増加したにも関わらず残留率がさほど増加せず，占有率も低下していることが明らかとなった。本稿では，進学移動の実態を把握するところまでを射程としているが，今後は早急に要因分析を進めることが求められよう。尚，現状ではデータの制約上，県間レベルでの分析に留まっているが，実際の進学移動は市町村レベルでの移動として把握することが適切と考えられるため，分析方法を再検討する必要性も存在する。

注

1) 本稿では特に断らない場合，大学とは四年制大学のことを指す。本稿で四年制大学を対象とした理由は，中四国地方全体でみた短期大学への進学率が 2020 年時点で 4.4％と四年制大学への進学率に比して大幅に低くなっていること，および，中四国地方における短期大学進学時の県間移動は，

2020年には広島県から岡山県への進学者が135人，岡山県から広島県への進学者が54人である以外は概ね20人以下と大学進学時の県間移動に比して大幅に少ないことによる。

2) このほか，朴澤（2017）などの研究がある。

3) このほか谷（2000），上山（2012），朴澤（2012），遠藤（2017）などの研究がある。また，日下田（2017）は，進学機会の地域格差が発生する要因について，先行研究を分析し，①社会経済的条件説，②大学収容力説，③高校教育システム説，④地域文化的要因説，⑤人的資本理論に基づく合理的選択仮説の5つに整理している。

4) 地方レベルを対象としたものは，管見の限り，中四国地方を対象とした内田・北川ほか（2009），関東地方を対象とした上山（2012）などわずかである。

5) 進学移動の研究における分析単位は，都道府県別（川田, 1992; 田村, 2017），地域ブロック別（村山, 2007; 山口・松山, 2015; 小林, 2018），大都市圏−非大都市圏別（清水, 2013; 谷, 2000）などがある。

6) 清水（2013）や田村（2017）などが進学移動における男女間格差を指摘していることから，本研究でも進学率の変化の分析において男女間の差異についても確認することとする。

7) 島根医科大学（2003年に島根大学と統合），香川医科大学（2003年に香川大学と統合），高知医科大学（2003年に高知大学と統合），広島女子大学（改称後2005年に県立広島大学と統合）を含む。

8) 香川県の徳島文理大学香川キャンパスを算入している。

9) 2000〜2009年には大学統合により4校の入学減があった（注7参照）。また，2000年に広島県に設立された広島県立保健福祉大学は2005年に県立広島大学と統合され，同じく2000年に広島県に設立された安芸女子大学は改称後2003年に廃止されたため当該期間の新設数には算入していない。

10) 愛媛県の岡山理科大学今治キャンパスを算入している。

11) 都市レベルでみた場合，1979年以前に設立された大学の69.4%が県庁所在地に立地しているのに対して，1980年以降に設立された大学のうち県庁所在地に立地しているのは37.1%に留まっており各県内での大学立地は分散化傾向にある。

12) 本稿での大学進学率は，当該年の大学進学者数/3年前の中学校卒業者数を用いている。

13) 1980年以降の18歳人口のピークは1992年の約205万人である。

14) 性別役割規範の変容や四年制大学の入学難易度の易化も一因とされる（齋藤, 2001）。

15) 大学設置審議会は，2003年に，教育政策上の大学進学率の有用性は減少したとして，大学の入学定員抑制方針を撤廃した。

16) 大学進学者数のピーク年は県によって異なっている。

17) 南関東は東京都，神奈川県，千葉県，埼玉県の4都県，京阪神は，京都府，大阪府，兵庫県の3府県をさす。福岡県への進学移動は，山口県からの移動がいずれの期間でも進学者の20%弱と多いが，その他の県からは2020年時点で5%未満となっており，山口県以外では主な進学先とはなっていない。

18) 1985年は，丙午の年に当たる1966年の4月以降生まれが大学進学する年にあたり，その前後の年と比べて18歳人口が極端に少ない年であることに注意する必要がある。

19) 中四国地方の大学進学における県間移動を，純移動ではなく総移動数でみると1980年には約9千人であったが2000年には約1万3千人となり，その後は，ほぼ横ばいで2020年も約1万3千人となっている。

文　献

秋永雄一・島　一則 (1995). 進学にともなう地域間移動の時系列分析. 東北大学教育学部研究年報, 43, 59-76.

猪俣歳之 (2006). 日本における高等教育関連施設の展開―高等教育機関の地方立地に関する政策を中心に―. 東北大学大学院教育学研究科研究年報, 54(2), 137-165.

上山浩次郎 (2012). 「大学立地政策」の「規制緩和」のインパクト. 北海道大学大学院教育学研究院紀要, 117, 55-82.

内田和子・北川博史・田畑祐介・原　史子・猪原和也 (2009). 進学移動からみた中・四国地方における地域間結合. 文化共生学研究, 8, 29-40.

遠藤　健 (2017). 大学進学にともなう地域移動の時系列分析―地理的要因に注目して―. 早稲田大学大学院文学研究科紀要, 62, 113-127.

川田　力 (1992). わが国における教育水準の地域格差―大学卒業者を中心として―. 人文地理, 44(1), 25-46.

小林雅之 (2018). 高等教育の地方分散化政策と地域間教育機会格差の検証. 深堀聰子『学生の成長を支える教育学習環境に関する調査研究』国立教育政策研究所, 239-258.

佐々木洋成 (2006). 教育機会の地域間格差―高度成長期以降の趨勢に関する基礎的検討―. 教育社会学研究, 78, 303-319.

齋藤英之 (2001). 短大という制度，短大卒という学歴. 上智短期大学紀要, 21, 11-30.

清水昌人 (2013). 大都市圏における転出入と大学への進学移動. 人口問題研究, 69(2), 74-87.

谷　謙二 (2000). 就職・進学移動と国内人口移動の変化に関する分析. 埼玉大学教育学部地理学研究報告, 20, 1-18.

田村一軌 (2017). 県外大学進学率のパネル分析. 公益財団法人アジア成長研究所 Working Paper Series, 2017(02) , 1-23.

中澤　渉 (2011). 出身地域による高卒後進学機会の不平等. 東京大学社会科学研究所パネル調査プロジェクトディスカッションペーパーシリーズ, 43, 1-23.

日下田岳史 (2017). 大学進学機会の地域格差に関する仮説生成型研究. 大正大學研究紀要, 102, 290-318.

朴澤泰男 (2012). 大学進学率の地域格差の再検討―男子の大学教育投資の都道府県別便益に着目して. 教育社会学研究, 91, 51-71.

朴澤泰男 (2017). 18 歳人口減少期の高等教育機会―大学進学行動の地域的差異から見た地域配置政策の含意―. 高等教育研究, 20, 51-70.

村山詩帆 (2007). 大学教育機会の地域間格差の再検討―進学移動の構造と過程に照準して―. 大学教

育年報, 3, 62-74.

山口泰史・松山 薫 (2015). 戦後日本の人口移動と若年人口移動の動向. 東北公益文科大学総合研究論集, 27, 91-114.

（2021 年 2 月）

文化財から見た「吉備国」の正体

臼　井　洋　輔

I　はじめに

　「大国の歴史と小国の歴史」という言い回し方がある。例えばエジプトや中国は大国の歴史を持っている見本のようなものである。カイロや上海では日本の東京とさして変わらないが，カイロのピラミッドや王家の谷の墓に描かれている農業の風景と同じ農具をもって農業をやっている姿を，カイロからたった2km位離れた所で普通に見ることが出来る。エジプト人は日常の中でその両方を見ても驚かない。先祖と今の人が共存しているのだ。6000年前へ行ったり帰ったりしても「違和感がない歴史観」を持っているのだ。

　中国とて同じで，少数民族の昔のままの農具や農業，また「日本の奈良時代の瓦」と全く同じやり方で作り，そして淡々と焼成している。

　今の日本の中ではどうであろうか。小国の歴史しか持たない日本では100年前の生活をしている人など，何処を探しても決してありえない。まして奈良時代の生活状況など，日本中何処を探しても決して見つからない。

　大国は広いが故に，必ずどこかに自分たちの先祖の生活を垣間見ることができるが，小国は変化のスピードが激しく，昔へ立ち戻ろうにも「過去」を直ぐ捨て去るから触れることがない。

　折角「素晴らしい過去」を持っていても，忙しさのあまり，「記憶喪失」状態に気付かなければ，断線すれば過去が無いのとまるで同じである。

　ところで岡山県はどのような過去を持った県なのか。それは大国吉備国とどう繋がり，そこから叡智を貰っていけるのであろうか。

II　全ての原点は原始古代の吉備国にあり

　「吉備国」を知るには，吉備で生まれた文化財を知るのが良い。そして知れば知るほど，日本の中で吉備国はずば抜けて特別な存在ではないかと思えてくるのは何故であろうか。

　日本においては最初の国家としての大和朝廷が誕生するのは何時なのか。大方の見方としては第10代の崇神天皇の頃（3世紀後半〜4世紀前期）とされている。その時代は特殊器台（首長の死に際して，避けられない王位継承という「葬送儀礼」に不可欠な儀式に使う特殊な器）やその特殊器台から発達した円筒埴輪などが吉備国では盛行した時代でもある。

　日本はそれ以前はまだ国家を作ろうという発想も，差し迫った必要性もさほど無かった。必要があったとしても，多分に外を見聞きした経験であるとか，外圧があった場合に対して，これくらいの当時の日本の領域ならまとめれば，「戦争を仕掛けられていなければ，対峙出来るかも知れない」と

か，「でもまとまった方がよい」ということで，それに対してこの国をまとめることを考えた人達がいたかも知れない。

　ストレートに外からの圧迫に端を発した倭国大乱のようなものの経験をきっかけとして，あったらどうだろうかと，まずは「まとまり」の必要性により崇神天皇の時代にやっと「国を作る」重要性が湧き上がったものと思われる。

　いずれにせよ，弥生時代末期から古墳時代前期にかけて，吉備地方は歴史上最も大きな力と範疇をもっていたので，吉備はこの時代の方向を決める力は持っていたはずである。

　と言うのは，弥生末期の吉備の中心地に位置する楯築遺跡の規模や古墳時代前期の吉備のクニの存在は大和朝廷以外では最大の力と文化の輝きを持っていたことは，間違いない。

　はっきりとした国家が出来る以前において「吉備国」はどの程度の経済力と文化の先進性を持っていたのであろうか。

　そこに焦点を当てて見ると，実は大和政権は日本を朝廷主導で平定しようとした時，吉備や出雲は最も手こずった，平定すべきターゲットになって，吉備は大和政権を前に，どのクニも経験したことのない様な大敗を喫し，一方出雲は「国譲り」と言う手法で大和政権に国を返上し，黄泉の国などの精神世界を任され，地上世界ではない神話の「地下世界」を任されて生きる道を選んだ。

　そして何より戦に慣れていない吉備はあっけなく壊滅してしまった。ただ，吉備はそれだけではなかった。何故負けてしまったかということと，如何にリベンジするかということまですかさずThinking Back して即座に「負けた原因は，鉄をいち早く取り入れて，鉄の生産と繁栄で，有頂天になっていた」ことへの内省があったと思う。その気付を肝に銘じたことは確かであろう。奮い立たせていった思いがその後の静かなる息の長いしかも何処にもない手法を使ってのリベンジとなっていった。

　鉄で未曾有の繁栄をして自己を失うほど有頂天になっていた時代を，ここで少し振り返って見ることが大切かと思う。

　稲作は収穫までに1年を要するが，鉄はたった三日三晩の操業で完結する。そして，なお，生産した鉄は刀剣，甲冑，鍬，鎌，釘，鑿，鋸，ヤリガンナと言うように，大きく化けて，大きな付加価値が生まれた。そしてストックしておくことも出来た。これが吉備の繁栄の原点であった。

　だが見える国土や，見えるものの最たる「経済」等〈お金〉に対して，バブル時には目を奪われることから，もっと大切な見えないものに目を向けて見ることを忘れていたことに，何とも敗れてみてやっと気づき，「今後は同じ轍を踏まず，」見えないものを重視する生き方に大きく方向転換して，モノ作りへ向けて勤しむことにしたのである。

　順調に見えたが，吉備は，とりわけ備前国は奈良時代前期の和銅6〈713〉年に，「備前国はなお油断ならない」と北半分をもぎ取られ，面目も力も意気も失った。いわば第2の鉄槌が下された。今度は戦無き2度目の敗戦であった。美作に大和の地名が多いのも，支配を強めようとするための名残りかも知れない。この一帯は，米も鉄資源も豊富なところであった。こうして大和は吉備分割で最終的に押さえ込んでしまった。吉備で最も栄えていた備前国は息の根を，止められかけた。

　そもそも大和朝廷による国家樹立に向けての神武東征として，抵抗するものは徹底的に排除せよと

いう日本の歴史上かつてない強権発動があり，徹底抗戦した吉備の破綻がなければ，Thinking Back も
その先の吉備ルネッサンスもまたなかった。

　これほど削ぎ落とされたのに，根絶やしに出来ないばかりか備前国部分で特に目立ったのは，皮肉
にも備前刀，備前焼などで不死鳥のように 1000 年オーダーの繁栄を果たしていった。しかも世界に
誇る圧倒的品質と，わが国市場での圧倒的占拠率をもってリベンジを果たしたのである。

　そしていよいよ次なる吉備文化の「中世大躍進」に向けた，このリベンジが始動した。民衆が何を
病み，何を希求するかを知った上で総体をなした吉備は，時代を自らの手で変えていった。しかも現
代世界の中でも同じように似た体験をした国があるのである。不断の努力はここから報われていった。

Ⅲ　国の東西を問わず，所詮国家というものはアイデンティティの塊りである

　平成 18（2006）年 9 月 26 日〜10 月 2 日まで，フィンランドが何故「世界一の義務教育達成度№ 1」
かを知るために，フィンランドを訪れて大層驚いたことがある。

　フィンランドは今から 72 年前ソ連に領土を大きく奪われ，今の日本の北方領土問題や，さらに奈
良時代には備前国が国土を約半分近く削られて，美作国が生まれたことと関連して考えると，事件後
の対応の大切さを知った。

　和銅 6〈713〉年の備前国の対応はフィンランドと同様に，臥薪嘗胆でピンチをチャンスに変えた。
現在の北方領土問題対応はそれが全く出来ていない。

　公共図書館の数も，図書館利用度も，私が訪問した年も，前年も世界競争力報告でも常に 1 位か 2
位の常連だという。

　訪問先の文部省の人が，ナンバーワンとなった理由を次のように述べた。「歴史を忘れなかったこ
とが全てです」と。フィンランドとロシアは条約を締結するが，この時フィンランド東南部のカレリ
ア（カレワラ）の一部はフィンランド領としては認められず，その地方に住んでいた 40 万人（全人
口は 526 万人）のフィンランド人が，無念を胸に抱きながらフィンランド各地へ帰還したという。

　フィンランド人はそのことを絶対に忘れないと言うのである。「日本も同じではないですか」とズ
バリ言われ（日本の現在の北方領土問題のことを指していた），「日本は北方領土問題を北海道の人の
問題にしてしまっている」とも辛辣に付け加えた。

　まざまざと「歴史を軽視する民族は滅びる」と言われる現実を私はここでも突きつけられた。フィ
ンランドはさらに世界一の図書館利用度を誇っていることをこれまた見せつけられた。現代の「知」
はネット情報に押され，どことも図書館利用度は低い。

　しかしフィンランドで最も大きなヘルシンキ大学の図書館の仕掛けが凄いのである。この大学は日
本と違って当時 350 年以上の歴史を持ち，夜中もずっとドーム状建物の上に高く立つ尖塔をサーチラ
イトで照らし続けていた。ここが「知の中心ですよ」と静かに国民に示している。それだけではない。
構内を自由に行き来でき，そのドームの真下を通ることが出来る。ドームの円形に合わせて，書架が
円形壁に押しつけられて，5 階分ぎっしり高く迄置かれ，下から目視出来て自分は今あらゆる「知」
の中心にいるのだと思えるようにしてあった。上を向いたら誰でもそう思えるから不思議である。

　話はもどるが，実は備前国がこうした生活の基盤である土地を奪われるという惨劇の歴史を忘れな

いために水面下へ魂は深く潜ったのである。備前国分割で本当の被害者はもしかして歴史にその後翻弄され続ける美作だったかも知れない。歴史を忘れないことこそが，これからの日本を立て直せる核心部分であろう。

IV　わが国最大の弥生墳丘墓（楯築遺跡）から見えてくるもの

日本や吉備の国の弥生時代中期という時代には「倭国大乱」の時代があった。これは外からの圧迫があっての大乱と思われる。

例えば岡山市北区南方の済生会病院建設に伴う発掘調査において発見された中国製の鉄鏃を見ても何となく理解できる。

吉備の国の中心と思われる，岡山市と倉敷市の境辺りに弥生時代末期の楯築遺跡がある。その楯築遺跡というのは日本に於ける弥生時代最大規模の墳丘墓のことでもある。権力の集中が起こっていた古墳時代ではないのに，木棺の下には純粋な水銀朱 32kg が敷き詰められ，時代を先取りするように，すでに大きな権力が集中していたことを伺わせる量と質の出土物が，そのことを物語っている。

例えば弥生時代としては貴重な長さ 47cm の鉄剣，ヒスイの勾玉 1 個，碧玉の管玉 27 個，瑪瑙の管玉 4 個。どの様にして穿孔したのであろうかと考えてしまう碧玉の数百個の極細管玉の様な精密加工技術がこの時代の日本にあったのであろうか。恐らくこれは円柱状のやや太めの素材を用意し，それに穿孔した後に太めの外周を細く削っていったとしか思えない。それにしてもこの技術レベルの高さには驚かされる，また土製の管玉，土製の勾玉も出土している。

また極めて珍しい全身が 10cm 程で，頭と足を欠くが，綾杉文，鋸歯文を施した，若い女性らしき塑像が出土している。この遺跡を発掘した故近藤芳郎先生は，冗談のように卑弥呼の像かも知れないと言っていた。また棺の上部の 10 万個を超える円礫層から特殊器台や，沢山の特殊壺片，意識的に炎で焼いて水を掛けて砕いたとしか思えない小型の施帯文石（亀石のミニチュア），並びにその時代の巨大な「重要文化財　施帯文石（亀石）」は，以前はストンサークルの中心部の祠の中に鎮座していたものだが，今は同じ敷地内に建てられている楯築神社宝物館に無傷で納められている。重量は 350kg もある石灰岩系の石で，全面に帯状の線刻文様が描かれている。私はこの亀石が作られた目的を知りたいと今でも思っている。随分前に近藤先生に依頼されて，立体物を二次元展開図として書いている（臼井, 2015: 85）。この遺跡の頂上には超巨大なストンサークルが巡らされている。吉備の大首長の墳墓と思われるだけでなく，古代吉備文化が最も輝いた時代の象徴的遺跡である。

この遺跡の南西側眼下には上東地区があり，山陽新幹線敷設の際におびただしい弥生末期の土器が出土した。さらに約 10km 西方の倉敷市酒津の新幹線橋梁辺りから南の高梁川河床より，酒津式土器と呼ばれる上東と時期を同じくする精緻に作られた土器が多量に出土している。

とりわけその中で一際目を引く美しい土器がある。これを見て驚かない者はいないと思う。この弥生時代末期の日本最大級の大壺の大きさ，すっきり洗練したフォルム，その美しさは驚くばかりである。見たこともないような明るい朱赤が見事に器面に印象され，この頃の吉備人の技術と高い美意識がただものではないことを示している。

また野焼きで焼いた縄文や弥生の土器に普通にあることであるが，地面と土器が接触したところが

地面に温度を奪われるために，その部分が黒斑として現れる。何故この様な朱色が黒斑を取り囲むように彩ってあるのか。そして黒斑を取り囲んで日食のコロナのように希望に満ちた色として格段に美しい。偶然この様なものが出来るとも思えない。偶然ではない美の創造力と美意識の高さ，前代未聞の技術レベルの高さ，それらの深い謎を解いてみたいという衝動に駆られる。顕微鏡下で見ても朱と黒の重なりは微塵も無いのである [1]。

Ｖ　プラントオパールが日本史を変える

実は，吉備の国の吉備らしさは，弥生時代の末期に「楯築遺跡」の国家を意識するような強大な力と社会の先進性がここに芽生えかけていたように思う。吉備が突然弥生時代末期に凄くなったのではない。

それは，弥生時代より遙か前，今から 6000 年も前の縄文時代から，すでに「吉備は歴史の常識を覆すような特別な地方」であったのだ。岡山市南区灘崎町の彦崎貝塚遺跡から歴史を塗り替えるような実態が分かり始めている。

今から 6000 年前の縄文時代前期から，わが国で稲作は始まっていたという事実が明らかにされつつあるのである。

実は最近プラントオパールという歴史や文化の未知の領域を照らす新しい考古学的手法が注目を集めるようになってきている。プラントオパールというのは，稲の葉っぱを手でしごけば，うっかりすると手が切れることにもなる。それはある意味，稲の葉っぱの両脇には植物が作ったガラス質の物質が付いていて，それを指標としてこれまでと違う新たな原始古代の実像が見えかけているからである。

その形状は，旧石器時代の「スクレィパー型石器」等の刃部分を作成時に打撃した時に生じる鋭利な刃のような痕跡が付くように，顕微鏡で見なければ分からないような微細な銀杏葉の弧のカーブ部分に打撃痕が多数付けられたような，透明物質のことである。この形状の違いから，インディカとジャポニカ，野生種稲と栽培種稲の違いも判別できるという。地層や同伴物から，時代も判別できることなどから，近年注目を集めているのである。

岡山市津島東の朝寝鼻遺跡からもやはり今から 6000 年前のプラントオパールが出土していて話題になっていた。しかし岡山市灘崎町から出土したプラントオパールの単位当たりの個体数は，朝寝鼻遺跡のものに比べて，土壌 1 グラム当たり 2000 倍の量であったことから，これはもう田圃で稲作栽培を行っていたに違いないということになってきた。

日本に稲作が登場したのは，これまでは，紀元前 300 年前からだといわれて来た。そして紀元後 300 年まで合わせた 600 年間が弥生時代だと長い間，誰もが教わって来たわけであるから，弥生時代が紀元前 300 年から始まったと言うこと自体が大きく崩れ始めた。

その上，稲作流入の源流についても以前の説とは大きく変わり，今や揚子江中流域とされている。中国で一番古い稲作についても，7000 年前と言われている。野生の稲に至っては，揚子江上流域で 1 万年前と言われている。

そして日本へどの様なルートや動機で流入したのかについてはまだ確かなことは分かっていない。

政情不安が起きれば命からがら新天地に逃げるという、「ボートピープル」説が今のところ有力であるが、もしそうなら何故揚子江河口に近い九州ではなく、瀬戸内に入ってかなり東進した吉備に流入したのかについても新たなアプローチが必要になるのではないか。

　稲作が始まるといきなり、おしなべて新しい稲作農業が急速に広がるものなのだろうか。天候不順や台風、鼠害などに邪魔されると、全収穫量を365日分で割り、年間安全に、計画的に、生活できるという消費スタイルは頓挫し、狩猟採集生活に逆戻りも避けられなかったことであろう。

　今日本では、各地からプラントオパールが出土するようになってきており、それを時代順にベスト10を並べると、古い順に、1位、2位、5位、6位、7位、8位までが岡山での事例であり、また11

第1表　縄文時代のプラントオパール出土状況

No.	時期	遺跡	所在地	
1	縄文前期	彦崎貝塚	岡山市南区灘崎町	（6000年前）
2	〃	朝寝鼻貝塚	岡山市津島東	（6000年前）
3	縄文中期	古閑原貝塚	熊本県玉名郡岱名町	
4	〃	鹿児島大学構内	鹿児島市郡元	
5	〃	姫笹原	岡山県真庭市美甘町	
6	〃	矢部貝塚	倉敷市矢部	
7	〃	福田貝塚	倉敷市福田古城	
8	〃	長縄手	備前市西片上	
9	縄文後期	大野原	甘木市小田	
10	〃	法華原	福岡県浮羽郡吉井町	
11	〃	南溝手	総社市南溝手	
12	〃	津島岡大構内	岡山市津島	
13	〃	福田貝塚	倉敷市福田古城	
14	〃	浜島	福井市浜島町	
15	〃	風張	八戸市是川	
16	縄文後期〜晩期	四箇東	福岡市早良駆	
17	〃	東鍋田	山鹿市鍋田	
18	〃	ワクド石	熊本県菊池郡大津町	
19	〃	上東	倉敷市上東	
20	縄文晩期の前半	長行	北九州市小倉南区	
21		板付	福岡市博多区	
22		天城	菊池市赤星	

注）前期は100%が岡山出土。縄文中期以前は75%が岡山出土。

資料：静岡大学助教授佐藤洋一郎著『縄文農耕の世界』PHP新書による。

位，12 位，13 位も岡山である。なお，縄文前期の稲のプラントオパール検出事例は今のところ岡山だけである。「日本の稲作は岡山から」という状況になっているが，これは本当なのか，何故なのか。このように文化財的見地から先取性を俯瞰してみると，吉備（岡山）は先取の精神に近いものが際だっている。地理学の基本としての「文化的地域特性」を有するところである。

VI　津田永忠の主たる仕事である閑谷学校と後楽園

　閑谷学校講堂は世界初の木造建築の宿命的と言える矛盾を最も早く解決した優れものであるとか，それのみならず，例えば津田永忠の検証可能な秘められた技術力の高さと，地域から出て，今日の広い世界に生かせる可能性について捉えると，もっと大きな意義があると思う。彼の仕事には，多面的に先取性がもの凄く詰まっている（先進的地域特性）。これについてはさらに継続研究を続けたい。

　津田永忠の残した仕事の多くは「備前藩の中での仕事実績」で終わっているのは何故か。それ以外の地域には無いし，他へ伝搬していない。彼は備前藩の作事奉行であるから，当然と言えば当然である。だからといって，彼の仕事を地域に押し込めて良いものか。それでは彼の特殊な仕事で終わってしまう。しかしながら日本全国，あるいは国際的に応用できる「性質」のものは広く「人類の文化」として位置づけなければならないと思う。そうしたモノは単なる個人の技術ではなく，思想であり，文化であるから，広く広がっていくべき特性を持っている。彼の生きた藩政時代には藩内の仕事に限られていたことは，致し方ないことであったと思うが，今や域内の仕事としてとどめず，ローカルなもののように思われているが，グローバルに拡げる必要もあるような気がする。

　例えば，津田永忠が作った「泥のたまらない池」が黄葉亭の側を流れる川に平行した細道を 5 分程登った所にある。その池にしても，見捨てるのではなく，これは岡山発のもの凄い技術として，もっと各地に今こそ農村支援として普及して欲しいと思う。

　岡山後楽園も津田永忠が，閑谷学校とほぼ同時期に作った大名庭園である。

　例えば益々激しくなる都会の喧噪の中で信じられないような別世界の静寂は，当時の人が現代を見通したが如くに提供している。そんな当時の作庭意図を忘れることのない様，私たちは，先人から心して受け取り，現代の遺産としてまた次の世代へ渡す義務がある。

　実はただそれだけではなく，この庭園が 2 つの大きな意味を持って造られていることを知ったら，当時の人が随所に忍ばせた「粋」という世界最高におしゃれで最先端の美意識や，隠された作庭意図も忘れることはないと思う。後楽園は人類の宝である。

　作庭意図の 1 つ目は，「哲学的庭園」であり，2 つ目は「日本庭園史」の縮図である。

　哲学的庭園というのは，江戸時代以前の文化に関する最高の哲学は世阿弥の「花伝書」に書かれている「守・破・離」である。大意は伝統文化は守ってこそ深化し，変化が一旦止まってしまうと，誰かが破らなければ，文化は形骸化して伝統に押しつぶされて次の変化にも対応できなくなる。

　大樹の側に大樹は育たないように，すぐ側にとどまっていては後継者は育たない。離れていかなければ新しい文化は生まれないというものである。自然や世の中が変わりながら生きて，変わっている限り，避けられない宿命なのである。

　こうして大洪水を引き起こす恐れをも持った水をも優しく手懐け，この庭園が日本庭園史の縮図で

もある贅沢さ。加えて美意識満載で，これから日本の「侘び寂び」の次に生まれ来る美意識の主なものとなるであろうことは間違いない「粋」が一杯ちりばめられた素敵空間に作り上げて見せてくれている。

　江戸時代に大名庭園を庶民にさえ公開して見せていたことは全国的に見ても他には全く例が無い。驚くほどの数々の先進性を持った希有な大名庭園である。

VII　中世でも健全に生きていたユニークな岡山らしさ・わが国中世の二大重工業は備前焼と備前刀

　国の命運を握る経済的側面の，とりわけ中世のわが国の二大重工業と言えば，重火力を使う焼物であり，その雄は備前焼であり，もう一方は赤目砂鉄製鉄に基盤を置く備前刀と備中刀という吉備の刀剣である。

　何れも日本全国何処の産地でも到達し得なかった，ある微妙領域で鍛刀の火を操っている，吉備国だけの高度な熱工学技術である。

　備前焼の日本に於ける最初の最盛期である南北朝時代，全国市場に於ける備前焼のシェアは実に85％となり，全国各地の庶民に絶対的に受け入れられて端々まで進出していった。

　また製鉄と密接不離な関係の中で生まれた岡山の刀剣のシェアは日本刀が発明された平安末期から近世まで1000年に渡ってほぼ70％をキープし続けてきた。何故それほど絶対的シェアをここでも獲得できたのか。

　実は焼物と刀剣のどちらも，不思議なほど，科学や常識を破りながら，究極のものとして実現出来た快挙であることを絶対に忘れてはならない。ところがあまりそのことは世間に知られていない。それは知れば知るほど驚きに満ちている。これこそが岡山の，誰も追随を許さない物作りの真髄なのである。これが吉備大敗の賜であると知ったらもっと驚かなければならない。

　焼物の粘土の耐火温度に関して備前焼は1200℃で，六古窯中で，備前以外は全て1250℃もあり，この科学的数字としての耐火温度が低い備前焼は誰が見ても絶対的に不利であることは明々白々であった。そのために最初の頃は長らく先頭には立てなかった。その不利を遂に室町初期に至って，覆した。低温で焼成していても，結果として高温の耐火温度を持つ，常滑連合常勝軍団より硬い焼物を遂に，常識を覆して焼き上げた。

　低温で長く（40日）焼く方が，高温で短く（1週間）焼くよりも，硬くなるという。そのような不思議なことを先人は遂に見つけたのである。最高温度より積算温度という，トータルで，幾らエネルギーを投じ続けたかという熱総量によって，硬さは結果として決まるという独自の事実を発見したのである。

　しかも焼物の表面から高温にして溶かすが如く作ったものではなく，ゆっくりゆったり育てながら焼くために，巨大で，大甕自身の表面も中身（断面部位）も溶けていないから，完成後は微妙に空気や水分が呼吸して生きているかのような焼物であり，僅かににじみ出した水分は外側で気化熱を奪って冷えるために，中の水の温度は冷たくなっていくのである。私はシナイ半島の真っ只中で水売りが売る素焼きに入れられた水を飲んだことがあるが，気化熱の効果で信じられないほど水が冷たいのに

驚いたことがある。

　大甕の下部は地中に埋められるために，一定の低い温度で水や穀物，酒も保存できる上に，何処の焼物よりも背が高くて，ネズミは登れないことなど，良いことずくめの機能で市場を席巻した。

　また備前の大甕は低温焼成するために，歪んで割れることもなく，常滑連合軍団の大甕は高温で焼かれるために背丈サイズを大きくすると歪みが生じ，巨大なものは出来なかった。こうして備前のモノ作りが，低耐火温度では絶対不利だということを覆すまでは「辛酸」を舐めさせられても，諦めず，絶対にどのような時も真似をしないという，古代に大和朝廷に負けた時に学んだ情念がDNAの中にずっと流れていたのだろうと思われる。

　低温にせよ長時間焼くわけだから燃料代が嵩むと思われている。結局はエネルギーを膨大に使っても，擂鉢も大甕も独占的に大量に売ったし，買った人も思わぬ利点も知っていたから，決して高いものでは無いと認識していたことや擂鉢などは，他の窯場では窯の床面に１枚ずつ並べるために広い場所を取られて効率が悪い上，燃料の灰が掛かれば摺目が潰れて擂鉢の機能が低下し決して安いものとは言えなかった。備前だけが口縁部を改善し１０枚〜１６枚と重ねて焼いても融着せず，ぐっと単価を下げたのである。こうしたことから，燃料代はペイできたという実質的な経済競争力でも備前だけが勝つことができたのである。六古窯の中で備前以外のものは大方市場から去っていった。

Ⅷ　岡山らしさの原点は視野や視界の広さ

　葬送儀礼の立役者としての特殊器台に付けた透かし文様は吉備の先進性を非常に良く表している。シェルディスク（通貨）の流通域は非常に広い。

　備中には中世古窯以前から，前述したが原始古代から上等な上東式土器，酒津式土器等が大量に作られていたのである。吉備とりわけ備中にルーツがある特殊器台にしても，それが元となって日本の埴輪は生まれた。その特殊器台には特殊な透かし文様が概ね入っている。

　特殊器台の○と△の連続文様であるが，○はよく見るとオタマジャクシの尻尾の様なものが付き，イメージとしては，ボーダフォンマークや巴文，勾玉文が透かされている。

　私が今から３３年程前に，イモガイの螺頭部をスライスしたものが台湾の山岳少数民族の肩帯（チェンタイ）に縫いつけられていること（現地でも貨幣と同じ価値を有していること）を台湾国立歴史博物館で目撃した。それが吉備発の特殊器台の透かし文様との関連性にたどり着いた全ての始まりだった。

　特殊器台の透かし文の元の形はこれだと思い，さらに南方のフィリピン，ボルネオ，パプアニューギニアへ源流を求めて次々に調査に行った。パプアニューギニアではイモガイの螺頭部をスライスしたシェルディスクは財を意味するものであり，現地ではその当時も貨幣そのものであった。より理解を深めるために自分でもスライスして作ってみた。共通の意味とルーツとしてシェルディスクというが当時も今も，財であることを発表した（臼井，2000）。

　岡山市足守浦尾古墳群出土の朝顔形埴輪の透かし文様には，弥生時代の特殊器台のものから変容したものであるのか，やや尻尾が細く，長めになっているが，これは時代の中で起こった変異であろう。

　この時代（古墳時代）になっても一族の財力誇示と，あの世に行ってもお金に不自由しないように

との，神聖なるものへの願いを込めて墓での儀式に供したものと思われる。

この貝の貨幣は日本，東南アジアはもちろん，アラビア半島からさえも出土するという。それは北半球では中緯度高圧帯から北へ吹く風が地球の自転で偏西風（南西から北東に一定方向に流れる）と貿易風（北東から南西に流れている一定方向の風）を季節ごとに乗り換えながら，風に乗せるように操れば，昔からほぼただで自然の風を利用出来，まずは東西交易としてアフリカや西アジアへ行ったり帰ったり出来ることを利用した大航海が行われ，その国際交易に使う国際通貨として使われていたことであろう。シェルディスクの発明は正に物々交換を越えた太平洋を中心にしていたスケールの大きな国際貿易通貨といえよう。

中国では古くから，貝偏の付く漢字は 40 文字以上ある。たとえば，貝，則ち，財貨，販売，賊，賽銭，貯金，賄う，賄賂，賑わう，贈る，賜る，賭ける，盗賊，賠償，月賦，賤しい，購入，贈り物，貞淑，負債，頁，貢ぐ，貫く，貪欲，賀（よろこぶ），貴い，貸す，買う，費やす，貿易，貰う，資本，賃金，絶賛，質，賞，賓客，売買，賢い，生贄，贓物，贔（目をかけてひきたてる）等が「財貨」とか，「一番大切なもの」という特定の意味を持っていることを見ても，貝が古い時代には「財」をあらわす貨幣のようなものであったのであろう。イモガイは自然の創った最も規則正しい螺旋模様で，艶やかで美しく，ほぼ半永久的に変化しないことや，ディスク状に加工することも技術的難しさがあるので，贋作は難しく無制限に作られることは無いようにして，貝は広範囲に広く信頼と支持を得て貨幣的価値があったものと思われる。

IX　岡山らしさは常に他を圧倒したユニークさ（出雲大社と吉備津神社と閑谷学校）

日本で最初に建築に礎石を使ったのは，奈良の飛鳥と吉備の鬼ノ城と言われている。建造物のそれまでの掘立て柱が礎石の上に据えられることによって，風化しにくく，腐朽劣化から免れ，耐用年数は格段に増したはずである。

例えば出雲大社では一本の柱が直径 80cm もあるものを三本も束ねた柱痕が平成 12（2000）年に発見された。それは 13 世紀前半(鎌倉時代)のものであった。類似したものは青森県の三内丸山縄文遺跡の直径 80 ㎝の 6 本のクリの柱列と建築。現代においても運ぶ行事にまで繋がっている長野県諏訪大社御柱祭事。この 3 ケ所を繋げばきっと失われた何かが見えてくるはずである。

出雲大社は高さが約 48m もある出雲大社本殿を支えるための巨大柱もぶっ立てている。平均すると 60 年に 1 回建て替えしたとの記録が残っているらしいが，それは屋根替えも含まれているのではないだろうか。ところが現状の柱は妻珍柱（つまうずばしら）も全て，掘っ立て柱をやめて，今は礎石の上に据えられている。

出雲大社のやり方に対して吉備津神社は室町時代末期に創建以来，本体は一切建て替えをしていないし，国宝閑谷学校講堂は元禄 13（1700）年に建設されて，これまた今日まで屋根葺替以外は建て替えは一切無く，地震にも耐え湿気による腐朽もゼロの工夫がなされ，柱と梁や長押にも，束柱にも 1 ㎜の歪みも皆無というパーフェクトぶりである。

岡山の建築は，世界の木造建築の抱えている矛盾の中で，閑谷学校にしても吉備津神社にしてもメンテナンスフリーとして目下の最長記録を伸ばし続けている。こうした技術は日本の誇りでもある。

その原因の多くは見えないところに隠されている。

　伊勢神宮は 20 年ごとの遷宮がある。これはこれでまた 20 年の耐用年数があればよいことになる。何故この様なシステムなのかというと，以前は，次の 20 年先の建築の建て替えや神に捧げる超一級品の工芸品を作るための技術習得年数として「20 年掛かる」という年数をとっており，建築は 20 年先に困らないように，技術習得のための練習期間としていたというのである。給料を払って，技術が劣化しないように雇っておくという考えだ。職人が 20 年先に集まらなかったでは済まないので，神宮内で給与で雇って技術修練を続けているわけである。しかし工芸品を作る職人などはなかなかそうも行かず，最近では，全国のトップクラスの人に声をかけて，順次作ってもらっているという。まあ作る人としても名誉なことであるし，自分の仕事も並行して出来ると言うことで，それは時代の変化かも知れない。

　鬼之城の石垣には，私が見る限りでは矢穴はない。この石塁は今のところ 7 〜 8 世紀の朝鮮式山城と言われている。この時代に石塁を築く技術があって，なお石切技術はないというのは技術史からは不思議である。必要サイズに割れやすい性質を周辺の石が持っていたとしか思えず，何れその謎については近いうちに論証するつもりである。

X　岡山らしさの源流を探る

　また吉備の先祖はよく「海部（あまべ）」と呼ばれて来ただけあって，古くから海で繋がるグローバルでインターナショナルな文化関係，交易手法やものの見方を持ち続けてきた。

　吉備中央町の吉川八幡宮の山門に捧げている人差し指ほどの竹筒製杯を見かけることがある。女竹製杯の作り方は，節と節の中程を長さ 10cm 程度皮を残してカーブを付けて削り取り，削った反対側の竹の表皮を外側にして，火で炙って左右対称になるように曲げる（曲がった部分が取っ手になり，二つの杯はくっついて連理の杯となる）。

　生け贄として鶏の血を豊漁と今年 1 年の安全を祈って捧げる。この容器が，遠く離れたランユー島と吉備中央町の吉川八幡宮で，形，サイズ寸分違わず酷似しているのは驚きである。実は，この島のゴンドラ型カヌーは香川県の櫃石島祭祀遺跡（古墳〜平安時代）から弥生時代末期のミニチュア型土製品として数点出土していることに昔から注目している。

　また吉備津彦神社の御旗祭りの神事は，白い反物を帆掛け船のような姿格好をしたものを高く掲げて練り歩くのである。ランユー島のゴンドラ型カヌーの前後の舳先と艫に付ける，神が降臨する際の目印としての「拠代（よりしろ）」でも，鶏の羽毛で門松の「若松」のように，天辺の新芽 1 本と次の対の枝 2 本と，もう 1 段下の対の枝 2 本の合計 5 本の羽根飾りを付けるが，日本でも神様が目印として降臨する門松の拠代も 5 枝に決まっており，御旗祭り神事の上下 2 段の竹竿の両端と中央の手持ち竿の先端の 1 枝の合計 5 枝の有り様も実に共通している。5 本の羽根飾りは，吉備津彦神社では，5 本の扇子に置き換えられているだけである。

　これは日本の正月行事に使う門松の 5 枝の拠代と似ているし，御旗祭の「5 枝につけられる扇子」も門松の 5 枝とも共通している。そもそも 5 枝を点で結んで出来る五角形の御剣先は刀を象徴していることも弥生時代から認識されている。刀剣を意識させての神事で，邪悪なものを封じることを意味

するのである。

　祭の最後にはこの扇子を奪い合い，手に入れた者は，自分の水田の片隅に杭を立て，それに括っておけば，害虫が来ない呪いになるといわれている。

　何故ほかの地域と比べて岡山の植物，動物，昆虫は，たとえばオオサンショウウオ，カブトガニ，アユモドキといった天然記念物になるような希少な生きものが絶滅せずに多数生息しているのか。

　これは第一義的には岡山の自然の豊かさの現れと思うが，その豊かさの根本理由は北方系の樹種も南方系の樹種も環境と共に南北入り混じって，複雑である地理的特性と無関係ではない。

　それを中世以来の主力産業の繁栄で見ると，思い当たるフシが更にある。それは刀剣において，日本一の地位を断トツで保ち続けたのは，岡山の植生の多様性と大きく関わっているからである。砂鉄製鉄では，高温で溶かすためには，クヌギなど火力が強く堅い炭が必要で，そして比較的低温で鍛えて，刃文を作るためには「塗刃土」を刀身に塗って（刃を下にして水平にした時，刃文より下の部分の土は掻き落とす），切れるためには急冷させて刃の部分を硬くするためである。刃以外は塗り刃土の付いたまま火床に入れて，均等に赤く加熱する。ところが燃えさかる炉の炭火の中に突っ込んで土付の刀身を均等に加熱するためには，鞴（ふいご）を使って，土を塗った刀身を45cmほどの小さな炉の中で60〜70cm程の刀剣を前後に動かしながら均等に加熱しなければならない。この時真っ赤な炭火が，「無重力状態」を保っておれば，ザグザグ動かしても刀身に塗った土は剥れ落ちることはない。1ケ所でも剥がれたら，失敗である。そのためには炭の温度は砂鉄を原料とする高殿タタラ砂鉄製鉄を行う時のような高温である必要はなく，炭は軽くて思い通りに制御しやすい赤松が最も良いのである。岡山は火持ちの良い硬い炭を作るクヌギも産しているかと思えば，赤松から作る軽い炭も県内で間に合うという地理的立地条件が，刀剣産地として不動の地位を得ていった絶対的理由になっている。

　それを最終段階で水に入れて急冷させる。その時の水温も気温も基本的に一年中一定ではない。しかし，気温も水温も全く同じ状況が1年に2度やって来る。暑くも寒くもない春分と秋分の頃の刀剣作りの最適温度とその日数が全国一長いことも，岡山南部長船一帯が主産地として君臨してきた大きな理由である。そのために，古来作刀年月日の80％は旧暦の2月と8月に集中している。

　また吉井川，旭川，高梁川は中国地方四大河川の内，上位3本を独占して，北から南へ貫いて流れている。そのことは，結果として山岳地帯，高原地帯，里山，平野，河口・海浜地帯，瀬戸内と異質の自然環境や生物環境層を貫き，南北に少し川上と川下を運搬すれば何処へも満遍なく全域で豊かさを享受してきた。豊かな食料資源，漁業資源，生活資材，加えて瀬戸内海に面しているため，南北の物流だけでなく，東西の文化や物，人の動きを東西南北一層複雑に交差させて活発にさせ，その移動のノウハウを蓄積してきた。

XI　ここにも岡山らしさで見事に咲いた花がある

　最高級の和紙と言えば，高梁市広瀬には鎌倉時代から，室町，江戸という長い伝統を持ち純白繭肌の風合いを持つ最高級の重厚な「大高檀紙（だんし）」がこの地で生まれていた。朝廷の勅許状，中世，近世の幕府の任命状には最高級の大高檀紙が独占的に納められ，使われていた。

そのため地元の大学でも再興の可能性を一時探ったが，その技術は絶えてしまってからでは復興はどうにもならなかったようだ。和紙も多くの文化財と全く同じで，色々な点で，時代と共に品質においては過去を凌駕できないことは，鉄則のようなものがあることを肝に銘じておくことが不可欠なのである。

　江戸時代の古文書の虫食いのひどさ，さらに戦中戦後の紙質の悪さ等，酸性紙というやっかいなものは誰もが実見のことと思うが，平安時代の紙は意外にも虫害に対する工夫として，例えばヨモギを原料の中に混ぜることで虫そのものがいやがる対策がなされていたことを聞いたことがある。また江戸時代のモノでもクレーの粉を原料に混ぜることで衣魚（しみ）が食べづらいためなのか，そうした紙は今日まで食害を受けていないと言うから全くの驚きである。また平家納経の紺紙銀泥経などは，銀と接着剤としての膠を混ぜたものに牛乳を少量混ぜることによって，宿命といわれる銀の酸化による黒化を一切ストップさせている。原価を大して上げずにこのように工夫する先人の智恵に学ばなければならない。銀の酸化防止に関しては，岡山の生んだ世界で並ぶ者がいないと言われる，金工家正阿弥勝義は銀製品を全く黒化させない秘法を手に入れている。それはメタノール，塩化金などを使って，今なお作ったばかりの輝きを放っていることの驚き。金では硝石，ローハ，クンロク，焼塩，明礬で処理する秘伝を持っていた。成功しているのは彼だけであろう。

XII　日本版資本主義が始まったのは新見から

　まだ日本は鎖国で，資本主義と呼ばれる言葉も実態も無い時代に「資本主義」のはしりと言えるような経営をし，巨万の富を蓄え，その資金を次々と関連性をもった新しい事業に注いで，農民救済の手だても行った鉄山師太田辰五郎がいた。現代社会のように細分化し過ぎていくと，何か大切なものを失っていく現状に気づかない限り，新しい時代の扉を開けるようなイノベーションは難しい。今の資本主義の核心を見失った盲点がそこにある。

　彼は鉄原料の砂鉄を得るために，まず山の木を切り，その木で木炭を生産してタタラ製鉄に使う。開けた山は牧草場にし，そこで牛を放牧し，自然に農家の収入を増やし，そしてまた牛市を盛んにし，そこに人や情報や文化が集まり，こぞって優秀な牛が育てられ，立派な牛を育てた者には賞が与えられて，冬の舎飼で生じる堆肥を稲作の肥料にして連鎖反応的に収益をさらに上げ，砂鉄製鉄で作った鉄は，江戸きっての刀鍛冶を呼び，新見の千屋鉄で打たせた刀剣に「千屋鉄で打った」と刀剣に「銘文」を刻ませて品質保証を計り，最高の刀剣として今日で言う「ブランド化」までした。さらに牛の健康管理に不可欠な獣医を育てるために奨学金で大阪へ留学もさせている。資本を含め全てがリンクして，止まること無く永久回転する資本主義と同じやり方で社会を一変させたのである。しかし令和となった今現在，かつてないほど，日本中の農家は後継者が無く，疲弊しきっている。私が地理学教室で初めてフィールドワークに行った際，優等生だった新庄村も構造改善事業で規模拡大が全てを解決するはずだった。しかし中谷地区の拡大水田は後継者不足でこれ以上営農は無理だと判断し，今後ここの農地は草を生やしたままにしておくことに皆で決断したという。

　この論文の校正段階での令和3年11月3日に，59年ぶりに「夢の農村」を訪れて問題の深刻さを聞かされた。夢を語っていた林業でも大型重機が入って，何時の日か土砂崩れなど新たな心配が懸念

されているという。こうしてエースだった新庄村でさえ，今また真空地帯になろうとしている。今だに学ぶべき，課題だけは少しも減ってはいない（こうして私は本論文校正中にたまたま大きな決断をした新庄村中谷地区を訪ねて偶然知った）。

XIII　つわものどもの夢の跡（日本最初の閘門式運河）

　パナマ運河より240年も前の1674年に倉敷市船穂に，全長10kmの閘門式運河を作り上げた備中松山藩主水谷勝隆・勝宗父子がいた。彼は今から348年前，備中北部の特産物を松山に集め，玉島港まで高瀬舟と運河で運び，また江戸や上方から玉島へ運び，運河で松山，そして備中北部へ運んでいった。

　閘門式運河というのは，途中途中を堰き止めるという構造であるために，川のように上から下へ一方的に流れるのでなく，閘門と閘門の間はゲートで堰き止められている部分も200mはある。上りも下りもその区間はロスゼロで引かれて人力で上下できるところが優れものである。

XIV　各種ある吉備の定義

　吉備，吉備国，備前国，備前・備中・備後と混乱してはいけないので，本稿では概ね次のように表記と意味を仕分けしてみた。これが絶対というものでは決してないが，読む時のイメージしやすさにはなると思う。

　私たちが「吉備」といってイメージする時，弥生末期の日本最大の「弥生墳丘墓」を考え，その特殊器台の出土範囲を考えれば，そしてまだ日本に国家がないという時代状況とすれば，広い範囲の統治機構はそれ以前にはまだ無いと思われる。後に「備前・備中・備後」と言われる以前には，当時一塊の文化圏があり，それを母体としたその一塊から3つの国名それぞれが付けられて国を作った時代もあったはずである。古墳時代中期までは吉備の国は，都から近い「備〈前〉」，吉備の真ん中の国は「備〈中〉」，都から見れば遠い「備〈後〉」の3国が区分されたのであろう。3国とも「備」が付いているのであるから，当然3国が誕生する時は，その前に「まとまり」としての「吉備国」はあったと思うのが自然である。その吉備の領域は特殊器台の分布範囲程度の領域で繁栄していた，ひとまとまり程度ではなかったか。それは北陸に「越前・越中・越後」と国があったのと同じである。

　その後「備前・備中・備後」はそれぞれ1つずつ，近世初頭には国絵図が残っていることを見ればわかるように「備前国・美作国・備中国・備後国」とも呼ばれていたはずである。そうであれば元の「吉備」は当然であったと思わざるを得ない。

　吉備はもともと特別に大きくて繁栄していた国であったので，それを勘案しながら読んで頂ければ，混乱が混乱を呼ぶようなことはないかと思う。

XV　吉備国には破綻と復活のドラマがある

　原始古代の吉備は先取の精神で繁栄したが，まだ何か足りないものがあったから大和朝廷に敗れるという2度目の「大挫折」を味わった。やがて不死鳥のように奇跡の復活を果たした吉備文化と吉備ルネッサンスとの間をつなぐものとして一体何が横たわっているのかをふり返って見つめてきた。

その分析手段として，吉備の人が長い歴史の中に刻んで生きてきた証として，営々と生き様のように刻んできた「文化財」をここまで提示してきたつもりである。文化財を見るというのは過去や途中をはしょっては，見えるものも見えない。それはこれから先の世界を考える上で不可欠なもののように思う。

　岡山の刀剣，岡山の後楽園，岡山の自然と植物，天然記念物の豊かさ，岡山の建築・土木技術等の各種技術を支えたのは総体としての哲学があったが故に生まれたのかも知れない。「岡山の宝物」を知的探検して確かめて欲しいし，そこから見えてくる繁栄，破綻やさらなる過去の吉備文化から引き出す潜在的吉備の底力を正確に知らずに，この先の展望は描けるはずがない。

XVI　吉備国と地理的範疇

　備後は西から順に列記すると，因島から時計回りに，三原尾道・大和・三次・作木・中国山地の赤名峠・猿政・比婆山・道後山・東城・豊松・神辺・福山までを結んだ範囲である。そして岡山県を形成する「備中」，「備前」，「美作」，そして古代吉備の影響をうけていた「特殊器台」の出土物から播磨の一部も吉備の影響があったことも十分想像される。まだ日本に「国家」が生まれていないか，はっきしていなかった頃であるから，備後，備中，備前を除いた西播は弥生時代末から古墳時代にかけては，吉備の文化の色彩が残っているところという意味合いは多分にあったと思う。

XVII　吉備国を支えた地理的環境と有意性

　吉備は穏やかな自然環境を有し，農業，塩業，漁業，刀剣用砂鉄，窯業用粘土と燃料も揃っていた。平安末期から江戸末期までの刀剣生産は70%を超えていた。稲作は今から6000年前から行われていた可能性が非常に高く[2]，弥生時代末期には田植跡[3]まで見つかっている。とりわけ稲作には水と晴天日数が，製塩には晴れの日不可欠で，その上，台風の直撃も四国山脈が壁になり少ない。

　稲作，製塩に吉備国は断然有利であったと思われる。またこの一帯は漁業でも，瀬戸内海は単位面積当たりの漁獲量は地中海の30倍の水揚げがあるが，それは昔も変わらず魚種も大変多い。

XVIII　吉備という地名について

　また「吉備」という呼び名は大抵「黍」に因んでいると言われているが，本当のところはどうなんだろうか。それに対して切り込んでみた。

　そのためにまずこれを吉備という文字の意味を出来るだけ拾って考えてみた。まず，「吉」は，めでたいこと，幸，朔（一日），善，吉祥，吉事，よい，よし，よいこと，一番でもある。「備」はまさに「その良いことが一杯備わっている」ことに他ならない。

　文字として「吉備」は気候，産物，全てに於いてパーフェクトに良いことのオンパレードである。「備」はまさに「その素晴らしいもの，素晴らしい人，素晴らしいものや自然」が備わると，さらに「満ちる，足りる，欠けたところがない，なる，用意，そなえ，てはず，ことごとく，すべて」に加えて「つつしむ」という意味さえある。「不足なく備わる」，「完全に備わる」，「みな，全部」という意味まで揃っている。このような何もかも揃っているものは他にはないといえるパラダイスなら，それ

はもう褒めすぎのような大地に他ならない。

XIX　それを吉備国の自然環境として考えてみよう

　北に控えている中国山系によって，水不足になることはなく，稲作には断然有利であった。また瀬戸内海は東西の水運で，南北には高梁川，旭川，吉井川の三大河川は中国地方の四大河川のうち上位三本があり，南北の物流を助け，南北物流の要となる。瀬戸内海という東西の結節点を３ケ所も持っているのが，吉備の国である。

　しかし７世紀の終わり頃，吉備は大和と戦って破綻した。その敗戦で，全てに恵まれて見えるものに固執していたことの反省から，軍事的リベンジではなく，それとはすっかり異なる，見えないものを大切にする歩みへと方向転換した。

　こうして吉備国はその後を見えないものに重点を置いて生きることにしたために，実に，今度は1000年オーダーで備前焼も，備前刀も日本の市場を押さえてしまうほどの工夫で，信頼を得ていった。実は古代吉備もまた例えそれが後に「岡山」に変わっても，全てを含めて，全てが吉備の国として捉える方が自然だと思っている。

　晴天日数で稼ぐ塩業，窯業は港近くに立地すれば，中世には見えないものを重視して作った備前焼は関東から，鹿児島，種ケ島，沖縄と交易を海上に拡げていった。室町時代には船も巨大化して重量物も大きな船で運び，未曾有の発展があった。

XX　グローカルでヘテロな岡山が脚光を一層浴びるとき

　時代の「境目」を迎えると，利益や利権の錯綜も次第に問題を起こすようになってくる。全てが手に負えなくなってくるような「大きな矛盾」に対峙した時，岡山の文化で見る限り，先人は常に「存在するもの全ての中に解決手段は存在する」で解決してきた。それはさておき，下克上で突っ切ってきた戦国時代も信長，そして秀吉によって戦乱の終止符が打たれた時，束の間に平和が訪れた。やっと下克上での「激戦で死んだ人にも妻や兄弟もいたことであろう」と改めてふり返ってみることができた。死んだ人にも思いが寄せられた。一方で南蛮文化が怒濤のように入って来た。庶民的には見たこともない「大型帆船という軍艦」「火縄銃」「キリスト教」「地球儀（世界地図）」の４つを携えてやって来た。ここに日本人に動揺が走ったはずである。何もかもが激しく揺れた。長年中国の美術工芸品，文房具，天目茶碗にしても，絶対的素晴らしいものと思い込んでいたものが，大揺れになった。

　日本全体で価値観のチェンジが起こった。とりわけ，西洋文明が新しい顔として日本人の前にやって来て，日本がどうなるか分からなくなると，西欧文化に飲み込まれないためには，日本に存在して，西欧にない文化と美意識で新たなリーダー達は蹂躙されない鍵を見つけようとしたはずである。

　それが日本の茶の湯であり，その茶の湯をバックアップした「侘び寂び」を自然に表した茶碗で茶をすすれば，もう備前焼は我が意を得て躍り出た。確かに西欧の美意識の中には全くないものであったので，西欧人はある意味，日本の文化に驚いたはずである。

　日本独自の，なお且つ西洋にないもの，精神性の高いもの，例えば茶の湯の世界は西欧人にない，見えない世界を披露して見せた。異文化に対しては誰でも何時でも興味を持つのは世の常である。

茶人利休，信長，秀吉らは「日本にあって西洋にないもの」，究極の切り札はこれだとばかり「侘び寂びの文化」を対西欧戦略の中心に絞っていった。

　侘び寂びは備前焼によっても花咲いた。備前焼は侘び寂びを最も素直に表現した。中国人の美意識とはやはり少し違うイタリア人のマテオリッチの世界地図の日本の場所の表記で，「西洋人は宝石や黄金を好むが，日本人は漆器や茶碗を好む」とわざわざ書き込んで，驚きを隠していない。これこそは世界の中で，ヨーロッパ以外の国と文化への唯一の精神的驚きである。これにしても，西欧人が宝石や黄金が持つ世界のスタンダードと思っているのに，日本人は何故茶碗かとあきれているわけだが，実は茶碗1つの向こうに大勢の仲間が繋がって存在することが日本流の宝なのである。

　宝石は自分を飾って見せびらかせるか自己満足だけなのに，マテオリッチがその意味と功罪を知らないのは，当時の西欧人全体は常識としては，知ってはいない。しかし現実の西欧人の中でも，信長や利休に直接会った人ならば，そのアジアの何処にもない奥深さを知っていたものと思われる。そういうイエズス会総長代理バリニャーニが信長に謁見後，本国への報告があったからこそ，日本だけが植民地化されなかったものと思われる。彼は日本人は西欧人が持っていない審美眼を持っている。この日本を滅ぼしてはならないと確信し，一方信長は一瞬でバリニャーニの心を見抜いた。

　こうして見えないものの中に最強の本質を見抜く力として，例えば「侘び・寂び」の「備前焼」を使って伝えた。その思想の本質を表現出来たに違いない。

　時代が混沌としてきた時には，わが意を得て，常に何処にもまだない「本物」や「動かない本質」を具体的に提示することが出来た者が時代を変えられると思われる。刀の「折れず・曲がらず・切れて・美しい」と言う大矛盾をさっさと解決して，実物で孤高に平然と唯一示しているのも，その例だと思う。

　岡山は原始古代から何時も本当に何処にもない，グローカルで，ユニークな素晴らしさで本質を見せてきた。

　それはまた，違った意味で現代は「新たな混沌」を迎えている今こそ，それが必要とされているように見える。ここでもう一度古代吉備を源流としている岡山のものの考え方五箇条をまとめてみた。

XXI　スピリットオブオカヤマ５つ星

★　矛盾が限界に達して行く「時代の境目」を迎えると，岡山から輩出された人物は不思議な程，時代の先頭に立って色々な改革をなしてきた。

★　岡山の文化や人には，常に根底に，ヘテロ（多様で，異質な混在）思考が同伴している。それがために，存在するもの全てを活かし切れば，越えられない程の困難でも先頭にたって打破してきた歴史を持っている。

★　全体から細部に至るまで同時に見える，望遠からマクロまでと言う全域グローカルなズームレンズ的眼を，試練を幾度も耐えてきた岡山の人は身につけている。多様性に満ちた自然の中でそれをさらに磨き，世間では崩せない矛盾でさえ多々解決してきた。

★　先人の作った独特の高品質の岡山生まれのモノは，全て「見えるもの」より「見えないもの」にこそ，力を注ぐことによって「無敵岡山」の文化的本質を磨き上げてきた。それは，誰でも，何処

でも出来るものではなかった。激しい浮沈の大きな精神的試練あっての賜である。現代のように「見える利益」のみが行動決定原理になっている限り，直ぐ先に危険が待っている。それでは時代と共にモノが悪くなる事実にさえ気がつくことはないであろう。

★　如何なる窮地に立たされても，吉備国という歴史と文化をくぐった者は決してその場しのぎや人真似で，追い着くことはしなかった。岡山の文化財の独創性を決して忘れてはならない。

　例え時間が掛かっても，真似には目も向けず，必ずユニークな解決手段を見つけてきた。常に立ち位置あるいは原点は「無慈悲な吉備国大敗」であり，そのことから世の中に不要なものなど一切無いという自然界の摂理としての「ヘテロの文化」への決定的気付きがあった。人物を含めた，岡山の文化財には全てそこが輝いているのだとつくづく思う。

XXII　文化地理学のススメ

　私自身の学問は岡山大学地理学教室において始まったが，教室が始まって70年になる歴史の古い教室である。河野通博先生，由比浜省吾先生，定本正芳先生，中藤康俊先生。そして考古学の近藤義郎先生のところでは考古学専攻学生よりも多くの授業を受けていた。

　それぞれの先生から学問の意義とその教室の精神を学んだ。何れの先生も既に他界された。その精神を抱きつつ，やがて間もなく岡山県立博物館に在籍するようになって，岡山の「文化財」の深みと宝物の世界にのめり込んで行った。

　書いた論文は「酒津焼や備前焼天保窯跡実測調査（1977）」「甲冑に於ける鉄小札の配列についての一考察（1978）」「水の子岩海底出土棒状石材についての一考察（1982）」「古地図（1982）」「日本と黒潮流域のゴンドラ型カヌーに関する文化地理学的考察・瀬戸内地理創刊号（1992）」「備前焼年銘入大甕の時代的特徴（1984）」「岡山県の古代製鉄と刀剣（1985）」「原始古代のゴンドラ型カヌーの源流に関する一考察（1986）」「日本の古窯（1986）」「赤韋威大鎧の研究（1988）」「備前刀と風土（1990）」「ハヌノオ・マンヤン族の鍛刀技法（1996）」「妙覚寺世界図屏風の研究（2001）」「余慶寺梵鐘に関する一考察（2002）」「重文特殊器台の透かし文様の起源に関する研究（2002）」「松山藩主水谷勝隆と玉島経営（2007）」「国宝一遍上人聖絵（福岡の市）解析（2010）」「重文施帯文石展開図作成と考察（2011）」等100編以上。著書（単行本）は「岡山の甲冑（1988）」「逸見東洋の世界（1990）」「備前刀（1991）」「岡山の文化財（1991）」「正阿弥勝義の世界（1992）」「バタン漂流記（2001）」「時代の変転が工芸に及ぼす影響についての研究（2002）」「おかやまの文化財I史跡　工芸（2015）」「おかやまの文化財II建築（2017）」「おかやまの文化財III自然と人物（2019）」などの単著20冊。分担執筆は「岡山県大百科事典（1980）」「角川日本地名大辞典（1989）」「岡山県歴史人物事典（1993）」「日本陶磁器大辞典（2002）」「文化誌日本－岡山県－」など約30冊といった論文，著書を書いて，ほぼ一生を「岡山の文化財」に捧げるように，かつ吸い込まれるようにのめり込んで，定年と同時に吉備国際大学でこれまで学んだことを文化財学として教えるようになった。

　参考までに，岡山の文化財のユニークさと重要性については，最新作「おかやまの文化財 I・II・III（2015，2017，2019）」に詳しい。地球上の変化や特性に目を向けた地理学徒が巡り巡って最後に到達したのは「文化地理学」だったことは，今の時代に極めて必然であったような気がしている。文化

財の中に現代を解く鍵があるし，ギリシャ時代の学問の全ては地理学から派生したものであることは言うを待たない。

　現代という激しい時代的変化で社会が右往左往している状況の今こそ，『文化財』という先人の「生きてきた証」をふり返ることこそが，今最も重要なことだと感じている。如何なる学問もあくまでも主人公は「人間」であり，自然と人間が作った文化と地域性だということを忘れなければ，それぞれに未来へ託す宝物は必ず発見できると思っている。

注

1)　きび美ミュージアム蔵。

2)　彦崎貝塚遺跡。

3)　百間川遺跡。

文　献

臼井洋輔 (2000). 吉備国際大学文化財センター発行第 4 号.

臼井洋輔 (2015). 『おかやまの文化財 I』吉備人出版.

臼井洋輔 (2017). 『おかやまの文化財 II』吉備人出版.

臼井洋輔 (2019). 『おかやまの文化財 III』吉備人出版.

佐藤洋一郎 (2000). 『縄文農耕の世界』PHP 新書.

（2020 年 3 月）

淡路島特有と言われる農業水利用語「タズ」の分布の検証

森　　　康　　　成

I　はじめに

　淡路島の農業水利についての説明で「田主」という用語の使用が見られる。これは「タズ」と読む。『淡路ため池ものがたり』という兵庫県発行（2015）の冊子には「田主」にふりがながふってある。本研究は農業水利用語「タズ」の分布の検証である [1)]。

　学術書ではないが，淡路島の農業についての『田植え舞』（北原, 1994: 7）という小説にはその書き出しの1ページ目の「田主」という文字にもふりがなが付けられている。この小説の著者は淡路島の洲本で農業を営んでいた。田主について次のように描写をしている。

　　島は瀬戸内海にあって，昔から降水量が少ない。大きな川もないので，農業は溜め池の水に頼ってきた。池は小さな島の中に，個人持ちの池も入れると三万個くらいあると言われている。農家の共同の灌漑用水の溜め池ごとに，それぞれ田主(たず)という自治組織を作って，自分たちの池の維持管理・運営をやってきた。数軒で作っている小さな田主や，数十軒と大きい田主もある。百軒以上で作っている大規模な田主もいくつかあるが，概ね十数軒で作っているものが多かった。その田主の構成農家を田主人(たずにん)と呼んでいる [2)]。

　ため池管理の行政機関である兵庫県農林水産部農地整備課編集の『兵庫のため池誌』（1984: 693）には，古語・方言の解説として，次のように説明されている。

　　田主(たず)　田主という用語は，淡路地区では古くから，今も使われている一種の水利組合組織である。この用語は，広辞苑等の日本語辞典にも見当たらないことから推察して，淡路における独特の用語と思われる。

　ここで，述べられている広辞苑以外の辞書では，『日本方言大辞典』（1989）が方言に詳しいが，これにも「たず」，または，「たづ」は記載されていない。

　兵庫県淡路県民局洲本土地改良事務所編集の冊子『淡路ため池ものがたり』（2015: 4）には，田主と呼ばれる溜め池管理者という項目で，次のような説明が載せられている。

　　ため池にはそれぞれ管理者がいます。大事な水を一定のルールに従って利用するため，各ため池ごとにその水を利用する農家が集まり「田主(たず)」と呼ばれる淡路特有の管理組織ができました。「田

主」は，ため池が多く築造された江戸時代中期以降にでき，ため池だけでなく，川や井戸，湧水にも組織されています。(中略) なお，「田主」という呼び名の由来は，当時の地主的な役割であった「名主」から発展し「田主」となったという<u>説が一般的です</u>。

　このように田主の説明では，ふりがなが用いられているが，本稿では以下の引用についてはふりがなは省略する。上記２つの引用での下線「独特の用語と思われる」「淡路特有の管理組織ができました。・・・説が一般的です」は，本稿で考えてみたい点に著者が付したものである。管見ではあるが，田主について著者がこれまで見聞きした文献や話では，同様の表現か，似た表現が見られるが，淡路島周辺，または，全国の地図を取りあげて比較検討した文献などは見当たらない。著者は説明表現が断定的でないという点に注目をした。実際に独特，または，特有であるため地図化が不要で地図に表された文献がないのか，それとも，独特，または，特有と言われているためそれを信じて自明のこととされているため分布地図などがないのであろうか。

　研究目的を，農業水利用語「タズ」の分布の検証とし，仮説を「農業水利用語『田主』，または，『タズ』は淡路島特有ではない」とした。検証方法は，聞き取りと文献調査とした。

　以下，田主について淡路島の過去と現在の状況把握，文化理論と言語学や方言学的な観点からの研究の可能性，調査計画と調査，調査結果，考察，おわりに，という内容でとりあげる。

II　田主について淡路島の過去と現在の状況把握

　兵庫県の行政からの最近の見解は，冒頭でみたとおりである。最近の方言からの研究では，岩本（2013）は「田主　ため池や出湧の水利権者」として，事例では淡路島北部の地名をあげている。禰宜田（1986: 92-93）は「おかことば」の見出しの中で田主について以下の説明をしている。

　タズは田子であり，同じ池から水を求めて水田を耕作する１つのグループを意味することばである。したがってタズは何戸かの農家からなり，そのグループ全体を取り仕切る役割が必要であった。それが首長でありタズ全体の統率者である。そうなるとタズはまさしく田子であり，また田頭でもある。田主はグループの総称でもあると共に，それを構成する要員一人一人もタズであり，全体の統率者もまたタズである。

　鎌田（1999）の方言地図では，農業水利の用語として「個人のため池」が取り上げられているが，その中では，淡路島に「タズ」が記号で示されている。田中（1974）の淡路方言集では，語彙の部で農漁村語彙の中に「タズ」を取りあげている。

第１表

淡路島関連の文献に見られる「タズ」の漢字

タズに当たる漢字	文献
田主	多数あるため省略
田子	禰宜田（1986）
田頭	禰宜田（1986）
田堵	京都農地事務局（19 -）
地親（田主の別名）	田中（1974）

資料：著者作成。

興津（1990）は淡路島の方言の特徴について述べ，語彙集も付けているがその中には「田主」は見られない。言語学以外の文献を参考に見ると，民俗学的な見地から千葉（1964: 51）が「淡路独特の灌漑組織として田主なるものがあり，これを基盤として慣行が成立している点は，多くの民俗が地域社会を単位とするのと類似している」と書き，淡路島内の北から南の様々な事例や，江戸時代から昭和にかけての書き物なども取り上げて紹介をしている。武田（2007）も民俗学の観点から田主組織に言及をしている。地理学関係では，森（1999）が兵庫県南部地震が北淡路のため池と田主に及ぼした影響について研究考察をしている。他にも，淡路島内の各町誌史には古文書等の引用も含めて田主への言及がみられる。

　第1章冒頭にあげた兵庫県の2つの文献が参照している京都農地事務局（19 -: 77）[3]の『淡路島における「田主」の水利慣行調査　－兵庫県三原郡三原町の事例－』の結語には以下のように述べられている。

　結局「田主」或は「田主人」「田主員」なる呼称は，前記次所池田主の場合に示す如く，文化年間
　　（一八〇九年）頃よりその名称が用いられていたことが証明されるが，「田堵」（第二編，第一章，
　　二参照）の如く，地主的な性格を持つ一地区一団地を以て組織されていたものか，或は又耕作者
　　を総称してかく呼ばれたものか，判明しないか，一種の株式制がとられ，水利権についての水券
　　等を発行し，水利権を確保する為に強化されたのは明治四年（一八七一年）の廃藩置懸後，明治
　　六年（一八七三年）の地租改正を見てからであると推定されるので結局明治の初期（一八七七年・
　　明治一〇年頃）再編成されたものではないかと思はれる[4]。

　このようにみると，淡路島では，江戸時代の 19 世紀前半頃より田主という用語が使用され，現在も島内全域で使用されていることがわかる。第1表は文献に見られる「タズ」に当たる漢字である。

Ⅲ　文化理論，言語学や方言学的な観点からの研究の可能性

　前章では，淡路島の田主を説明する語として，「独特」「特有」という語が使用されていることを確認した。『広辞苑』（1992）では，「独特：そのものだけが特に持っていること。」「特有：そのものだけが特に備えていること。」となっており，どちらの語義もほとんど同じと考えられる。田主という用語に関しては，「田主は淡路島だけが備えていること」という解釈になる。

　本章では，仮説として，特有でなければどのような可能性が考えられるのかという観点から，文化理論，言語学や方言学の研究を参考に見てみたい[5]。

　田主という用語が江戸時代後期になって淡路島で使用され始めて，それが一般化したということは，文化変容が起こったと考えることができる。文化変容について Naylor（1996）*Culture and Change* を参考に見てみたい[6]。文化は，「人間の集団の構成員により共有された人間の信念・態度・作り出されたものの一つまたは複数の習得されたやり方（19）」と定義している。文化変容では，変容を起こさせる文化変容動作主と変容を起こす集団が想定されている。「変容動作主は，集団の内部や多文化環境において，行為，または，何らかの強制の形を使用する人々が別の人々にその人たちの文化

のある面に変容をもたらそうとする。(89)」「集団内部の複数の人たちが自分たちの文化に，ある種の変容を紹介，または，埋め込み，または，拡散を試みる時，その人たちは文化変容動作主の役割を呈する（90)。」「多文化環境，または，文化交流における文化変容はより複雑で，文化変容動作主が（文化変容を起こさせようとする）目標集団の構成員との交流では　特徴，信念，実践の周囲で衝突しながら展開する（92)。・・・国家レベルでは，政府は自分たちの人工的で専横的な仕組みをすべての特定の，文化の構成要素である，すなわち自分たちが組織の一員として受け入れてきた活動の領域にある集団に強制か別の形で押し付ける（93)。・・・」このように文化変容の面から考えると，農業水利用語「田主」の分布に関しては，内部からの変容でなければ，外部から何らかの影響があったと想定できる。江戸時代という封建社会では，幕府や藩の行政に関わる事と考えられ，淡路島においては，阿波の徳島藩，または，淡路島を直接治めていた徳島藩の稲田家の影響と考えることができる。また，徳島藩以前の支配形態で淡路島の内部に残っていた地域文化が集団内部から広がっていたとも考えられる。江戸時代以前は，脇坂家が淡路を治め，その後伊予の大洲，長野を経て，兵庫県の現たつの市に移っており，似た組織形態がないか，これらの地域での調査も必要かもしれない。

　次に，言語学，方言学の観点から分布についてどのような点から考えることができるのか見てみたい。ウォードハフは『社会言語学入門』(1994: 174-175) の中で方言地理学について次のように述べている。

　方言地理学者は伝統的に，言語研究を通して発見したことを一枚ごとの地図の上に描き上げた「方言地図帳」(dialect atlas) と呼ぶものの作成に努めてきた。…特定の言語特徴の分布の地理的境界線を示そうとした。そういった線は「等語線」(isogloss) と呼ばれる。…等語線は，いくつかの特別な言語特徴が「焦点地域」(focal area) と呼ばれる特定地域から隣接する地域へと広まっていることを示すこともある。それとは反対に「残留地域」(relic area) と呼ばれる特別な地域が近隣地域から広まってきた変化の影響を受けないといった特徴を示す場合もある。

また，家村（1979）は言語地理学についての著述の中で，次のように述べている。

　分布とは，語が固有の領域を持っていることであるが，語がある領域全体で一時に使われるようになったのではない。中心点から放射状に徐々に広がって行った結果である。…語を伝播させるものは，人間の接触，すなわちコミュニケーションである。(220) …ある地域に改新波がやってくると，これまでの語は中心部からこれに取って代わられる。次の改新波が来ると，さらに前の語はこれにとってかわられる。こうして，周辺部ほど古い語が残っていくと考えられる（222)。…柳田国男が『かたつむり』を意味する語の分布の調査を基にしてとなえた「方言周圏論」も，原理的にはこれと同じである（223)。

これらのことから考えると，淡路島の周辺地域の調査と，淡路島から遠く離れた地域での調査が必

要である。伝播は人の往来によるものとすると，江戸時代ならば海に囲まれた淡路島からの海運なども視野に入れる必要がある。『全国アホバカ分布考』（松本，1993）には北前船の乗組員による寄港地への方言の影響なども書かれている。

　方言学に関連して，移住という観点からの研究もある。小野（2001: 230）は『移住と言語変容』で北海道方言の形成について述べている。方言接触による言語変容では，「無人の地への移住のケースがある。北海道への移住はある意味ではこれに当たる。この場合単に移住者の方言が持ち込まれるだけである。D0 のところへ Da が持ち込まれる。このタイプは理論的にはこれで終わるが実際にはまわりに Db, Dc, Dd ...などの方言があり，これらとの新しい接触が始まる。」とモデル化をして説明をしている。淡路島以外に「田主」が使用されているとすれば，実際に徳島や淡路島から移住のあった北海道の現在の新ひだか町の辺りも調査の必要がある。

Ⅳ　調査計画と調査

　言語学や方言に関連した理論等を前章で見たが，それらを参考にして，淡路島以外に農業水利語彙の「田主」が使用されていると仮定して，次のような5つの調査を考え，調査をした。資料1にあるアンケート項目には質問の順番として，まず，答えやすいように池名と河川名を尋ね，次に用水組合名とその組織の昔の名前を尋ねて，質問が用水や水利組合に関するものであることを明確にして「田主」の有無を尋ねた。あとの質問は関連した内容で，もし，「タズ」が確認された場合は他にどのような類似点があるのかという点の参考のためである。

資料1　アンケート項目：著者作成

基本情報：日時，場所，性別，年齢，ため池名，河川名

　①用水組合名，②用水組合名，③昔の名前，④田主を知っているか，はい（聞いたことがある，昔あった），いいえ，⑤用水の費用，どう呼ぶ，1反に何円，他にどの様な費用がかかるか，⑥用水路を何と呼ぶ，⑦池を何と呼ぶ，⑧池はいくつあるか，⑨親池，子池と呼ぶか，⑩水当番は何と呼ぶか

1．淡路島を取り巻く周辺地域での調査

（1）調査地域　淡路島は海に囲まれており，伝播面から人々の接触が主に考えられる周辺地域としては，東から和歌山県の西部，大阪府，兵庫県の阪神間から西播にかけて，岡山県東部，香川県東部，徳島県のそれぞれの海岸部を想定した。著者単独での調査計画のため，各市町を点々としながら調査することとした。もし，「タズ」の肯定的な回答があった場合，その地域で複数の情報を得ることとした。

（2）調査方法　街頭調査を採用した。街頭調査は「調査員が街頭や店頭で対象者を見つけてインタビュー形式で質問し，回答してもらう方法である。街頭調査方法はインタビューに応じてくれる人に出会うのが容易ではない。また，回答者に偏りが生じることが多い。（内田，1997: 8）」という方法である。調査地域は広範囲にわたる農業関係の語彙調査であり，街頭調査は情報提供者について，抽出の時間も費用も要せず見つけやすいと考えた。偏りという欠点については，次のように考えた。対象者としてある農業者を想定すると，田植えや稲刈り時の数人の立ち話，地域の様々な集

まり，寄り合い，町内会行事，地区や市の農業関係の集会などに参加し，関連の回覧や書類などに接している。その中では，当然その人の住む地域の農業用語で話され伝えられている。そのような点から考えると，ある地域で一人の農業者，または，農業関係者に農業水利の用語について尋ねた場合，その人の住む地域の用語を聴いたり読んだりしている場合は，知っている，または，聞いたことがあるという肯定的な回答になると考えられる。対象者は年配者であれば，一人でもある程度その人の住む地域について代弁できると考えた。

（3）調査項目と記録　「タズ」という用語についてはもちろん，関連の農業水利を中心とした用語についても調査のアンケート用紙を作成した（資料1）。複数の用水組合に加入している場合も考えられ①②は同じ質問とした。

　この用紙を基に，著者がインタビューをして記録をした。合わせて，地点を20万分の1の地形図に記録した。また，最近の聞き取りでは許可を得た場合は録音をした。

2．日本の各地での調査（方言周圏論，海運等による接触，その他）

　原則的には，現地調査で聞き取りとした。著者単独の調査のため，調査費用や調査に充てる時間に制約があり，日本各地での聞き取りは，学会等への参加，他の調査や旅行の折に実施とした。海運関係では，大阪や兵庫から北前船で日本海側の方との交流も考えられ，北前船の寄港地であった地域周辺で聞き取りを考えた。方法等は上記1と同様である。

3．江戸時代の阿波徳島藩に関連した調査

　淡路島は，元和元年（1615）に蜂須賀至鎮が大坂の陣の功労で淡路1国が加封され，翌2年稲田示植が淡路由良の城代に配置されて以来，稲田家が江戸時代を通じ明治時代まで治めていた[7]。江戸時代の後半に淡路島で「田主」が一般化していったということから，徳島藩，または，稲田家の政策によるものであれば徳島県，または，徳島県の稲田家の城下である脇町に同様の政策による「田主」が存在し，現在でも名残が見られると仮定される。当時の古文書関係の調査と上記1と同様の聞き取り調査をした。

4．徳島藩以前の支配体制に関連した調査

　徳島藩以前の淡路島では，脇坂家が天正13年（1585）から慶長14年（1609）にかけて治めていた。その後脇坂家は伊予の大洲，信州飯田を経て，寛文12年（1672）播州の龍野へ移り以後江戸時代を通して龍野を治めていた[8]。脇坂家統治時代の農業水利用語が淡路島の一部で使用されていて江戸時代後期に「田主」として広まったと仮定すると，同じ脇坂家が治めていたたつの市でも関連の用語が見られるのではないかと文献調査と聞きとり調査をした。

5．移住の観点からの調査

　淡路島では，明治維新に徳島藩士と稲田家臣による庚午事変があり，その後，稲田家臣団は北海道移住を命ぜられ，明治4年（1871）に，徳島と淡路から稲田家臣団の北海道移住が始まった。このことにより，日高国静内郡（現新ひだか町）に淡路弁，徳島弁が伝えられた[9]。淡路島からの移住者のことばの研究などもなされている（菅，2005）。淡路島から北海道へ農業水利の用語「田主」が持ち込まれた可能性も考えられ，文献調査や新ひだか町と周辺での聞き取り調査を行った。

6．調査の実施

調査は，1997 年に開始し数年間は集中的に実施し，その後断続的に続け，2019 年に主に上記 3，4，5 の調査を実施した。

V　調査結果

1．淡路島を取り巻く周辺地域での調査結果

　上記したように，1997 年から街頭調査を実施した。その結果，以下の 2 地点で，「タズ」について肯定的な回答があった。当初の計画は，「タズ」という用語について肯定的な回答のあった場合は，周辺で複数の回答者を見つけるというものであり，下記の地点で肯定的な回答を得たので，複数の人に尋ねた。

（1）香川県東かがわ市　この地域の，旧大内町，旧白鳥町，旧引田町と現東かがわ市で，1998 年 11 月 8 日，2019 年 5 月 7 日，2019 年 7 月 6 日に農業関係者 12 人に聞き取りをした。1998 年 11 月 8 日に旧白鳥町（しろとりちょう）伊座（いざ）で昭和 5 年生まれの男性（A 氏），2019 年 7 月 6 日に旧白鳥町帰来（きらい）で昭和 18 年生まれの男性（B 氏）から「タズ」について回答を得た。2 つの地域は隣接している。A 氏は「今は水利組合，池がかり。昔は，タズ。こう言っていた。今の若い人は言わない。」と昔のことを説明した。B 氏は「お爺さん（明治 17，18 年生まれ）が何々タズと呼んでいた。今は，何々部落というのと同じ。池から水をもらっていた。水利権。組合でない。昔の名前の引き継ぎができていない。今は，宮池水利組合，池がかりと言う。」（第 1 図）と説明をした。「田主」という漢字を書いて，読んでもらったが，両氏とも読めず，漢字については不明であった。両氏の述べた池の

第 1 図　宮池（2019 年著者撮影）

名前は別々であり，同じ水系ではない。この 2 つの地域に関連し，文献では，『水の百科事典』内の「農業用水」（神崎, 1998）という項目の中に次のような説明が見える。

> 　讃岐平野のように，古代においてすでに平場でも溜池からの利水をはかったところもある。そうした場合，溜池は，共同で造成した例が多い。すると，当然ながら，自分の田にだけ有利に水を引くことは許されない。つまり，池の水の共同管理が必然となる。こうした池を入会池という。そして，そこでは灌漑組織として**田主（たず）組**がつくられ，その管理にあたった[10]。

　他に文献では，以下を閲覧した。『香川用水史』（香川県用水史編集委員会, 1979）では，現在の三木町では昔からの水利組織の用語として，「用水掛り」「井掛り」が見られる（142,143）。『白鳥町史』（白鳥町史編集委員会, 1985）では文禄 4 年の説明で「宮奥池…大池に拡張し，白鳥村水掛りとなった。」という説明が見える。『讃岐のため池誌資料編』（讃岐のため池誌編さん委員会, 2000: 53 54）には，寛政四年（1792）の古文書の記述で「当村鹿井懸ハ…」のように「池掛」「井掛」「井懸」という用語が見える。関連部分も見たが，「タズ」についての説明は見られなかった。また，市役所の農林水産課や引田町歴史民俗資料館の担当者でも用語「タズ」の存在について確認をできなかった。

結果として，東かがわ市の調査では，異なった調査年に，異なった生まれ年の人に異なった場所で「タズ」という呼び名を複数の人に確認出来，また，文献でも確認できた。

（2）大阪府泉南郡岬町淡輪　泉南郡の周辺も含めて1999年4月4〜5日に調査をし，淡輪（たんなわ，たんのわ）地区で「タズ」という用語を確認した。「タズ」を知る人の回答があり，複数人の確認をするためさらに調査をし，合計8人の回答を得て，半数の4人が「タズ」を知っていると回答した。これらの4人は同じ水系なのか池名を聞き渡らし確認はできなかった。それぞれ，C氏（男，昭和12年生まれ），D氏（男，昭和4年）E氏（男，大正13年）F氏（女，大正13年）である。回答は以下である。C氏「タズ。タズの…と言う。今でも言う。」，D氏「戦前に言っていた。漢字は知らない。」，E氏「タズの中に，池がかり，川がかりがある。昔聞いた。'タゴウ''タド'とは言わない。タズは田数という字を書く。田主とは書かない。費用は，タズの費用と言う」。'タゴウ'，'タド'については，著者の質問に対する回答である。F氏「タズ，タルとも言う。池がかりと言う」。淡輪地区の人の回答ではこのようなことを聞き取れたが，周辺他市を含め他地区では「タズ」は確認できなかった。また，2019年7月にも3人に聞き取りをしたが，「タズ」について肯定的な回答はなかった。

文献資料では，岬町教育委員会所蔵の明治時代の文書に「田數」と記載された文献を確認できた（第2図）。E氏の回答の通りの漢字（数の旧字）である。明治27年の堰の修繕に関する「約定書」には，「西田數」と「荒古田數」という表現が数カ所あり，「田數」を名乗る組織が複数存在していたことがわかる [11]。

2019年7月の役場での確認では，今の用語で水利組合は存在するが，「タズ」については不明という回答であった。

２．日本の各地での調査（方言周圏論，海運等による接触，その他）結果

日本国内で，方言周圏論を考えると，淡路島から離れた地域で同様の用語が使用されていないか，離れた地域として南方の沖縄の石垣島や西表島などで農業従事者に聞き取りをしたが「田主」について肯定的な回答はなかった。北の方の北海道については第5項で述べる。また，北前船の寄港地3カ所の周辺の調査は次のようになった。広島県尾道市ではしまなみ海道沿いで尋ねたが，用水組合に対する呼び方では，「用水組合」「田持ち」などの回答があったが，田主についてはなかった。島根県大田市，石川県羽咋郡志賀町でも聞き取りをした。島根県大田市での聞き取りでは，「用水組合は『イデ』と呼ぶ」という回答があった。能登半島では，「藩政期に入っては…山地が浅く大きな河川もないため用水が不足し，川の源の谷頭や山ぎわに堤（ため池）を作り，水源確保に努力してきた（162）。」のように説明がなされ，文政8年の古文書の中にも水利関係の組織として「谷村用水」（176）などの用語が見えた [12]。聞き取りでは，輪島市で水利組織として「湯堰（ユゼ）」などの用語があった。しかしながらこれら3カ所では「田主」はなかった。

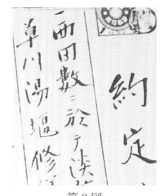

第2図
岬町の文書
2019年著者撮影。

日本国内の上記以外での調査地点は，特に意図をもって尋ねたわけではなく，他の調査の折，または学会等への出席の折に尋ねたものである。これらの地で「タズ」についての肯定的な回答はなかった。

3．江戸時代の阿波徳島藩に関連した調査結果

淡路島における江戸時代の統治に関連し，一番関係の深いと思われる稲田家とその城下の脇町（現美馬市）で，市役所での農林関係の聞き取りと市内で農業関係者に聞き取りを行った。さらに，徳島県内の他の地域でも聞き取りを行った。

『脇町史上巻』（脇町町史編集委員会，1999: 859-893）には「古文書に見る用水」という見出しで，脇町域での用水やため池の新設についての記載がある。町内の曽江山用水について，宝暦九年(1759)「用水井筋御極メ之居帳」（用水の受益地域を確定する帳面），という資料が載せられている。この表題から，水路は「用水」「井水」と呼ばれ，中の資料で係は井筋方（用水担当役人）と呼ばれていたことがわかる。曽江谷用水の古文書「嘉永六丑年十二月廿日　拝原村作人水法　受書写」には「…壱組番之内壱人盗水候得は，其番組之者へも夫々町反取調べ，…」という記載があり，「番組（共同で用水を利用する作人のグループ）の構成メンバーに盗水した者がいればその番組のメンバー全員に科料を課しなさい」という説明がある。また，「奉願覚」という資料には「馬木北谷御池懸りニ而…」と，馬木北谷のため池を利用して水田耕作を行っている人を指している語句も見える。このように，ため池用水に関して，受益しているグループに関連した語句を見ることができるが，「田主」という語は見えない。

國見（2001）は脇町の農業水利について各池と関連の古文書類について詳細に研究をしている。例えば，脇町町内の天神池について旱魃被害があったため文化三年（1806）に普請された経緯が古文書をもとに記載されている。このような古文書や書籍内の記載に「田主」という用語は見えない。著者が2019年2月に直接國見氏に確認したが「田主」という用語は脇町では知らないということであった。市役所での農林関係の聞き取りと市内各所で農業関係者の合わせて6人の聞き取りでも肯定的な回答はなかった。また，『徳島県脇町方言調査報告』（小野米一，1998）の名詞・農業用語の項目でも「田主」は見られなかった。

徳島県内の他地域での水利では『鮎喰川水系の用水』（徳島県教育委員会，1995: 46）という調査がまとめられている。その中に，「文政十亥年四月五日　名東郡矢野村井懸反高扣帳」として当作人の名前が載せられており，「井懸」というのが組織と判る。この調査報告書の中にも「田主」は見当たらなかった。また，美馬市以外の徳島県内各地での農業関係者11人への聞き取りでも肯定的な回答はなかった。徳島の古文書を扱う徳島県立文書館でも，徳島県内関連古文書で「田主」は見たことがない，ということであった。

4．徳島藩以前の支配体制に関連した調査結果

徳島藩以前の支配者として脇坂家の支配による農業水利の形態で，淡路島と似る点があるのか，脇坂家の移動した伊予の大洲と播磨の龍野で調査をした。

（1）大洲市での調査　大洲では，市役所や博物館で聞き取り調査をしたが，過去の洪水などで古文書類はなくなっており，当時の様子は不明である。脇坂家の後加藤家が江戸時代を通して大洲を

治めていたが，当時の資料では，水論（水争い）についての決定した取り決め（文化6年，1809年）に，「3　阿蔵方の平地井手の破損は，井手下の平地田がかりの者に修理させる。...4　平地井手の土場・石場ともに平地分の土地を渡す（大洲市誌編纂会，1996: 233）。」などのように水争いの当事者に「田がかり」「井手」という呼称が使われている。田主などの用語は見られない。

　農業関係者では，4人に聞き取りを行ったが，○○水利組合，という呼び方であった。方言については大洲のみを調査した書籍はなく，『伊豫の方言―語法とその分布―』（武智，1987），『宇和島の方言―話と語彙―』（篠崎，1987），『伊豫松山方言集』（岡野，1975）などを調査したが，該当の語彙はなかった。

（2）たつの市での調査　たつの市役所農地整備課と市内の各所で農業関係者合わせて5人に聞き取り調査をした。結果は「自治会」「土地改良組合」が取り仕切っており，「田主」という用語は使用されていないという回答であった。1981年の『龍野市溜池調査表』[13]に個々の池名や管理者名が記載されているが，管理者はほとんど○○部落総代となっている。自治会というのはその流れでもあるようだ。

　昔の用語については，『龍野市史第二巻』（龍野市史編纂専門委員会，1981: 261）では以下のようになっている。近世中期の水論について「まず，揖保川左岸には次の井組・水路がある。...　③小宅井　宿村地内で揖保川に取樋口を設け，...村々二十八か村を灌漑する，井組高七八九九石六斗の用水路である。」という記載に見られるように，「井組」という用語が使用されている[14]。『龍野市史第六巻』（龍野市史編纂専門委員会，1983）には明治前期の水論についての文書があるが，やはり水利組合は「井組」となり，明治24の文書では「水利組合」の用語が見える。「田主」は見られなかった。

5．移住の観点からの調査結果

　明治時代の淡路島から北海道への移住により，主に旧静内町（現新ひだか町）やその周辺で淡路島の方言が今でも話されている[15]。原則現地調査の計画だったが，諸事情により現地の聞き取り調査はできず，先祖が淡路島出身で農業に詳しい年配の方二人（平取町，新冠町）に電話での聞き取りとファックスによるアンケート記入で調査をした[16]。また，新ひだか町博物館[17]，北海道立文書館にも水利関係について，電話やメールで尋ねた。明治三十三年の造田開発についての記録では水田の開発について，「水田灌漑用水路の開鑿は（明治）三十三年目名川を利用する計画を樹て，年の暮より着手六ヶ月を費し仕事は完了したが，この灌漑溝は全部失敗に終り，...（「日高開発功労者事蹟録」，『静内町史上巻』，1996）」，また，兵庫団体が入植した地区である「豊畑」のことが記載されている『豊畑部落沿革史』（道上，1954）に「水田の開発も（明治）四十二年末には三十九町五反六畝歩...，通水治水の工事も又通路の開鑿も順調に進み」などのように[18]用水，溝，通水などという語が使われている。また，現在は用水組合には「水利組合」，用水路には「用水路」が使われているなど，「田主」の情報は見られなかった。「新冠町にはため池はない」というような回答に見られるように，ため池がなく川から取水するというようなことがため池関連語彙がないことに影響していたかもしれない。「淡路島からの移住者のことば　―静内町の場合―」菅（2005）という調査の中にも「田主」は見られなかった。淡路島の農業水利用語が伝わらなかったとすれば，「初年度は...農業

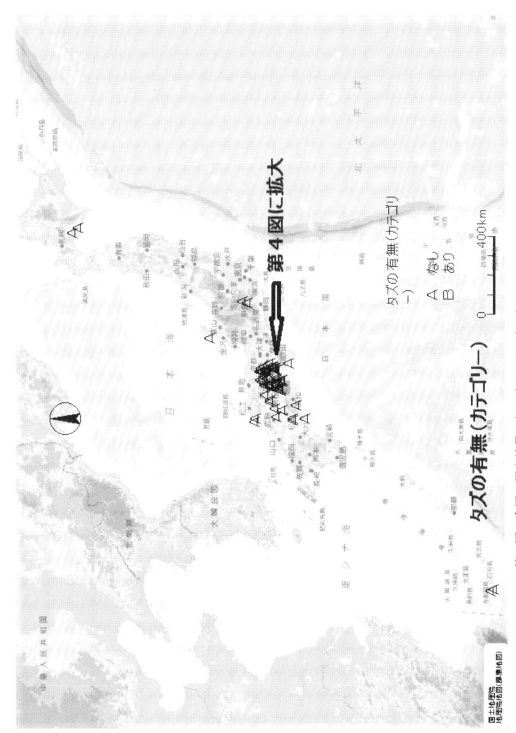

第 3 図　全国の調査結果　（A なし，B あり）　　資料：著者調査。

第4図　淡路島周辺の調査結果（A なし，B あり。東かがわ市，岬町でA，Bが重なっている）

資料：著者調査。

第2表　「タズ」が確認された2つの地域のまとめ

確認項目		確認された地域	
		大阪府 泉南郡岬町	香川県 東かがわ市
聞き取り	田主（漢字）	な　し	な　し
	他の同音漢字にて表現	田　数	な　し
	タズ （言葉のみ，漢字不明）	タ　ズ	タ　ズ
文献にて確認		田　数	出　主

資料：著者調査。（數は数の俗字）

をやっていた淡路の百姓でも，原生林を切り開いて開墾するというのは人力では持て余す作業であり，まして農業経験のない稲田家臣の士族卒では困難であり…（脇町史編集委員会，2005：100）」という記述に見られるように，農業経験のない士族が農業に携わったという理由もあるかもしれない。今回の調査は簡易なため，さらに詳細な現地調査をすれば何か情報が得られるかもしれない。

VI　考察

1．タズが確認された地域

　前章の1～5の調査の結果，淡路島外で106人の有効な回答を得た[19]。集計結果は，Microsoft Excelに入力し，MANDARAで地図化をした（第3図，第4図）。タズを知っている人6人，知らない人100人となった。この数字からすると，淡路島外でも「田主」，または，「タズ」という農業水利用語は存在し，本稿冒頭で問題提起をした「タズ」は淡路島特有か？という問には，特有ではないという結論となる。106人の回答というのは，統計的に抽出をした人に尋ねたものでもないため，統計的な検定はできない。島外の2つの地方自治体で「タズ」の存在が確認できただけで，さらに詳しい調査をすれば他の自治体でも「タズ」は確認できるかもしれない。これらの地点では，偶然「タズ」という用語を知っている回答者に出会い，さらに周辺で他に同様の回答者がいないか調査の結果，複数の回答者が見つかったということであるかもしれない。2つの地域で「タズ」が確認できたのは，東かがわ市で12人中2人，岬町で11人中4人の割合になっている。他のほとんどの調査地点では，1人ないし2人に尋ねて，「タズ」について回答がなければ次の地点に移動して調査したため，「タズ」という用語をその地点で使用していても見逃している例もあると考えられる。

　整理すると第2表のようになる。

　2箇所で「タズ」の使用が確認されたが，さらに多く見つかる可能性がある。結局，本論冒頭で掲げた，「タズ」が淡路島特有であるのか，という点については，「特有ではない」，つまり，「田主は淡路島だけが備えていること」という解釈にならない。

2．「タズ」を表現する漢字

　「田主」の「主」も「田數」の「數」も明治36年初版の『漢和大字典』（重野他，1908）には「ス，シュ」という読みが記されている。同じ音の字に別の漢字を当てるというのは既述したように古文書では見られることであり，また，清音の漢字を濁音に読むこともある。「田數」は岬町では，「タ

ズ」と読むと回答した人もおり，字を知らない人でも「タズ」と言っており，古文書でも書かれており，「田数」を「タズ」と読むものと結論付けられる。

　淡路島外で聞き取りなどにより「田主」と音声的，または，意味的にも似ていると思われる漢字を第3表に示した。「田頭」を淡路島では「タズ」と呼ぶ例があるのは既にみたが，淡路島外での聞き取りではなかった。「田人」の「人」や「田頭」の「頭」は田に関連した人を表し「田主」の「主」と似た意味合いにとれる。これらについては，もともとは一つの漢字があって変化したものか，これらのいずれかが元の漢字であって変化したものか，または，文明論で言われるように，同時発生したか，似たような環境で似た言葉となった可能性などが考えられる。その点については別の機会に譲り，ここでは分布のみ検証をする。

第3表　タズに似た言葉

漢字	音声	場　所
田人	タド	神戸市櫨谷
田頭	タド	兵庫県三木市桃坂
不明	タド	大阪府泉南郡田尻町
不明	タユ	高知県須崎市安和

資料：著者調査。

3．他地域で「タズ」が見つかる可能性について

　調査では，各地点で1人か2人に尋ねて，肯定的な回答がない場合は移動したため各地点で見落としている可能性については既述した。他に，書き言葉と話し言葉という関係で次のようなことが考えられる。著者は淡路島で農業を営んでおり，淡路島の他の地域同様日常会話で「田主」を使用している。我々の田主は小規模であるが明治時代に作成された細長い帳面が伝えられている。その表題が「明治廿四年八月榮池掛現歩野取帳」となっている。著者の所属する田主は，一番上にある大きな斧谷池から名前を取って「斧谷田主」と呼んで，「榮池掛」と呼ぶことはない。「榮池」という名の池も存在しない。また，「池掛」という一般的な名称も会話で使用することはない。しかし，現在でも，領収書等は「榮池田主」となっている。このことから考えられるのは，淡路以外の地域で，聞き取りで回答の多かった「池掛」と呼んでいる用水組合の中には，通称は別の呼び名であったり，または，過去に通称で呼ばれていた名前が伝承されずに書き言葉の池掛が残った可能性も考えられる。実際，東かがわ市で，「タズ」について肯定的に回答した二人とも，「昔はこう言っていた。今の若い人は言わない」と述べている。「タズ」について書き言葉と話し言葉の2種類があり，何らかの理由で話し言葉の方が伝承されなくなっている場合も考えられる。

Ⅶ　おわりに

　本稿冒頭で，「タズは淡路島特有ではない」という仮説を課題としてあげ，本研究では，それを検証してきた。検証するために，文化理論や言語学の観点から次のような調査の観点を考えた。①伝播や接触の観点から淡路島周辺地域での調査，②方言周圏論や海運等による接触での日本各地での広がりの調査，③統治者が強制的に水利に関するシステムを持ち込んだ可能性について，江戸時代に淡路島の統治していた徳島藩の徳島での調査，④以前からあったシステムが内部から広がった可能性について，徳島藩以前に淡路島を統治していた脇坂家の影響の可能性の調査，⑤移住による伝

播の可能性として明治時代に淡路島から移住した北海道の調査，を実施した。方法は聞き取り調査と，関連の古文書などの文献調査である。調査は 1997 年から 2019 年に実施し，その結果，香川県東かがわ市と大阪府泉南郡岬町の 2 つの自治体で，それぞれ複数の地点で複数の人に「タズ」の存在を確認した。漢字については，東かがわ市に関連して「田主」，岬町で「田數」を確認した。よって「タズは淡路島特有ではない」という仮説が正しいことが検証され，淡路島の農業水利組織について言及する場合は，「田主は淡路島特有である」というような表現は修正が必要であると言える。

今後の研究としては，淡路島周辺と全国でのさらなる聞き取りと文献調査が考えられる。

謝辞

調査で聞き取りに協力していただきました淡路島や淡路島周辺地域，全国の農業関係者と，情報の提供をいただきました主に以下の関係機関の担当者の方に厚くお礼申し上げます。兵庫県淡路県民局，兵庫県淡路市役所，兵庫県たつの市役所，徳島県美馬市役所，徳島県立文書館，香川県東かがわ市役所，愛媛県大洲市役所，愛媛県大洲市立博物館，大阪府泉南郡岬町役場，大阪府泉南郡岬町立岬の歴史館，北海道立文書館，北海道新ひだか町博物館，北海道 JA にいかっぷ，北海道 JA びらとり。高田知幸氏，國見慶英氏。

付記

本研究の一部は，2019 年 8 月 4 日の兵庫地理学協会夏季研究大会でポスター発表として発表した。

注

1) カタカナで「タズ」としたのは，言語地理学や方言地理学では，表音表記で書かれていることに合わせたものである。「方言，談話，・・・文字化には，表音的カタカナ表記」と国立国語研究所の HP に書かれている。また，古文書では同じ言葉でも漢字は音に合わせて様々に記載されていることも考えられ，このように考えた。引用の文献が「たず」表記の場合は原文通りとした。
2) 北原文雄著『田植え舞』。淡路島の田主はこのような説明が可能である。田主の構成員については，「田主人」と表現する田主とそうでない田主がある。本稿の著者は淡路の北部で農業を営むが，地域では構成員に該当する呼び方はない。
3) 奥付がなく，発行年は不詳。昭和 22 年〜昭和 31 年の表が掲載されており，それからすると昭和 32 年あたりと推察される。『兵庫の土地改良史』などには文献情報として昭和 32 年度の記載がある。昭和 32 年は 1957 年。
4) 「田堵」の「堵」の読みは書かれていないが，漢和大字典（重野，1908）での読みは「ツ」「ト」と書かれており，「田堵」は「タヅ」と読める。「次所池田主」とあるのは，論文内では次郎池となっており，誤植とみられる。
5) 著者は，過去に外国語関係学部や大学院修士課程で，言語学関係科目の修得をしており，言葉の分布に関心を持った。
6) 内容については，著者が日本語にして概要を記す。

7) 『図説阿淡稲田家小史』（脇町稲田会, 2015）参考。

8) 『脇坂淡路守』（たつの市立龍野歴史文化資料館, 2007）参考。

9) 同 7)

10) 「田主（たず）組」という太字とふりがなは原文のまま。

11) 岬の歴史館にて，2019 年 7 月 28 日に許可を得て閲覧した。

12) 石川県農林水産部耕地建設課編（1986）。

13) 発行: 龍野市立図書館（1981）。資料の頁番号なし。

14) 興味ある事実は，蜂須賀家が徳島藩として淡路島の統治を行う以前の天正 11 年にこの龍野の石見井と判田井の間の争論で蜂須賀正勝が一方を成敗している（p. 42）ことである。もし淡路島で「井組」という用語の使用が見られるとすればさらに興味深い。

15) 著者は，1980 年代の初めに北海道をヒッチハイクをして静内町で乗せてもらった車の人と話し始めたところ，話しぶりから淡路島の出身かと言われてびっくりしたことがある。どの程度淡路弁が話されているのかわかるエピソードである。当時，著者は静内町に昔淡路島から移住した人がいたという歴史を知らなかった。

16) 2019 年 4 月〜6 月にかけて，電話やメールで農業水利について聞き取りをした。また，淡路島洲本で活動する「益習の集い」の高田知幸氏より北海道への淡路島からの移住者について情報の提供を受けた。

17) 2019 年 1 月 18 日。

18) 北海道立文書館より資料提供を受けた。2019 年 1 月 24 日。

19) 著者は，「田主」語彙調査を，もう一つ別の海産物の語彙調査と並行して行った。漁業従事者は農業について知らない場合があり，その場合は除外した。漁業従事者でも，農業と漁業を兼業している人が居り，その場合は回答として採用した。また，神戸などでは昔は海辺にも田があり，漁業の傍ら農業もしていたが，都市化などで農業をしなくなったものの過去に水利用語を知っていたということで採用した回答もある。その結果，「タズ」に関して，193 人の回答の中から 106 人の有効な回答となった。193 人の回答以外にも，別の分野の調査の折に日本の各地で農業関係者に世間話として「タズという用語がありますか」と尋ねたものがあるが，それらには肯定的な回答もなく，取りあげてもいない。

文　献

家村睦夫 (1979). 言語地理学. 田中晴美他『言語学入門』大修館書店.

石川県農林水産部耕地建設課編 (1986). 『石川県土地改良史』石川県土地改良事業団体連合会.

岩本孝之 (2013). 『じょろりでいこか！淡路ことば辞典』神戸新聞総合出版センター, 216-217.

内田治 (1997). 『すぐわかる SPSS によるアンケートの調査・集計・解析』東京図書, 8.

大洲市誌編纂会 (1996).『増補改訂大洲市誌（市政四十周年記念版）』大洲市誌編纂会会長桝田與市.

岡野久胤 (1975). 『伊豫松山方言集』国書刊行会.

興津憲作 (1990). 『淡路方言―その特徴・語法・アクセント・語彙―』兵庫県立淡路文化会館.

小野米一編 (1998). 『徳島県脇町方言調査報告 国語学（現代語研究）報告 4』鳴門教育大学言語系（国語）教育講座.

小野米一 (2001). 『移住と言語変容―北海道方言の形成と変容―』渓水社.

香川県用水史編集委員会 (1979). 『香川用水史』吉野川総合開発香川用水事業建設期成会.

鎌田良二 (1999). 『兵庫県の方言地図』神戸新聞総合出版センター, 90-91.

神崎宣武 (1998). 農業用水. 高橋裕他編『水の百科事典』丸善, 77-78.

菅泰雄 (2005). 淡路島からの移住者のことば―静内町の場合―. 小野米一他『徳島県から北海道への移住者に関する研究―言語変容を中心に―』鳴門教育大学言語系（国語）教育講座, 126-155.

北原文雄 (1994). 『田植え舞』編集工房ノア, 7.

京都農地事務局 (19 -). 『淡路島における「田主」の水利慣行調査― 兵庫県二原郡二原町の事例―』京都農地事務局.

國見慶英 (2001). 『人と水　脇ノ村里水文化』國見慶英.

讃岐のため池誌編さん委員会 (2000). 『讃岐のため池誌』香川県農林水産部土地改良課.

重野安繹他監修 (1908). 『漢和大字典』三省堂.

静内町史編さん委員会 (1996). 『静内町史　上巻』静内町, 687-707.

篠崎充男 (1987). 『宇和島の方言―話と語彙―』篠崎充男.

尚学図書 (1989). 『日本方言大辞典』小学館.

白鳥町史編集委員会 (1985). 『白鳥町史』香川県大川郡白鳥町.

新村出 (1992). 『広辞苑第四版』岩波書店.

武田信一 (2007). 『南淡路の民俗』神戸新聞総合出版センター, 104-107.

武智正人 (1987). 『伊豫の方言―語法とその分布―』武智正人.

龍野市史編纂専門委員会 (1981). 『龍野市史　第二巻』龍野市.

龍野市史編纂専門委員会 (1983). 『龍野市史　第六巻』龍野市.

龍野市立図書館 (1981). 『龍野市溜池調査表』龍野市立図書館.

たつの市立龍野歴史文化史料館 (2007). 『脇坂淡路守』たつの市立龍野歴史文化史料館.

田中萬兵衛 (1974). 『淡路方言集』国書刊行会, 101.

千葉徳爾 (1964). 土地開発と灌漑慣行. 和歌森太郎『淡路島の民俗』吉川弘文館, 42-67.

徳島県教育委員会 (1995). 『鮎喰川水系の用水　「阿波の用水」調査報告書』徳島県教育委員会.

禰宜田龍昇 (1986). 『淡路方言の研究』神戸新聞出版センター.

兵庫県淡路県民局洲本土地改良事務所編 (2015). 『淡路ため池ものがたり』兵庫県, 4.

兵庫県農林水産部農地整備課編 (1984). 『兵庫のため池誌』兵庫県.

松本修 (1993). 『全国アホバカ分布考　遥かなる言葉の旅路』太田出版.

道上松太郎 (1954). 『豊畑部落沿革史』道上松太郎.

森康成 (1999). 兵庫県南部地震が北淡路のため池と田主に及ぼした影響. 兵庫地理, 44, 11-23.

柳田國男 (1985). 『柳田國男集　第 18 巻』筑摩書房.

脇町稲田会編 (2015). 『脇町稲田会 25 周年記念誌　図説阿淡稲田家小史』脇町稲田会.

脇町史編集委員会 (1999). 『脇町史　上巻』脇町, 859-893.

脇町史編集委員会 (2005). 『脇町史　下巻』脇町, 100.

ウォードハフ，R.（田部滋・本名信行監訳）(1994). 『社会言語学入門　上』リーベル出版.

Naylor, Larry L. (1996).　*Culture and Change: an introduction*. Bergin　&　Garvey.

（2019 年 9 月）

黒ミャオ族の社会構造
—貴州省・従江県谷坪郷山崗村田壩寨を事例として—

金　丸　良　子

I　問題の所在

　ミャオ（苗）族を筆頭に，中華人民共和国に分布・居住する少数民族 [1]は非常に大きな問題を抱えている。その大問題とは，宗教，政治，経済，教育など多方面に及んでいる。これら種々の課題は1つずつ独立して発生しているのではなく，互いに関連して存在するという特色がみられる。しかし，少数民族全体にわたって共通している課題といえば経済問題であると推察される。この経済問題を中核として，宗教，政治，教育などの課題が複雑に絡み合っているのである。それでは，その中核である経済問題とは，具体的には何を指すのであろうか。それは，経済格差であると推察できる。経済格差は，中国において人口の多数派（全人口の約92%）を占める漢族と少数民族すなわち非漢族（Non-Chinese）との民族問題にもなり，また漢族主体の中央と少数民族中心の地方という空間つまり地域問題にも発展している。このような経済格差は，近年突然出現したのではなく，従来より存在していた。しかし，中国政府が政治体制として社会主義体制を堅持すると共に，改革開放による市場経済導入にみられるように，資本主義的手法を容認して以来，急速に拡大した。

　ミャオ族が主として分布・居住している貴州省をはじめとする西南中国においても，その衝撃（impact）を諸に受けることになった。しかしながら，衝撃を受けるということは，漢族の影響力がミャオ族などの少数民族居住地区においても，これまで以上に強く浸透してきたことを意味する。いわゆる近代化現象と称される漢化現象である。つまり，少数民族居住地区にみられる漢化現象は，貨幣の流通を促進するという形態で顕著にあらわれる。従来，伝統的に自給自足的生活を送ってきた少数民族の生活，換言すると社会構造を大幅に転換せざるを得なくなった。貨幣がなければ生活ができないからである。そのため，出稼ぎが急速に増加した。その増加には，2005年に農業戸籍に課せられていた農業税が全廃され，農民が自由に収入源を求めて都市に出かけられることになった。そのことが拍車をかけた [2]。

　本稿では，上述した漢化現象が急速に拡大する以前の状況，つまり従来からの伝統的な社会構造が比較的根強く残存している集落である，山崗村田壩寨 [3]を事例として取り上げ，論を展開する [4]。

II　谷坪郷山崗村の特徴

　山崗村は，地形的にいえば，チベット高原と共に，西南中国を代表する高原である雲貴高原 [5]上にある集落である。行政的には，貴州省東南部を占める自治州 [6]である黔東南苗族侗族自治州谷坪郷に所属している。自治州という州名からも類推可能なように，貴州省の東南部は，少数民族の中

第1表　谷坪郷の概況（1994年）

項目 村名	寨数	戸数 (戸)	男性 (人)	女性 (人)	合計 (人)	海抜高度 (m)	民族構成
谷洞	3	151	417	383	800	230	●△▽
高余	3	78	220	187	407	453	▽(3)
高武	4	57	149	140	289	620	●
銀上	1	101	297	264	561	650	△
銀下	2	183	493	383	876	650	×(2)
山崗	5	121	274	233	507	700	●
高吊	10	144	368	357	725	750	●
平一	1	101	383	271	654	350	△
平二	4	146	386	316	702	350	●(3) △
幇大	2	160	405	411	816	215	△(2)
幇小	1	115	311	383	694	215	△
留架	5	206	498	478	976	253	●(3) ■(2)
五一	2	108	268	233	501	520	◇(2)
弄盆	5	166	375	379	754	350	◇(5)
計	48	1837	4844	4418	9262	448(平均)	

凡例　●ミャオ族，■トン族，◇ミャオ族・トン族，△トン族・漢族，▽ミャオ族・漢族，
　　　×ミャオ族・トン族・漢族
　　　括弧内は寨数
（出所）谷坪郷人民政府での聞き取りより作成。

でもとくにミャオ族が多数居住している。

　山崗村を含む谷坪郷は，同自治州の東南端に位置し，広西壮族自治区と接している従江県 [7]に属している。従江県は，南シナ海に流れ込む珠江の最大支流である西江上流都柳江沿いにある。県城（県人民政府所在地）は従江（丙妹鎮）で，河川交通の要地である。

　谷坪郷は上述の県城の北部に位置している。同郷は14の村，48の寨によって形成されている（第1表）。村落の規模をあらわす戸数をみると，最小が高武村の57戸，最大が留架村の206戸と，多少ばらつきがみられる [8]。しかし，戸数の多くは100戸をわずか超えた規模である。この規模ではミャオ族の村落としては大きいとはいえないが，高原上に位置する高坡ミャオ族の村落の戸数としては平均的なものであるといえる。郷人民政府は，谷洞村谷洞寨に置かれている。そのため，谷洞寨が郷の中心となっている。

　各村落の海抜高度に関しても，最低が幇大，幇小両村の215m，最高が高吊村の750mとかなりの高度差がみられる。高度差は寨に住む住民の民族差にもなっている。この点に関して，一般にいえることであるが，ミャオ族に限らず西南中国に分布・居住している少数民族の社会では，生活している居住空間の最小組織（単位）である寨は，同一の民族集団のみによって構成されることが基本のようである。しかし，谷坪郷を構成する各村の寨は一部であるがこの基本が厳守されていない。

つまり，寨内にトン族と漢族，ミャオ族とトン族というように，異なる民族が共同して居住するという雑居形態が認められる。とくにミャオ族については漢族との雑居は歴史的な経緯[9]もあり，皆無に近い。それにもかかわらず，谷坪郷では漢族が多数定着しているのは次のような事情が存在するからである。すなわち，村名の中に，平一村，平二村，五一村などの名称がみられる。これらの村名から判断すると，屯田兵として漢族が進出して開拓したのではないかと推察できる。ただし，海抜高度が高い場所は開拓が困難などの理由から，ミャオ族のみの集落になったと思われる。なお，谷坪郷の名称は「ダムー」（Dal mub）である。この点について，当郷のミャオ族は，方言を主体とした言語系統上の区分に従えば，黔東方言区に属し，自称は「ムー」（mhu）とされる。「ダムー」はこの「ムー」が訛ったものと考えられる。また他称である「ミュウ」（Muit）は，漢語（中国語）の「ミャオ」（Miáo，苗）の発音に近い。

　1949 年 10 月に中華人民共和国が成立した。成立後，すなわち解放後，直ちに実施された主要政策の 1 つが，わが国の農地改革に匹敵する土地改革であった。谷坪郷の土地改革は 1950 年から翌1951 年にかけて行なわれた。解放以前では，住民に対して地主，富農，中農，貧農などの歴然とした階級差が存在した。しかし土地改革によって，地主階級などが消滅した。また 1951 年には，全国に倣って，当地にも人民公社が設置された。人民公社時代の幕開けである。人民公社は 1980 年に政府の方針が大転換されるまで，継続していた。その政府の大方針とは人民公社を解体し，それと平行するかたちで生産責任制を導入することであった。生産責任制は全国的規模で実施され，1984 年に，谷洞人民公社は隣接する坪有人民公社と合併して，新たに谷坪郷が成立した。谷坪という郷名は，谷洞，坪有の両人民公社の頭文字を取ったものである。生産責任制は 1985 年に完了した。その結果，谷坪郷の総耕地面積は 8454 畝（1 畝は約 6.67 アール）となり，大半が水田であった。山林も 5 〜 6 万畝あった。しかし，畑地の具体的な面積は不詳であった[10]。これらの耕地は全住民に均等に分配されたが，各村ごとに所有する耕地面積が異なった。そのため，均等分配とはいえ，各村ごとに分配された耕地は均等ではなかった。なお山林は，各村の共有地すなわち入会山のままとした。

　県城から山崗村には直接の道路が通じていない。まず谷坪郷人民政府所在地である谷洞村谷洞寨に向かう。ここまでは都柳江およびその支流に沿った未舗装の道路が通じている。その道路は，以前馬車通であった道路を改修したもので，小型車両のみが通行可能である。谷洞寨まで車で約 1 時間半要する。ここから山崗村までは 20 華里（1 華里は 0.5km）離れている。小型車両が通行する道路がなく，非常に狭い山道を徒歩で進むことになる。山道は山崗村までの比高差が 560m ほどあるため登りが連続する。住民の足でも 3 時間かかる。

　山崗村は 5 寨から構成されている。下寨（Vangl Venx，ヴァンヴィン，46 戸），田壩寨（Vangl Ux，ヴァンウ，6 戸），老寨（Ghenb Bangb，ゲェンバン，8 戸），燕窩寨（Dangx Vongx，ダンオン，41戸），新寨（Jiek Zenx，ジィエツァイ，20 戸）である[11]。これら 5 寨の中で，下寨と田壩寨は互いに接近しており，みることができる。これに対して，他の寨は互いに遠く離れており，それぞれ集落をみることができない。各寨は山間部に形成された「壩子」や丘陵斜面などに点在しているからである。また各寨には井戸（Vob Dont，ウォタン）湧水が存在することから，各寨は水利の便がよ

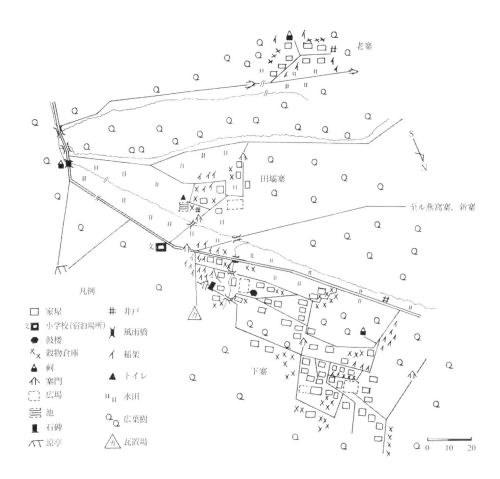

第1図　山崗村概略図（部分）

（出所）現地での聞き取りより作成。

い地点に形成されたといえる。

　山崗村において，成立が最も古いのは老寨である。伝承では，「グークー」[12]（ghoul kuk）と呼ば
れている祖先が，同郷の高吊村揺吊寨から移動してきたという。「グークー」は先住地の揺吊寨が火
事にあい，集落が全滅したため，当地に移住してきた。老寨のはずれに「グークー」を祭る祠を建
て，祖先を祭祀している。山崗村で「グー」（滾）姓を名乗っている者がほとんどであるが，この「グー
クー」の子孫だといわれている。このように，最初老寨に定住したが，その後住民の一部は土地条
件などの良い地点に移り，新しい集落を建設した。下寨である。下寨は小丘の斜面上に位置し，そ
の前面には「壩子」が展開する。しかし下寨では，３年連続して火災が発生するという不幸が続い
た。そこで住民の一部が下寨を離れて，前面の「壩子」の中に田壩寨，また遠方の山地に燕窩寨を
建設した。後者の燕窩寨が選ばれたのは，周辺の山地が未開発で，竹などの樹木が多く繁茂してい
るからである。燕窩寨は下寨から急な坂道を徒歩で約１時間半の地点（海抜高度1080m）に建設さ
れた。田壩・燕窩の両寨が分離したのは114年ほど前だという。その後燕窩寨は人口増加などの理

由から，1972 年に少し離れた地点（海抜高度 900m）に寨を建設した [13]。この寨が新寨である。以下では，田壩寨を中心に作成した概略図（第 1 図）を参照して，山崗村の現状を検討していく。

　山崗村の中心集落である下寨の手前，村の入口付近には「風雨橋」（dies，ディウ）がある。別名「花橋」とも呼ばれ，集落入口付近を流れる小川にかけられている木橋である。特徴は，橋の中央部に雨風を避けるために屋根が付けられていることである。現在では住民の休息所となっている。その傍には小さな祠が鎮座している。この祠の前で，わが国の初穂祭に相当する「喫新節」（nongx niaf vib，ノンニンウェ）などの節日には，線香，紙銭などを燃やして霊魂を鎮めるという儀式を行なう。参加者は以前全村民であったが，現在では下寨および田壩寨の住民に限られる。

　村の入口付近の小高い丘に「涼亭」（tiet，ティエ）が建てられている。「風雨橋」同様，元来はトン族の習慣であった。丘の上という高台に設置されているため，見晴らしがきき，眼下に老寨，下寨，田壩寨の 3 集落が一堂に望める。そのため「風雨橋」同様，住民の休息所となっている。「風雨橋」は，河川沿いに遡上する谷道における集落の入口，「涼亭」は，尾根沿いに開かれた山道における入口であるといえる。

　老寨に行くには「風雨橋」の少し手前を左に折れる。さらに進むと小さな「壩子」が展開する。その中央には小規模であるが水田がみられる。その西端山麓に位置するのが田壩寨である。「壩子」を挟んで村最大の人口を有する下寨がある。これら両寨の中間付近に村唯一の小学校が建てられている。旧小学校は下寨にあったが，老朽化したので当地に新しく建てたものである [14]。

　外見上の村の特徴として「寨門」（Vangl Li，ヴァンリ）と「鼓楼」[15] がある [16]。「寨門」は，寨の出入口の道を遮断するかのように建てられた門である。その扉は木製で，内部から門をかけ閉じられる。上部には瓦か葺葺き屋根が付けられている。ミャオ族の各寨には「寨門」がみられた。しかし，他のミャオ族居住地区では消滅してしまっており，その痕跡もあまり残っていない。山崗村でも，田壩寨をはじめ多くの寨では一部が破損しており，役割を充分果していない。これに対して燕窩寨の「寨門」は，現在でも完全に残っており，役割を果している。同寨は山間の奥まった小規模の「壩子」にあるので，寨に通じる山道はここで行き止まりとなる。そのため「寨門」は 1 ヶ所で，入口と出口が兼用となっている。また山奥の辺鄙な場所にあることなどから，清王朝時代に強盗により放火され，その混乱中に牛を多数盗まれた。このような事件が発生したこともあって，門はとくに厚い板が使用され，非常に堅硬な構造となっている。現在でも扉は，毎朝 6 時に開かれ，夜 6 時に閉じられる。その時刻になると，扉に付けてある小型の木板が木槌によって打ち鳴らされる [17]。

　一方「鼓楼」は，各寨すべてに建設されているのではなく，下寨と新寨にそれぞれ 1 基建てられている。「鼓楼」もトン族の習慣を倣ったものである。その機能として，かつては前面の広場が祭祠の中心的な場所となった。現在では住民が集合する娯楽場あるいは休息所になっている。

　山崗村の社会の経済的基盤は農業である。各寨は燕窩寨に代表されるように，交通の便が大変悪い山奥に位置している。このような自然条件なので，解放前には地主に該当する者はいなかった。すなわち土地改革当時，村内には，富農，中農，貧農，雇農とそれぞれ呼ばれている住民のみであった。当時の戸数は 98 戸であった。富農は，下寨に住む 1 戸のみで，年間 600 捆（1 捆は 20 斤すなわち 10kg）の籾を収穫した。中農は，下寨に 2 戸，田壩寨に 2 戸の合計 4 戸で，年間 300 捆の籾を

収穫した。貧農は全寨に居住し，63戸を数えた。年間60ないし30捆の籾を収穫したが，食糧が3ヶ月確保できなかった。雇農は下寨に13戸，老寨に1戸，田壩寨に2戸，燕窩寨に14戸の合計30戸で，すべて小作人であった。このような状況であったため，雇農は勿論のこと，貧農も毎年周辺の比較的恵まれたトン族の集落などにでかけ，農作業の手伝いなどをして食糧を得ていた[18]。

　山崗村では，生産責任制が導入されて以降も，多くの住民にとって飯米などの食糧が不足することに変化がなかった。人民公社時代には食糧不足を解消する手段として，1972年，1973年の両年に米の二期作が導入された。しかし，自然条件が合わないことなどから，この両年で米の二期作が中止されたという経験もした。1988年から政府の奨励で単位面積当たりの収穫量が増加するウルチ米の栽培が実施されることになった[19]。しかしながら，このような努力にもかかわらず食糧不足の問題は解決していない。現在でも，アワ（Naif neix, ナイネィ），ヒエ（Naif bis, ナイビー）などの雑穀類やサツマイモ（zeif nef, ツィネ），キャッサバ（Nef dout, ネドゥ）などのイモ類などを含めても，さらに政府からの補助があっても，年間1ヶ月から1.5ヶ月不足する家庭が多くみられる。そのため解放前と同様に，周辺の比較的豊かな寨にでかけ，農作業の手伝いをしたり，国家が管理している山地（林場）の樹木の間伐に行き，その報酬で補っている。その他ワラビ（Vob hveb, ボヴェ，*Pteridium aquilinum*）などの根を掘り，そのデンプンを食糧の足しにしている[20]。なお，山崗村では，生産責任制を導入するに当たって，住民1人に対して水田0.7畝，畑地0.2畝ずつを均等分配した。山林は各寨の共有（入会山）とした。

　山崗村では，他の黒ミャオ族の集落と同様に，「寨老」（Vangl ghout, ヴァングー）がおり，相談して村落の秩序を守っている。「寨老」は，村の幹部（共産党支部書記），村長，会計，民兵連隊長，老人などによって住民大会が開催され，そこでの選挙により選ばれる。山崗村は小規模な村落ということもあり，2名の「寨老」がいた。その内1名は1990年に死去したので，現在では1名である。「寨老」が扱う案件は，婚姻や土地に関する紛争，強盗の処理などである。山崗村では盗みがほとんどないので，案件の発生が非常に少ない[21]。「寨老」が処理するに際して参考にするものが存在する。それは，各村ごとに定められた「村掟」である。「村掟」は，谷坪郷人民政府によって成文化された郷独自の「郷規民約」（非公開）の原型となったものであるとされる。「村掟」は「寨老」を中心とした村の古老たちによって口頭で伝承されてきた。山崗村の「村掟」は，8ヶ条から構成されている。その内容は，次のように4つに大きく分けられる。

　①強盗などの処罰に関するもの。
　②暴力事件に関するもの。
　③婚姻など男女関係に関するもの。
　④火災など自然災害に関するもの。

　その中でも，上記③の男女関係に関する掟が4ヶ条あり，山崗村ではこの種の事件が最も発生する率が高かった。これら「村掟」に反したものは，上述したように，「寨老」が中心となって罰則を加えた。例えば，「村掟」の第3条は結婚に関するものである。女性が男性に対して離婚を申し出れば，男性に一定量の肉（豚肉），酒，米を支払わなければならない。反対に男性が女性に対して離婚を申し出れば，その倍の物品を支払わなければならない[22]。このように罰則が物品によって支払わ

れるのは，第1に自給的性格が強く，貨幣経済が未発達であること，第2に金銭の支払いにすれば，物価の上昇に従って絶えず変更しなければならないことが挙げられる。以上論じたように，田壩寨など山崗村の各寨では，住民の自治的な組織である「寨老」制が現在でも残っており，現実には機能しているのである。

Ⅲ　田壩寨の社会構造

田壩寨は僅か戸数が6戸である。このことから，同寨が社会として独立して機能しているかどうかという点に関して，問題がないとはいえない。しかしながら，戸数が少ないとはいえ，山崗村を構成する寨であることも事実である。それゆえ，田壩寨の社会を詳細に分析することで，山崗村の社会構造が把握できる。田壩寨の社会構造は，山崗村の縮図とみなすことが可能だからである。

田壩寨を含む各寨は比較的高所に位置している。そのため，秋季には霜，冬季には積雪はないが結氷がみられる。このような気象条件から，生活の基盤となる経済の主体である農業は，年中栽培可能なニラ，水田の裏作である小麦，ナタネおよび白菜，青菜などの葉菜，大根など一部の野菜類を除き，稲作中心の夏作物となる。主要作物である米を筆頭に，トウモロコシなど主要な夏作物は，冬季の結氷が緩む3月下旬から一斉に播種が開始される。この点は，山崗村周辺地域において，夏作物の播種が4月初旬から中旬にかけて実施されるのとは，時期が異なっている。田壩寨で播種が1ヶ月近く早いのは，海抜高度が高いため作物の生育が遅れるためであると推察する。さらに，結氷のため，地表付近に水分が充分に蓄えられ，それが溶ける季節では降雨を待たなくても播種が可能となる。なお，畑地面積は多くないが，イモ類や野菜類を中心に多種類の作物が栽培されている。山崗村の各寨同様，自給自足に近い農業のためであると思われる。このような山崗村の農業を生活の基盤とする社会の実態を，田壩寨を事例として詳細に分析することで検討していく。

滚・L. 家の場合（第2図）

戸主の滚・L. は56歳である。家族は6人である。滚・L. は6世代前の祖先の名前を覚えている。当家を家督する長男には「グー」（「故」）というように，父親の名前の一字をもらうという習慣がみられた[23]。このような習慣（父子連名制）は田壩寨の他家では確認できなかったが，他寨では若干事例がみられた。名前によりある程度家系を辿ることが可能なので，山崗村の黒ミャオ族社会に古くから残っている習慣であると推察でき，興味深い。

土地改革では，当家は下層中農に区分された。解放前，家族数は6人で現在と同数であった。130捆（2600斤）の籾の収穫が期待できる水田（約5畝）を所有していた。しかし食糧が不足したので，アワ，トウモロコシ，サツマイモなどを栽培して不足分を補ったが，毎年1ヶ月分の食糧が不足した。そのため父親や兄は，周辺に居住するトン族の集落に農作業の手伝いに出かけなければならなかった[24]。

同居している妻は同郷高吊村出身，長男の妻は下寨出身者で姓は同じ滚である。このように，田壩寨に限らず，山崗村の住民の配偶者は，同村内など近隣に住む者が多い。交通の便が悪いことなどがその理由の1つと考えられる。水田は3.5畝所有している[25]。水田にはウルチ種を中心に栽培している。田壩寨の他家と比較すると，ウルチ種の比率が高い。理由はウルチ種の収穫量が他家よ

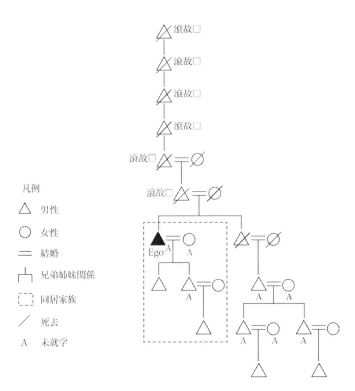

第2図　滾・L.家の家族構成

(出所) 聞き取りより作成。

りも多いからであると推察される。つまり，モチ種が節日を中心に食卓に供する習慣があるため，すべての家庭では必要なのである。そのため，各戸間ではモチ種の収穫量にあまり差がない。

　裏作として栽培しているナタネは，他家と同様に自家消費用ではなく，郷人民政府の穀物倉庫に持参し，ナタネ1斤と米（ウルチ米）1斤と対等交換する。ナタネは成長すると間引く必要がある。間引いた苗は野菜として食用にする。なおナタネは裏作物の小麦と同様に1994年から栽培をはじめた[26]。以前では，水田の一部に裏作として白菜，青菜などの葉菜類を栽培していた。さらに水田の一部では年中水を落さず魚を飼育する養殖（水田養殖）も行なっている。養殖魚は鯉で，越冬させた親魚の卵を孵化させたもので，秋季には20cm位に成長する。「腌魚」と称される。わが国の鮒鮨に類似する「熟鮨」として保存することもあるが，当家ではすべて焼き魚として食べている。「腌魚」もトン族の習慣である。

　畑地を1.8畝所有している。作物としてはサツマイモの栽培が目立つ。食用の他，茎や葉は飼育している黄牛（毛並が黄色の牛，1頭）や豚（1頭）など家畜の飼として使用するからである。アワは以前大量に栽培していた。現在ではキャッサバの導入，サツマイモの増加などにより急速に減少している。タバコも栽培しているが，当家同様喫煙者がいる場合のみである。各家の栽培量は喫煙する程度差により決まるという。綿花も栽培している。綿実から綿糸を取るためである。解放前は家族の衣服に必要な綿糸を得るために，10斤前後の綿花を栽培していた。現在では県城（丙妹鎮）

で開催される定期市で，年間8斤の綿糸を購入する。1斤当たり14元である。綿布に織りあげると，アイで染める。アイを栽培していないので，織りあげた綿布を県城にある漢族が経営している染物屋に持参し，染めてもらう。1丈の綿布の染め代は70元である。

　田壩寨の他家同様に，近年では毎年のように山地の樹木が繁茂していない荒地を開墾する。前述したように年間1ヶ月分ほど食糧が不足するからである。新しく土地を開墾することを現地では「ポロファン」（「開地荒」）と呼んでいる。1994年には1畝開いた。荒地を鍬で開墾した。季節は2月である。開墾直後の3月にはトウガラシ，4月にはサツマイモを植えた。トウガラシは8月から9月にかけて収穫し，家の屋根や軒下で乾燥させる。塩[27]と並ぶ貴重な調味料である。サツマイモは10月に収穫する。その後直ちに青菜を播種した。トウガラシの収穫後にも青菜を播種した。このように，新開地の葉菜栽培は常畑での栽培期間と異なっている。トウガラシ，サツマイモの栽培期間も同様に播種や収穫の期間が若干ずれている。

　山林は1畝所有している。そこに杉（12本），楠竹（50本），柿（1本）などを植えている。杉は1990年に雑木林の間に植林した。現在直径10cmほどに成長している。楠竹は0.2畝で，所有している山林の5分の1を占める。楠竹は現在では年間竹の子を120斤収穫する。すべて自家消費用である。柿は1958年に植えた。ワラビの採集も積極的に行なっている。3月に新芽を採集し，年間200斤ほど収穫する。当家では大半を漬物とし，主要な副食物となっている。7月にはワラビの根を掘る。年間粉にしたものを80斤ぐらい収穫する。とくに春先はワラビが成長する季節なので根にデンプンが少ない。調理方法は粉にしたものを炒めて餅状にし，それを食べる。解放前はこのワラビが主要な代用食であった。現在でも主食として食用としている。

　狩猟に関しては，山地を開墾しているため，野生動物が減少しており，まったくといってよいほどみかけない。そのため近年捕獲したことがない。しかし，大規模な鳥網を所有し，うずらなど渡り鳥を捕獲している。猟期は3月と8月である。この季節に渡り鳥が列をなしてやって来るからである。猟は夜半，火を焚いて鳥を誘き寄せ，網で捕獲する。現在では年間4・5斤程度しか捕獲できないが，かつては1ヶ月で30斤ほどの鳥を捕獲したことがある。その他，竹鋏みを10組所有し，水田の畔などに設置し，ネズミを年間15斤ほど捕獲している。食用のためである。

　滾・L. は，周辺の農家の手伝いをして収入を得ている。行先きは前述の銀漂寨や，同じ郷に属する谷洞村谷洞寨のトン族の農家である。作業は，田起し，稲刈りなどかなりの重労働である。1日当たり3元の日当をもらう。また1994年には国営の山林地（林場）に行き，杉の間伐などに従事した。間伐は1作業に3・4日かかり，年間2回行なった。1作業当たり30元支給された。

　物品の購入は上述した出稼ぎなどで入手した収入で定期市で行なう。村内に商店がないためである。定期市は60華里離れた県城（日曜日に開催）や，同じ60華里離れた下江[28]（3・8の日開催）に出かける。両定期市とも徒歩で行く。県城までは途中の高岑から船便があるので，それを利用することもある。県城の定期市での購入は食用油，塩，農具（鎌）など，下江では小豚と衣服の飾りにする数尺の緬布など最低必需品のみである。農業税として年間350斤の籾を納めている。

　以上田壩寨の社会構造を把握，解明するために，滾・L. 家の生活基盤である農業を中心に論を展開してきた。田壩寨の生活基盤は第2表からも判明するように，滾・L. 家の場合とほぼ類似してい

第2表　各家の年間収穫量（1994年）

作物など			滇·L家 (6人家族)	滇·X家 (6人家族)	滇·S家 (4人家族)	滇·O家 (3人家族)	滇·D家 (4人家族)	滇·N家 (4人家族)
水田	米	ウルチ米	4000	4800	2400	2500	2500	1600
		モチ米	300余	18把(250)	200	20捆(400)	25捆(500)	25捆(500)
	裏作	小麦	150	70余	50	80	100	60
		ナタネ	100	90余	80	80	150	
		魚の養殖	20余	20余	10余	10余	20	10
畑	穀物	トウモロコシ	30	30	10	15	50	
		ヒエ					20	
		コウリャン				40		
		アワ	160	80	40	30捆(90)		10捆(30)
	イモ類	サツマイモ	1500	1200	100	7挑(630)	8挑(720)	7挑(630)
		サトイモ				60		
		タロイモ（大型のサトイモ）						
		キャッサバ		400	500	300	7挑(630)	
		ミズイモ						
	野菜類	葉菜類	500	800	700	800	500	150
		大根	100	200			50	30
		ニラ	200	30	10	20	25	10
		ナス						
		ニンニク					15	
		ネギ			50		40	10
		トウガラシ	60	6	12	20	25	20
		キュウリ	6					
		カボチャ	200	130	100	33	14	
		ササゲ			12	10	20	6
		大豆						
		落花生	15	20		60	20	
	工芸作物	タバコ	3		10		6	
		綿花	1	1	2	4	4	30
ワラビ（新芽・根）			200・80(根)	200・20(根)	60	70	70	80
不足する食糧の月数						1ヶ月	1.5ヶ月	
農業税（籾）			350	490	239	295	350	180

註）①数値がないのは0。
　　②数量は斤（500g）。なお捆，挑は作物により重さが異なる。
（出所）現地での聞き取りより作成。

る。農業の主体はウルチ米を主体とした稲作である。ウルチ米の収穫量が寨の全戸において圧倒的に多いことによっても裏づけられる。しかしながら，元来田壩寨の黒ミャオ族を筆頭にミャオ族社会では，モチ米を伝統的に好むという習性があった。そのためか，全戸においても一定量のモチ米を栽培し続け，ミャオ族の正月である「ノンラン」（nongx lengl, 苗年）などの主要な節日には餅あ

るいは強飯として供される。「ノンラン」の期間は数日間で，ミャオ族独自の民族楽器である蘆笙を吹き，踊り明かす[29]。これにより，村民全体の団結がさらに高まったという。かつては「寨老」が完全に仕切っていた。この行事が終了すると，農作業も新しい年度を迎える。

　この他，ミャオ族社会にとって，農業とは直接関係をもたないが最大の行事である儀礼が存在する。「ノンニィ」（nong ningk，「喫牯犧」）と称される祖先祭である。本来ならば7年ごとに一度開催されることになっている。「ノンニィ」の特徴は，全戸がそれぞれ1頭ずつ水牛を犧牲獣として殺し，神に捧げることが原則である。とくに70年に一度の大祭にはこの原則を厳しく守らなければならないとされる。しかし人民共和国成立後，多数の水牛を屠殺する行為は残酷であるなどから政府により禁止された。にもかかわらず山崗村の場合，県城から離れた，交通の便がよくない，住民が非常に希望している，犧牲獣の頭数が少ないなどの理由から黙認された。1983年以来3回実施されている[30]。

　また山崗村の社会を代表する習慣が他にも存在する。その第1は，男性にみられる髪形である。男性は7歳ぐらいから髪を伸ばしはじめる。そして15歳ぐらいになると髷を結いだす。一旦髷をはじめると一生髪を切ることはない。古老の話では，このスタイルが黒ミャオ族社会の伝統的なスタイルであるという。しかし他の黒ミャオ族社会ではみかけたことがない。髷を結うと理髪は両鬢と項の箇所のみに限定される。現在でも古老を中心に髪を結っている。女性も髪を頭上にあげ，丸めて髷を結う。そのとき髷に木製の櫛を刺して飾りとしている。これらの木櫛は，寨の男性が製作し，女性に贈ることが建前となっているので，以前はすべての男性が製作できた。現在では，田壩寨の濱・O. などが製作できる[31]。

　なお山崗村では，男女とも耳に穴をあけ，耳飾り（耳輪）をしている。耳に穴をあけるのは男性の場合出生後の奇数日（3日目，5日目），女性の場合は偶数日（4日目，6日目）と決まっている。15歳から20歳ぐらいになると，男女とも銀製の耳飾りを付ける。この習慣は他のミャオ族社会と共通しているが，通常男性は耳飾りをしない。女性が付けている銀製の耳飾りは，ミャオ族の唯一といってもよい財産で，母親から娘へと受け継がれる。

　第2は，山崗村では燕窩寨のみにみられる習俗であるが「停棺待葬」と呼ばれている埋葬がある。この習俗は周辺のミャオ族社会では確認できない。ミャオ族社会では，一般に埋葬は土葬である。燕窩寨では浮腫などの悪病を患って死去した者に限り，直接土葬しないで弔う。すなわち，近くの山頂に木棚をつくり，その上に死体を安置する。その場合，死者は棺ではなく，木製の簡素な箱の中に入れる。男性は7年，9年といった奇数年，女性は8年，10年といった偶数年になると，一般の死者のように墓地に運び土葬する。他人への伝染病を恐れて，直ちに土葬しないでこのような習俗がはじまったという。燕窩寨は，114年前に下寨から分離して成立したが，その直後から同寨ではこのような習俗が存在したとされる。

　このように，田壩寨に代表される山崗村の黒ミャオ族の社会は，交通の便がとくに悪いという自然条件などから，他のミャオ族以上に外部世界との接触・交流が少なかった。そのため，他のミャオ族社会では既に消滅してしまった伝統的な習慣・習俗が残ったものと推察できる。

Ⅳ　結論—結びに代えて—

　黒ミャオ族の社会構造を解明するという目的で，なお伝統的な生活様式が残っている，山崗村田壩寨を事例として，分析・検討を加えてきた。田壩寨など山崗村では調査時点（1995年8月，本論では現在と表示）では，他の黒ミャオ族の社会以上に自給的な生活を強いられていた。この点は，各戸が栽培している作物，とりわけ副食物となる野菜類の種類の多さなどからも容易に理解できる。しかも全戸とはいえないが，多くの家では農業主体の経済活動に従事しているにもかかわらず，食糧，具体的には主食となる飯米が年間1ヶ月以上も不足するという状況がみられる。そのため山地の一部を開墾して耕地を拡大する作業が数年来盛んに実施されている。このような耕地は新開地と称され，全戸があたかも競って実施しているような印象さえ受けた。

　以上述べたように，開墾が急速に行なわれることになったのは，次のような事情からであった。すなわち，人民公社が解体され，生産責任制が導入されるに及んで，ある程度住民の意志で農業に従事できるようになってきたことが，最大の理由であると考えられる。既存の耕地だけでは生活できないからである。つまり，各戸が新開地を獲得することで，主力である農作物の収穫が増加し，生活が向上する兆がみえはじめたのであった。筆者が調査を実施したのは，正にそのときであった。調査中に，貧しいけれども少しずつこの貧しさを克服していけるという，前向きな返事が多く聞かれた。

　しかしながら，生産責任制導入ということは，平等社会をモットーとする人民公社時代とはまったく異なる。富める者が出現する代わりに，より貧しくなる者も輩出するという，社会主義国家の特徴ともいえる平等という概念が崩壊することに繋がった。具体的に論じると，貨幣経済がこれまで以上に浸透し，貨幣がなければ生活が成立しなくなってきた。その結果，出稼ぎが当然のようになり，行き先きも広州など遠隔地まで拡大した。村内に設置されている民族小学で，中国語を学習する機会が増加したこともその原因となった。出稼ぎに拍車をかけたのが，本稿においても指摘した農民戸籍の廃止である。以前は農民戸籍故，長期間しかも遠隔地に出かけることができなかったのである。とりわけここ数10年来，ミャオ族をはじめ少数民族居住地区からの人口流出が激化し，村落が維持できないような状況になっている。いわゆる経済を筆頭に格差がさらに拡大しているのである。

　論点を繰り返すことになるが，田壩寨を中心にした山崗村の調査は，各戸が新開地を開き，耕地が増加することで食糧を確保し，生活の向上を目標とする時期であった。そのため村民の団結がこれまで以上に必要となり，政府が禁止しているにもかかわらず，「ノンニィ」などの儀礼を挙行した。

　しかしながら，住民にはとくに女性に非識字者が多いこともあり，村に関する記録を書き留めた文献がまったく存在しない。すなわち解放後，他の黒ミャオ族の社会にも該当するが，山崗村は大きな転換期に直面している村の実態が記録として残されていないのである。本稿作成の目的は，この点にある。つまり，外国人という立場から，山崗村という黒ミャオ族の社会を客観的に把握・分析し，記録として残しておくことである。2018年という現在において，敢えて1995年に調査した内容を論文という形式で作成した理由が，ここに存在するのである。

　筆者は，海外調査において将来に残るのは，調査に関する理論的・方法論的な著作よりも，フィー

ルドサーヴェイに基づいた実証的な「グラフィー」（graphy）であると確信している。その時代を知る基礎的史料として活用することが可能であるからである。

　以上の目的で山崗村を選定し，田壩寨の社会構造を分析・検討した。それを踏まえて黒ミャオ族の社会構造の把握を試みた。しかしながら社会構造については，その主要な構成要素とみなされる，生業形態，「寨門」，「寨老」制，「村掟」，父子連名制などの指摘や分析に留まり，その制度や仕組を組織あるいは変更している力そのものを解明するまでには至らなかった。同様の事例を調査しているので，これらの事例と比較することでその点の解明を行ないたい。時間ばかりを用する，地味な作業であるが，このようなフィールドサーヴェイの積み重ねこそが，少数民族に関する地域研究においては重要であると考えている。

注

1) 社会主義体制を採用している国家では共通しているのであるが，中国では少数民族は国家による認知が必要とされる。現在，少数民族として認知されている総数は 55 である。しかし，認知されていない集団も実在する。これらの集団は貴州省を中心に 73 万人ほど（2010 年度人口センサス）である。統計上，「未識別民族」と分類されている集団である。未識別民族の 1 集団である西族に関しては拙著（鈴木・金丸, 1985: 231-238）を参照のこと。

2) 中国では，2 種類の戸籍が存在した。都市に居住する住民のみに与えられる一般に都市戸籍と称されることの多い非農業戸籍と，農村部など都市以外の地域の住民に発行される農業戸籍である。ミャオ族はすべて農業戸籍である。両戸籍の主な相違点は，住民が自由に移動できるか否かである。移動が自由なのは非農業戸籍所有者で，農業戸籍所有者には移動の自由がない，つまり都市で生活できないのである。2005 年にこの両戸籍の区別が廃止された。

3) 寨は西南中国の少数民族居住地区などにみられる，集落の最小単位。田壩寨が所属する貴州省などでは，行政組織（単位）として，省―州―県―鎮・郷―村―寨という順に区分されている。寨は自然発生的に成立した集落であるが，寨と同一レベルの区分として人為的に区分された組が置かれている場合もある。対象地域の山崗村では，後述のように寨と共に組も存在する。なお役所（人民政府と称される）が設置されているのは，鎮または郷までであり，それ以下の組織では役所は置かれていない。また，少数民族が，原則として漢族よりも多数を占める地域は，自治を少数民族に委ねるということから自治州，自治県というように，自治を冒頭に付けて呼ばれている。

　　調査は 1995 年 8 月に実施した。同行は，前黔東南苗族侗族自治州民族事務委員会民族研究所副所長玉勝先先生，昭和女子大学田畑久夫，麗澤大学学生 1 名であった。なお，同調査については拙著（金丸 1996; 2006），田畑久夫（1998）などにおいて既に発表している。また，以降本文中にみられる現在とは 1995 年をさす。

4) 本研究の研究視点は，拙著など（金丸 2005: x, 2006: 49）において度々論じた点を継承する。つまり，ミャオ族を日本民族に関連づけたり，比較するのではなく，中国の地域文化の事例として検討・分析する。理由は，日本民族とミャオ族はそれぞれ独立した相異なる民族集団である。それ故，両民族は，互いに影響を受けたことは皆無とはいえないが，関連づけたり，比較するのは

基本的に無理だといえる。

5) 雲南省とその東に隣接する貴州省に跨がる，東西に細長い高原。熱帯カルスト地形が各所でみられる。平均海抜高度は 1000m から 2000m で西部が高く，東に進むに従って低くなる。同高原には，ミャオ族を筆頭に，ヤオ（瑶）族，プイ（布依）族，トン（侗）族などの少数民族がモザイク的に分布・居住している。雲貴高原の特徴については，拙著で述べたので参照のこと（金丸, 2005: 21–22）。

6) その他貴州省内には，黔南布依族苗族自治州，黔西南布依族苗族自治州の 2 つの自治州が設置されている。なお，黔は貴州の旧名である。中国では省や自治区の名前を旧名の 1 文字で表現する習慣がある。因みに滇は雲南の旧名である。

7) 県は，丙妹，貫洞，西山，下江の 4 鎮，38 郷，8 民族自治郷から構成されいてる。民族自治郷とは，県の下部組織（単位）の郷と同一レベルに位置づけられている行政単位である。県内には，6 壮族自治郷，および瑶族自治郷，水族自治郷がそれぞれ 1 つずつ置かれている。

8) 戸数などの統計数値は，1995 年 8 月に谷坪郷人民政府から入手した資料，および同政府での聞き取りによる。したがって，数値は 1995 年当時のものである。

9) ミャオ族は固有の文字を所有していないが，伝承によれば本来「三苗の故地」と称する長江中流域に住居していた。しかし，南下してきた漢族により抵抗したが追放され，現在の土地に住むようになった。ここにもその後漢族の軍隊が屯田兵として進出してきた。ミャオ族は度々大きな乱を試みるがすべて鎮圧された。このような経緯が存在するため，現在でも漢族との関係は友好とはいえない。

10) 谷坪郷では畑地のことを「薪取りの山」と称している。現在では段々畑などの畑地（山畑）として使用しているが，かつては雑木が茂っていた山林を焼畑にするため伐採し，その後畑地として利用しているためである。現在でも，この種の開墾が進行中である。

11) 山崗村には，寨と同レベルの下部組織（単位）として 5 つの組が置かれている。寨と組との対応関係は次のようになる。すなわち，下寨が 1 組と 2 組，田壩寨と老寨を合わせて 3 組，燕窩寨が 4 組，新寨が 5 組である。組は谷坪郷人民政府が人為的・便宜的に区分したもので，主として税金収集を円滑に実施するためである。各組には，同政府が任命した組長と会計がそれぞれ 1 名ずつ置かれている。しかし，生活は組単位ではなく，寨単位で行なうことが基本となっている。

12)「グークー」は当地に最初にやってきた男性の名前で，「グー」はおじいさんという意味である。なお村名の山崗は現地語で「セーゲェー」（Sex gheh）という。中国語に訳せば「鶏坪」である。その由来では，祖先が 1 羽の白い雄のニワトリをみかけた。ニワトリをみかけることは吉なので，この地に定住したという。

13) 燕窩寨を離れる他の理由として，住民が原因不明の病気で死亡する例が目立った。同寨の井戸水が原因ではないかとの噂がある。近くの山で鉄鉱石をはじめとする鉱物が産出するのでその影響かとも思われる。

14) 谷坪郷には合計 16 の小学校（小学という）が設置されている。これらの小学校は少数民族居住地区にのみみられる民族小学である。民族小学は，公辦小学と民辦小学に分かれる。山崗村の小

学校は民辦小学で，教員の給料やその他の費用を原則として住民が負担し，運営される。

15) 塔状の公共の建物。内部に大きな木製の太鼓が置かれており，敵が攻めてきたときなど緊急のときに知らせるなどの機能をもつ。伝統的には，鼓楼ごとに1つの社会集団を形成し，婚姻もその集団で行なうとされた。

16) その他，役人がかってに木材を売却しないようにと通達した石碑がある。この種の石碑は，ミャオ族が固有の文字を所有しなかったことからほとんどみられない。この石碑に関しては，拙論（金丸, 1996: 1–16）で論じたので参照のこと。

17) 時刻を知らせるのは，特定の家の者で世襲制である。そのため，住民は扉の開閉の依頼料として，毎年1戸当たり豊作年では30斤（1斤は500 g）前後の食糧（籾など），不作年は20斤の食糧を供出している。

18) 手伝いの内容は，田植（3月，以下農暦），除草（6月），稲刈り（9月〜11月）などの重労働の農作業が中心であった。その報酬は，3回の食事（通常2回）付きで，少々の酒がふるまわれ，10斤の籾がもらえた。ほとんどが日帰りではなく，泊り掛けであった。

19) ミャオ族は飯米を非常に好む。飯米の基本はモチ米である。そのため，半ば強制的に奨励されたウルチ米の導入に対して不満が多く，「ハレ」の日用として水田の一部にモチ米を栽培している。なおモチ米は日常的には蒸して強飯にして供される。そのためか，とくに高齢者の女性に多くみられるのであるが，手食で箸を使う習慣をもたない。箸の代わりとして杓子が用いられる。

20) 調査期間は比較的短期間であったが，滞在する間食糧が村内で確保できないので，県の公糧倉庫から特別に飯米を支給してもらった。

21) 1994年には1つの案件があった。燕窩寨の夫婦で，その仲が悪くなり折り合いがつかず，そこで双方から離婚したいという相談を受けた。調停の結果，夫婦は離婚を取りやめることにした。なお「村掟」に関しては拙論の中で論じた（金丸, 1996: 8–11）。

22) 具体的には，女性は男性に対して肉（豚肉）8斤，酒8斤，米8斤を支払わなければならない。男性の場合は肉16斤などその倍を支払う必要があった。

23) 本来ミャオ族には，息子・父・祖父などの名前が例えば文今・今旦・旦桑というように，名前をみるだけで自らの家系が辿れるという父子連名制があった（鈴木・金丸, 1985: 97）。当家の場合，息子が父親の名前の一字「グー」をもらうだけなので，厳格には父子連名制とはいえないが，その変形したものと考えられる。

24) 滾・L. の父親や兄は既に死去しているので解放前の出稼ぎの様子は不明である。燕窩寨に住む滾・Xi.（74歳）は解放前に同郷の銀上村銀漂寨に出稼ぎに行った。同寨は田壩寨から10華里（1華里は 500m）の距離にあり，全住民がトン族であった。作業は農作業の手伝いで，1日働くと手間賃として稲藁と共に，4斤の食糧（籾など）を得る。食事も付いた。近いので日帰りが基本であった。海抜高度が異なるので，田植えあるいは稲刈りなどの作業日程にずれが生じるため，出かけることが可能であった。ただし，ワラビの根を掘れば1日で12斤のデンプン粉を取ることができる。1人1日多くて1斤，通常0.5斤のデンプン粉を食べれば充分に腹を満たせた。それゆえ，この程度の手間賃ではワラビの根を掘る方がよかった，と滾・L. は回想する。

25) 水田は生産責任制が導入されたとき，1人当たりに付き水田 0.7 畝が均等配分された。したがって，当家は 6 人家族なので 4.2 畝分配されたはずである。ところが理由は不明であるが，所有している水田が少ない。山崗村では多くの農家において，生産責任制導入時に均等分配されたのと同じ面積の水田を所有しているが，当家のように少ない農家も存在する。後述の畑地も同様に少ない。

26) 山崗村では 1958 年より栽培しだした。現在でも各家ごとに 200〜300 斤の収穫がある。収穫した小麦は石臼で挽いて粉にし，それを蒸して餅状にして食べる。なお小麦同様，当村にはキャッサバ，ミズイモ（田イモ）が 1958 年から導入された。いずれも人民公社によって奨励されたからである。

27) 塩は現在でも貴重であるが，解放前はとくに貴重であった。当時漢族の行商人が針や絹の布地などと共に行商に来た。購入するのは金銭ではなく，卵やトウガラシと交換した。1 斤の塩は 40 斤の米，1 両（16 両が 1 斤）の塩を卵 4 個と交換した。針の場合 1 本が卵 1 個であった。定期市の方が多少交換率が低かったが，同様に塩は持参した卵，トウガラシと交換した。

28) 下江の定期市に関しては，今回の調査ではないが，1986 年 8 月 18 日午前中に調査を実施した。そのときの定期市の概略図を作成したことがある（田畑・金丸, 1989: 138–139）。参照されたい。

29) トン族の影響を受け，平地ミャオ族の集落では，2 頭の水牛による闘牛が実施されることが多い。しかし山崗村は，海抜高度が高いため，水牛が村内に 1 頭しか飼育されていない。そのため実施されない。

30) 山崗村では生産責任制が導入されて以来，「寨老」などを中心に実施する話がもちあがった。1983 年には戸数の多い下寨，燕窩寨，新寨の 3 集落から，それぞれ「黄牛」を 1 頭犠牲にして行なわれた。また 1989 年には各組ごとに合計 5 頭，1993 年には全村で 1 頭の「黄牛」を犠牲にして実施された。

31) 滾・O. は子供の頃から木櫛を製作している姿をみて覚えた。以前は村内の男性であれば誰も製作できたからである。25 歳の頃になると，年間 90 個ぐらいの木櫛を製作した。多くは女性の求めに応じて製作していたが，他寨の女性などにも売却することもある。定期市では売却しなかった。原木の木は「デジェザァ」(det genb zaib, 金鶏木) と呼ばれている広葉樹の硬木であるが，多くは自生していない。伐採後 2 ヶ月ぐらい乾燥させる。乾燥させるのは厚さ 2.5cm ぐらいの板状にしたもので，屋根裏などに置いて乾かす。乾燥した板から半月型の型取りをする。その型に沿って「鉈」(diao, ディオ) のような道具で切り抜き，「刀」(dies, ディエ) によって切れ目を入れる。仕上げには「ディオス」(dios) と呼ばれる道具を用いて，歯の間隔などを調節する。大きさは 10cm から 20cm ぐらいのものが中心であった。

文　献

金丸良子 (1996).「高坂ミャオ」族の石碑―山崗村を事例として―. 中国研究（麗澤大学外国語学部中国語学科研究室）, 5, 1-18.

金丸良子 (2005).『中国少数民族ミャオ族の生業形態』古今書院.

金丸良子 (2006). 「高坡ミャオ」族の生活—貴州省・従江県谷坪郷山崗村を事例として—. 中国研究（麗澤大学外国語学部中国語学科研究室）, 14, 43-67.

鈴木正崇・金丸良子 (1985). 『西南中国の少数民族—貴州省苗族民俗誌—』古今書院.

田畑久夫 (1998). 「高坡ミャオ」族の生業形態—貴州省・従江県谷坪郷山崗村を事例として—. 東アジア研究, 19, 21-46.

田畑久夫・金丸良子 (1989). 『中国雲貴高原の少数民族　ミャオ族・トン族』白帝社.

田畑久夫・金丸良子 (2017). 『中国 横断 山脈の少数民族』古今書院.

鳥居龍藏 (1907). 『苗族調査報告』東京帝国大学理科大学人類学教室. 鳥居龍藏 (1976). 『鳥居龍藏全集　第 11 巻』朝日新聞社, 1-280.

（2019 年 5 月）

現代における大田植の伝承と公開

—広島県「壬生の花田植」をめぐる組織について—

髙　野　　宏

Ⅰ　はじめに

　中国地方の山間部には，「花田植」や「はやし田」，「牛供養」，「供養田植」などと呼ばれる賑やかな大田植の行事が伝承されている。毎年，5〜6月になると各地で大田植の開催があり，その様子を観たり，写真に収めたりしようと多数の観光客が集まっている。着飾った代掻き牛が見事な手綱さばきで操られ，早乙女たちが大小の太鼓や鉦の音に合わせて田植歌を唱和する大田植の光景は，農村の初夏を彩る風物詩となっている。

　この中国地方の大田植は，観光対象として人気があるだけでなく，これまで学術的にも複数の分野から注目を集めてきた。すなわち，民俗学においては日本における古い田植えの形式を残す習俗であるとともに，稲作農耕民としての「日本人」の原初的な信仰（「固有信仰」）を今に伝えるものと見做されてきた（柳田，1935; 牛尾，1986 など）。芸能史研究においては，現在の大田植は田楽が芸能化する以前の芸態（民俗芸能としての段階における芸態）を残していると見做され，とりわけ平安時代の貴族階層に流行した「田植興」の芸態との類似が指摘されている（植木，1982 など）。そして，日本文学においては，中世の農民が生み出した口承文芸が，大田植に付随する田植歌のなかに保存されていると考えられた（田唄研究会，1972 など）。こうしたことから，大田植に関する研究の蓄積には相当な厚みがある。

　このように一般的にも広く親しまれ，学術的にも注目を集めてきた大田植であるが，それらが現時点においてどのように伝承され，公開されているのか，これらの点については意外にも知られていない。それには，大田植がこれまで私たちの過去との関連から重要なものと見做されてきたということが背景としてある。つまり，研究者は，現在の大田植から日本文化の過去の様態（信仰や芸能のあり方など）を明らかにしようとしてきた。また，そのことは観光客においても同じであり，近代化以前の農作業に対する懐かしさや，農村文化としての「伝統」を大田植に期待し，観覧において実感してきたのである[1]。こうした大田植に対する人々の「まなざし」によって，大田植を同時代のものとして捉えようとする機運が醸成されなかった。それは，日本文化を考察する上で重要とされる同行事の今後，保存や伝承の問題を考えたとき，決して好ましい状況とはいえない。

　そこで，本稿では，広島県山県郡北広島町壬生（旧・千代田町壬生）で開催される「壬生の花田植」を取り上げ，その伝承と公開の実態を組織に着目して記述する。対象とする具体的な年次は、2014 年である（行事の開催日は 6 月 1 日）。まずは，次章にて「壬生の花田植」とその伝承地域である北広島町について概観する。次いで，第Ⅲ章にて，大田植の芸能を伝承する芸能保持団体の構成と活動につ

いて紹介する。第Ⅳ章では，運営業務など，大田植の公開に関わる団体や組織の構成と活動について記述する。そして，第Ⅴ章では，本稿のまとめとして，「壬生の花田植」の伝承・公開組織の全体像

第1図　北広島町の位置

第2図　北広島町中心部
資料：国土地理院 1/25,000 地形図「八重」。

- 294 -

を1枚の図として整理し，その特徴と思われる点を指摘する。その中には，他地域における大田植の保存・伝承に対しても有意義な示唆が含まれる可能性も考えられる。当該の大田植の伝承・公開をめぐる資金の問題については，紙幅の都合により本稿では割愛する。

　なお，筆者は，2014〜2016年度に北広島町文化遺産保存活用実行委員会が文化庁の補助金を受けて実施した「壬生の花田植」の現況調査事業（以下「調査事業」）に調査執筆委員として参加した。本稿は，筆者が調査事業の報告書で二つの章に分けて記した内容（高野，2017a；高野，2017b）に，調査事業終了後に行った個人的な調査の結果ならびに筆者なりの考察を加えて再構成したものである。

Ⅱ　対象地域および「壬生の花田植」の概観

1．対象地域の概観

　「壬生の花田植」が公開される山県郡北広島町は，広島県の北西部，広島市と島根県浜田市との間に位置する自治体である（第1図）。同町は，2005年に山県郡の大朝・芸北・千代田・豊平の4町が合併して成立した。北部に中国山地の脊梁地帯を含み，都市部から遠隔の村落的地域が大部分を占めるため，町の全域が広島県の中山間地域振興条例の対象地域となっている。人口も1990年には22,926人であったが（のちに合併する4町の人口を合計），25年後の2015年には18,918人に減少している（▲17.5%，『国勢調査』による）。町全域としては，典型的な中山間地域といえる。

　ただし，町役場（本庁）が置かれている旧・千代田町域は，中国自動車道の千代田ICがあるため，高速道路を利用すれば広島市中心部から40分程度で到着できる。この都市部との近接性から，同地域には工業団地や流通団地が造成されている。また，大型ショッピングセンターをはじめ，多数の店舗が千代田ICや町役場が接する幹線道路（壬生バイパス）沿いに立地するなど，比較的中心性の高い地域が形成されている（第2図）。そして，「壬生の花田植」が開催される大字壬生は近代以前から続く古い商業地域である。壬生バイパスから通りを北に一つ入った所に壬生商店街があり（第2図中央の総描建物として表現される区画），時代の趨勢で空き店舗が増えつつあるが，飲食店や食料品店，和菓子屋，履物店などの個人商店が軒を連ねている。

　なお，当地域では，千代田町が成立する以前に存在していた壬生町の範囲（大字の壬生・川東・川西・惣森・川井・丁保余原）を「壬生地区」と称している。この壬生地区はさらに16の区に分けられており，それぞれに区長が置かれ，区長会を中心とした住民自治が行われている。振興協議会や女性会など，さまざまな地域内部の組織もこの壬生地区を単位として組織されている。

2．「壬生の花田植」の概要

　江戸時代の壬生（現在の大字壬生）は壬生城（高峰城）の城下町的な色彩のもと，山県郡内の文化，交通，経済の中心地として発展していた。そのため，江戸時代から明治時代にかけて，富裕な商家で周囲に小作人を抱える地主が複数存在していた。『千代田町史　民俗編』は，そうした家々として「岡村家，伊関家，綿問屋の泉屋，紺屋のさな屋など」を挙げている（千代田町役場，2000: 38）。彼らの手作り地に対する田植えでは，小作人などが多数集められ，盛大な大田植が行われてきた。なかでも酒造業を営み，江戸時代の中ごろから栄えた岡村家の大田植は「岡村の大花田植」として有名であった。こうした大地主による大田植は近代期に衰退してしまったが，それを惜しんだ地域住民が田楽団

第3図　飾り牛の道行き
資料：2014年6月1日筆者撮影。

第4図　華やかな田植作業
資料：2014年6月1日筆者撮影。

（農楽団）を結成してその芸能を受け継ぎ，大田植の開催を継続した。そして，第二次世界大戦後の混乱によって当地での大田植の開催は一旦止むものの，昭和20年代半ばには大字壬生の地域住民によって再開された[2]。この戦後に復興された大田植が「壬生の花田植」の直接的なルーツである。

　現在の「壬生の花田植」は，「壬生の花田植と無形文化財合同まつり」のメインイベントとして，毎年6月の第一日曜日に広島県北広島町の大字壬生で公開されている[3]。昭和40年代の半ばまでは会場も壬生商店街周辺を転々としていたが[4]，それ以降はかつて岡村家が大田植を行っていた「三反大町」（現在は「竹の鼻」とも呼ぶ）に定着している（第2図参照）。主催者は，2014年2月よりNPO法人化して活動している，壬生の花田植保存会（以下「保存会」）である。

　「壬生の花田植」の行事そのものは，壬生神社（第2図参照）での神事，飾り牛（着飾った代掻き牛）の道行き（壬生神社から壬生商店街を経て会場まで），早乙女や囃子の道行き（壬生神社および壬生小学校から壬生商店街を経て会場まで），飾り牛による代掻きの競演，苗取り，田植歌の唱和と囃子を伴った田植作業の順番で進行する（第3図・第4図）。代掻きの場面においては，堂々とした体躯の牛たちが追い手の巧みな操牛術によって一列となり，複雑な代を掻き上げる。また，田植えの場面においては，「サンバイ」というササラを持った田植えの指揮者が田植歌の上の句を歌い出し，早乙女が下の句を唱和しながら苗を植える。笛や手打鉦，小太鼓，大太鼓がそこに演奏を加えるが，とりわけ大太鼓は馬の毛をあしらった撥を一斉に投げ上げるなど，大きな所作で目を引く技を会場に詰め掛けた観客たちに披露する。興味深いことに，この歌謡田植えに際して，田植歌の進行に決まりはなく，記憶している田植歌からサンバイが次々と即興で繰り出している。

　本稿の冒頭で述べたように，中国地方の大田植は広く注目を集めてきた行事であるが，この「壬生

の花田植」は，旧・大朝町新庄に伝承される「新庄のはやし田」とならび，最も良く知られた大田植の一つである（髙野, 2019）。文化財としての価値も早くから認められており，1975 年に広島県の無形民俗文化財に指定されると，翌年には国の無形民俗文化財に指定されている。さらに，2009 年 5 月には同行事のユネスコの無形文化遺産への推薦が決定し，2011 年 11 月に同リストへの登録がなされた。しかしながら，その伝承・公開の実態は，北広島町文化遺産保存活用実行委員会による調査事業以前においては，ほとんど明らかにされていなかった。

Ⅲ　芸能保持団体の構成と活動

　「壬生の花田植」の芸能は単一の芸能保持団体によってではなく，複数のそれによって伝承されている。さらに，それらの芸能保持団体は大きく分けて，田楽（早乙女や囃子の道行き，苗取り，田植作業に関わる芸能）を伝承するものと，飾り牛に関わる芸能（飾り牛の道行き，代掻きの競演）を伝承するものとに分かれている。以下，上記の二つに大分して芸能保持団体の構成や活動について述べる。

1．田楽の芸能保持団体

　「壬生の花田植」における田楽には，壬生田楽団と川東田楽団の 2 団体が参加している。第二次世界大戦直後の復興当時は前者（当時の名称は壬生農楽団）のみの参加であったが，遅くとも 1956 年から川東田楽団（当時の名称は千代田町第一田楽団）も参加するようになった（松井, 2017: 101-102）。なお，前者の結成年は不明であるものの，松井（2017）によれば，少なくとも大正期にまで遡るとされる。後者については，1929 年に「壬生町田楽団」として結成されたことが，『千代田町史　民俗編』所収の「千代田町第一田楽団田楽の由来」に記されている（千代田町役場, 2000: 364）。

　壬生・川東の両田楽団の構成員についてみると，2014 年 6 月現在，壬生田楽団は 44 名（男性 27 名・女性 17 名），川東田楽団は 35 名（男性 23 名・女性 12 名）であり，その年齢構成は第 1 表に示すとおりである。早乙女の新入団員の少なさ

第 1 表　田楽団員の年齢構成（2014 年 6 月現在）

年齢	壬生田楽団		川東田楽団	
	男性(人)	女性(人)	男性(人)	女性(人)
60歳代	1	2	3	0
50歳代	4	2	4	4
40歳代	7	4	9	5
30歳代	12	6	6	3
20歳代	3	2	1	0
10歳代	0	1	0	0
合計	27	17	23	12

資料：髙野（2017b），表1・表7より作成。

第 2 表　田楽団員の職業（2014 年 6 月現在）

職　業	壬生田楽団		川東田楽団	
	男性(人)	女性(人)	男性(人)	女性(人)
会社員	14	5	14	3
自営業	7	1	1	0
自営業・会社員	1	0	0	0
農業専業	1	0	1	0
団体職員	4	4	1	2
公務員	0	2	5	2
パート・アルバイト	0	1	1	5
主婦／主夫	0	3	0	0
学生	0	1	0	0
合　　計	27	17	23	12

資料：髙野（2017b），表4・表10より作成。

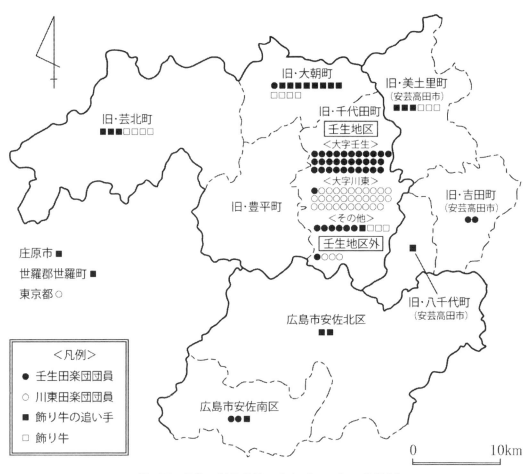

第5図　芸能の伝承者等の分布（2014年6月現在）

資料：髙野（2017b），表3・表9および聞き取りにより作成。

第3表　田楽団における楽器等の構成（2014年6月現在）

楽器等	壬生田楽団（人）	川東田楽団（人）
サンバイ	2	2
笛	2〜3	2
手打鉦	1	2〜3
小太鼓	1〜2	1
大太鼓	20	14〜15
旗持ち	0	1
早乙女	17	12

注）複数の楽器を兼務する団員がいるため，楽器等の
　　人数に幅がある。

資料：髙野（2017b），表17・表18より作成。

が内部で問題視されることもあるが，両田楽団では男女とも 30〜40 歳代が中心となっており，伝承者の高齢化は現状では確認されない。職業については両田楽団とも会社員が最も多く（第2表），壬生田楽団では自営業が，川東田楽団では公務員がそれに次ぐ。農業専業はわずかに2名であった。また，川東田楽団の男性が農事組合法人「ファーム川東」で農作業に携わるとはいえ[5]，そのほかの田楽団員で副業として農業に従事すると答えた者は2名に過ぎない。団員の居住地については，壬生田楽団の場合，とくに入団資格の規定がないため，大字壬生を中心に広島市まで比較的広範囲に広がっている（第5図の「壬生田楽団団員」）。それに対し，川東田楽団については明確な入団資格があり，団員は基本的に大字川東のうち下川東に居住しているか，のちに下川東の家を継ぐ予定のある者に限られている。そのため，川東田楽団員の居住地は壬生田楽団に対してかなり限定的である（第5図の「川東田楽団団員」）。

　なお，調査事業では田楽団員にアンケートを実施し，入団理由についても質問している。その結果，「（地元）団員からの誘い」が有効回答 36 のうち 24 を占めるとともに（66.7%），「地元だから」（「地元の行事的なもの」「地元の人から義務と言われた」等）という回答も4件みられた（髙野 2017b; 312-313）。女性団員の回答に「夫が団員だから」という回答が多くあることも踏まえると，田楽団の活動は，基本的に地域の活動の一環として認識されているといえる[6]。また，1988 年，壬生小学校の PTC 活動の一環として「壬生小子ども田楽」（以下「子ども田楽」）が組織され，「壬生の花田植と無形文化財合同まつり」で田楽を披露するほか，近隣の夏祭りや老人福祉施設に訪問して同じく田楽を披露している。近年では，この「子ども田楽」で田楽を経験した子どもたちが成長し，田楽団に加入するようになっている（2014 年6月現在，壬生田楽団員のうち 16 名，川東田楽団のうち6名が「子ども田楽」の経験者である）。上述のアンケートでも「子ども田楽で田楽の楽しさを知った」という回答（1件）がみられた。

　両田楽団における楽器等の構成を示すと，第3表のようになる。いずれの田楽団も，サンバイ，笛，小太鼓，手打鉦，大太鼓（以上が男性），早乙女（女性）から構成されている（ただし，川東田楽団にはそれらに加えて旗持ち1名がいる）。男性は入団当初は大太鼓を担当し，年代が上がるにつれて笛

第4表　田楽団の活動実績（2013年7月〜2014年6月）

	月　日	イベント名	場　　所	備　　考
壬生田楽団	2月26日	「県青年神職会創立60周年」	広島市・オリエンタルホテル	保存会経由で依頼
	5月17日	「よつ葉会　田植祭」	広島市安佐北区小河原	保存会経由で依頼
	6月1日	「壬生の花田植」	北広島町壬生	
	6月23日	「フィリピンミンダナオ平和構築セミナー」	広島市・広島シェラトンホテル	田楽団に直接依頼
川東田楽団	10月12日	「県民文化祭　尾道しまなみ」	尾道市	保存会経由で依頼
	3月7日	「生命の貯蓄体操普及会全国大会」	広島市・グリーンアリーナ	保存会経由で依頼
	5月25日	「川東の花田植」	北広島町川東（下川東）	田楽団独自に開催
	6月1日	「壬生の花田植」	北広島町壬生	

資料：聞き取りにより作成。

や小太鼓，手打鉦，あるいはサンバイへと転向していく。それは第一に，田のなかで大太鼓を抱えて演奏・演技をすることには大変な体力を必要とするため，通常は加齢とともにそれを担当することが辛くなるからである。また，大太鼓の経験を若いときに積んでおかないと担当しにくい楽器もある。たとえば，小太鼓がそれである。というのも，大太鼓の所作には同じ田植歌の旋律であっても，複数の選択肢が存在するものがあり，それについてはサンバイが即興的に繰り出す田植歌の歌い出しを聞いた小太鼓が，いくつかある選択肢の中から一つを選択して大太鼓に口頭で伝える。こうした指示役としての役割は，自らが大太鼓の経験を有していないと担当し得ないのである。

　田楽団内部の組織は，いずれも団長がトップとして団を率いていることに変わりはないが，それ以下の役職の構成は両田楽団では異なっている。壬生田楽団には団長以下，副団長（1名，早乙女の代表者），会計（1名）が置かれている。それ以外に役職は存在せず，団長曰く，「みんなが役員だという気持ちで積極的にやってくれている」状態である。それに対し，川東田楽団は，団長の下に，副団長（2名），女性代表（2名），事務局（1名），会計（1名），連絡員（4名），衣装係（4名）という役職があり，壬生田楽団に比べて明確な役割分担で田楽団を運営しているといえる。

　田楽団の活動は，「壬生の花田植」への出演（「本番」と呼んでいる）と，それ以外のイベント（「興行」と呼んでいる）への出演とに分かれている。つまり，両田楽団は「壬生の花田植」に，その主催者である保存会からの依頼を受けて出演するだけでなく，田楽団独自の人間関係から芸能の披露を依頼されることがある。また，保存会に各種イベントでの田楽の上演依頼が来ることがあり，それらは保存会から二つの田楽団に対して交互に出演依頼がなされる。2013年7月から2014年6月を事例とすると，壬生・川東の両田楽団は第4表のように広島県内各地で田楽の上演を行っていた。ちなみに，表中の「川東の花田植」はJA広島北部，株式会社フジと川東田楽団とが連携して行っている農業体験イベントである。このように一年に複数回の公演機会を有する両田楽団であるが，完璧な演技というものは滅多にあるものではなく，それゆえに，自分たちが納得のいく演技ができた時には，演者としての喜びを深く感じるとのことであった。

　なお，田楽の練習については，両田楽団で個別的に行っている。壬生田楽団は，壬生小学校の体育館にて週に2回，基本的には月・木の20時30分から行っている。川東田楽団は，下川東の公民館である松寿苑を練習場所として，週3回，基本的には月・水・金の20時から行っている。ただ，いずれの田楽団も年間を通じて練習を行うのではなく，「本番」前にはGW明けから開始し，「興行」前には1ヶ月（壬生田楽団）ないし2週間（川東田楽団）を基本的な練習期間としている。両田楽団が合同で行う練習の機会は，両田楽団が歴史的にライバル関係であったことから，従来は存在しなかったが[7]，2007年頃より年に1度，「本番」前の10日ほど前に1〜2時間程度実施されている（2014年度の場合，5月19日）。なお，両田楽団が伝承する田楽の芸態はほとんどの部分で共通しているものの，太鼓を打つリズムや大太鼓が撥を投げ上げるタイミングなどに，若干の違いがみられる（片桐，2017）。そうした芸態上の差異は「本番」での共演に向けて調整されることはなく，両田楽団はこれまで伝承してきた独自の芸能を「壬生の花田植」においてそれぞれに披露している。

2．飾り牛に関わる芸能保持団体

　「壬生の花田植」の飾り牛に関わる芸能を伝承している団体は，2014年6月時点で三つ存在した。

森下牧場（北広島町壬生），杉原牧場（安芸高田市美土里町），大朝飾り牛保存会（北広島町の大朝・芸北地域）がそれである。

　まず，森下牧場は，和牛の繁殖肥育を目的に 1966 年に開設された。現在は約 200 頭（繁殖用約 60 頭，肥育用約 140 頭）を飼養する大規模牧場であるが，牧場長（当時 50 歳代）と従業員 1 名（当時 30 歳代，安芸高田市居住）で牧場の運営をしている。同牧場は開設以来「壬生の花田植」に飾り牛と追手を送り出してきた。2014 年度の場合，3 頭の牛を飾り牛として参加させており，従業員の 1 名に加えて府中家畜診療所と三次家畜診療所に所属する女性獣医師各 1 名（2 名とも当時 20 歳代，世羅町と庄原市に居住）が追い手となった。彼女らはいずれも関東地方の出身であるが，獣医師間での口コミで「壬生の花田植」の存在を知り，参加するようになったとのことである。なお，北広島町の内外では 5 月〜6 月上旬にかけて各地で大田植（「花田植」「はやし田」）が開催されるが，2014 年度に森下牧場が参加したのは「壬生の花田植」のみであった。

　次に，杉原牧場であるが，江戸時代から続く農家の杉原家が経営する 80 頭規模の牧場である（親牛約 50 頭，子牛約 30 頭の繁殖農家）。昭和 40 年代末に「壬生の花田植」に初参加したことを皮切りに，約 40 年にわたって飾り牛と追手を同行事に送り出してきた。参加のきっかけは，近隣の千代田町で勤めていた知人から「壬生の花田植」での牛不足を聞いたからであった。2014 年度の場合，3 頭の飾り牛を「壬生の花田植」に参加させており，それらの追い手は杉原家から 2 名（当時それぞれ 60 歳代・30 歳代），知り合いの畜産家から 1 名（当時 40 歳代，美土里町に居住）が務めた。なお，杉原牧場は 2014 年度において，「壬生の花田植」だけでなく，「原田のはやし田」（安芸高田市高宮町，5 月 25 日），「神杉大田植」（三次市神杉町，6 月 8 日）に参加している。

　そして，大朝飾り牛保存会は，1993 年に大朝町の畜産家 M 氏の発案により，同じく大朝町の畜産家 S 氏を会長，先の M 氏を会計として発足した。1993 年以前にも大朝・芸北地域の畜産家たちは仲間同士で声を掛け合いながら近隣の大田植に出場してきたが，そうした畜産家の個別的な取り組みを組織化したのが同保存会であった。2014 年 6 月現在，S 氏が引き続き会長を務め，S 氏の夫人が会計を担当している（同年の「壬生の花田植」には 8 頭出場）。会員は 19 名で，それぞれが家族経営である畜産家の 5 軒（飼養頭数約 50 頭 1 軒，6 頭 2 軒，2〜3 頭 2 軒）が主となり，そこに広島市安佐北区の鈴張花田植保存会の会員 3 名が加わって構成される。会員 19 名のうち，追い手の技術を有する者は 14 名で，その年齢構成は 10 歳代 3 名，20 歳代 2 名，40 歳代 2 名，50 歳代 4 名，60 歳代 1 名，80 歳代 2 名である。会員の居住地は，旧・大朝町 11 名（うち追い手 8 名），旧・芸北町 4 名（同 3 名），広島市安佐北区 3 名（同 2 名），広島市安佐南区 1 名（同 1 名）である。同保存会も杉原牧場と同じく，「壬生の花田植」以外の大田植にも参加している。2014 年度の場合，「新庄のはやし田」（旧・大朝町新庄，5 月 11 日），「原東大花田植」（旧・豊平町志路原，5 月 18 日），「鈴張大花田植」（広島市安佐北区，5 月 25 日），「安の花田植」（広島市安佐南区，6 月 8 日）に飾り牛と追い手を送り出した。

　第 5 図には，追い手の技術を有する者の居住地，飾り牛の飼養場所についても示している（図中「飾り牛の追い手」「飾り牛」）。それらの分布を田楽団員の居住地の分布と比較してみると，壬生地区や旧・千代田町域よりも周辺地域からの参加が多いことが看取される。それは，昭和 30 年代以降，農業の機械化が進展するなかで，大字壬生周辺での牛飼養が大幅に減少したことに起因している。飾り

牛の参加は次第に広域的に募られるようになり，田楽の芸能保持者（田楽団員）の空間的分布と飾り牛や飾り牛の追い手のそれとが次第に乖離していったのである。

　なお，いずれの団体においても，飾り牛の調教と大田植への出場は，本業である畜産業から遊離した特別なものである。もとより，現代においては牛が水田に入る機会もなければ，鞍や馬鍬を装着して農作業をする機会も存在しない。通常の方法で飼養されている牛は，水に入ることはおろか，グレーチングの上を歩くことすら恐れるのだという。それゆえ，飾り牛の調教や，装備品の維持にかかる労力ならびにコストは，大田植の主催者から出演料が支払われるとはいえ，それぞれの畜産家において大きな負担であることは間違いない。それでも畜産家たちが「壬生の花田植」に参加する理由は，芸能に対する愛好や芸能の保存・伝承への強い想い，あるいは畜産家としての自負である。

　さらに，以上の三者の関係において興味深いことは，これら飾り牛を出す畜産家たちが「壬生の花田植」当日に向けて合同で練習をしたり，綿密な打ち合わせをしたりすることはないということである。彼らは，本番の直前に互いに少しだけ立ち話をするのみである。調教の技術もそれぞれに異なっており，飾り牛に関する道具を融通しあうことも基本的にはない。畜産家としてのプライドからか，彼らは協力関係にありながらも，同時にどこか競争関係にもあるように感じられる。

Ⅳ　公開に関わる組織

　「壬生の花田植」の公開事業は，上記の伝承保持団体のいずれかが主導して行っているのではない。すでに述べたとおり，同行事の主催者は保存会（壬生の花田植保存会）であるが，それは芸能保持団体から独立した，公開事業を専門とする組織である。また，無形文化遺産への推薦決定以降，壬生の花田植実行委員会（以下「実行委員会」）が立ち上げられ，同委員会が保存会の活動も含めて，公開事業の全体を統括するようになった。ここでは公開事業において重要な役割を果たす実行委員会と保存会とに焦点を当て，「壬生の花田植」の公開体制について記述する。

1．壬生の花田植実行委員会

　実行委員会は，「壬生の花田植」が無形文化遺産に推薦されたことを受けて立ち上げられた官民一体となった同行事の公開組織である。同委員会の目的は，「壬生の花田植実行委員会規約」第2条に「貴重な財産」である「壬生の花田植」を「永久に保存」すること，また，それを「世界に誇る貴重な地域資源」として活用し，「官民一体となった取り組み」で「観光をとおした地域経済の振興と地域の活性化を図る」ことと定められている。実行委員会の構成員は，北広島町，保存会，壬生地区振興協議会（以下「振興協議会」），北広島町観光協会，北広島町商工会，北広島町教育委員会の各代表者で，北広島町長が委員長を務めている（事務局は町役場の商工観光課〔2014年4月以前は企画課〕）。

　この実行委員会の内部にはさらに各団体・組織の実務者からなるワーキンググループ（以下「花田植WG」）が設置されており，毎年4月ごろから月1回程度の会合を重ね，行事の具体的な内容や各団体・組織間での役割分担を明確化させつつ，「壬生の花田植」の公開事業を遂行している。2014年度の場合，花田植WGは5回開催（4月10日，4月24日，5月8日，5月22日，7月11日，於：道の駅舞ロードIC千代田会議室）されたが，その出席者は保存会の理事長・事務局，振興協議会会長（地域住民の代表として），北広島町観光協会事務局長，北広島町商工会の事務局長ほか，山県警

第5表　2009年度「壬生の花田植」実施体制

場所	業務内容	分担	場所	業務内容	分担
広報活動	案内チラシ	保存会	主会場	会場での解説員(放送)	保存会
	ホームページ	役場		会場司会	保存会
宿直室	電話対応	役場		ごみ拾い	役場・保存会
本部	総括	保存会	サブ会場	伝承館受付	役場
	マスコミ担当	役場・保存会	駐車場	壬生小駐車場確保	保存会
	観光業者担当	観光協会		壬生小駐車場誘導員	消防団
	救護員	役場		臨時駐車場の確保	役場
	記録保存ビデオ(委託)	役場		臨時駐車場誘導委託業務	役場
	記録保存写真	役場		臨時駐車場誘導(委託)	役場
主会場	観客席設営委託業務	役場		誘導看板制作業務	役場
	衛生施設設営委託業務(トイレ)	役場		交通規制関係(警察・消防)	保存会
	アドバルーン設置委託	役場		シャトルバス委託業務	役場
	会場土地借上業務	役場		シャトルバス運行(委託)	役場
	会場内バザー(道の駅)	役場		シャトルバス乗車員	保存会
	交差点誘導員(委託)	役場		シャトルバスバス停係	消防団
	壬生公民館誘導員(委託)	役場		駐車場ごみ拾い,トイレ清掃	全員
	美化要員(トイレ等対応,巡回)	保存会		誘導看板設置・撤去	役場

資料:壬生の花田植保存会役員会(2010年5月18日)資料より作成。

察署・千代田交番の警察官(署長ほか),イベント警備会社(企業所在地は広島市,当日は観光客の誘導を担当)の営業本部長,人材派遣会社(企業所在地は広島市,会場の観光ブースで対応する人材の一部を派遣)のプランナー,北広島町生涯学習課課長であった。

　なお,第5表として,2010年4月ごろに定められた「壬生の花田植」公開事業の役割分担の大枠を示す。WGの参加者に含まれていた全ての主体が含まれているわけではないが,同表から役場と保存会が中心となって公開事業を推進していることが理解される。略述すると,主に運営のハード面(会場の土地借上げ,会場設営の委託,シャトルバスの運行委託など)を前者が,対するソフト面(本部での総括や会場での司会・解説,駐車場と会場とを結ぶシャトルバスへの乗車など)を後者が,それぞれ主体となって担当することになっている。また,表中にはないものの,各芸能保持団体への出演依頼,後援や協賛の依頼,田の中での補助(苗くばりや田植え綱を持つ係,エブリで田を均す係など),飾り牛を出場させる畜産家の接待(牛つなぎ場の設営や飲食物の提供),そして,表中の消防団を含む地域内の組織や地域住民への協力の呼びかけ(当日の運営スタッフの募集や組織化も含む)なども保存会の役目であった。現在でも,こうした役割分担は基本的に変わっていない。

　ちなみに,2014年の公開当日における運営スタッフの動員は約160名で,役場側約30名(主に役場職員),保存会側約130名(消防団,地域住民の協力者を含む)となっている。

２．壬生の花田植保存会

　第二次世界大戦直後の壬生地区において,「壬生の花田植」として大田植の復興を企図したのは,壬生商店街の商店主による壬生商工会(のちの千代田町商工会壬生支部・北広島町商工会壬生地区,

以下「商工会」）の有志5名（うち2名は壬生農楽団団員）であった。彼らは，当時不足していた娯楽の創出と商店街の活性化という目的から，田楽団や近隣の家畜商，畜産家に呼び掛けて大田植を復興したのである。当初の運営は趣旨に賛同した商工会員が行い，その資金も商工会員からの寄付によって調達していた。

　こうした商工会の試みが軌道に乗り，1954年ごろには，「壬生の花田植」単独の公開が「壬生の花田植と無形文化財合同まつり」という複合的なイベントに発展した。そして，「壬生の花田植」が県や国の無形民俗文化財に指定されると，1976年には商工会を主体として「壬生の花田植」の公開や伝承組織の支援を専門的に行う保存会が発足するに至った。無形文化遺産への推薦決定に伴って実行委員会が組織されるまでは，現在行政や観光協会などが担当している公開事業のハード面・広報活動も含め，さらには公開事業の資金調達まで，「壬生の花田植」の企画と実施・運営を保存会が一手に担ってきた。現在，同行事が実行委員会の統括によりつつも，保存会の主催となっている背景には，このような歴史的な経緯が存在している。

　2014年6月現在，保存会は37名の正会員を中心に運営されるが，その組織体制は第6図のごとく

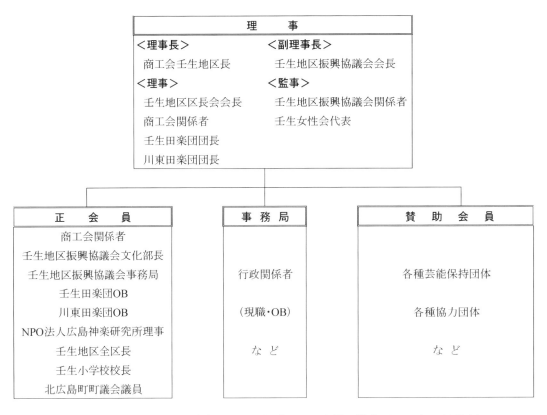

第6図　壬生の花田植保存会における組織および会員の構成（2014年6月現在）

注）理事・正会員・事務局に記載された構成員の属性は2014年6月時点での状態を示し，必ずしも固定的なものではない。

資料：壬生の花田植保存会資料より作成。

になっている。組織を牽引するのは図の上部に位置する理事8名である（正会員のなかから総会にて選任）。理事の構成を列記すると，理事長（1名），副理事長（1名），一般の理事（4名），監事（2名）からなり，商工会壬生地区長，振興協議会会長，壬生地区区長会会長，女性会代表などが，芸能に関わる組織の長（田楽団長）とともに名を連ねている。この理事の下に事務局（3名）が置かれるとともに，一般の正会員（26名）が存在している。前者については，壬生地区に住む行政の現職・OBがこれを主に担当する。後者には，商工会関係者，振興協議会の事務局および文化部長，両田楽団OB，壬生地区の全区長（1～16区），町議会議員，壬生小学校校長などが含まれている。保存会正会員の年齢構成は，2014年6月現在，40歳代1名，50歳代4名，60歳代21名，70歳代7名，80歳代4名となっている（髙野，2017b: 表23）。

このように，保存会は地域のさまざまな組織の長や有力な構成員をその内部に取り込んでいる [8]。そのことで，保存会は正会員である地域内の各組織の関係者を通じて地域との連携を十全にとり得る。

第6表　保存会の活動内容（2013年度）

時期・月日	内　　　容
2月から	会場となる田の準備を開始(耕起など)。
2月6日	理事会の開催。NPO法人発足後の活動について協議。
3月から	各方面へ後援・協賛を依頼。各芸能保持団体に出演を依頼。
3月12日	理事長ほか，飾り牛の所有者に挨拶回り。
4月中旬まで	花田植のポスター・チラシを発注し製作。
4月10日	理事長，事務局，花田植WGに出席。各団体・組織の実務担当者と協議。
4月11日	理事会の開催。2014年の公開事業について協議。
4月17日	理事長，副理事長，実行委員会の総会に出席。議題は本年度事業予算など。
4月22日	花田植のポスター・チラシを各所に配布。
4月24日	理事長，事務局，花田植WGに出席。各団体・組織の実務担当者と協議。
4月25日	協議会の開催。理事ほか正会員で2014年の行事について協議。
4月26日	北広島町商工会会員に向けて協賛依頼文書を発送。
5月上旬	来賓へ案内状を送付。
5月8日	理事長，事務局，花田植WGに出席。各団体・組織の実務担当者と協議。
5月中旬	商工会壬生地区および各区長から「花田植協力者名簿」の提出を受ける。これに基づき，理事・事務局を中心に公開当日の役割分担に関する素案を作成。
5月16日	各区長宛に「壬生地域各戸協賛金」を依頼。
5月17日	商工会壬生地区会員と正会員で壬生地域の幟立て作業。
5月22日	理事長，事務局，花田植WGに出席。各団体・組織の実務担当者と協議。
5月23日	役割分担会議を開催。理事，事務局の司会進行で，保存会正会員および「花田植協力者」の役割分担を協議し，決定。
5月30・31日	「壬生の花田植」公開にむけて町内各所で準備。
6月1日	「壬生の花田植」公開事業を地域住民とともに運営。
6月2日以降	公開事業の後片付け。
7月11日	理事長，事務局，花田植WGに出席。公開事業の反省が議題。
7月17日	監査会の開催。会計監査の実施。
7月30日	理事会の開催。通常総会付議事項の協議。
8月8日	通常総会。今年度事業の決算報告。次年度の事業計画と予算案を協議。

資料：聞き取りおよび壬生の花田植保存会資料より作成。

それに加え，地域住民としても，自分たちが所属する組織が保存会と関わっていることから，「壬生の花田植」を自らの文化として自覚するに至っている[9]。前節で述べたように，公開当日，保存会が動員する運営スタッフは約130名に上るが，それは主に保存会が商工会や振興協議会，区長会を通じて募集し，その活動に賛同した「花田植協力者」によって構成されている[10]。

　なお，保存会には正会員のほかに，賛助会員が設けられている（第6図の右下）。それには，消防団などの当日の協力を保存会が依頼する団体のほか，田楽団などの芸能保持団体が含まれている[11]。この賛助会員を設けた目的には，地域内外の団体・組織との緊密な連携を築くことだけでなく，保存会から芸能保持団体への資金提供を容易にすることも含まれている[12]。

　そのほか，保存会の構成や活動に関する資料として，2014年の「壬生の花田植」に関わる保存会の活動一覧（第6表，保存会の会計年度上は2013年度）と，正会員の居住地（第7図）を示す。前者からは，実行委員会の設立により，行政（役場職員）等が運営に参加するようなったものの，保存会の業務は依然として「壬生の花田植」公開事業の中心にあることが理解できる。なぜなら，その業務内容は，各方面への後援・協賛の依頼（協賛金の募集も含む），芸能保持団体への出演依頼，チラシ・

第7図　保存会正会員の居住地（2014年6月現在）
資料：髙野（2017b），表25および聞き取りより作成。

ポスターの配布，地域住民のボランティアによる運営スタッフ（「花田植協力者」）の募集と組織化など多岐にわたり，運営の根幹に関わる部分を多く含んでいる。何より，保存会においては，半日ほどの行事である「壬生の花田植」が，4カ月もの準備・調整期間と2カ月の総括期間を経て実施されている。そして，後者からは，「壬生の花田植」公開において中心的な役割を果たす保存会正会員の空間的分布は壬生地区に限定的であり，とりわけ大字壬生への集中が著しいことが看取される。すなわち，国の無形民俗文化財，ユネスコの無形文化財として，ナショナル／グローバルな価値を有するとされる「壬生の花田植」は，第二次世界大戦直後，商工会員が中心となって復興した時と変わらず，きわめてローカルな中心的主体によって支えられている。

V 「壬生の花田植」の伝承・公開組織にみられる特徴—おわりにかえて—

　中国地方の大田植は，農村の初夏を彩る風物詩として多くの観光客に親しまれている。また，それは，日本における古い田植の様式や芸能，信仰の在り方等を今に伝えるものと考えられ，学術的にも高い注目を集めてきた。しかしながら，大田植が現時点においてどのように伝承され，公開されるに至っているのか，その実態は意外なほど知られていない。こうした問題意識から，本稿では広島県の「壬生の花田植」を取り上げ，その伝承と公開の実態について組織に注目して詳細に記述した。

　本稿で明らかとなった「壬生の花田植」の伝承・公開をめぐる組織の全体像を示すと，第8図とな

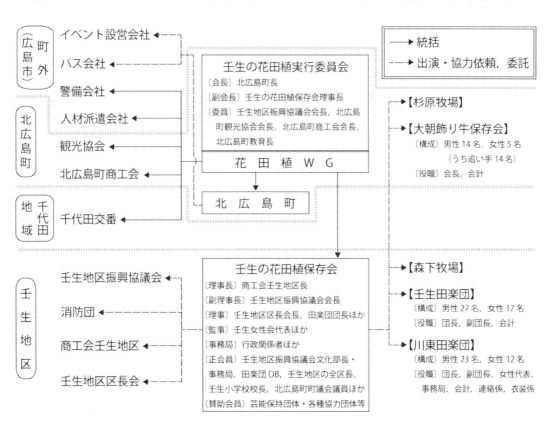

第8図　「壬生の花田植」の保存・伝承に関わる組織体制（2014年）

る。まず，図の右側には，田楽や飾り牛に関係する芸能を保持する団体（杉原牧場，大朝飾り牛保存会，森下牧場，壬生田楽団，川東田楽団）がある。そして，図中央上部に公開事業を統括する実行委員会があり，その下に置かれた花田植WGによって事業の具体的な内容と役割分担が決定される。町役場（図中「北広島町」），保存会のほか，イベント警備会社，人材派遣会社，観光協会，町の商工会等がこのWGでの方針に従って，それぞれの業務を遂行する。そのなかでも公開事業で大きな役割を果たすのは，昭和期から「壬生の花田植」を主催してきた保存会であり，図中右側に並ぶ5つの芸能保持団体との交渉，消防団への協力依頼，振興協議会や商工会，区長会を通じた「花田植協力者」の募集と組織化を行う。

　こうした「壬生の花田植」の伝承・公開体制において，筆者が特徴的と考えるのは以下の点である。

①「壬生の花田植」の芸能を伝承する芸能保持団体が複数存在する。また，それらの団体の所在地や伝承者の居住地は，行事が行われる大字壬生や壬生地区（旧・壬生町域）に限定的ではなく，北広島町全域に広がるとともに，広島市や世羅町，庄原市にまで点在していた。

②各芸能保持団体は「壬生の花田植」だけに出場しているのではなく，それぞれが独自に年間を通じた芸能の上演活動を展開している。「壬生の花田植」は，そうした個別的に活動する伝承組織が一堂に会する一つの場面として捉えられる。

③「壬生の花田植」に出場する芸能保持団体間で，綿密な演技のすり合わせは行われていない。壬生・川東の両田楽団において合同練習が行われるようになったのは2007年頃からであるし，合同練習の回数も現状では年に1度だけである。飾り牛の芸能を保持する畜産家や団体に関しては，ほんの少しの立ち話で本番に臨む。田植歌の進行や大太鼓の所作において確認される即興性が，「壬生の花田植」における芸能の全体を貫いている。

④芸能の伝承には関与せず，公開事業を専門とする広域的かつ近代的な組織が存在する。とくに，芸能保持団体との調整を図るだけでなく，地域住民から当日の運営スタッフを集めて組織化する保存会の役割は大きい。それを可能とするために，保存会は地域のさまざまな組織の長や主要な構成員をその内部に取り込んでいた。そこに，実行委員会を通じて行政と保存会，その他の関連組織が連携することで，まさしく「地域ぐるみ」での大田植の公開体制を構築している。

これらのうち，とくに注目されるのは④である。公開事業を専門とする良質な組織が存在することで，各芸能保持団体は「壬生の花田植」の運営業務に直接関わる必要がない。すなわち，芸能の伝承者らは行事運営のための人的な動員，資金調達の苦労などから切り離され，芸能の伝承や上演，団体独自の活動に専念できる。この点は，大田植を伝承する他の地域においても参考になろう。

　こうした結果から導き出されるのは，観光客らが目にする大田植の風景から想起するような，農業が近代化する以前の懐かしさや，農村文化としての「伝統」とはいくらか距離のある行事の実態である。すなわち，本事例をみる限り，現代の大田植は，農民たちが自ら受け継いだ文化・芸能を昔のまま，単に繰り返しているのではなさそうである。大田植の場には，個々の出演者（田楽団員や畜産家）が抱いている演者としての想いに，地域文化や文化遺産としての大田植を保存したいという地域住民

の願い，その活用で観光や地域経済を盛り立てたいという行政等の考えが交錯している。今日の大田植は，現代的な文脈の中で，近代的な組織体制に基づいて企画・調整・実施されている。町長をトップとした実行委員会の構成や活動，公開事業に特化した保存会の存在などは，観光客に「懐かしさ」や「伝統」，あるいは「素朴」といったものを惹起させる代掻きや田植えの風景からは想像できない。そもそも，現在の産業構造からいえば不思議ではないものの，田楽の芸能を伝承する田楽団員に専業的な農業従事者が必ずしも多くないという事実も，外部の者にとっては意外に映ると考えられる[13]。

　以上は，現在中国地方に伝承される大田植のなかでも最も広く知られたものの一つ，「壬生の花田植」の伝承と公開について組織的な面から眺めた結果に過ぎない。本稿ではその資金面については触れ得なかった。そればかりではなく，その他の大田植についてみた場合には，これとは異なった結果となる可能性が考えられる。すなわち，国指定，県指定といった文化財としての位置づけの違い，行政や伝承者以外の人たちがどの程度関与するか，こうした点において大田植を伝承する各地の実態にはさまざまなバリエーションが存在し得る。これらの問題の解決については，今後の事例研究の深化と蓄積を待つほかない。いずれにせよ，伝承・公開に関する現状を理解することが，当該行事の存続をめぐる議論の基礎的な資料になると考えられる。

注

1) 一般の人々が大田植に向ける「まなざし」は，学術書ではない一般的な書物の記述から理解することができる。たとえば，岡本（1963）は広島県内の大田植を取り上げているが，その冒頭に記されたキャッチコピーには「広島県の山間部に残った華麗な田植祭」「農民のリズムの素朴な伝統」といった表現がみられる。

2) 復興された正確な年は不明であるが，聞き取りの結果，1949〜1950年とのことと推察される。

3) 「壬生の花田植と無形文化財合同まつり」では，「壬生の花田植」のほか，本地花笠踊り，近隣神楽団による神楽の上演，壬生小学校の児童による金管バンド演奏と子ども田楽の披露も併せて行われる。なお，子ども田楽は，「壬生の花田植」の伝承を目的に開始された取り組みで，4年生から5年生にかけてのPTC活動として展開されている。

4) 大溝，東町，本町（大字壬生内の地区名）にある特定の田を順番に会場とするのが基本であった。

5) 「ファーム川東」では，60歳以上の退職者が専業的に耕作を行い，それ以下の者は会社などに勤めつつ，農繁期に作業を手伝うというのが一般的である。

6) 川東田楽団の女性団員の回答には，「川東の嫁＝田楽団＝早乙女です」という回答もみられる。

7) 近代期には大地主による大田植は衰退したものの，その一方で，小学校のグラウンドなどを会場とした田楽大会が各地で開催されるようになった。壬生田楽団と川東田楽団とは，それぞれが壬生農楽団と壬生町田楽団であった時代から，こうした大会などで田楽の技巧を競い合ってきた。それゆえ，2000年代まで，相互にライバル意識が強く残っていたのである。

8) このように「地域ぐるみ」での実施体制が構築されたのは，平成初頭以降である。その背景には，商工会員の減少・高齢化により，初期の商工会員を主体とした保存会だけでは「壬生の花田植」の運営が次第に難しくなったことがある。

9) 地域内の組織のなかには，単に代表者や関係者が正会員として運営に参加するだけでなく，さらに深く結びついたものもある。商工会は，昭和期まで「壬生の花田植」の実質的な運営主体であったことから，保存会とは特別なつながりを有し，現在も全面的に行事の運営に協力する。また，壬生地区の全住民が会員となっている振興協議会は，保存会の親組織として位置づけられている。そのため，「壬生の花田植」は振興協議会の行事（壬生地区の行事）でもある。

10) 「花田植協力者」の内訳は，商工会（壬生支部）の会員で当日手伝える者，振興協議会の文化部員，区長経由で依頼し，集められた地域住民のボランティア（各区から5名程度が目安）である。

11) 正会員は保存会規約で「この法人の目的に賛同して入会し，活動を推進する個人及び団体」と定められている。それに対して賛助会員は「この法人の目的に賛同して入会し，活動を援助する個人及び団体」と定められ，正会員とは異なって，保存会が開催する協議会や総会には参加しない。

12) たとえば，2013年に保存会は子ども田楽の道具類の消耗が激しいとして，三菱UFJ信託地域文化財団に助成金を申請し，採択されている。その助成金の全額は，賛助会員である子ども田楽の助成に支出された。このように，保存会が獲得した外部資金を芸能保持団体に提供しやすくすることも，賛助会員を創設した目的の一つである。

13) なお，田楽団員が本来は農業の従事者であったという事実もない。たとえば，壬生田楽団（壬生農楽団）は壬生商店街の商店主やその家族を中心に組織されていた。大地主による大田植がすたれたあとの大正～昭和初期において，田楽はすでに生業を離れた芸能として確立していた。

文　献

植木行宣 (1982). 田楽の村. 藝能史研究會編『日本芸能史　2』法政大学出版局, 172-199.

牛尾三千夫 (1986).『大田植の習俗と田植歌』名著出版.

岡本太郎 (1963). 花田植―農事のエロティスム―. 中央公論 1963-10, 206-216.

片桐　功 (2017). 歌と囃子. 壬生の花田植調査委員会編『壬生の花田植現況調査報告書』北広島町文化遺産保存活用実行委員会, 163-184.

田唄研究会 (1972).『田植草紙の研究』三弥井書店.

髙野　宏 (2017a). 組織. 壬生の花田植調査委員会編『壬生の花田植現況調査報告書』北広島町文化遺産保存活用実行委員会, 83-96.

髙野　宏 (2017b). アンケートの成果. 壬生の花田植調査委員会編『壬生の花田植現況調査報告書』北広島町文化遺産保存活用実行委員会, 303-317.

髙野　宏 (2019). 大田植の分布と種類に関する検討(2)：著書・論文・雑誌記事に含まれる大田植の記述. 岡山大学社会文化科学研究科紀要 48, 65-85.

千代田町役場 (2000).『千代田町史　民俗編』千代田町役場.

松井今日子 (2017).「壬生の花田植と無形文化財合同まつり」の歴史的変遷. 壬生の花田植調査委員会編『壬生の花田植現況調査報告書』北広島町文化遺産保存活用実行委員会, 97-122.

柳田国男 (1935).『都市と農村』朝日新聞社.

（2019年6月）

岡山大学における地理学の歩み（1990～2020年）

I　文学部・人文学科

　1990年4月，それまで1年半にわたり森瀧健一郎教授と柳井雅也助手の2教官によって運営されてきた地理学教室に内田和子助教授が着任し，教室は専任教官3人体制を回復した。内田助教授は，1985年に『遊水地と治水計画—応用地理学からの提言—』（古今書院）を上梓し，学会に知られていた研究者である。

　この1990年度に入って岡山大学創立40周年記念地理学論文集の編集作業も順調に進捗し，12月末，『地域と生活II』の刊行に至った。また，1992年3月には森瀧教授・柳井助手が3年間にわたり学生とともに取り組んできた調査の結果『瀬戸大橋開通の経済地域構造に及ぼす影響に関する研究』を公にしている。さらに，1993年3月には内田助教授が長年にわたる治水研究の成果を前年5月～10月の内地留学中に取り纏め提出した論文（1994年12月，著書『近代日本の水害地域社会史』〔古今書院〕として刊行）によって立正大学から文学博士の学位を授与された。続いて1993年4月には柳井助手が山川充夫福島大学教授と共著で『企業空間とネットワーク』（大明堂）を出版した。柳井助手は，その後1年半にわたり半導体産業研究のため米国カリフォルニア州立大学ロサンゼルス校に留学した。

　1993年4月，岡山大学大学院文化科学研究科（博士課程）が発足すると，そこで森瀧教授が「社会経済地域論」，内田助教授が「近代地域開発論」を担当することとなった。また，1995年4月から地理学講座は文学部改組により行動科学科に属することになり，「地理情報学」大講座に改変された。それに伴い内田助教授は教授に，柳井助手は助教授に，それぞれ昇任し，また英語担当の中尾知代講師（1997年4月，助教授に昇任）をメンバーに加えた。

　1995年10月14～15日には，日本地理学会秋季学術大会が岡山大学文学部で開催され，500人を超える研究者が参集した。教室は，教官・学生ともども，その準備と運営の中心となり，教育学部や環境理工学部の地理学教官とともに力を尽くして，大会を成功に導いた。1996年3月，森瀧教授・内田教授は3年間の継続研究の成果『地域の水環境保全と利水との関係—とくに広域水道からの用水導入に伴う水環境の変化について—』を，さらに1998年3月には内田教授が2年間の継続研究の報告書『ため池の防災に関する地理学的研究』を公にした。

　森瀧教授は1998年3月をもって定年退官し，同年10月より中藤康俊富山大学教授を兼任として迎えた。また，柳井助教授も1999年3月に富山大学経済学部に転出した。その一方で，2000年4月には愛知教育大学より，工業立地や企業の立地による地域変化の研究を専門とする北川博史助教授が着任した。

　1999～2000年度に，内田教授は科学研究費補助金基板研究（C）（2）「ため池の保全に関する地理学的研究」を得，北川助教授は科学研究費補助金奨励研究（A）「わが国ソフトウェア産業の海外

進出の状況と立地変動」を得た。また，2000 年 5 月から 2001 年 2 月まで内田教授が文部省内地研究員として早稲田大学に内地留学し，同年 6 月には日本のため池の防災と保全に関する研究で，早稲田大学より学位を取得した。同年度，内田教授を代表として中藤教授，北川助教授の 3 名が岡山大学の学内特別配分経費を得て，岡山都市圏における地域構造の変容に関する研究を行った。2003 年度には，中藤教授を代表として内田教授，北川助教授に国文学，英文学，社会学，日本史学の 4 人の教員を加えて，文学部プロジェクト研究「研究者の役割と地域社会」を行い，文学部教員の役割や社会貢献について明らかにした。一方，北川助教授は，2003〜2004 年度に科学研究費補助金若手研究（B）によりインドにおけるソフトウェア産業の集積メカニズムとその要因の研究を行った。

内田教授は『日本のため池　防災と環境保全』（海青社）を 2003 年 10 月に上梓した。さらに，2003 年 10 月 11〜13 日には，日本地理学会秋季学術大会が岡山大学文学部を主会場として開催された。2004 年 4 月に中藤教授が中部大学人文学部へ転出，学部一講座制への移行に伴い，それまで地理学教室に所属していた中尾助教授は新領域「社会文化学」へと移動した。この折，学部の定員削減によりポストが減少し，地理学教室は 2 人体制となった。

2005 年 11 月には，北川助教授がこれまでの研究成果を取り纏め，『日本工業地域論—グローバル化と空洞化の時代—』（海青社）を刊行した。2006 年 3 月には，内田教授が日本地理学会賞を，同年 8 月には農業土木学会賞を受賞した。北川准教授は，2007 年 6〜11 月にカナダのブリティッシュ・コロンビア大学地理学部に留学し，地方都市の持続的発展と日系企業の進出状況に関する調査を行った。あわせて北川准教授は，2007〜2009 年度科学研究費補助金基盤研究（C）「IT サービス業の集積に関するインドと中国の比較研究」を，2008〜2010 年度には，内田教授がため池卓越地域のハザードマップに関する科学研究費補助金基盤研究（C）を得て研究を行った。

2008 年 2 月には，内田教授は岡山県文化奨励賞を受賞し，同年 6 月には『ため池—その多面的機能と活用—』（農林統計協会）を上梓した。その後，内田教授は，2010 年 4 月〜2012 年 3 月に地域地理科学会会長を務め，地理学と岡山大学地理学教室の発展に大いに寄与した。一方，北川准教授は，2010〜2013 年度科学研究費補助金基盤研究（C）「新興国における IT サービス業の産業集積地域の形成過程と構造変化に関する比較研究」を得て研究を行うとともに，2011 年 12 月には『非大都市圏地域における地域システムの再編』（岡山大学文学部研究叢書）を刊行した。

2012 年 3 月に，内田教授は岡山大学大学院を定年退職し，同年 4 月に北川准教授が教授に昇任した。内田教授の退職後，半年間，後任補充が叶わなかったが，2012 年 10 月に，ようやく，文化地理学を専門とする髙野宏准教授が豊田工業高等専門学校より着任した。髙野准教授は着任後，「大田植の研究—地理学の観点から—」（岡山民俗 235），「鈴木秀夫の風土論」（岡山大学文学部紀要 59）などの多くの成果を上げ，地域社会における祭礼行事の意味や機能の検証ならびに風土論の新たな展開を図りつつ，現在まで研究を行っている。

2016〜2019 年度には，北川教授が科学研究費補助金基盤研究（C）を得て，これまで以上に ICT 産業集積研究を発展させつつある。

Ⅱ　教育学部・教育学研究科

1996 年 3 月をもって高重進教授が定年退官し，同年 4 月に広島大学より，人文地理学・教育の地理学および都市内部構造研究を専門とする川田力講師が着任した。

1997 年 3 月をもって高橋達郎教授が定年退官し，同年 4 月に防衛大学校より自然地理学・サンゴ礁地形学を専門とする菅浩伸助教授が着任した。また，同年 4 月に名古屋大学大気水圏科学研究所より気象学・気候学を専門とする加藤内藏進助教授が着任した。

2000 年 8 月に川田講師が助教授に昇任した。同年 9 月から 2001 年 8 月まで川田助教授がドイツ・ハイデルベルク大学に文部省在外研究員として派遣された。

2006 年に川田助教授は 2004 年から 3 年間獲得した科学研究費補助金基盤研究（B）の報告書「ソーシャル・ガバナンス化の進行に伴う都市空間の再編に関する日独比較研究」を公にした。また，川田准教授は『小学生に教える「地理」先生のための最低限ガイド』（共著）（ナカニシヤ出版）を著した。

2007 年 4 月から同年 10 月まで川田准教授がオーストリアのウィーン大学に日本学術振興会特定国派遣研究員として派遣された。

2008 年度には加藤准教授が科学研究費補助金挑戦的萌芽研究「多彩な季節感を育む東アジア気候系とその変調を捉える「眼」の育成へ向けた学際研究」を獲得した（2010 年度まで）。

2009 年 4 月に菅准教授が教授に昇任した。

2009 年度には加藤准教授が科学研究費補助金基盤研究（B）「日本付近の気候系の広域季節サイクルの中でみた日々の降水コントラストと年々の変動」を獲得した（2011 年度まで）。

2010 年 4 月に加藤准教授が教授に昇任した。

2010〜2012 年度には菅教授が科学研究費補助金基盤研究（A）「沿岸防災基盤としてのサンゴ礁地形とその構造に関する研究」を獲得し，マルチビーム測深機を導入してサンゴ礁外洋側斜面に発達する縁脚縁溝系等の海底地形を高精度で可視化するなどの顕著な研究成果をあげた。

2010 年に学校教育および地域での ESD の推進を支援することを目的として教育学研究科に ESD 協働推進室が設置され，川田准教授が室長に就任した（2017 年 3 月まで）。

2011 年度には加藤教授が科学研究費補助金挑戦的萌芽研究「東アジア気候環境の成り立ちと多彩な季節感を軸とする ESD 学習プラン開発の学際研究」を獲得した（2013 年度まで）。

2013 年 4 月に川田准教授が教授に昇任した。

2013 年度には菅教授が科学研究費補助金基盤研究（A）「マルチビーム測深技術を用いた浅海底地形学の開拓と防災・環境科学への応用」を獲得した（2016 年度まで）。

2014 年 3 月をもって，菅教授が九州大学大学院地球社会統合科学府へ転出し，後任として，同年 4 月に名古屋大学減災連携研究センターより松多信尚准教授が着任した。

2014 年 10 月に元広島大学附属福山高等学校教諭で地理教育・ESD 研究を専門とする和田文雄教授（特任）が着任した。和田教授（特任）は，長い教員経験と教育実践研究の成果を背景に，教育学研究科において地理教育を中心とした教材開発，指導法について教育を行うとともに，「持続可能な開発のための教育（ESD）としての高校地理の学習内容について」（岡山大学大学院教育学研究科

研究集録，167）などの研究成果を上げ，2018年3月に退職した。

2017年4月に松多准教授が教授に昇任した。また，川田教授が，教育学部附属中学校長を併任することとなった（2020年3月まで）。

2018年4月に大学院教育学研究科が改組され，川田教授は教職実践専攻（教職大学院）所属，加藤教授および松多教授は教育科学専攻の所属となった。

加藤教授は，アジアモンスーン気候の研究を蓄積する一方，2019年に『気候と音楽：歌から広がる文化理解とESD』（共著）（協同出版）を著したり，2019〜2021年度兵庫教育大学連合大学院共同研究プロジェクト「近年の自然災害を踏まえた防災，減災教育と学校危機管理の構築」に研究分担者として参画したりするなど，気候を中心とする自然環境と文化の関係に関する学際的学習や，日本の気候・気象の深い理解を通した防災気象学習の開発にも取り組んでいる。

川田教授は，2015〜2018年度および2019〜2021年度に科学研究費補助金基盤研究（C）を得て，オーストリアの都市に関する研究を蓄積している。

松多教授は，2017〜2019年度科学研究費補助金新学術領域研究(研究領域提案型)「浅層反射法地震探査を用いた2014年神城断層地震時のネットでの変位量分布」，2018〜2022年度科学研究費補助金基盤研究（B）「完新世の地形発達から明らかにする南海トラフ地震の多様性」，2019〜2022年度科学研究費補助金挑戦的研究（萌芽）「外的条件の変化による活断層の活動性への影響」を連続して獲得し，活断層研究を中心とした変動地形研究を深化させている。

Ⅲ　環境理工学部

旧教養部の解体に伴い，旧教養部の地理学教室は1994年10月に新設された環境理工学部の環境管理工学科の一部として再出発することとなった。環境管理工学科は3つの系（旧称：講座）からなっているが，そのうち環境経営学系が旧教養部の地理学教室にそのルーツを持っている。ほかの2つの系は自然環境管理学系と流域環境管理学系であるが，いずれも農学部から環境理工学部へ合流して，環境経営学系とともに環境管理工学科を構成している。

初期の環境経営学系の地理学関連教員は北村修二教授と友澤和夫講師の2名であった。北村修二教授は1994年10月に環境理工学部が設立されると同時に，旧教養部から転任し，2008年4月に徳島大学に転出された。友澤和夫講師は1994年4月に東北大学から着任し，1998年4月に広島大学に転出された。その後，市南文一教授が1997年4月に鳥取大学から着任し，2018年3月に定年退職された。また，金枓哲助教授が1999年4月に友澤講師の後任として東北大学から着任し，2011年8月に教授に昇任され，現在に至っている。

環境経営学系は2017年度まで学科建制時の3研究分野体制（環境経済学分野，土地利用計画学，景観管理学）を維持してきたが，2018年4月よりさらに教育力を強化すべく，環境地理学分野，環境経済学分野，農村計画学分野の3分野に再編し現在に至っている。そのうち，地理学関連教員が在籍していた分野は，土地利用計画学分野（北村・友澤・金）と景観管理学分野（市南）であり，2018年4月以降は金教授が環境地理学分野を担当している。景観管理学は1997年4月以降当分野を担当してきた市南文一教授が2018年3月に定年退職し，それに伴い廃止となった。以下，地理学

関連の分野である環境地理学分野（旧土地利用計画学分野）と景観管理学分野について詳述しておく。

　環境地理学分野は 2017 年度まで土地利用計画学分野として，金科哲教授（2011 年 8 月昇任），生方史数教授（2009 年 9 月着任，2016 年 10 月昇任；開発経済学専門），本田恭子准教授（2012 年 4 月着任，2017 年 3 月昇任；農村社会学専門）が教育研究を行ってきたが，2018 年 4 月より環境地理学分野に名称変更し，金科哲教授と本田恭子准教授が担当となり，現在に至っている。当研究分野では，人間活動と自然とが絡み合った環境変化を地理学の視点から調査・分析し，持続可能な社会の在り方を模索している。金教授は，日中韓をフィールドに過疎地域の進むべき新たな方向として「内生的住民組織論」を提唱しており，最近はベトナムの地域研究にも研究領域を広げている。本田准教授の研究テーマは農村の地域資源の適切な管理と保全であり，近年は，中国地方の小水力発電を事例に持続可能なコミュニティ・エネルギーについても研究している。

　景観管理学分野は市南文一教授が着任した 1997 年 4 月から 2018 年 3 月まで地理学関連の研究教育を行っていた。景観管理学分野では，経営内容・生産性・土地利用・景観などの地域差に着目した日本の農業地域構造に関するマルチスケールでの研究，観光資源である町並みの保存活動，地誌学の応用としての社会・経済・文化を主体とした地域誌，放置自転車などの望ましくない景観と社会経済機能との関係，経済格差の軽減・解消を目指す地域開発など，かなり多岐にわたって教育研究がなされていた。特に，地域地理・地誌論を基盤とした社会科学的観点から地域環境を中・巨視的に分析し，それらを改善・調整することを中心的な研究課題としていた。

　以上，環境理工学部における地理学関連教員と分野を簡単に紹介したが，その教育内容が必ずしも地理学として認知されてきたわけではない。教員の研究は地理学会を主な舞台として行われるので，名実ともに地理学の研究成果と言ってよかろう。しかし，教育に関しては，地理学関連教員が所属している環境経営学系が地理学教室ではなく，環境問題を社会科学的にアプローチし解決策を模索する，より広い社会科学分野の教育研究組織であるため，卒業生に地理学を専攻にしたという意識はあまりないのが実情である。学部カリキュラムの大半が農業土木と応用生態学に関するもので，社会科学の科目は一部に過ぎず，地理学の授業科目はさらに少ないので無理もない話であろう。しかし，大学院に関しては地理学専攻の学生が他大学から進学し，地理学界で活躍する人材が輩出されていることも記しておきたい。

執筆者紹介（掲載順）

中藤　康俊

岡山大学名誉教授（1964 年，岡山大学法文学部卒業）。農学博士。

田畑　久夫

昭和女子大学名誉教授（2002 年，岡山大学大学院文化科学研究科博士後期課程修了）。博士（文学）。

加藤内藏進

岡山大学名誉教授（現在，岡山大学学術研究院教育学域　特命教授（教育））。博士（理学）。

松本　健吾

岡山大学大学院自然科学研究科地球生命物質科学専攻　博士後期課程在学中。修士（教育学）。

杉村　裕貴

元岡山大学大学院生(2018 年,岡山大学大学院教育学研究科教科教育学専攻理科教育コース修了)。修士（教育学）。

菅　　浩伸

九州大学大学院地球社会統合科学府　教授，九州大学比較社会文化研究院附属浅海底フロンティア研究センター　センター長（1988 年，岡山大学大学院教育学研究科修士課程修了）。博士（学術）。

隈元　　崇

岡山大学学術研究院自然科学学域　教授。博士（理学）。

竹竝　大士

気象庁静岡地方気象台職員(2017 年,岡山大学大学院自然科学研究科地球科学専攻修士課程修了)。修士（理学）。

角野　大河

浅口市立六条院小学校　教諭（2017 年，岡山大学教育学部卒業）。

高山　正教

鹿児島県立中央高等学校　教諭。修士（教育学）。

松多　信尚

岡山大学学術研究院教育学域　教授。博士（理学）。

磯部　　作

元日本福祉大学教授（1974 年，岡山大学法文学専攻科史学専攻地理学コース修了）。

秋山　道雄

滋賀県立大学名誉教授（1973 年，岡山大学法文学専攻科史学専攻地理学コース修了）。文学修士。

石原　照敏

岡山大学名誉教授（1954 年，岡山大学法文学部卒業）。文学博士。

市南　文一

岡山大学名誉教授。理学博士。

神田　竜也

倉敷翠松高等学校，甲南大学，岡山理科大学 非常勤講師（2010 年，岡山大学大学院環境学研究科博士後期課程修了）。博士（環境学）。

重見　之雄

元鹿児島大学水産学部教授（1955 年，岡山大学法文学部卒業）。文学博士。

田中　史朗

元鹿児島県立短期大学教授（1974 年，岡山大学法文学専攻科史学専攻地理学コース修了）。博士（水産学）。

中島　　茂

愛知県立大学名誉教授（1977 年，岡山大学法文学専攻科史学専攻地理学コース修了）。博士（文学）。

塚本　僚平

福山市立大学都市経営学部 准教授（2013 年，岡山大学大学院社会文化科学研究科博士後期課程修了）。博士（文学）。

北川　博史

岡山大学学術研究院社会文化科学学域 教授。博士（文学）。

川田　　力

岡山大学学術研究院教育学域 教授。文学修士。

臼井　洋輔

元吉備国際大学 教授。現在，備前市立備前焼ミュージアム館長，きび美ミュージアム館長（2000 年，岡山大学大学院文化科学研究科博士課程修了）。博士（文学）。

森　　康成

元姫路大学教育学部 非常勤講師（1972 年，岡山大学教育学部卒業）。博士（工学），修士（学校教育学）。

金丸　良子

麗澤大学名誉教授（2005 年，岡山大学大学院文化科学研究科博士後期課程修了）。博士（文学）。

髙野　　宏

岡山大学学術研究院社会文化科学学域 准教授（2009 年，岡山大学大学院社会文化科学研究科博士後期課程修了）。博士（文学）。

あ と が き

　岡山大学地理学関係者は，1971年7月に岡山大学創立20周年を記念して論文集『地域と生活』を刊行しました。さらに，1990年12月には創立40周年を記念して『地域と生活Ⅱ』が刊行されました。その後，2019年の創立70周年が近づくとともに再び記念論文集刊行の話が持ち上がり，2019年度末の刊行を目標に，2017年に旧教員および卒業生に計画を発表して論文の寄稿を求めました。

　応募の意志がありながら，多忙などのため執筆を断念された方もいらっしゃいましたが，21編の論文を収録することができました。その内訳は，旧教員4名，現教員6名，岡山大学大学院ならびに専攻科，文学部（1980年3月末までは法文学部）・教育学部・環境理工学部卒業生15名となっております。編集委員会は現教員全員，旧教員2名のほか卒業生1名で構成し，執筆要項の作成から論文の最終チェック，さらには刊行に向けて岡山大学出版会との調整などを行いました。編集作業は当初の計画通りには進みませんでしたが，このたび『地域と生活Ⅲ』として岡山大学創立70周年記念地理学論文集を上梓することができましたので，ご高覧いただければ幸甚です。ただ，編さん途中に，編集委員長をお願いしておりました中藤康俊先生，執筆者のお一人である重見之雄先生が急逝され，本論文集の発刊をご報告できなかったことが大変悔やまれます。

　地理学は，岡山大学創立以来の70年間に大きな進歩を遂げるとともに，関心を寄せる分野も多様化しました。これまで岡山大学は多くの優秀な卒業生を輩出し，地理学研究や教育の世界で大いに活躍されている方も少なくありません。そうした動向は，本論文集の執筆者の内訳にも反映されております。とはいうものの，地理学研究や教育，さらには岡山大学をめぐる環境は厳しさを増し，今後もさらなる努力が必要であることは言うまでもありません。本論文集へのご意見やご批判をその糧として，100周年を目指してあゆみを進めたいと考えております。

2022年4月

岡山大学創立70周年記念地理学論文集編集委員会

委員長　中藤　康俊

磯部　　作

市南　文一

加藤内藏進

川田　　力

北川　博史

金　　科哲

隈元　　崇

髙野　　宏

松多　信尚

（五十音順）

地域と生活 Ⅲ

岡山大学創立 70 周年記念地理学論文集

2022 年 4 月 30 日　初版第 1 刷発行

編　著	岡山大学創立 70 周年記念地理学論文集編集委員会
発行者	槇野 博史
発行所	岡山大学出版会
	〒700-8530　岡山県岡山市北区津島中 3-1-1
	TEL 086-251-7306　FAX 086-251-7314
	https://www.lib.okayama-u.ac.jp/up/
印刷・製本	友野印刷株式会社

© 2022　岡山大学創立 70 周年記念地理学論文集編集委員会
Printed in Japan
ISBN 978-4-904228-74-6
落丁本・乱丁本はお取り替えいたします。
本書を無断で複写・複製することは著作権法上の例外を除き禁じられています。